제2판

Introduction to Area Studies

지역연구개론

Introduction to Area Studies

황윤섭
오윤조
김 철

도서출판 청람

▣ 머리말

해외지역을 연구하고 가르치면서 항상 가지고 있었던 부담은 해외지역과 관련된 지식을 잘 전달할 수 있는 방법을 찾는 데 있었다. 우리나라에서 출간된 해외지역 연구와 관련된 서적들은 여러 형태로 복잡하게 나뉘어져 있어 일관성을 추구하기 어려웠을 뿐 아니라 경상계열의 학생들을 위한 해외지역연구를 다루는 서적은 거의 없었다. 기업들이 해외시장을 개척하려고 할 때 그 시장을 어떻게 분석하고 접근할 것인가는 매우 중요한 기업의 의사결정사항이다. 학생들을 가르치면서 이런 질문을 받거나 이와 관련된 주제로 강의를 하게 될 때마다 이 분야에 대한 저술의 필요성을 새삼 깨닫게 되곤 했다.

이 분야의 강의를 하고 자료를 축적한 지 10여 년이 흐른 다음에야 용기를 내어 저술을 시작하였고 준비한 지 1년 만에 서투른 졸작을 여러분들에게 내어 놓는 바이다. 거의 완성된 원고를 보면서도 허전한 마음을 금할 수 없다. 아마 이 마음은 어떤 책을 쓰는 저자들도 동일하게 느끼는 것이리라 생각된다. 그럼에도 불구하고 이 원고를 출간하기로 결정한 것은 이 분야의 지식을 쌓기를 원하는 많은 이들이 기다리고 있다는 조급함 때문이었다. 그리고 시간을 두고 많은 부분을 지속적으로 보완해 가겠다는 유연한 마음으로 출간을 결정하였다.

본 졸고의 출간을 계기로 많은 이들이 기업의 관점에서 해외지역을 연구하고 탐색하는 데 조금이나마 도움이 되기를 소망한다. 아울러 본 졸고와 관련되어 혹 잘못된 부분이 있다면 이는 모두 저자들의 책임임을 밝혀 둔다.

그리고 이 책의 저술작업과정을 지원해준 경희대학교 대학원 무역학과 석사과정의 박정훈 조교와 출판을 전폭적으로 지지해주신 도서출판 청람의 임직원 여러분께 감사드리는 바이다.

2015년 2월

우리나라가 해외로 계속해서 뻗어가기를 기원하며

고황산 기슭에서 저자 일동

▣ 차례

Part 01 글로벌 연구

Part 02 거시적 연구

Chapter 04 | 정치적 환경

Chapter 05 | 경제적 환경

Chapter 10 | 지역연구와 마케팅정보시스템

Part 01

글로벌 연구

Part 01 Introduction to Area Studies

본 1편에서는 지역연구에 대한 기본적인 내용과 모든 국가 및 국제관계에 영향을 미치는 글로벌적 요인에 대해 설명하고자 한다. 먼저, 1장에서는 지역연구의 개념과 형성배경, 연구방법 등 지역연구에 대한 기본적인 사항을 검토하고자 한다. 그리고 국가간에는 직 · 간접적인 국제관계가 형성되는데, 이러한 국제관계를 형성하는 과정에서 국제제도와 국제기구들이 만들어지게 된다. 국제제도와 국제기구들은 각 국가들의 정치 · 경제 · 문화 · 사회 등 다양한 측면에 영향을 미치게 되는데, 2장과 3장에서 국제기구와 국제제도에 대해 각각 살펴보기로 하겠다.

Chapter 01

지역연구의 방법론

제 1 절 지역연구의 개념과 배경

1. 지역연구의 역사적 배경

오늘날 우리는 정보통신과 수송수단의 발달로 인해 단일화, 지구촌화, 세계화되어 가는 시대에 살고 있지만 다른 지역 또는 다른 국가에 대해 얼마나 알고 있을까? 만약 알고 있다면, 이를 학문으로써 새롭게 정립시키기 위한 바람직한 방법이란 무엇일까? 최근 많은 학자들이 해외지역연구분야에서 활발한 연구활동을 하는 이유는 바로 이러한 현실적인 문제에 대해 적절한 대응을 하기 위해서라고 생각된다.

지역연구의 역사적 배경은 각 나라별, 민족별로 서로 상이하다. 예를 들면, 영국, 프랑스, 일본 등에서는 제국주의 팽창 및 식민지 개척을 위해 지역연구는 오랜 역사를 가지고 있는 반면, 최근 세계 각 지역에 대한 관심이 급속히 대두되고 있는 개발도상국가들의 경우에는 지역연구가 이제 막 태동되는 단계이거나 아직은 생소한 분야로 남아 있다.

해외지역에 대한 연구는, 첫째, 16세기 유럽이 식민지 통치를 위해 수행했던 근대적 의미로서의 해외지역연구에서 출발하여, 둘째, 두 번의 세계대전을 수행하기 위해 필요한 해외지역연구로 발전하였으며, 셋째, 그 이후 특정지역에 대한 종합적인 이해의 수준에서 진행되고 있는 오늘날의 해외지역연구로 이어지고 있다.[01] 이 세 가지 유형의 지역연구는 각기 그 전통을 달리하고 있으나, 실제로는 혼재되어 있기도 하다.

1) 근대적 해외지역연구

근대적 해외지역연구는 식민지 개척국가에서 효과적인 식민지 정책수행을 위해 시작되었다. 예컨대, 16세기 유럽제국이 동남아에 진출하기 위해 수행하였던 초보적이고 부분적인 동남아 연구의 시도 등을 들 수 있다. 그 이후 17세기, 나침반과 망원경 등의 항해술 발달로 인해 식민지 학자들은 약소국에 대한 종교연구와 민족연구를 수행하였고, 18~19세기에는 근대지리학의 발달과 증기기관의 발명 등으로 인해 구미지역을 중심으로 하는 지리적 연구 등은 현대 해외지역연구의 기본적 토대를 형성하게 되었다.[02]

2) 현대적 해외지역연구

제1 · 2차 세계대전을 치르면서 각 국가에 대한 이해가 필요해지자, 국제관계 관점에서 해외지역연구가 진행되었다. 제1차 세계대전 후 국제이해운동이 일어났으며, 이러한 운동의 영향으로 미국의 대학에서는 학문적 프로그램으로 Latin American Studies, Far Easter Studies, American Civilization 등의 과목이 설치되었으나 별로 관심을 끌지 못했다. 그러나 제2차 세계대전이 발발하면서, 미국정부에서는 적국을 알기 위해 지역전문가들의 도움을 요청하였고 이를 계기로 지역연구가 발전하게 되었다.[03]

제2차 세계대전 중에 미국정부의 지원에 의해서 지역연구를 지원하는 연구위원회들이 결성되었고(American Council of Learned Societies, National Research Council, Social Science Research Council), 각 위원회에서 나온 지역소위원회와

01 박광섭, 세계화 시대 해외지역연구의 이해, 대경, 2008, p. 15.
02 박광섭, 앞의 책, p. 15.
03 전경수, 지역연구 어떻게 하나, 서울대학교출판부, 1999, p. 22.

스미스소니언협회(Smithsonian Institution)가 협력하여 공동으로 민속지리국(Ethnogeographic Board)를 구성한 바 있고, 종전과 동시에 이 위원회는 해체되어 '세계지역연구에 대한 답사위원회(Exploratory Committee on World Area Research)'를 구성함으로써 명실상부한 지역연구 전담기구가 탄생하였다. 따라서 해외지역연구는 이러한 국제이해와 전쟁이라는 현실적 필요성에 의해 발전되었으므로, 국제관계론(International Relations)과 밀접한 관련성을 갖게 되었고, 그 결과, 세계대전 이후 해외지역연구의 기본방향은 국제관계라는 실질적인 문제를 해결하기 위해 수행되었다.[04] 이러한 영향하에서 미국에서는 전쟁 중과 전후에 해당 지역에 대한 언어교육을 중심으로 지역연구가 발전되었고 미국의 이러한 해외지역연구의 시도는 다른 국가에도 영향을 미쳤다.

역사적으로 볼 때 해외지역연구를 촉진시켰던 요인으로 크게 두 가지를 들 수 있다. 첫째, 1940년대 중반부터 시작된 신흥 독립국의 탄생으로 지역연구가 촉진되었다. 당시 강대국들이 신흥 독립국과의 효과적인 외교정책 수립을 위해 해외지역연구에 힘을 쏟게 됨에 따라 해외지역연구의 학문적 위상의 정립에 일조하였다고 볼 수 있다. 둘째, 냉전체제하에서 미국과 소련은 제3세계 국가들을 자국의 체제로 편입시키기 위해 노력하다 보니 제3세계 각 지역에 대한 연구를 더욱 발전시키게 되었다.[05]

3) 1960년대 이후 해외지역연구 동향

전통적으로 국제관계의 주체는 주로 국가이다. 국가들이 서로 접촉하고 교류하는 과정에서 국제관계가 생겨난다. 이러한 국가와 국가간의 교류는 정치, 경제, 사회, 문화 등 여러 가지 측면에서 이루어게 되므로, 국제관계는 다양한 시각으로 접근할 수 있다.[06] 특히 특정지역에서 일어나고 있는 국가간의 빈번한 횡적 교류를 연구하여 그 지역의 독자성을 찾아내고자 하는 것이 최근 국제지역학의 중요한 연구대상이 되고 있다.

---

04 전경수, 앞의 책, 서울대학교출판부, 1999, p. 22.
05 박광섭, 앞의 책, 도서출판 대경, 2008, p. 17.
06 심승진, 국제경제관계론, 법문사, 1996, pp. 43~45.

국제관계론에서는 국제사회의 정치적인 현상에만 국한하지 않고, 경제적 · 사회적 · 문화적 · 종교적인 현상까지도 연구대상으로 하고 있기 때문에 학제적인 연구의 성격을 띠고 있다. 이러한 점에서 국제관계론은 학제적 연구를 강조하는 국제지역학과 그 성격이 유사하다고 볼 수 있다. 따라서 국제지역학을 연구하는 학자들 중에는 국제관계론을 중심으로 연구하는 사람이 많이 있다. 최근 세계적 조류가 경제적인 힘을 중요시하게 되자, 국제경제학을 연구하는 사람이 지역연구에 관심을 보이고 있다. 뿐만 아니라 생태적 환경을 연구하는 학자들도 지역연구에 지대한 관심을 쏟고 있다.

국제관계론이 그 성격상 국제지역학과 동질성을 지니고 있기는 하나, 전자가 국제사회에서 발생하는 국가 또는 정부 이외의 행위주체들간의 상호작용을 연구의 주요 대상으로 삼는 데 비해, 후자는 분류된 특정지역을 선정, 이 지역에서 일어나는 국가는 물론, 모든 개인과 집단 간의 삶의 현장을 분석하려는 포괄성을 갖고 있다. 뿐만 아니라, 국제관계론이 국제관계의 행위 주체를 기본단위로 삼고 연구를 시도한다면, 국제지역학은 공간의 설정이 이루어져 있는 지역을 기본단위로 삼아 분석을 시도하는 것이라고 볼 수 있다.[07]

2. 지역연구의 정의와 목적

1) 지역연구의 정의

지역을 영어로 'Area'나 'Region'으로 표기한다. 이 두 용어는 별다른 차이 없이 혼용되고 있지만 뉘앙스의 차이가 있다. Area는 지면에 대한 범위(extent of a surface)를 나타내는 특별한 목적을 위한 공간(space for a specific purpose)을 의미하는 것으로서 관념적 또는 인지적 개념(ideologica or perceived concept)으로 받아들여진다. 그러므로 관념주체 또는 인지주체에 대한 이해의 관심에 따라 정해지는 '지역'을 말하는 것이다. 반면에 Region은 어원상 '왕국'이라는 용어에서 파

07 박종수 · 고종환, 세계지역론, 삼영사, 2008, p. 25.

생된 것으로 '지배구역'을 의미한다고 볼 수 있다. 따라서 이는 역(域), 경(境), 계(界) 등을 나타내는 정치적(행정적) 또는 지리적 개념으로서 일정한 구획이 이루어진 이후 부르게 되는 '지역'을 뜻한다. 따라서 해외지역연구/국제지역연구/국제지역학/지역연구/지역학에서의 '지역'을 영문으로 표기하고자 할 때는 특정지역을 발굴하여 이 지역의 총체성과 독자성을 규명하고자 하는 목적을 추구한다는 점을 고려하여 Region이라는 용어보다는 Area라는 용어를 사용하는 것이 좀 더 적절한 표현일 것이다.[08]

지역연구, 즉 해외지역의 연구란 사실상 국제지역연구를 의미한다. 단 양자의 차이는 연구자가 속해 있는 특정국가를 기준으로 해외지역연구의 경우 그 특정국가 이외의 타 국가를 연구의 영역으로 규정하고 연구를 시도할 때 사용되는 용어이며, 국제지역학의 경우 그 특정국가 내의 지방이나 지역사회를 그 연구의 영역에 포함시켜 연구를 시도할 때 사용되는 용어이다.[09]

우리말의 '국제지역학'에 해당하는 영문표기는 'International Area Studies'로 사용하고는 있지만, 이는 엄밀히 말해서 '국제지역연구'라고 표기해야 한다, 왜냐하면 전자의 경우, 즉 '-학'은 'science' 또는 '-ology'이고 후자의 경우, 즉 '-연구'는 '-studies'이기 때문이다. 바로 여기서 국제지역학이 현실적으로 학문 내에서의 위상을 아직도 완전히 정립시키고 있지 못하다는 점을 알 수 있다. 그렇지만 또 다른 관점에서 볼 때 고유명사를 명명해 주는 과정에서 '-studies'라는 용어에는 '학문'이라는 의미도 포함되어 있다는 점을 고려하여 'International Area Studies'를 '국제지역학'이라고 표현해도 크게 잘못된 것은 아닌 것으로 보여진다.[10]

에드워드 사이드(Edward W. Said)는 1978년 저술한 『오리엔탈리즘(Orientalism): 동양에 대한 서구적 개념』이라는 저서에서 "지역연구란 학문적 활동이라고 하기보다는 식민지 지배 과정에서 탄생한 것으로서 강대국이 약소국을 지배하기 위한 국가정책상의 수단으로서 이해되고 있다"라고 정의하였다. 두로셀은 "국제사회에서 그 위치와 역할을 이해하고 설명하는 관점에서 어떤 정치적 · 사회적 단위를 나타내는 지역에 관한 과학적 연구"라고 정의하였고, 코펠은 "특정한

08 박광섭, 앞의 책, 도서출판 대경, 2008, pp. 7~8.
09 박광섭, 앞의 책, 도서출판 대경, 2008, p. 8.
10 박광섭, 앞의 책, 도서출판 대경, 2008, pp. 9~10.

장소나 문화에 관한 총체적 접근을 기반으로 하여 이해를 증진하기 위한 하나의 전략이다"라고 정의하였으며, 박광섭은 "분류된 특정지역 또는 특정국가의 국제관계, 정치, 역사, 경제, 사회, 문화, 언어 등 제반분야를 종합적이고 체계적으로 연구하는 학문이다"라고 정의하였다.[11] 이러한 정의들을 참고로 지역연구를 종합적으로 정리해 보면, 지역연구란 "해외의 특정지역 또는 특정국가의 정치, 경제, 사회, 문화 등 여러 분야를 종합적이고 체계적으로 연구하고 이해하여 다른 지역과의 비교를 목적으로 하는 학문적 방법론이다"라고 할 수 있다.

2) 지역연구의 목적

다른 지역을 이해하기 위해 수행하는 지역연구의 목적에 대해 홀은 크게 4가지로 정리하였다. 첫째, 전 세계에 대한 총체적 지식의 파악, 둘째, 행동적 연구와 지식의 통합, 셋째, 비교문화적 이해의 추구, 넷째, 사회과학 연구의 문제점을 제거하는 데 있다고 지적하였다. 스튜워드는 지역연구의 목적을, 첫째, 주요세계지역에 대한 실질적으로 가치가 있는 지식을 제공하고, 둘째, 문화적 상대성에 관한 인식을 제고시키며, 셋째, 지역에 존재하는 사회적 · 문화적 전체를 이해하고, 넷째, 보편적 사회과학의 발전을 촉진하는 것이라고 하였다.[12]

한편 이병화 교수는 지역연구는, 첫째, 지역을 총체적으로 파악하고, 둘째, 지역간 문화의 차이를 인식하며, 셋째, 보편적 사회과학을 지향하는 데 그 목적을 둔다고 설명하고 있다. 즉, 오늘날의 지역연구는 단순히 강대국의 정책적이며 전략적인 필요성에 의해서가 아니라 ① 순수한 학문적인 관심과 연구, ② 국제사회의 지구촌 시민간의 상호이해를 목적으로 하는 연구활동이라는 점을 강조하였다. 이제는 지역평화를 위한 지역연구도 이루어지고 있는 실정이므로 정부나 일부 엘리트가 지역연구 결과를 독점하거나 이를 정책적인 수단으로 사용하던 시대는 이제 끝나고 있는 것이다.[13]

11 박종수 · 고종환, 세계지역론, 삼영사, p. 20.

12 Julian H. Steward, "Area Research: Theory & Practice", *the Social Science Research Council Bulletin*, 63, 1950, p. 2.

13 박종수 외, 앞의 책, 삼영사, 2008, p. 23.

제2절 지역연구의 대상과 접근방법

1. 지역연구의 대상

지역이라는 공간을 중심으로 이루어지고 있는 인간의 생활현상을 지역연구의 대상으로 한다면 그 영역은 매우 광범위할 것이다. 지역연구의 대상을 결정하는 데 있어서 이러한 포괄성의 문제는 지역연구의 대상이 매우 불분명하다는 점을 의미한다. 지역연구의 대상을 결정하는 데 있어서 가장 중요한 것은 어떠한 수준에서 지역을 한정하여, 이를 연구의 대상으로 결정할 것인가 하는 것이다.

현재 지역연구에서 일반적으로 구획해 놓고 있는 지역이란 크게 세 가지로 구분할 수 있다. 첫째, 국가 내(sub-national)의 특정한 촌락이나 도시의 커뮤니티(community) 또는 지방권, 둘째, 국경선에 의해 구획으로 설정된 지역, 셋째, 국가간(inter-national) 또는 초국가적(trans-national) 지역, 이를테면, 정치 · 경제적 목적이 일치하여 형성된 지역(EU, NAFTA, ASEAN 등), 동일한 종교나 문화를 기준으로 구분된 지역(유교권, 기독교권, 이슬람권, 불교권 등) 등을 들 수 있다.

최근 시대적 흐름이 되고 있는 국제화나 세계화 시대의 지역연구에서는 복수의 국민국가를 포괄하는 국가간 또는 초국가적 지역의 중요성이 강조되고 있다. 특히 정치 · 경제적 목적으로 형성된 EU, NAFTA, APEC, ASEAN 등은 지역연구의 중요한 대상이 되고 있다. 지역을 상징하는 기준으로서 정치, 경제, 지리, 역사, 종교나 문화 등 다양한 요인이 있을 수 있는데, 이는 일반적으로 연구자의 인식과 관심사에 따라 정해져 왔다.

또한 최근 들어 점차 비중이 높아지고 있는 환경문제, 문화나 종교적 갈등문제, 인구문제, 핵문제 등이 본격적으로 문제시되는 단계에서 이러한 지역의 중요성이 한층 강화될 것이다.[14]

---

14 박광섭, 앞의 책, 도서출판 대경, 2008, pp. 23~24.

2. 지역연구의 접근방법

지역연구를 위한 접근방법에는 여러 가지 방법이 있다. 그중에서 학제간 연구(Inter-disciplinary)와 비교연구(Comparative Studies)가 보편적으로 사용되고 있다. 19세기 유럽에서 진행된 산업혁명으로 인해 정치, 경제, 사회, 문화 등 모든 분야에 걸쳐 상당한 변화가 일어나자, 이러한 변화를 기존의 학문으로 설명하는 데 한계가 발생하였다. 또한 서구 및 유럽의 식민지 확대 전략과 연결되면서 피식민 지역의 정치, 경제, 사회, 문화 등 모든 분야에 대한 종합적이고 체계적인 연구의 활성화가 필요해짐에 따라 현대의 학제간 연구가 시작되었다.

학제간 연구란 특정 분과영역을 전공한 2인 이상의 연구자가 하나의 주제를 가지고 자신의 전공분야에서 해당지역의 주제연구에 기여함으로써 학문의 종합화를 이루는 것을 말한다. 이러한 공동에 의한 학제간 연구는 지금까지 지역연구의 현실적 방법으로 사용되어 왔는데, 이 방법은 하나의 현상에 대해 다양한 각도에서의 연구가 가능하다는 장점을 가지고 있다.

그러나 공동의 주제에 대한 분과학문적 관점에서 고찰한 사실들만을 나열하여서는 안 될 것이다. 즉, 몇 개의 분과학문을 전공하는 사람들이 모여서 단순히 공동연구만을 시도한다는 것은 학제간 연구(Inter-disciplinary approach)가 아닌 다학문적 연구(Multi-disciplinary approach)에 불과하기 때문이다.[15]

복합적이고 광범위한 세계지역을 연구하려면 전문분야의 특수한 방법론에만 의존하기보다는 기존의 특정분야들이 가지고 있는 방법론을 균형 있게 활용할 수 있어야 한다. 즉, 세계지역의 현실을 기반으로 수행되는 지역연구는 국제정치, 경제학, 역사학, 사회학, 기타 분과학문들을 연결시키는 학제적 성격을 갖고 있다. 이 중 정치 · 경제적 관계는 외교, 전쟁, 무역관계, 동맹, 문화교류, 국제기구에의 참가 등 광범위한 활동들을 포함하고 있다.[16]

한편으로는 세계 각 지역의 상이한 정치, 경제, 사회, 문화 및 역사 등을 비교분석하는 방법이 있다. 어떤 학자들은 비교란 일반적이고 보편적인 틀 내에서만 가능

15 박광섭, 앞의 책, 도서출판 대경, 2008, p. 28.
16 박종수 외, 앞의 책, 삼영사, 2008, p. 30.

하므로, 특정지역의 개별적이고 특수한 속성들을 비교분석한다는 것은 의미가 없다고 주장하기도 한다. 그러나 비교연구가 사회과학에서 일반적인 패러다임으로 정착함에 따라 지역연구에서도 비교분석 방법이 적용되고 있다. 그러나 비교분석적 연구방법에서는 서구의 발전 형태를 하나의 규범으로 간주하고 제3세계의 발전 유형은 불완전한 것으로 인식하는 단점을 갖고 있다.[17]

지역연구에서의 비교연구는 주로 변수중심과 사례중심의 연구가 주류를 이루고 있다. 변수중심의 연구는 변수(속성)간의 인과관계를 파악하는 것이 목적이기 때문에 통계분석이 상당히 중요하다. 이 방법에서는 확률적인 인과관계를 도출하므로써 현상에 관한 보편적인 법칙을 도출하고자 하나, 현실적인 제약요건 때문에 확률적 통칙 정도만을 도출할 수 있다는 단점이 있다. 한편, 특정한 결과나 경험적 현상에 대한 관심과 연구에 따라 발전되어 온 사례중심 연구방법은 사례를 구조적 특성의 총체로 간주하고 사례간 비교를 수행하는 방법이다. 이 방법의 목적은 ① 특정 결과나 현상의 인과 과정을 분석하고 해석하거나, ② 특정현상 또는 특정사건의 발생 원인을 규명하거나, ③ 특정하게 범주화된 현상을 설명하는 데 있다.

변수중심 연구방법이 변수간의 상관관계 유형을 분석하는 반면 사례중심 연구방법은 불변적인 관계 규명에 초점을 두고 있다. 즉, 변수중심의 연구가 변수를 설명하는 것이라면, 사례중심 연구는 상수관계(constant association)의 유형을 밝히는 것이다. 또한 변수중심 연구가 변량의 확률적인 인과관계를 전제로 하는 반면, 사례중심 연구는 단정적인 인과관계를 전제로 하고 있다.[18]

제3절 지역연구와 인접학문

지역연구는 정치학, 경제학, 경영학, 사회학, 인류학 및 기타 많은 연구로부터 각종 자료를 원용하는 통합적이고 학제적인 학문이므로, 기존의 분과학문들, 즉 해

17 박종수 외, 앞의 책, 삼영사, 2008, p. 31.
18 이상환 · 김웅진, 지역연구: 영역, 대상, 전략, 형설출판사, 2002, pp. 46~55.

외개발론, 국제관계론, 제3세계론, 국제정치학, 국제경제학, 문화인류학 등과 어떠한 관계가 있는지 살펴보기로 한다.

1. 지역연구와 해외개발론

"해외지역의 정치, 경제, 사회, 문화, 자원 등 제반분야를 종합적으로 고려하여 그 지역의 특수성을 파악하여 발굴하고 이를 개척하여 발전시키는 것"을 해외개발이라고 할 수 있다. 해외 특정지역의 특수성을 발굴하고 개발하기 위해서는 해외를 권역별 또는 지역별로 나누어 체계적으로 연구하게 된다. 이는 해외지역에 대한 연구방법에 입각한 것이므로, 해외개발론은 세계성과 지역성을 추구하는 해외지역연구의 개념과 유사한 것으로 볼 수 있을 것이다. 그리고 지역연구에서는 연구자가 속해 있는 국내의 지방이나 지역사회를 연구대상에 포함시키지 않는다. 해외개발론에서는 해외에 분포된 특정지역을 연구의 대상으로 하고 있기 때문에 연구의 대상범위가 지역연구와 일치하고 있다.[19]

2. 지역연구와 국제관계론

해외지역연구와 국제관계론(International Relations)은 제1 · 2차 세계대전 기간 동안 국제이해와 전쟁이라는 현실적 필요성에 의해 그 구분이 어려울 정도로 밀접해졌다. 예컨대, 1940년대 미국의 국제관계학자들은 교전 상대국에 대한 체계적인 지식을 습득하여, 이를 미국정부의 지원하에 있는 군부에 전수시키는 형태로 해외 지역연구를 수행하였던 것이다.

따라서 이 당시 국제관계라는 실질적인 문제를 해결하기 위한 국가정책적 수단의 하나였던 지역연구의 구도가 세계대전 이후 해외지역연구의 기본방향을 설정하

19 박광섭, 앞의 책, 도서출판 대경, 2008, p. 46.

는 계기가 되었다고 보는 것이 일반적이다.

해외지역연구는 연구영역도 매우 다양하지만, 넓은 의미에서 볼 때 그 연구대상은 지구촌 전역이라고 볼 수 있다. 이러한 관점에서 볼 때, 국제사회를 구성하는 국가와 각 국가의 다국적 기업들, 그리고 국제적십자 등과 같은 각종 국가간, 조직들간에 일어나는 모든 상호작용을 연구하는 국제관계론은 해외지역연구의 대상 범주에 포함시킬 수 있다.

국제관계론은 그 연구대상을 국제사회에서의 정치적인 현상에만 국한하지 않고 경제적 · 사회적 · 문화적 · 종교적인 현상까지도 다루고 있기 때문에 학제적인 연구 성격을 지니고 있기도 하다. 이러한 점에서 국제관계론은 연구의 접근방법상 학제적 연구를 강조하고 있는 해외지역연구와 그 성격상 유사성을 지니고 있다. 하지만 국제관계론이 국제사회에서 일어나고 있는 국가 또는 정부 이외의 행위주체들간의 상호작용을 연구의 주요 대상으로 삼는 데 반해, 해외지역연구는 특정지역을 선정, 이 지역에서 발생하고 있는 국가는 물론, 모든 개인과 집단 간의 삶의 현장을 분석하려는 포괄성을 갖고 있다는 점에서 차이가 있다. 뿐만 아니라, 국제관계론이 국제관계의 행위주체를 기본 단위로 삼고 연구를 수행하는 반면에, 해외지역연구는 공간의 설정이 이루어져 있는 지역을 기본 단위로 삼아 분석을 시도하는 점이 다르다고 볼 수 있다.[20]

3. 지역연구와 국제정치학

1940년대 중반부터 시작된 신생 독립국들에 대한 효과적인 외교정책을 수립하기 위해서 수행된 지역연구는 주로 국제정치학자들이 담당하였다. 이러한 지역연구는 현재의 해외지역연구를 촉진시키는 중요한 계기가 되었다.

그러나 최근 해외지역연구에서는 학제적인 것을 넘어서 종합적인 이해의 수준으로서 연구를 추구하고 있다. 즉, 과거 강대국의 정책적 수단과 지배 전략적 의미로서가 아니라 세계 및 지역의 올바른 인식의 틀을 제시하는 순수 학문적인 의미를

20 박광섭, 앞의 책, 도서출판 대경, 2008, p. 49.

지향하고 있다. 따라서 단순히 국가 또는 정부를 국제사회의 행위주체로 삼아, 이들의 정치현상에만 국한하여 연구를 시도하는 국제정치학보다는 지구촌 전체를 연구의 대상으로 삼고 있는 지역연구가 더욱 폭넓은 개념을 가지고 있다고 볼 수 있을 것이다.[21]

반면에, 국제정치학과 지역연구가 상이한 점을 정리해 보면, 다음과 같다.[22]

첫째, 국제정치학이 국제사회의 행위주체를 국가 또는 정부로 삼는 데 비해, 지역연구는 공간의 설정이 이루어져 있는 지역을 기본단위로 삼고 있다.

둘째, 국제정치학이 정치현상에만 국한하여 연구를 하는 데 반해, 지역연구는 지구촌 전체를 연구대상으로 하여 정치적 현상 뿐 아니라 경제적 · 사회적 · 문화적 · 종교적 · 자원적 현상까지 취급하는 포괄적 개념이다.

셋째, 국제정치학이 분과학문인 정치학의 일부분인 데 반해, 지역연구는 학제적인 학문이다. 따라서 지역연구자 중에는 국제정치학을 중심으로 다른 분야까지 연구하거나, 국제경제학을 중심으로 또는 국제경영학을 중심으로 연구하는 사람이 있을 수 있다.

넷째, 국제정치학이 인간의 행위의 인과관계를 사회영역에 한정하여 연구하는 사회과학인 반면에 지역연구는 사회현상은 물론, 문화영역에서 인간의 종교관계나 종교문제를 분석하는 인문과학, 또는 자연현상영역에서 생태적 환경에 중점을 두어 분석하는 자연과학적 성격도 함께 가지고 있다.

4. 지역연구와 국제경제학

국제경제학은 국가간 경제교류 및 경제활동에 초점을 맞추어 연구하는 학문이므로 국제사회에서 일어나는 경제현상을 연구대상으로 하고 있다. 지역연구는 해당지역의 경제에 관심을 가지면서 포괄적인 접근을 시도하는 학문이다. 또한 국제경제학이 축적된 정교한 이론에 의해 연구를 시도하는 반면에, 지역연구는 특정지역

21 박광섭, 앞의 책, 도서출판 대경, 2008, pp. 53~55.
22 박광섭, 앞의 책, 도서출판 대경, 2008, pp. 55~56.

의 경제체제 및 제도뿐만 아니라, 해당지역의 정치, 사회, 문화, 역사 등에 대해서도 심도 있는 분석을 병행한다.

지역연구는 지구촌의 경제 전체를 연구대상으로 하고 있기 때문에 특정지역의 개별 국민경제(National Economy)[23]는 물론, 국제사회에서 일어나는 국제경제(International Economy)가 중요한 관심사가 되고 있다. 냉전체제 붕괴 이후 무역과 투자 등 국제경제가 지역연구에서 매우 중요해지고 있다. 즉, EU, NAFTA, APEC 등의 지역경제블록화 현상, WTO체제의 출범 등 세계경제 전체의 흐름을 파악하는 것도 중요한 연구대상이 되고 있다.

최근 지역경제블록화에 대한 연구는 지역연구의 접근방법을 이용하여 분석하려는 추세이다. 이는 특정지역에서의 경제관련 협력현상을 정확하고 올바르게 분석하기 위해서는 국제경제학이라는 분과학문적 접근방법보다는 지역연구라는 학제적인 접근방법이 상대적으로 더 객관성을 지니기 때문인 것으로 판단된다.

5. 지역연구와 문화인류학

문화인류학(Cultural Anthropology)이란 인류가 지구상에서 존재하기 시작했을 때부터 오늘날까지의 모든 인간과 문화를 연구하는 포괄적인 학문이다. 따라서 문화인류학과 지역연구의 연구범위가 매우 포괄적이라는 점에서 비슷하다. 그러나 문화인류학이 인간과 문화영역을 연구하는 학문이라고 한다면, 지역연구는 인간의 삶을 영위하는 '공간'을 대상으로 연구가 이루어지는 학문이라는 점에서 차이가 있다. 그리고 학문의 성격상, 문화인류학과 지역연구는 보편성과 특수성을 탐구하는 학문이라는 점에서 유사하지만, 전자가 문화의 특수성을 규명하려 한다면, 후자는 종합적인 시각에서 특정지역의 보편성을 규명함과 동시에 이 지역만이 지니고 있는 제반분야, 예를 들면 정치, 경제, 사회, 문화 등의 특수성을 규명하려는 점에서 차이가 있다.

23 National Economy: 가계와 기업으로 이루어지는 민간경제와 정부가 담당하는 공공경제를 통틀어 지칭하는 말이다.

연구방법론 측면에서 보면, 문화인류학은 현지에서의 직접 체험 및 조사를 통한 연구를 강조하는 반면, 지역연구는 현지조사와 비교방법을 통한 연구와 특정 지역의 올바른 이해를 위한 학제간 연구의 접근방법(Inter-disciplinary approach)을 강조한다. 그러나 지역연구가 특정지역에서 발생하는 인간의 문화적인 면을 중요시 여긴다는 점에서 인간 문화의 본질을 연구하는 문화인류학과는 상호 보완적인 관계를 유지하며 발전해 나아가는 것이 바람직하다고 볼 수 있다.

Chapter 02

국제기구 분석

제 1 절 국제기구의 이해

1. 국제기구의 개념

국제사회가 조직화됨에 따라 발전하고 체계화되어 온 국제기구는 흔히 국제기관, 국제조직, 국제단체라고도 하는데, 그 사전적 의미는 "조약에 입각하여 복수의 주권국가로 구성되며, 일정한 목적 아래 국제법상 독자적으로 존재하는 동시에 자체기관에 의해 독자적으로 행동하는 조직체"로 정의되고 있다.

국제기구에 대한 정의는 학자에 따라 다양하지만, 아처(C. Archer)의 정의가 일반적이다. 아처는 "국제기구는 둘 이상의 주권국이 회원이 되어 공동이익 추구를 목표로 그들간의 협정으로 설립된 공식적이고 지속적인 조직"이라고 정의함으로써, 국제기구의 최소한의 본질적 특성으로 회원(membership), 목표(aim), 조직(structure) 등을 제시하고 있다.

국제기구는 기본조약을 근거로 일정한 목적을 추구하는 기능적 존재이나 국가와 같은 권력적 존재는 아니므로 연방이나 국가연합과는 구분된다. 또한 국제기구는 국제법상 독립적인 의사주체로서 이를 구성하는 기관과는 구별된다. 즉, 국제연합은 국제기구이지만 총회, 안전보장이사회, 경제사회이사회 등은 그 보조적 기관이

지 국제기구는 아니다. 한편 국제사법재판소 등의 사법적 국제기구는 별도로 논의되는 경우가 많다.[01]

2. 국제기구의 생성

국제기구는 유럽의 종교전쟁 이후 1648년에 체결된 웨스트팔리아 조약으로 시작되었다. 종교전쟁 이후 혼란한 상황에서 새로운 질서 창출을 위한 노력의 결과로 국제기구라고 불리는 조직들의 기초가 마련되기 시작하였다. 국제기구는 19세기 들어 국제하천위원회와 같은 특수한 분야에서 시작되었고, 19세기 후반에는 여러 사회분야에서 국제관계가 긴밀해짐에 따라 국제행정연합 형태로 등장하게 되었다.

20세기 들어서는 전쟁 방지 또는 평화 유지를 목적으로 하는 정치적인 국제기구가 생겨났고 이와 함께 상설사무국 상위에 총회, 이사회 등 실질적인 권한을 가진 조직을 갖추게 되었다. 평화적 국제기구로서는 제1차 세계대전 후에 창설된 국제연맹(the League of Nations)이 시초이다. 이 기구의 1차적인 목적과 임무는 국제평화유지에 관련되는 모든 활동을 수행하는 것이고, 2차적인 목적과 임무는 비정치적 분야에서의 국제협력을 촉진하는 범세계적인 일반 국제기구로서 활동하는 것이었다. 그러나 국제연맹이 제2차 세계대전을 막지 못하게 되자, 기존의 국제기구를 한층 강화한 전 세계적 집단안전보장 체제의 기구로서 국제연합(United Nations: UN)이 1945년에 설립되었다.

국제기구는 20세기 후반에 이르러 경제, 교통, 환경 등 국제사회 전 영역에서 국가 상호 의존이 증가함에 따라서 다양화되고 전문화되었다. 또한 환경, 인권, 빈곤 문제 등을 다루는 비정부간 기구가 활성화되었다.

01 한국은행 국제협력실, 국제금융기구가 하는 일, 한국은행, 2005, p .40.

3. 국제기구의 분류

각종 국제기구를 회원자격, UN기구 여부, 정치적 목적과 활동, 회원자격의 범위(관할지역) 등의 기준에 따라 분류해 살펴보면 다음과 같다.[02]

1) 회원자격을 기준으로 한 분류

(1) 정부간 기구

주권을 가진 국가의 정부가 회원이 되어 구성된 국제기구이다. 정부간 기구(Inter-Governmental Organization: IGO)와 관련된 각종 협약 및 협정과 활동들은 회원국에 영향을 미치고 있다. 현재 약 3,700여 개에 달하는 정부간 기구가 세계에 분포되어 있는데, 정부간 기구의 대표적인 기구로는 UN과 관련기구들을 들 수 있다.

(2) 비정부간 기구

정부가 회원이 아닌, 즉 전문가 집단이나 시민단체 등으로 구성된 국제기구를 비정부간 기구(Non-Governmental Organization: NGO)라 한다. 그 대표적인 예로서는 환경보호분야의 그린피스(Green Peace), 인권분야의 국제사면위원회(International Amnesty) 등이 있다.

(3) 혼합적 성격의 기구

정부뿐 아니라 비정부단체도 동시에 회원이 될 수 있는 국제기구의 대표적인 예로서 국제노동기구(International Labor Organization: ILO)가 있다.

02 정두용 외, 국제이해교육, 정빈사, 2003, pp. 426~428.

2) UN을 기준으로 한 분류

(1) UN 관련기구

UN을 비롯한 여러 전문기구 및 직속기구들을 들 수 있다.

(2) 비UN기구

UN과 그 관련기구가 아닌 국제기구로서는 경제협력개발기구(Organization for Economic Cooperation and Development: OECD), 아시아개발은행(Asian Development Bank: ADB), 유럽연합(European Union: EU), 아시아 태평양 경제협력체(Asia-Pacific Economic Cooperation: APEC) 등을 들 수 있다.

3) 정치적 목적과 활동을 기준으로 한 분류

정치적 목적과 비정치적(기능적) 목적에 따라 구분해 볼 수 있다.

(1) 정치적 목적을 갖는 기구

정치적 목적에 따른 일반기구로는 UN이 그 대표적인 예이다.

(2) 비정치적 전문기구

기능적이고 전문적인 영역을 다루는 국제기구로서 국제연합교육과학문화기구(United Nations Educational Scientific and Cultural Organization: UNESCO), 세계보건기구(World Health Organization: WHO), 유엔식량농업기구(Food and Agriculture Organization of the United Nations: FAO), 국제노동기구(International Labor Organization: ILO) 등이 있다.

4) 회원자격의 범위를 기준으로 한 분류

회원자격의 범위가 범세계적인가 또는 특정지역 혹은 이념과 같은 특정자격을 지닌 국가에 한정된 것인가를 기준으로 분류할 수 있다.

(1) 범세계 기구

UN, 16개의 UN전문기구, 세계무역기구(World Trade Organization: WTO), 국제원자력기구(International Atomic Energy Agency: IAEA), 세계부흥개발은행(International Bank for Reconstruction and Development: IBRD) 등과 같이 그 회원이 범세계적이고, 그 활동도 세계 전체를 대상으로 하는 국제기구이다.

(2) 지역적 기구

지리적으로 어떤 특정 지역의 이익을 위한 기구로서, 그 회원 및 활동이 그 지역에 국한되는 EU, 미주국가기구(Organization of American States: OAS), 동남아국가연합(Association of Southeast Asian Nations: ASEAN), 석유수출국기구(Organization of the Petroleum Exporting Countries: OPEC), APEC 등이 있다.

4. 국제기구와 국가와의 관계

국제기구는 주권국가에 의해 설립되고 권한 및 기금의 출처가 주권국가이며, 국제기구 활동이 국가에 의해 감시되므로 국제기구는 국가에 종속된다는 견해가 있는 반면, 국제기구는 국가에 대한 독립적 관계라고 보는 관점도 있다. 즉, 유럽통합과 같이 많은 지역에서 교통과 통신의 발달로 국경의 의미가 퇴색함에 따라 국가의 절대적 주권이란 개념이 변화하고 있으므로, 국제기구를 독립된 행위자로 보는 이상주의적 견해이다.

그 외에 국제기구를 하나의 정치체계로 보는 주장이 있다. 즉, 국제기구의 결정에 참여하는 행위자 및 그들의 영향력이나 결정내용, 결정에 영향을 주는 국제적 환경 등을 연구하여 국제기구의 실질적 역할을 규명하려는 관점이 있다.

제2절 국제기구의 활동

1. 국제기구의 역할

국제기구는 일반적으로 국제사회의 수단, 포럼(토론장), 독립적 행위자로서의 역할을 수행한다.[03]

1) 국제사회의 수단

국제기구는 국제사회의 문제해결을 위한 수단인 동시에 외교적 수단의 역할을 한다. 국제사회는 공동의 관심사를 공동으로 논의하여 대처방안을 강구한다. 다양한 국제기구들은 각국의 지도자들과 상황이 변화하거나 또는 국제 역학관계의 급작스런 변화에도 세계질서를 유지시키는 하나의 장치가 되고 있다. 이러한 역할의 중심에 있는 국제기구는 UN이라고 할 수 있다.

2) 국제사회의 포럼

국제기구는 국제사회의 문제와 관심사를 다루기 위하여 회원국들이 토론, 협상 및 정보를 교환할 수 있는 일정 장소와 시간을 제공한다. 세계 각지에서 발생하는 갈등, 분쟁, 주요 관심사를 의제로 삼아 당사국이 모여 논의를 하고, 대응방안을 모색함으로써 국제질서와 평화를 유지하는 데 기여한다.

3) 국제사회의 독립적 행위자

국제기구는 회원국들의 의사 반영뿐 아니라 사안에 따라서는 어느 정도까지 국제기구 자체의 독립적 지위와 역할을 수행한다. UN사무국은 회원국들의 관심사에 대한 전문적 보조 업무를 담당하고 있지만, UN사무총장은 그 고유권한 범위 안에

03 정두용 외, 앞의 책, pp. 428~431.

서 자의적인 판단으로 분쟁, 갈등, 관심사를 해결하기 위한 중재활동을 통해 세계 외교관으로서의 임무를 수행한다.

2. 국제기구의 기능[04]

1) 규범제정 기능

규범(rule, norm)이란 국제사회를 유지하기 위해서 국제사회가 명시적 · 묵시적 합의하에, 지키는 원칙과 관행을 말한다. 핵확산금지, 화학무기금지(Chemical Weapons Convention: CWC), 생물무기금지(Biological Weapons Convention: BWC) 등 대량살상무기의 규제에 관한 원칙들과 지구온난화, 생물다양성 등과 관련한 환경관련규범들, 세계인권선언을 비롯한 주요 인권관련 조약은 국제사회가 국제기구 내에서 설정한 국제규범이다.

2) 재정, 기술 지원 기능

국제기구는 회원국에게 필요한 재정적 · 기술적 · 인적 지원 기능을 한다. 유엔개발계획(United Nations Development Programme: UNDP), 국제부흥개발은행(International Bank for Reconstruction and Development: IBRD) 등 개발관련 국제기구들은 개발도상국들에게 개발에 관한 경험, 지식, 정보 교류를 제공한다.

3) 투명성 확보 기능

국제기구는 회원국들이 당면하고 있는 관심사를 다루는 논의와 회의에 참여하도록 하여 정책협의에 있어서 신뢰에 기반을 둔 투명성을 확보하는 기능을 한다.

04 박종수 외, 세계지역론, 삼영사, pp. 61~62.

4) 갈등의 조정, 해소 기능

국제기구는 국제사회의 갈등을 조정하고 협력을 유도함으로써 국제사회의 질서를 유지시키는 기능을 한다.

5) 의제설정 기능

국제기구는 국제사회의 주요 관심사에 대한 국제적 관심을 이끌어 내어, 전 세계적 의제가 될 수 있게 하며, 국제회의에서 논의하도록 한다.

6) 정당성 제공 기능

정당성(legitimacy)이란 국제사회에서 합법성, 합리성, 도덕성을 바탕으로 자발적인 참여와 지지를 확보하는 것이다. 국제사회에서 정당성, 특히 집단적 정당성(Collective Legitimation)이 중요한 이유는 국제기구에서의 각종 논의, 협상, 결의 등 일정한 사안에 대한 회원국의 인식, 태도, 정책의 변화를 유도할 수 있을 뿐만 아니라 국제기구의 활동에 대한 국제사회의 협력을 촉진하기 때문이다.

7) 정보교류 및 전문지식 제공 기능

국제기구는 회원국에게 필요한 정보와 전문지식을 제공하거나, 물질적 · 인적 자원을 제공하는 기능을 한다. 예를 들면, 국제사회가 당면하고 있는 환경문제를 다루고 있는 환경관련 국제기구는 회원들에게 다양한 과학적 전문지식과 최신정보를 제공하고 있다.

제3절 국제기구와 국제조약

1. 정치, 안보분야

1) 유엔

유엔(United Nations: UN)은 제2차 세계대전 후 평화와 안전의 유지, 국제우호관계의 증진, 경제적 · 사회적 · 문화적 · 인도적 문제에 관한 국제협력을 목적으로 창설된 범세계적이고 포괄적인 권한을 가진 국제기구이다. 1945년 51개국으로 출발한 UN은 2011년 7월 남수단이 가입하면서 현재 회원국은 193개이며, 이는 거의 모든 독립 주권국가가 회원이라고 보아도 무방하다.[05]

(1) 총회

총회(General Assembly)는 회원국 전체가 참여하는 유일한 UN기관이다. 각 회원국은 최고 5명까지 대표를 둘 수 있지만 의안표결에는 1국 1표의 평등한 권한을 행사한다. 유엔 헌장에 규정된 주요 사항에 대해 토의하며 회원국과 안전보장이사회에 권고할 수 있다. 총회는 군축(軍縮) 및 군비(軍備) 규제를 포함한 평화유지에 관한 원칙을 심의 · 권고하며, 국제분쟁의 해결에 대해 안전보장이사회의 보조적인 역할을 수행한다. 또한 국제협력강화를 위해서 정치와 경제, 법률, 사회, 교육, 보건 등 각 분야에서 국제협력을 촉진하고 장려한다. 총회의 중요한 기능 중 하나는 보고 및 심의 기능이다. 안보리의 연차보고와 특별보고는 물론 기타 기관의 보고를 받아 심의한다. 유엔 예산 심의 및 승인 권한도 있으며 각 회원국의 분담금을 결정한다. 회원국 가입 심의와 유엔 헌장 개정을 제의할 수도 있다.

(2) 안전보장이사회

UN헌장에서는 안전보장이사회(Security Council: SC)의 일차적 책임으로서 국제평화와 안전유지의 책임을 부과하고 있다. 안전보장이사회는 미국, 영국, 프랑

05 http://ko.wikipedia.org/wiki/%EA%B5%AD%EC%A0%9C_%EC%97%B0%ED%95%A9

스, 중국, 러시아의 5개 상임이사국과 2년 임기의 10개 비상임이사국으로 구성된다.

이사국은 1개의 투표권을 갖는다. 안전보장이사회의 주요 결정은 상임이사국 5개를 포함한 9개국 이상의 찬성으로 이뤄진다. 상임이사국은 거부권(veto power)을 행사할 수 있어, 5개국 중 어느 한 나라라도 반대하면 어떠한 결정도 내릴 수 없다.

(3) 경제사회이사회

경제사회이사회(Economic and Social Council: ECOSOC)는 경제, 사회분야에서 UN전문기구 및 여타 기구간의 업무조정을 담당하는 주요기관이다. 54개국으로 구성되며 이사국의 임기는 3년으로 총회에서 선출된다. 매년 2회 이상 회합을 가지며 연구와 권고를 통하여 경제, 사회, 문화, 보건분야에서의 국제협력을 증진시킨다. 협정 초안을 작성하여 총회에 제출할 수 있고 국제회의 개최를 요구할 수도 있다.

(4) 신탁통치이사회

신탁통치이사회(Trusteeship Council)는 유엔 신탁통치지역의 정치 · 경제 · 사회 발전을 통해 해당 지역 주민들의 자치능력을 키워 주는 역할을 하는 UN의 주요기관이었으나, 1994년 팔라우 독립 이후, 활동을 공식적으로 중지하였다.

(5) 국제사법재판소

네덜란드 헤이그에 위치한 국제사법재판소(International Court of Justice: ICJ)는 UN의 유일한 사법기관이다. 모든 회원국은 당사국이 되지만 회원국이 아니더라도 안전보장이사회의 권고와 총회가 규정하는 조건에 따라서 당사국이 될 수 있다.

(6) 사무국

사무국(Secretariat)은 UN사무총장이 수장이며 UN본부 또는 현지에서 일하는 국제공무원(international civil servants)으로 구성된다. 이들은 출신 국가에 대해 중립성의 의무를 지키며 UN의 목적과 원칙에 따라 업무를 수행해야 한다. 사무총장은 안전보장이사회의 추천을 받아 총회에서 임명하는데, 임기는 5년으로 연임이 가능하다.

사무국 직원들은 경제, 사회의 변화나 제반문제에 대한 연구, 인권과 같은 주제에 대한 보고서도 작성하며, 국제회의 준비 및 개최, 문서번역 및 통역, 언론을 대상으로 한 UN활동의 설명 등 다양한 업무를 하고 있다.

2) 제네바 군축회의

제네바 군축회의(Conference on Disarmament: CD)는 국제사회 유일의 다자간 군축협상기구로 1979년 설립되었다. 세계평화를 위하여 포괄적 핵실험금지조약, 화학무기금지조약, 핵확산금지조약 등 군축분야의 중요한 협정을 체결해 왔다.

3) 국제원자력기구

국제원자력기구(International Atomic Energy Agency: IAEA)는 원자력의 평화적 이용을 촉진하고 핵연료를 군사적 목적으로 전용하는 것을 방지하기 위해 1957년에 설립되었다. 모든 핵무기 비보유국은 핵확산금지조약(Treaty on the Non-Proliferation of Nuclear Weapons: NPT)에 의거하여 IAEA에게 평화적인 목적으로만 핵을 이용하겠다는 협약을 맺어야 한다.

4) 핵확산금지조약

다자간 핵비확산체제의 중심이 되고 있는 핵확산금지조약(Treaty on the Non-Proliferation of Nuclear Weapons: NPT)은 핵무기확산을 방지하기 위한 체제로서 1970년에 발효되었다. 조약 내용은 핵무기 보유국은 핵무기나 기폭장치 또는 그에 대한 관리를 제3국에 양도하지 않을 것을 약속하고, 비보유국은 핵무기나 기폭장치를 제조하거나 획득하지 않을 것을 약속하며, 또한 원자력을 핵무기나 기폭장치로 전용하는 것을 방지하기 위하여 국제원자력기구(IAEA)의 사찰을 비롯한 안전 조치를 받아들이는 것을 주요 내용으로 한다. 2013년 4월 현재 가맹국은 미국 ·

러시아 · 중국 · 영국 · 프랑스 등 핵보유국을 비롯한 189개국이다. 주요 원자력기술 선진국인 인도, 파키스탄, 이스라엘, 쿠바 등은 아직 미가입국으로 남아 있다. 한국은 1975년 정식 비준국이 되었으며, 북한은 2003년 탈퇴를 선언하였다.[06]

5) 화학무기금지협약

화학무기금지협약(Chemical Weapons convention: CWC)은 화학무기의 개발, 생산, 비축 및 사용을 금지하기 위해 발효된 조약으로 이를 위해 강제사찰을 포함하는 강력한 검증체제와 미가입국에 대한 특정 화학물질 교역규제를 주내용으로 하고 있다. 한국은 1997년 가입하였고, 북한은 미가입상태다.

6) 생물무기금지협약

생물무기금지협약(Biological Weapons Convention: BWC)은 다자간 군축 및 비확산 조약으로서 생물과 독소무기의 개발 · 생산 · 비축을 금지하며, 각 협상 당사국이 보유하고 있는 생물무기의 완전 폐기를 목표로 하는 최초의 특정 대량살상무기 금지조약이다. 생물무기 개발 및 사용 등에 대한 의혹이 제기될 경우 협약 위반 여부를 확인할 수 있는 효율적인 검증장치의 부재가 오랫동안 문제시되어 오다가, 이를 좀 더 엄격히 규제할 수 있는 검증체제 수립을 위해 1995년부터 제네바에서 생물무기금지협약(BWC) 검증의정서 제정협상을 위한 특별그룹(Ad Hoc Group) 회의가 개최되고 있다.

2. 경제분야

1) GATT와 WTO

GATT(General Agreement on Tariffs and Trade)는 브레턴우즈체제 속의 '국

06 http://ko.wikipedia.org/wiki/%ED%95%B5_%ED%99%95%EC%82%B0_%EA%B8%88%EC%A7%80_%EC%A1%B0%EC%95%BD

제무역' 부분을 최근까지 담당하였다. GATT는 애초부터 구속력이 약한 정식계약서를 교환하지 않은 일반협정이라는 점에서 출발부터 취약점이 있었다. 반세기 후 1995년 구속력을 가진 세계무역기구(World Trade Organization: WTO)가 발족되면서 '국제무역을 감시한다'는 브레턴우즈의 당초 이념이 실현되었다. GATT는 상품무역을 다루고 있으며 이 상품무역에 관한 협정은 개정되어 WTO협정 내부로 수용되었고 WTO는 이외에 서비스 무역에 관한 일반협정(General Agreement on Trade in Service: GATS)과 무역관련 지적재산권 협정(Agreement on Trade-related Aspects of Intellectual Property Rights: TRIPS)이 있다. 따라서 WTO는 GATT의 단순 연장이 아니라 분쟁해결을 위한 단일제도와 단일조직, 단일규범을 가진 체제이다.[07]

(1) GATT체제

① GATT체제의 성립과 의의

1929년 세계경제는 대공황을 계기로 각국의 보호주의 무역 경쟁 때문에 악화되고 있었으며, 이는 제2차 세계대전의 한 원인이 되기도 하였다. 이러한 경험을 반복하지 않기 위해 미국을 위시한 선진국들은 세계대전 당시부터 전후 세계경제질서의 확립과 자유무역을 위한 국제기구의 설치에 관해 논의하게 되었다.

1944년 브레턴우즈회담에서 44개 국가의 대표들은 국제통화기금(International Monetary Fund: IMF)의 창설을 통해 국제통화질서를 세우고, 국제부흥개발은행(International Bank for Reconstruction and Development: IBRD)의 설립을 통한 전후 복구사업을 지원하며, 국제무역기구(International Trade Organization: ITO)를 창설해야 한다는 원칙에 합의하였다. 그러나 ITO의 국제무역기구헌장(Charter for the International Trade Organization)의 내용이 지나치게 자유무역주의의 이상을 반영했다는 이유로 많은 국가가 조인했음에도 불구하고 제안국인 미국을 비롯하여 주요국의 비준을 얻지 못하여 유산되고 말았다.

그럼에도 불구하고 국제무역질서의 정립과 세계경제를 활성화시켜야 된다는 시대적 필요성 때문에 각국 정부는 현실적으로 무역장벽을 낮추기 위한 재협상을 시

07 박종수 외, 세계지역론, 삼영사, pp. 66~67.

도한 끝에 1947년 4월부터 제네바에서 23개국이 참가한 가운데 관세인하 협정이 이루어졌다. 그 결과, 상호 약속한 관세인하율과 관세인하의 효과를 확보하는 데 필요한 무역에 관한 조약이 필요했고, 이러한 조약의 규정이 GATT이다.[08]

이처럼 GATT는 제2차 세계대전 후 국제무역의 기본질서를 규율하는 국가간의 협정으로서, 지난 45년간 내국민대우, 최혜국대우, 자유무역, 공정무역의 기본원칙을 추구하면서 세계무역의 확대에 지대한 역할을 해 왔다.

GATT의 근본적인 설립 목적은 다음과 같다.[09]

첫째, 무역관련 행위에 대해 하나의 질서 있는 체계를 제공한다.

둘째, 개별국가들이 일방적 행위를 하는 것을 방지하여 1930년대와 같은 무역전쟁이 반복되는 것을 최소화할 관리법규 및 규정에 대한 제도를 제공한다.

셋째, 무역장벽을 점진적으로 제거하기 위한 국제법상의 기구를 제공한다.

이는 경제적 효율성과 정의(equity)를 기초로 한다. 경제적 효율성에 대한 인식은 보호무역보다는 자유무역 제도에 의해 효율적으로 자원을 배분하고 경제를 성장시킬 것이라고 회원국들은 믿었다. 또한 정의에 대해서는 일단의 규정과 조항들이 강대국의 일방적 행위의 가능성을 감소시켜 약소국이 더 많은 혜택을 누릴 것이라 생각하였다.

② GATT체제의 기본원칙

GATT는 무역자유화를 통해 무역을 확대하고 세계경제의 재건과 발전을 이루어내기 위해 자유무역주의 원칙, 무차별주의 원칙, 다자주의 원칙의 3대 원칙을 기본핵심으로 삼고 있다.

- 자유무역주의 원칙: 관세 및 수입수량 제한은 자유로운 무역을 제한하는 가장 기본적인 무역장벽이다. GATT는 회원국 상호간의 관세율 인하 협정을 통해 자유무역주의 원칙을 달성해 나갔고, 각 회원국이 특별한 예외의 경우를 제외하고 수량제한 조치를 사용하지 않는 것을 원칙으로 하는 규정을 만들었다.
- 무차별주의 원칙(최혜국대우 원칙): 국제무역이 무차별적으로 이루어져야 한

08 박종수 외, 앞의 책, 삼영사, pp. 114~115.

09 박희종 · 권영민, 국제통상정책론, 두남, 2012, p. 175.

다는 원칙으로 회원국간에 차별 없이 관세율, 기타 교역조건에 동일한 조건을 적용해야 한다는 것이다. 이를 최혜국대우 원칙이라고 한다.

- 다자주의 원칙: GATT의 이행과정에서 당사국간의 문제가 발생할 경우 우선 당사국간의 해결을 원칙으로 하고 있으나, 당사국간에 해결이 되지 않을 경우 다수의 GATT가맹국이 참여하는 다자주의의 원칙에 따라 해결한다는 규정을 설정해 두고 있다.

(2) WTO체제

① WTO의 성립배경

1994년 4월 모로코의 마라케쉬에서 개최된 우루과이라운드(Uruguay Round: UR) 각료회의에서 최종의정서에 서명함으로써 1986년 우루과이 푼타 델 에스테에서 출범하여 7년 이상 끌어온 UR협상이 마침내 공식적으로 마무리되었다. 지난 47년 동안 세계 교역을 관할해 온 GATT체제는 막을 내리고 보다 강력한 권한을 가신 WTO체제가 도래하게 되었다. UR의 타결과 WTO체제의 출범은 1970년대 이래 만연한 신보호주의(Neo-Protectionism)라 불리는 세계무역질서의 흐름을 다시 자유주의로 돌려 놓았다는 데 큰 의의가 있다.

UR 협정의 결과, 서비스, 지적재산권, 국제투자 등을 포괄하는 국제규범이 제정되어 자유무역의 범위를 더욱 확장시켰고, 개도국의 관심분야인 반덤핑, 상계관세, 긴급수입제한조치, 섬유 분야 등에서 규범이 한층 강화되었다. 또한 개도국뿐만 아니라 선진국의 관세수준과 비관세장벽이 완화되고 WTO 창설로 보다 강화된 분쟁해결절차가 마련되었다.

WTO의 출범은 WTO협정에 의해 세계경제가 하나의 규범과 하나의 기구로 통합되어 한 지붕 경제권이 형성됨을 의미한다. 이에 따라 산업, 무역의 세계화와 함께 국경 없는 무한경쟁시대로 돌입하는 새로운 국제무역환경의 기반이 조성되었다고 볼 수 있고, 동시에 세계경제의 새로운 통상의 시대가 열리게 되었다.[10]

GATT가 현행 계약적 성격이 짙은 단순한 국제협력에 불과하다면, WTO는 자체의 기능을 수행하는 데 필요한 법적 능력이 부여되고, 자체 기능 수행에 필요한 특

10 조용득, 국제경제기구와 세계경제질서, 형설출판사, 2003, p. 73.

권과 면제 부여가 인정되는, 법인격[11]이 부여된 강력한 국제무역기구의 성격으로 설립되었다. 따라서 GATT체제와 달리 회원국의 협약불이행에 대해 분쟁해결절차를 통해 강력한 제재를 가할 수 있게 되었다. 또한 GATT체제하에서 배제되었던 서비스교역, 지적재산권분야 및 섬유, 농업분야를 포함한 교역에 관한 거의 모든 분야를 다루고 있으며 무역정책검토기구를 두어 각국의 무역정책과 관행을 주기적으로 감시하게 하고 있다. 발전단계가 낮은 국가들의 협약 시행의 어려움을 고려하여 개발도상국에 대해 협약시행 유예기간을 부여하여 모든 개발도상국들의 참여를 이끌어 내고 있다.

② WTO의 기본원칙

- 최혜국대우 원칙(Most Favored Nation Treatment: MFN): WTO 협정의 모든 분야의 핵심원칙으로 특정국가에 대해서 다른 국가보다 불리한 교역조건을 부여해서는 안 된다는 원칙이다. 만약 한 교역상대국에 대하여 특정상품에 3%의 낮은 수입관세율을 적용하고 있다면, 이 관세율은 자동적으로 WTO의 모든 회원국들에게 적용되어야 한다는 것이다.
- 내국민대우 원칙(National Treatment: NT): 국내에서 외국상품과 내국상품을 취급함에 있어서 차별을 하지 않고 똑같이 대우해야 한다는 원칙이다. 즉 외국을 원산지로 하는 상품이 국내에 유통될 때, 국산품과 동등한 수준의 세금, 부과금, 규제를 적용받아야 한다는 것이다.
- 시장접근 보장의 원칙(Market Access: MA): 재화와 용역의 공급에 대해 관세나 조세 이외의 모든 제한을 철폐해야 한다는 원칙으로 시장개방의 확대에 목적을 두고 있다. 이 원칙을 적용하여 우루과이라운드에서 농산물분야의 비관세장벽이 거의 모두 관세화되었으며, 관세조치가 불가능한 서비스 및 투자관련 부문에서는 WTO에서 약속한 규제조치 이상은 하지 못하도록 정하고 있다.
- 투명성(Transparency)의 원칙: 각국의 행정이나 사법기관의 의사결정과 법령

11 권리 · 의무의 주체가 될 수 있는 자격. 민법 제3조에 "사람은 생존한 동안 권리와 의무의 주체가 된다"라고 밝히고 있는 것이 바로 법인격을 의미한다. 법인격(法人格)은 자연인은 물론 법인(法人)도 가진다. 법인에는 공법인과 사법인이 있는데 지방자치단체 · 공공조합 등의 공공단체도 법인격이 부여되어 있다.

적용, 제도운용이 합리적이며 예측 가능해야 하고, 결정에 관한 이유가 고지되어야 하며, 그러한 결정의 기초가 되는 모든 법령 및 자료가 공개돼야 한다는 원칙이다.

③ WTO의 특징

WTO는 GATT가 관장할 수 없었던 농산물, 서비스, 지적재산권, 섬유분야, 무역관련 투자 등 새로운 분야를 포함한 광범위한 체제로서 기존의 GATT와 다른 다음과 같은 특징을 가지고 있다.[12]

- 협정분야의 다양성: WTO는 기존 GATT체제하에서 배제되었던 서비스교역, 지적재산권, 무역관련 투자 증 새로운 분야에 대한 내용이 있고 상품교역분야에서도 GATT규정의 효력이 미치지 못한 농업 및 섬유분야를 WTO체제로 포함시켰다.
- 신속한 의사결정: WTO의 기본 의사결정방식은 만장일치를 원칙으로 삼고 있지만 신속한 의사결정을 위해 회원국간에 합의가 도출되지 않을 경우 다수결에 의한 표결방식을 채택하고 있을 뿐 아니라 의사결정 시한도 정하고 있다.
- 분쟁해결 및 조정능력 제고: WTO체제는 모든 회원국들이 제반협정을 엄격히 준수할 것을 요구하고 있다. WTO는 특정 회원국의 협약 불이행 관련 당사국들이 피해보상을 요구할 수 있으며, 보상에 대한 합의가 성립되지 못하면 WTO의 분쟁해결절차를 통해 강력한 제제조치를 취할 수 있다. WTO는 분쟁해소를 위해 분쟁해결기구(Dispute Settlement Body: DSB)를 설치하였다.
- 무역정책의 주기적 검토: WTO는 산하에 무역정책검토기구(Trade Policy Review Body: TPRB)를 설치하여 모든 회원국의 무역과 관련된 정책, 제도, 관행을 주기적으로 검토하고 있다.
- 경제발전단계별 고려: WTO는 경제발전이 낙후된 회원국들이 협정 시행 시 어려움이 따를 것을 예상하고 개발도상국, 최빈개발도상국 등 경제발전단계에 따라 협정시행 유예기간을 부여하고 있다.

12 박종수 외, 앞의 책, 삼영사, pp. 123~124.

2) 국제통화기금

국제통화기금(International Monetary Fund: IMF)은 국제통화금융협정(Agreement of the International Monetary Fund)이 1945년 12월 27일 발효됨으로써 설립되었다. 세계무역의 안정된 확대를 통하여 회원국들의 고용증대, 소득증가, 생산자원개발에 기여하는 것을 궁극적인 목적으로 한다. 이를 위해 IMF는 회원국의 환율정책을 점검하고, 외환정책에 대한 정책방향을 제시하여 국제금융질서를 유지하도록 한다. 또한 회원국으로부터 국제수지 적자로 어려움을 겪는 회원국에게 자금을 대여해 줌으로써 국제수지 적자를 해소하고 통화가치를 안정시킬 수 있도록 한다.[13]

3) 세계부흥개발은행

세계부흥개발은행(International Bank for Reconstruction and Development: IBRD)은 1944년 브레턴우즈회의에서 채택된 협정에 따라 1945년 설립되었다. IBRD의 최초 설립 목적은 장기개발자금의 공여를 통하여 제2차 세계대전 후 경제의 부흥을 도모함과 동시에 개도국의 경제개발을 지원하는 것이었다. 그러나 미국이 유럽의 경제재건을 위해 마셜플랜을 독자적으로 실시하자, IBRD는 개도국에 대한 장기개발자금의 공급에 주력하게 되었다.[14]

현재는 주로 개발도상국에 대한 원조기관의 역할을 하고 있다. 주요업무는 회원국의 개발계획에 대한 장기자금대출, 국제개발협회(International Development Association: IDA)에 대한 증여, 개발계획의 조사 및 채권국 회의의 소집 등이며, 자금원은 회원국에 대한 지분할당에 의한 자기자본금, 채권발행 등이다.

4) OECD

경제협력개발기구(Organization for Economic Cooperation and Development: OECD)는 2차 세계대전 후 서유럽의 경제부흥을 위해 미국이 구상한 마셜

13 김미아, 국제경제원론, 두남, 2014, pp. 356~357.
14 조용득, 앞의 책, 형설출판사, 2003, pp. 212~213.

플랜에 따라 결성된 유럽경제협력기구(OEEC)가 확대되면서 1961년 설립되었다.

OEEC 회원국은 서유럽 18개국이었으나 1961년 OECD로 개편되면서 미국, 캐나다가 가입하여 20개국이 되었고 그 이후 회원국이 추가로 가입하여 2014년 현재 34개국[15]이다.

OECD는 국제규범을 직접 제정하거나 협상을 위한 WTO와 같은 국제기구가 아니라 회원국들의 경제성장촉진과 경제운용의 효율성을 높이기 위해 필요한 경제정책의 기본방향과 지침을 채택하여 정부차원의 토의 및 협정을 위한 클럽형태의 협의기구이다. 따라서 OECD는 주요 경제공동체인 WTO, EU, 북미자유무역협정(North American Free Agreement: NAFTA) 등과 달리 강제성보다는 회원국들간의 합의에 기초하여 운영되는 조직이다. 또한 OECD는 국제무역분야와 국제통화와 같은 경제정책의 특정분야만 다루는 GATT나 IMF와 달리 국제경제관계의 4대 기본분야인 개발원조, 금융, 무역, 직접투자는 물론이고 에너지, 고용, 교육, 소비자 보호 등 모든 경제, 사회, 복지문제를 포괄하는 종합적인 경제협의기구이다.[16]

5) 유엔무역개발기구

GATT체제하에 국제무역질서가 저개발국의 수출을 증대시키는 데 큰 도움이 되지 못하였고 선진국과 개발도상국간의 경제적 격차가 더욱 커지자 남북문제[17]가 중요한 국제 이슈로 등장하였다. 문제해결 노력의 하나로 GATT는 하벌러 보고서[18]에 따라 개발도상국의 무역확대를 저해하는 주된 요인으로 선진국의 수입제한, 높은

15 http://www.oecd.org/about/membersandpartners

16 조용득, 앞의 책, 형설출판사, 2003, p. 307.

17 남북문제란 북반구에 위치하는 선진국과 남반구에 위치하는 개도국 사이의 경제적 격차에 따른 불평등 문제를 뜻한다.

18 남북문제에 당면한 GATT는 1957년 하벌러(Haberler) 등 4명의 경제학자에게 남북문제와 관련된 GATT 활동을 조사, 보고하도록 위촉하였고, 1958년 하벌러 보고서(Haberler Report: Trends in International Trade)가 GATT에 제출되었다. 하벌러 보고서는 그동안 선진 산업국의 농업보호주의로 인하여 개도국들이 불이익을 당해 왔다는 점을 지적하였고, GATT는 하벌러 보고서의 제안에 따라 1964년 11월 GATT 협정문에 제4부 무역과 개발(Part IV, Trade and Development)을 새롭게 추가하여 개도국에 대한 특별우대를 허용하는 소위 개도국 조항을 신설하였다(http://ask.nate.com/knote/view.html?num=2811876).

관세 등을 들고 1차 상품의 수급 및 가격안정을 목적으로 한 국제상품협정(International Commodity Agreements: ICA), 국제유동성의 증가, 선진국에 의한 경제원조의 확대, 선진국의 1차 상품에 대한 관세인하, 선진국 농업보호정책의 완화들을 제안하였다.[19] 그러나 이러한 제안들이 선진국들의 미온적 협조로 실현되지 못하자, 개도국들은 선진국 위주의 GATT체제를 비난하고 선진국과 개도국간의 무역문제를 논의할 국제회의인 유엔국제무역개발회의(United Nations Conference on Trade and Development: UNCTAD)를 1964년 창설하고 개최하였다.

한편 UNCTAD 총회의 개최에 앞서 준비위원회에 제출한 프레비쉬 보고서[20]에서는 남북문제 해결을 위해 기존의 국제경제체제를 개혁해야 한다고 주장하면서, 남북문제의 전개방향을 제안하여 UNCTAD 총회의 주제 선정의 기초를 제공하였다.

6) 국제개발협회

국제개발협회(International Development Association: IDA)는 개발도상국의 경제개발을 돕기 위해 국제금융기구로서 IBRD보다 좋은 조건의 차관을 공여하기 위해서 1960년 설립되었다. 필요한 재원은 IBRD의 수익금과 선진국들의 투자금으로 이루어진다. 국제개발협회의 가장 큰 특징은 자금을 무이자로 대출한다는 점이다.

7) 국제금융공사

국제금융공사(International Finance Corporation: IFC)는 개발도상국의 민간부분이나 민간 부분과 연관된 정부기관에서 투자하며, 자본시장의 개발을 지원하고 국제 민간자본의 유입을 촉진함으로써 세계은행의 활동을 지원하는 것을 목적으로 1956년 설립되었다.

8) 세계지적재산기구

1974년 UN의 전문기구가 된 세계지적재산기구(World International Property

19 박희종 외, 앞의 책, 두남, 2012, p. 307.

20 R. Prebisch, *Towards a New Trade Policy for Development*, New York: United Nations, 1964.

Organization: WIPO)는 국제법 및 공동 네트워크 구축 등의 국제적 보호 시스템을 통해 경제 · 사회 · 문화 발전을 이끄는 지적재산권의 개발을 촉진하는 데 목적이 있다. 이를 위해 WIPO는 협약의 수락 및 개정을 촉진하는 일을 하며, 개발도상국에 대해서는 지적재산권에 관한 법적 · 기술적 측면의 원조를 하고 있다.

9) 국제농업개발기금

국제농업개발기금(International Fund for Agricultural Development: IFAD)은 개발도상국의 농업 개발과 식량 생산 증대를 위해 설립된 국제연합(UN)의 전문기관으로 1977년 설립되었다. IFAD는 매우 좋은 조건의 융자를 제공하고 있으며, 수혜국의 농업생산 및 고용 증진과 영양 및 소득배분 개선을 위해 지원하고 있다.

10) UN국제무역거래법위원회

UN국제무역거래법위원회(United Nations Commission on International Trade Law: UNCITRAL)는 국제상거래법의 전진적인 조화와 통일을 정부간 측면에서 효과적으로 추진하기 위해 UN부속기관으로 1966년 설립되었다. 2014년 현재 UN총회에서 선출된 60개국으로 구성되어 있으며 본부는 오스트리아 빈에 있다.

그리고 매년 국제거래에 관련된 협약의 원문을 수록하는 핸드북과 연간활동을 담고 있는 Year Book을 발간하고 있다. 1996년 전자상거래 모델법(UNCITRAL Model Law on Electronic Commerce)을 채택하고 국제간 거래에 있어 전자상거래의 사용을 합법화할 법률적 기초를 제공하고 있다.

11) 사법통일국제연구소

1926년 설립된 사법통일국제연구소(International Institute for the Unification of Private Law: UNIDROIT)는 국제사법의 통일성과 일관성 향상을 목적으로 설립된 국제기구로 현재 62개[21] 회원국으로 구성되어 있다. 국가간 상법의 표준화에 힘쓰고 있으며, 국제금융리스협약, 국제팩토링협약 등 국제거래와 관련된 연구를

21 http://www.unidroit.org/about-unidroit/overview

통해 각종 협약을 채택하고 있다.

12) 국제상업회의소

국제상업회의소(International Chamber of Commerce: ICC)는 1919년 설립되어 전 세계 130여 개국 경제단체와 기업이 회원으로 가입하고 있는 세계 최대의 민간 국제경제기구다. 비정부간 기구로서 UN의 자문 역할을 담당하고 있으며, 국제통상분야에서 민간기업의 활동을 촉진하고 건전한 시장경제체제의 발전을 도모하는 한편, 국제무역규칙 제정 및 기업인 간의 교류를 통한 국제경제협력의 기회를 확대하는 데 그 목적을 두고 있다. ICC는 INCOTERMS(INternational COmmercial TERMS)[22]와 신용장 통일규칙 등 국제거래관습을 제정하고 있다.

13) 국제법협회

1873년 설립된 국제법협회(International Law Association: ILA)는 국제법의 연구, 설명, 개발과 국제법에 대한 존중 및 국제적 이해 증진을 목적으로 한다. 국제법협회는 비정부기구이면서 동시에 UN 전문기구들의 자문기관이기도 하다. 2011년 기준으로 한국을 포함하여 전 세계 46개국에 지부를 두고 있다.

3. 사회분야

1) 국제노동기구

국제노동기구(International Labor Organization: ILO)는 1919년 4월 베르사유 조약에 의거하여 설립되었으며, 사회정의에 기초한 세계평화를 실현하고 근로조건의 개선을 위한 국내적 · 국제적 노력을 기울이며, 결사의 자유를 확보하는 것을 목적으로 한다. ILO는 근로조건 및 생활조건 개선을 위해 국제 프로그램 및 정책을

22 무역용어의 해설을 통일하기 위하여 ICC가 정한 국제적 관용 무역용어 규칙(두산백과 참조).

수립하고, 직업훈련, 인력계획, 직업안전 및 건강분야 등의 기술협력 프로그램을 통해 회원국을 지원한다.

2) 유엔식량농업기구

유엔식량농업기구(Food and Agriculture Organization of the United Nations: FAO)는 식량과 농산물의 생산 및 분배능률 증진, 농민의 생활수준 향상 등을 목적으로 1945년 설립되었다. 종자생산, 천연자원과 토양보존, 비료 및 방충제의 적절한 사용, 양식업을 포함한 해상 및 연안어업 및 재생 가능한 에너지 자원 개발의 촉진 등과 관련된 업무를 하고 있다.

3) 세계보건기구

세계보건기구(World Health Organization: WHO)는 세계 인류가 신체적 · 정신적으로 최고의 건강 수준에 도달하는 것을 목적으로 1948년 설립되었다.

국제보건사업을 지도하고 조정하며, 회원국 정부의 요청이 있을 경우에 요청국의 보건부문 발전을 위한 원조를 제공한다. 평상시 및 긴급사태 발생 시에 각국 정부에 기술 원조를 제공하고, 전염병과 풍토병, 기타 질병의 퇴치사업을 수행한다. 필요시에 타 전문기구와 긴밀히 협조하여 영양, 주택, 위생, 오락, 근로조건 및 환경위생을 증진시키는 활동을 펼친다.

4) 유엔아동기금

유엔아동기금(United Nations Children's Fund: UNICEF)은 전쟁 피해 아동과 청소년 보호를 위해 1946년 설립된 UN직속기구이다. UNICEF는 민간 및 정부기부금으로 가난한 국가의 굶주리는 어린이를 위해 활동한다. 긴급 구호, 영양, 예방접종, 식수문제 및 환경 개선, 기초교육 등과 관련된 업무를 하고 있다.

5) 유엔난민고등판무관

유엔난민고등판무관(Office of the United Nations High Commission for

Refugee: UNHCR)은 1951년 설립되어 난민의 보호 및 난민문제의 항구적 해결책 마련을 목표로 활동한다. 전 세계 거의 모든 분쟁지역에는 UNHCR 지역사무소가 설치되어 있으며, 난민문제를 다루는 데 있어서 철저히 인도주의적 관점을 고려한다.

6) 국제민간항공기구

1944년 설립된 민간항공의 안전과 발전을 목적으로 하는 정부차원의 국제협력기구이다. 국제민간항공기구(International Civil Aviation Organization: ICAO)는 국제비행에 사용되는 항공지도의 제작과 항공기 통신제도를 책임지고 관세, 이민, 위생당국과 관련된 절차를 축소함으로써 항공기, 승객, 승무원, 수화물의 국경간 이동을 촉진한다.

7) 만국우편연합

만국우편연합(Universal Postal Union: UPU)은 1874년에 출범한 유엔전문기구로서 가장 오래된 유엔의 전문기관 중 하나이다. 우편영역의 단일화, 우편물 중계의 자유보장, 우편요금의 표준화, 우편분쟁의 중재, 우편업무의 개선을 위한 국제협력과 기술원조 등이 만국우편연합이 지향하는 목적이라 할 수 있다.[23]

8) 세계기상기구

세계기상기구(World Meteorology Organization: WMO)는 기상관측 또는 기상학과 관련된 지구물리학적 관측을 위한 관측망을 구성하는 데 필요한 범세계적인 협력관계를 도모하기 위하여 1950년 창설되었다.

9) 국제해사기구

국제해사기구(International Maritime Organization: IMO)는 국제무역에 종사

23 한국박물관연구회, 한국의 박물관: 우표, 문예마당, 2001.6.28.

하는 선박에 영향을 미치는 모든 종류의 기술적 문제와 관련되는 정부 규제 및 실행 분야에서 각국 정부가 서로 협력하는 것을 목적으로 1948년 설립되었다. IMO의 활동으로 해양생물의 안전, 선박에 의한 환경오염방지, 선원에 대한 훈련 및 자격증명, 해상에서의 충돌예방 등과 관련된 많은 협약이 채택되었다.

4. 환경분야

1) 유엔환경계획

유엔환경계획(United Nations Environment Programme: UNEP)은 1972년 지구 환경문제를 다루기 위해 UN 산하에 창설한 환경문제 전담 국제기구이다. 주요 역할은 유엔기구가 이행하고 있는 환경에 관한 제반활동을 종합적으로 조정 · 관리하며, 아직 착수하고 있지 않은 환경문제에 대해 국제적인 협력을 추진하는 것이다. 프로그램은 환경보전 및 관리, 생태계, 자연재해, 에너지, 지구관찰 분야를 아우르며, 환경생태에 대한 연례보고서를 작성하고, 중요한 환경문제에 대해서 각국 정부의 주의를 환기시킨다.

2) 기후변화협약

1992년 체결된 기후변화협약(United Nations Framework Convention on Climate Change)은 온실가스 배출을 규제하여 지구 온난화 방지를 목적으로 한다. 협약의 내용은 기본원칙, 온실가스 규제문제, 재정지원 및 기술이전문제, 특수상황에 처한 국가에 대한 고려로 구성되어 있다.

3) 지구환경금융

지구환경금융(Global Environment Facility: GEF)은 IBRD에 의해 1990년 창설된 국제기금으로 생물다양성 보존, 국제수역 보호, 지구온난화방지, 오존층보호 등 지구환경보전을 위한 개발도상국의 환경보호대책을 지원한다.

5. 문화 및 인권분야

1) 유네스코

1945년에 설립된 국제연합교육과학문화기구(United Nations Educational Scientific and Cultural Organization: UNESCO)는 영문 첫 글자를 따서 '유네스코'라고 더 널리 불려진다. 설립 목적은 UN헌장에서 선언된 기본적 자유와 인권 그리고 법의 지배, 더욱 보편적인 정의의 구현을 위하여 국가간의 교육, 과학, 그리고 문화 교류를 통한 국제협력을 촉진함으로써 평화와 안전에 기여하는 데 있다.

문맹 퇴치 및 의무교육의 보급을 위한 활동과 세계 유산의 등록 등 역사적인 기록 유산에 대한 보전사업을 실시한다.

2) 미주인권협약

1969년 미주인권특별회의에서 채택되어 1978년 7월 18일 발효되었다. 미주인권협약 회원국의 조약위반사례 발견 시 미주인권위원회(Inter-American Commission of Human Right)에 권리침해를 주장하는 통보나 청원을 접수한 후, 수락 여부를 검토하고, 관련국가간의 우호적 해결 가능성을 모색한다. 해결이 불가능할 때 미주인권위원회는 사실을 설명하고 결론을 진술하는 보고서를 작성하여 관련국가에게 제출한다. 보고서 제출 후 3개월 이내에 미주인권위원회나 관련국은 그 사건을 미주인권재판소에 제출할 것인가를 결정한다. 1990년에 사형폐지에 관한 의정서를 채택하였다.

Chapter 03

국제제도 분석

제1절 국제경제질서

1. 세계경제환경의 변화와 그 영향

1990년대 이후의 세계경제에서는 기술력이 경쟁우위의 핵심요소가 되었다. 지역별 소비성향은 세계적으로 동질화되는 반면, 개인별 소비패턴은 개성화를 추구하고 있다. 제도적 측면에서는 WTO의 출범과 지역화의 심화로 국가경제 개방화와 국내제도의 국제적 조화를 촉진하고 있다. 이러한 변화로 인해 경제적 의미의 국경이 사라진 현재, 국가경쟁력을 어떻게 제고할 것인가 하는 문제는 국가의 일차적 과제로 부각되고 있으며, 국제경쟁으로 인해 세계로 확대된 시장에서 무엇으로 성과를 거둘 것인가 하는 문제는 기업의 화두로 등장한 지 이미 오래다. 기업이 이러한 변화에 적응하는 과정에서 기업의 세계화가 추진되고 있으며, 그 결과, 기업은 국가에 구속받는 존재에서 초국가적 존재로 변화되고 있다.

신기술의 발달은 시장간의 차이를 해소하면서 세계시장의 통합을 빠르게 진행시키고 있다. 즉, 통신기술과 대중매체의 급속한 발달로 한 지역에서 발생하는 유행과 신제품 정보는 순식간에 전 세계로 전파되고 있다. 그리고 과거 지역별 수요특성의 차이는 사라졌고, 소비자는 세계적으로 동일한 정보를 가지고 제품에 대한 동질의 욕구를 가지게 되었다. 이러한 "값싸고 품질 좋은 제품을 지향하는" 소비자의 욕구가 동질화됨에 따라 세계화된 시장 안에서 경쟁하게 된 기업들은 제품 개발을 위해 부단한 노력을 하고 있다.

세계경제환경의 통합적 변화는 제도와 기술, 그리고 조직 측면에 그 영향을 미치고 있다.

1) 제도적 환경의 변화

(1) WTO체제의 출범과 DDA

제2차 세계대전 이후 브레턴우즈에서 시도된 세계무역을 담당할 국제무역기구(ITO)의 설립은 미국의 반대로 실패하였다. 세계무역 마찰 이슈를 전담할 대안으로 GATT가 출발하였지만, 회원국간의 합의를 전제로 한 국가간의 협정이었으므로 구속성이 없었다.

1980년대에 들어서 국제무역구조와 환경은 더욱 복잡해졌다. 신흥공업국을 위시한 개발도상국들이 크게 성장하고 다국적 기업이 발달하면서 국제거래는 다원적이고도 다양한 형태를 띠게 되었다. 즉, 전통적인 상품무역뿐만 아니라 서비스나 지적재산권, 해외투자 등 새로운 분야의 거래도 크게 증가하였으며, 국가간의 경쟁이 치열한 가운데 보호무역적 분위기가 팽배하여 통상 마찰이 빈번하게 일어났다. 이러한 변화 속에 구속적 규범이 없는 GATT체제의 한계를 극복하기 위해, 우루과이라운드가 출범하게 되었다. 즉, GATT체제하의 8차 다자간 무역협상인 우루과이라운드는 세계경제를 규제하는 구속적인 규범과 하나의 기구를 설립할 목표를 가지고 출발하게 된 것이다.[01]

우루과이라운드 협상의 결과에 따라 1995년 법인격을 가진 공식적인 국제무역기구로서 세계무역기구(WTO)가 탄생하게 되었다. 국제거래를 하는 WTO 회원국간에 맺어진 WTO협정은 국제상거래를 위한 법률적 기본원칙을 제공하고 있으며, 정부에 의해 합의된 협정이지만, 상품 및 서비스의 생산자와 수출, 수입업자를 돕는 데 그 목적을 두고 있다.

01 김기영 · 정행득 · 권태한, 국제경제의 이해, 두남, 2011, p. 216.

1993년 우루과이라운드 협상을 타결하면서 WTO회원국들은 농산물과 서비스 분야의 시장 자유화가 충분하지 못하다고 평가하여 이 두 분야에 대한 시장개방 협상을 2000년부터 다시 하기로 약속하였다. 이 외에도 공산품 분야에 대한 무역 자유화 및 국제무역환경의 변화를 반영할 새로운 무역규범을 제정할 필요성이 제기되었다.

이에 따라 2001년 카타르 도하에서 개최된 제4차 WTO각료회의에서 WTO가 추구하는 원칙과 목적을 재확인하고, 보호주의 조치를 억제하며, 각국 무역정책의 개혁 및 자유화로 새로운 무역질서를 정한다는 목표하에 도하 개발 어젠다(Doha Development Agenda: DDA)로 명명된 새로운 다자간 협상이 시작되었다.[02] DDA 협상은 3년 이내에 끝낼 계획이었으나 의제에 대한 각국간의 이해 대립으로 인하여 2013년 12월에서야 비로소 타결되었다.[03]

(2) 지역화의 확산

우루과이라운드의 타결과 WTO 출범을 통해서 역외국을 차별하는 지역주의화 경향은 해소될 것으로 기대되었으나, 인접국 또는 경제적 이해를 같이하는 국가간의 지역주의는 더욱 활발해지고 있는 경향을 보이고 있다. 그 결과, 현재 세계무역질서는 WTO 출범과 더불어 다자주의 무역체제가 형성되어 가고 있는 가운데, 지리적으로 인접하고 경제의 상호의존도가 높은 국가간의 경제블록 형성이 확산되는 추세이다. 대표적인 지역 경제블록으로서는 유럽연합(EU), 북미자유무역지대(NAFTA), 아세안 자유무역지역(AFTA), 아시아 태평양 경제협력체(APEC) 등을 들 수 있다.

이러한 지역화가 지속적으로 추진되는 이유는 선진국들이 WTO의 현행규범만으로는 공정무역을 달성하기 어렵다는 생각을 하기 때문이다. 따라서 지역화는 각국 경제가 세계화하는 과도기적 단계로서 다자체제의 발전에 보완적 역할을 수행하면서도 동시에 역내국에 대한 특혜 부여로 상대적으로 역외국을 차별하게 되는 이중성을 갖고 있어 우려의 대상이 되고 있다.[04]

---

02 정재완, 21세기 무역학 개론, 2014, pp. 150~151.

03 농업축산신문, http://www.ncnnews.kr/news/articleView.html?idxno=3763, 2013. 12. 9.

04 조용득, 앞의 책, 2003, p. 18.

2) 기술 및 조직의 변화

1980년대를 전후해서 가속화가 되기 시작한 기술과 조직분야에서의 변화는 제3의 산업혁명이라고 불릴 정도로 빠른 속도로 진행되고 있다. 가장 중요한 변화는 정보통신기술분야에서 이루어지고 있지만 유전공학과 신소재를 비롯한 신기술분야도 향후의 산업구조변화를 주도할 것으로 예상되고 있다. 이와 함께 네트워크 조직형태의 보편화도 경제 전반에 깊은 영향을 미치고 있다. 이와 같은 변화는 세계경제통합을 저해하는 물적 저해요인을 제거하면서 한층 더 심도 있는 통합을 이루어 낼 수 있는 토대를 제공하고 있다는 점에서 역사적 의의를 지니고 있다.[05]

이러한 변화는 세계경제통합과 관련하여 두 가지 시사점을 제공하고 있다.

첫째, 시장의 세계화가 촉진된다는 것이다. 미국시장을 시발점으로 하여 유럽시장, 개도국시장의 순서로 제품이 확산되던 버논(R. Vernon)[06] 식의 순차적 시장확장[07]은 지역에서의 동시적 출하로 바뀌고 거의 시차 없이 전 세계로 확장되고 있다.

둘째, 이러한 변화는 생산의 세계화와는 반대되는 방향으로, 세계화하는 대신 새로운 제품을 개발하기 위한 기술분야에 주력하게 된다. 그리고 그 과정에서 공정기술이 표준화되어 더 이상 발전되지 않는 단계에서 추진하던 생산비 절감형 생산 이전은 점차 필요성을 잃게 되고 따라서 해외생산의 철수가 이루어진다는 것이다.

위와 같은 생산의 회귀경향과는 반대로 유연생산[08]의 도입은 생산의 세계화를 촉진하고 있다. 유연생산은 동일한 생산설비를 사용하면서 생산라인을 신속하게 교체할 수 있도록 함으로써 차별화된 제품을 저렴한 비용으로 생산하는 길을 열고 있다, 이에 따라, 효율적인 제품 생산에 필요한 최소규모가 축소되었다. 즉, 규모의 경제를 위한 집중적인 생산 방식이 점차 사라지고, 표적시장의 규모가 작은 경우에

05 박종수 외, 앞의 책, 삼영사, pp. 83~84.

06 버논(R. Vernon): 미국의 경제학자, 제품수명주기 이론(Product Life Cycle: PLC)을 주창함: Vernon, R., "International Investment and International Trade in the Product Cycle," *Quarterly Journal of Economics*, Vol. 80, 1966, pp. 190~207.

07 신제품 도입기 → 성장기 → 성숙기.

08 공정의 변화에 유연하게 대처하면서 다양한 제품을 자동생산할 수 있는 생산방식. 제품의 다양화를 요구하는 사회적인 요청과 로봇을 비롯하여 수치제어(Numeric Control: NC) 공작기계 등 메커트로닉스의 발전으로 생산의 유연생산방식화가 이루어지게 되었다.

도 과거와는 달리 생산을 현지화할 수 있는 가능성을 높여 주고 있다.

2. 국가와 기업의 구조재편과 세계화

경제환경의 변화에 따라서 국가는 개방체제로, 기업은 초국가적인 형태로 변모함에 따라 세계경제는 국가중심의 무역체제에서 국가와 기업이 대등한 위치로 공존하는 세계화체제로 재편되고 있다.

1) 국가경제의 개방화와 정책환경의 변화

세계경제 변화에 의해 국가경제가 부딪치게 된 가장 큰 변화는 경제체제가 개방경세세제로 재편되고 정부의 직접적인 기업 지원이 어려워지게 되었다는 것이다. 세계경제체제가 개방적으로 개편됨에 따라 자국의 산업이 국제경쟁에서 보호될 수 없게 되고, 기술의 혁신적인 변화 속에서 기술력 향상을 통한 경쟁력 제고가 가장 중요한 정책과제로 등장하게 되었다.

경제환경 변화에 의해 경제정책은 자국기업을 수입경쟁산업에서 보호하거나, 자국수출기업에 대한 지원을 중단하여 국제적인 경쟁이 공정하게 이루어질 수 있도록 변화되었다.

2) 기업의 해외시장 지향과 다국적 생산

(1) 해외시장 지향성의 강화

국제경제환경의 변화가 기업에게 끼친 가장 큰 영향은 일부 무역관련 기업을 제외하고 내수시장에 국한되던 시야를 해외시장으로 확대시켰다는 점에 있다. 즉, 개방으로 인해 글로벌 무한경쟁체제가 보편화되면서, 국내시장에만 국한하여서는 경쟁에서 이길 수 없게 된 반면, 경쟁력만 갖추면 세계시장에서 보다 많은 이윤을 획득할 기회가 주어진 것이다.

(2) 다국적 기업의 보편화

해외시장 진출형태는 수출과 기업간 제휴를 통한 판매의뢰, 기술판매, 해외직접생산 등이 있다. 이 중에 수출이 가장 보편적인 형태이다. 하지만 최근 세계경제는 다국적 기업의 해외직접투자가 증가하면서 생산의 세계화가 촉진되고 있다는 것이 가장 큰 특징이다.

국제 해외직접투자는 1980년대에 연평균 1,000억 달러 수준에 불과했으나, 1990년대에 급속한 증가세를 보이다가 2008년 금융위기 이후 위축되어 크게 감소하였고 2012년에는 1조 3,000억 달러를 기록하였다.[09]

다국적 기업화를 촉진한 것은 정보통신기술의 급속한 발달이다. 다국적 기업의 본부는 원자재의 공급과 제품의 생산, 판매에 이르기까지 지구촌 전역에 있는 광범위한 통신망을 통하여 하부조직을 관리, 감독하면서 밀접한 관계를 유지하므로 하나의 세계경제권으로 접근시키는 역할을 하고 있다.

(3) 세계시장의 재편

세계시장 재편의 큰 흐름을 정리해 보면, 첫째, 지역적인 측면에서는 동질화가 진행되고 있으나, 둘째, 소비자 기호 측면에서는 차별화가 강화되고 있다. 과거 정보통신이 발달하지 않았을 시기에는 해외동향을 빨리 파악할 수 없었으므로 지역별 수요 특성에는 상당한 차이가 있었다. 그러나 오늘날 인터넷, 스마트폰, 이메일 등을 통해 세계 어느 지역이나 빠른 속도로 정보를 교환할 수 있게 되어 세계 어느 한 지역의 유행이나 신제품에 대한 정보는 순식간에 세계로 전파된다. 따라서 세계시장은 정보와 소득의 차이에 의해 격리되었던 국가별 · 지역별 시장을 탈피해서 동질화되고 있으며, 소비자들은 시장 내에서 본인의 기호를 추구하는 현상을 보이고 있다.

---

09 김미아, 앞의 책, 두남, 2014, pp. 29~30.

제2절 국제무역체제

1. GATT와 자유무역체제

1944년 브레턴우즈회담에서 44개 국가의 대표들이 국제무역기구(ITO: International Trade Organization) 창설에 합의하였다. 그러나 ITO의 국제무역기구헌장(Charter for the International Trade Organization)의 내용이 지나치게 자유무역주의의 이상을 반영했다는 이유로 많은 국가가 조인했음에도 불구하고 제안국인 미국을 비롯하여 주요국의 비준을 얻지 못하여 유산되고 말았다.

하지만 국제무역질서의 정립과 세계경제 활성화가 절박한 시대적 상황에 의해 각국 정부는 현실적으로 무역장벽을 낮추기 위한 재협상을 시도한 끝에 1947년 4월부터 제네바에서 23개국이 참가한 가운데 관세인하 협정이 이루어졌나. 그 결과, 상호 약속한 관세인하율과 관세인하의 효과를 확보하는 데 필요한 무역에 관한 조약이 필요하였고, 이러한 조약의 규정이 GATT이다.

이처럼 GATT는 제2차 세계대전 후 국제무역의 기본질서를 규율하는 국가간 협정으로서, 지난 45년간 내국민대우, 최혜국대우, 자유무역, 공정무역의 기본원칙을 추구하면서 세계무역의 확대에 지대한 역할을 해 왔다.

창설 당시 23개국에 불과했던 GATT의 체결국은 우루과이라운드에 와서 123개국으로 늘어났다. GATT는 그동안 여덟 차례의 다자간 무역협상을 통해 제조품과 반제품에 관한 관세를 현격히 낮추어서 세계무역의 급속한 신장에 크게 기여하였다. 이 중, 제1차부터 제6차까지의 다자간 협상은 선진국들 간의 관세인하가 주요 내용이었으나, 제7차 다자간 협상에서는 관세장벽뿐 아니라 비관세장벽의 완화도 주요 관심사로 다루었다. 그리고 1993년에 타결된 우루과이라운드 협정은 GATT 주도하의 여덟 번째 협상이었다.[10] 전 세계적으로 우루과이라운드를 추진하게 된 배경은 1980년대 들어 각국간의 무역불균형의 심화되고, 정보통신의 발달과 서비스 부문의 교역 확대로 GATT규범이 포괄하지 못하는 새로운 분야가 출현함으로써

10 대우경제연구소 편, 우루과이라운드와 한국경제, 한국경제연구소, 1994, pp. 13~14.

새로운 국제적 규범의 필요성이 대두되었기 때문이다.

| 표 3-1 | 다자간 협상 진행 내용

시기	명칭	협상기간	개최장소	참가국 수	주요 내용
1차	–	1947	스위스	23	참가국 간 45,000개 품목 관세양허
2차	–	1949	프랑스	32	기존 체약국과 신규가입국간 교섭으로 5,000개 품목 관세양허
3차	–	1950~1951	영국	34	8,000여 개 품목의 관세양허
4차	–	1956	스위스	22	3,000여 개 품목의 관세양허
5차	Dillon Round	1961~1962	스위스	23	4,400여 개 품목의 관세율을 평균 7% 인하
6차	Kennedy Round	1964~1967	스위스	56	30,000여 개 품목의 관세율을 평균 35% 인하, 우리나라 참여
7차	Tokyo Round	1973~1979	일본	99	33,000여 개 품목의 관세율을 평균 33% 인하, 비관세장벽 제거를 위한 별도의 협정 제정
8차	Urugyay Round	1986~1993	우루과이	119	농산물 및 섬유류를 GATT에 편입, 무역관련투자, 지식재산권, 서비스 등에 대해서도 협정체결, 분쟁해결 규칙 신설, WTO 설립

자료: 외교부, GATT가 주관한 다자간 협상 내용.[11]

GATT는 관세인하 및 무역제한의 완화를 통해 국제무역이 확대되는 성과를 거두었지만 반면에 다음과 같은 한계점을 가지고 있었다.[12]

첫째, GATT는 수량제한의 금지와 관세장벽의 완화에 중점을 두고 있었기 때문에 비관세장벽의 완화에는 제대로 역할을 수행하지 못했다.

둘째, 상품만을 대상으로 했기 때문에 서비스와 같은 상품 이외의 무역은 규범범위에 포함되지 못했고 상품 중에서도 농산품, 섬유 등의 분야는 제외되어 범위가 제한적이었다.

셋째, 여러 국가들의 의견이 복잡하게 반영되어 규정에 통일성이 없고, 예외조

11 정재완, 앞의 책, 2014, p. 134.

12 박희종 외, 앞의 책, 두남, 2012, pp. 190~191.

치와 비현실적인 조항이 많아 규범효력이 약화되어 있었으며, 구체적이지 못한 규정이 많아 국가간의 마찰 발생의 소지가 많았다.

넷째, GATT는 각국이 행정권의 범위 내에서 의무를 수락하고 있었기 때문에 국제협정으로서의 법적 구속력이 약한 한계를 가지고 있었다.

2. 우루과이라운드와 WTO

1986년 우루과이 푼타 델 에스테에서 출범하여 7년 이상 끌어온 UR협상이 1994년

| 표 3-2 | GATT체제와 WTO체제의 차이점[13]

구분	GATT체제	WTO체제
국제기구의 성격	• 국제협약 성격 – 기존 GATT 분쟁해결은 분야별로 산재	• 법인격을 갖는 WTO 설립: 분쟁해결을 진담할 상설기구(Dispute Settlement Body) 설치
관세 및 비관세 장벽 완화	• 관세인하에만 주력 • 비관세장벽은 선언적인 규정정립 수준	• 관세인하는 물론 특정분야에 대한 일률적인 관세 철폐 및 하향평준화 달성 • 비관세장벽 철폐 강화: 모든 회색조치의 4년 내 철폐
국제무역 규범범위	• 상품(주로 공산품)	• 공산품 외에 농산물에 대한 규율 강화: 섬유류도 GATT체제로 흡수(10년 내 자유화)
새로운 규범설정	• 서비스, 지적재산권, 투자조치에 대한 규범이 없음	• 서비스, 지적재산권, 투자조치도 규율대상에 포함 • 서비스 협정 제정: 서비스규율원칙 양허계획 작성 • 지적재산권 관련 국제규범 제정: 특허권, 저작권, 상표권 등의 보호기준 및 보호절차 규정 • 투자조치에 대한 협정 제정: 투자조치에 대한 수량제한, 내국민대우 위배조치 금지
무역규범의 강화	• 보조금협정: 보조금 정의 등 불명료 • 반덤핑협정: 반덤핑 조치의 남용 등 자의적 운용 • 여타 다자간 무역규범 미비	• 보조금의 정의 설정 및 규율 강화: 금지, 상계 가능, 허용보조금 • 반덤핑 조치의 발동기준 및 부과절차의 명료화 • 세이프가드협정, 원산지 규정, 선적 전 검사협정 등 제정

13 박종수 외, 앞의 책, 삼영사, pp. 124~125.

4월 모로코의 마라케쉬에서 마침내 공식적으로 마무리되었다. 이로써 지난 47년 동안 세계교역을 관할해 온 GATT체제는 막을 내리고 보다 강력한 권한을 가진 WTO체제가 도래하게 되었다.

UR의 타결과 WTO체제의 출범은 1970년대 이래 만연한 신보호주의(Neo-Protectionism)라 불리는 세계무역질서의 흐름을 다시 자유주의로 돌려 놓았다는 데 큰 의의가 있다. UR협정의 결과, 서비스, 지적재산권, 국제투자 등을 포괄하는 국제규범이 제정되어 자유무역의 범위를 더욱 확장시켰고, 개도국의 관심분야인 반덤핑, 상계관세, 긴급수입제한조치, 섬유 등에서 규범이 한층 강화되었다. 또한 개도국뿐만 아니라 선진국의 관세수준과 비관세장벽이 완화되고 WTO 창설로 보다 강화된 분쟁해결절차가 마련되었다.

3. WTO 도하 개발 어젠다 협상

1993년 우루과이라운드 결과 WTO가 설립되었지만, 전 분야에 걸쳐서 자유화가 충분히 이루어진 것은 아니었으므로 이에 대한 새로운 협상의 필요성이 대두되었다. 이에 WTO회원국들은 2000년부터 추가적인 시장개방협상을 시작하기로 약속하였다.

이에 따라 1999년 미국의 시애틀에서 열린 제3차 각료회의에서 다자간 무역협상을 시도하였으나 합의에 실패하였다. 그 후 2001년 카타르의 수도인 도하에서 개최된 제4차 WTO 각료회의에서 도하 개발 어젠다(Doha Development Agenda: DDA) 협상을 출범시켰다. 2002년 WTO는 DDA협상의 원활한 진행을 위해서 무역협상위원회(Trade Negotiations Committee: TNC)를 일반이사회 산하에 설치하였다. 2008년 합의 직전까지 갔으나 의제에 대한 각 국가간의 이해가 심하게 대립되어 2013년 말 현재까지도 최종타결을 이끌어 내지 못하고 있다.[14]

14 정재완, 앞의 책, 삼영사, 2014, p. 151.

1) 도하 개발 어젠다 협상의 의의

WTO 출범 이후 첫 번째 다자간 무역협상은 개도국들의 입장을 과거 어느 때보다 비중 있게 반영하여 협상을 '도하 개발 어젠다'로 명명하였다. 이는 우루과이라운드 이후 빠른 세계화와 개방화의 물결 속에서 개도국들의 다자무역체제에 대한 통합이 순조롭지 않다는 것을 의미하는 것이다.[15]

(1) 포괄적이고 광범위한 의제 채택

DDA협상은 특정분야만을 다룬다면 각 국가간 손익의 균형을 맞추기 어렵기 때문에 회원국들이 관심을 가지고 있는 모든 분야를 망라하였다. 또한 DDA협상은 UR협상처럼 모든 의제에 대한 논의를 동시 진행, 동시 종결 및 모든 참가국이 각 의제에 대한 협상결과를 모두 수용하는 일괄타결방식(Single Undertaking)을 채택하고 있다.

(2) 개도국의 지원과 세계경제의 지속 성장

DDA협상에서는 무역차원에서 개도국의 경제개발을 지원하는 방법도 중요한 주제로 논의했다. 개도국들은 GATT와 WTO로 대표되는 다자간 무역체제가 선진국에게만 유리하게 되어 있어 개도국의 경제발전을 저해한다고 주장하면서 DDA협상에서는 이를 시정해야 한다고 주장해 왔다.

2) 도하 개발 어젠다 협상의 특징

DDA협상은 UR협상과 비교해 보면 목표와 원칙 면에서 유사하지만 개도국 이슈의 부각과 그동안 진행된 시장개방에 대한 각국의 거부감이 강해지는 등의 세계경제환경의 변화에 따라 다음과 같은 내용을 반영하고 있다.

첫째, 개도국에 대한 특별대우를 해야 한다는 주장이 모든 협상분야에 있어 주요 고려사항이 되고 있다.

둘째, 그동안 주요국들은 GATT와 WTO협상이 아니면 세계시장을 개척할 수 없

15 박종수 외, 앞의 책, 삼영사, 2008, p. 136.

는 상황이었으나, FTA 확산에 따라 각국의 기본입장에 변화가 나타나고 있다.

셋째, 협상의제 면에서 DDA협상은 UR협상보다 좀 더 폭넓고 과감한 논의를 하고 있다. DDA협상에서는 UR협상에서 농업과 서비스 협상이 최대의 난제로 부각되었던 점을 고려하여 농업과 서비스 등의 기설의제(built-in agenda)[16]에 대해 지난 2000년부터 논의를 시작함에 따라 시장개방협상을 조기에 착수하였다.

3) 도하 개발 어젠다 협상의 논의 동향

협상의제 측면에서 살펴보면,[17] 첫째, 시장개방관련 의제로서 농업, 서비스, 비농산물(공산품, 임수산물) 시장 접근의제이다. 시장개방을 위한 협상의제는 모두 일괄타결 대상이 되고 있다. 둘째, 규범관련 의제로서는 반덤핑, 보조금/수산보조금, 지역협정, 분쟁해결 등의 기존 협정 개정과 투자, 경쟁정책, 무역원활화, 정부조달 투명성 등의 신규 규범 제정(싱가포르 이슈) 의제가 포함되고 있다. 셋째, 기타의제로서의 무역과 환경, 지적재산권 등에 관한 의제가 있다. 이러한 협상의제와 함께 개발도상국들이 제기한 이슈로서 우루과이 협상 결과의 이행, 개도국 우대 관련 조항 검토, 공중보건과 관련하여 저렴한 가격의 의약품을 제공하는 문제 등이 포함된 개발관련 의제 등이 있다.

협상 경과 상황을 살펴보면, 2002년 2월 농업, 서비스, 비농산물, 규범, 환경, 지적재산권, 분쟁해결의 7개 분야의 협상기구가 설치되었고, 2003년 3월 이후 주요 협상 의제에 대한 논의가 분야별로 진행되었다. 그러나 2003년 9월 멕시코의 칸쿤에서 열린 제5차 WTO각료회의에서 농업, 비농산물 시장접근에 대한 세부원칙의 기본골격 수립을 합의하고자 하였으나 의견대립으로 협상이 결렬되었다.

칸쿤각료회의 이후 소강상태를 보이던 DDA협상은 2004년 8월 WTO일반이사회가 협상의 기본골격에 대한 합의문을 채택함에 따라 본격적으로 재개되었다. 2005년 12월에 홍콩에서 열린 제6차 WTO각료회의에서는 농산물 수출보조금철폐(2013년 완료) 등을 포함한 각료선언문이 채택되었고, 2006년 4월 말까지 농업, 비

---

16 국제협상을 준비하는 단계에서는 협상당사국간의 협상의 의제에 대한 논의를 하게 되는데, 이러한 논의의 필요 없이 협상 시 당연히 포함되는 의제(외교통상용어사전 참조).

17 김미아 · 유하상, 국제통상학개론, 무역경영사, 2013, p. 66.

농산물 시장접근 등 핵심의제에 대한 세부원칙을 마련하고 7월 말까지 회원국별 이행계획을 제출하기로 합의하였다. 그러나 핵심의제와 관련하여 미국, EU 및 개발도상국간 이견으로 세부원칙에 대한 합의도출에 실패하자, 2006년 7월 27일 WTO사무총장이 DDA협상을 중단한다고 발표하였다. 현재 교착상태에 있는 DDA 협상의 정상화가 시급하다는 데는 모든 회원국이 공감하고 있다.

제3절 국제통화 및 금융체제

1. 국제통화체제

국제통화제도란 국제간 재화와 자본의 이동에 따라 화폐의 지불을 원활하게 수행할 수 있도록 금융결제체계를 확립하려는 국제통화 관리제도를 말한다. 국제통화는 국가간의 거래를 원활히 할 수 있는 결제통화(settlement currency)로서의 역할과 각국이 국제수지 불균형 시에 대비하여 보유하는 대외지급준비통화(reserve currency)로서의 역할, 그리고 외환시장 개입을 위한 개입통화(intervention currency)로서의 역할 등을 수행할 수 있어야 한다.

안정적 국제통화체제는 국제무역의 원활한 흐름에 필수불가결한 요소이다. 미국이 전후에 GATT체제와 함께 IMF를 주축으로 브레턴우즈체제라는 통화체제의 수립에 주도적 역할을 한 것도 전후의 세계경제질서를 자유무역을 근간으로 한 자유주의적 경제질서로 만드는 데 있어 안정적 통화체제의 중요성을 인식했기 때문이다.

또한 전 세계의 국가들이 안정적인 국제통화체제를 수립하고 유지하려고 노력하는 이유는 국내외 정치적 영향의 측면에서 국제통화체제가 각 나라의 국제수지 균형과 밀접하게 연결되어 중요한 영향을 미치기 때문이다. 이러한 국제통화체제의 변천과정을 살펴보면 다음과 같다.

1) 금본위제도(1870~1939)

각국 통화에 대한 환율을 금을 기준으로 하여 결정하는 것을 금본위제도라고 한다.

금본위제도는 1816년 영국이 금을 유일한 화폐로 인정하는 금본위제를 법으로 정함으로써 시작되었는데 1870년대 들어서 독일, 미국, 네덜란드, 노르웨이, 스웨덴, 덴마크, 프랑스, 일본이 금본위제를 채택하였다.

국제적으로 금본위제가 성립할 수 있었던 것은 금이 성질상 상품화폐로서 가장 적합한 수단이었고 미국과 서아프리카에서 대규모 금광이 발견되어 화폐용 금이 충분히 공급되어서 국제유동성 부족의 문제가 없었기 때문이었다. 그러나 금본위제도는 산업이 급속히 발전하고 보호무역이 확대됨에 따라서 외환거래에서의 제약 등으로 인해 자동조절기능이 불가능해지면서 더 이상의 존속이 어렵게 되었다.

2) 브레턴우즈체제(1944~1973)

1차 세계대전의 후유증과 1929년 대공황을 극복하기 위해 세계 각국은 경쟁적으로 자국통화의 평가절하를 시도하였다. 그 결과, 환율의 극심한 변동이 초래되면서 국제금융시장은 극도의 혼란 속에 빠지게 되었다. 이를 수습하기 위해 1944년 연합국 대표들이 미국의 브레턴우즈에 모여 새로운 국제통화제도를 수립하게 되었다.

이 브레턴우즈체제는 미국의 달러화를 35달러당 1온스로 고정하여 기축통화로 정하고, 다른 나라는 미국 달러화에 자국 통화의 환율을 각각 고정시킨 고정환율제도라고 할 수 있다. 미 달러화와의 교환비율을 유지함으로써 환율을 안정시키고자 했고 이러한 브레턴우즈체제를 제대로 운영하고 감시하기 위해 설립된 것이 바로 국제통화기금이라고 불리는 IMF(International Monetary Fund)이다.

브레턴우즈체제는 국가간 환율 안정을 통해 국제교역을 활성화시키는 장점이 있었지만 이 제도가 원활하게 유지되기 위해서는 달러화 가치가 안정적으로 유지되어야 한다는 전제하에 지속 가능하다. 그러나 1960년대 이후 미국이 지속적으로 재정수지와 국제수지가 악화되어 달러화에 대한 신뢰도가 하락하면서 많은 나라들이 달러를 금으로 바꿔 달라는 요청을 하게 되었다. 이에 견디다 못한 미국의 닉슨 대통령은 1971년 달러화의 금태환 정지를 선언하게 되는데 이로써 브레턴우즈체제는 막을 내리게 되었다.

3) 스미소니언체제(1971~1973)

1971년 미국의 금태환 정지가 선언된 이후 같은 해 12월 스미소니언 박물관에서 브레턴우즈체제의 붕괴 이후의 국제통화제도의 혼란을 수습하기 위해 10개국 재무장관회의가 개최되어 달러화의 평가절하를 포함한 주요 통화의 평가재조정과 환율 변동폭의 상하 1%에서 2.25%로의 확대 등에 합의함으로써 스미소니언협정(Smithsonian agreements)을 맺었다.

스미소니언체제는 각국이 고정환율제도의 복귀에 합의한 것이지만 장기간 계속되지 않았다. 1972년 6월 영국이 파운드화의 불안으로 변동환율제를 채택했고, 1973년 2월에는 미국의 국제수지가 더욱 악화되어 두 번에 걸친 평가절하를 단행한 후 주요국가는 혼란을 피하기 위해 변동환율제를 이행했다. 1973년 3월 유럽공동체(EC) 국가는 역내에서는 고정환율제, 역외에 대해서는 변동환율제를 취하는 공동변동환율제를 채택하였다.

4) 킹스턴체제(1976~현재)

고정환율제의 브레턴우즈와 스미소니언체제의 붕괴 이후, IMF 주도로 미국, 프랑스, 독일, 일본이 1976년 자메이카의 킹스턴에서 출범시킨 국제통화제도를 킹스턴체제라 한다. 킹스턴체제의 특징은 IMF가맹국에게 자국의 경제여건에 적합하게 환율제도의 선택권을 부여함으로써, 변동환율제를 사실상 인정한 점과 금본위제를 퇴출시키는 대안으로 특별인출권(Special Drawing Rights: SDR)의 기능을 강화한 것이다. SDR은 일반적으로 쓰이는 통화가 아니며 각국 통화의 가치 평가 등에만 제한적으로 활용하는 통화이다. 킹스턴 합의 이전까지는 각국의 환율이 금이나 달러 등에 고정되어 있었지만, 킹스턴체제 출범 이후에는 각국이 환율제도를 자유롭게 결정할 수 있게 되었다. SDR은 금이나 달러가 가졌던 기축통화로서의 결점을 보완하기 위해 마련되었으며, 가맹국별로 IMF 출자할당액에 비례하여 배분된다.[18]

18 정재완, 앞의 책, 삼영사, 2014, p. 234.

5) 국제통화질서의 재편 동향

변동환율제도 시행 후 환율의 불완전 상태가 지속되었고, 이는 국제무역 및 투자 위축으로 이어져 국제통화 협력이 추진되었다. 1985년 9월 미국, 일본, 독일, 영국, 프랑스 5개국(G5)은 미국의 뉴욕 플라자 호텔에서 국제통화체제의 안정, 적정선의 환율유지 등에 관해 논의하였다. 이 플라자 합의(Plaza Agreement)의 주요 내용은 달러의 평가절하와 각국 경제의 부양이었고, 협정을 계기로 달러화 가치는 급락하여 성과는 성공적이었다. 그러나 미 달러화의 지속적인 가치 하락에도 불구하고 미국의 경상수지 적자가 개선되지 않자, 일본과 독일은 미국에 대해 재정적자를 줄여 경상수지를 개선하도록 요구하였다.

1987년에는 파리 루브르 박물관에서 서방 경제 강국들이 환율의 급격한 변화를 통제하고 통화간의 환율을 합의한 목표범위 내에 묶어두기 위해 경제정책의 조정을 약속하였다. 정해진 목표범위는 미국의 경상수지가 적자를 계속 기록함에 따라 지켜지지 못했고 엔화와 마르크화의 가치가 지속적으로 상승하였다.[19]

1990년대 들어와서도 주요 국제통화간의 환율이 불완전하게 움직이면서 국제금융체제가 불안해지고 외환 및 금융위기가 세계 도처에서 발생하였다. 1992~1993년의 유럽통화체제의 위기, 1994년 멕시코 위기, 1997년 동남아시아 위기, 1998년 러시아 위기, 1999년 브라질 위기, 2002년 아르헨티나 위기 등 금융 위기가 연속적으로 발생하였다.

이렇게 국제금융체제가 불안해지자 국제통화제도에 구조적인 문제가 있다고 인식하여 체제를 개선하려는 논의가 진행되고 있다. 현행 달러화 중심의 기축통화체제에서 SDR을 포함한 보다 다양한 통화 중심의 기축통화체제로의 변화를 주장하는 논의가 있다. 기축통화로서의 달러화의 위치는 1999년 유로화 발행 이후 약화되기도 하였으나, 기축통화로서의 달러화가 다른 통화로 대체되는 데에는 상당한 시간이 걸릴 것으로 예측되고 있다. 아직까지 미국을 대체할 만한 경제력을 가지고 있는 나라가 없고, 미국의 금융시장만큼 풍부한 유동성과 다양한 금융상품이 존재하는 곳이 없기 때문에 달러화는 향후 상당기간 기축통화로서의 지위를 누리게 될 것으로 전망되고 있다. 그러나 국제통화제도의 개혁논의가 계속된 가운데 각 지역

19 김미아, 앞의 책, 두남, 2014, pp. 182~183.

에서는 지역공동통화 창설 움직임도 보이고 있다. EU는 이미 유로화를 도입하여 17개국이 사용하고 있으며 아시아에서는 아시아 단일통화를 도입하자는 안이 제시되었다.

2. 국제금융체제

1) 국제금융시장의 기능

국제금융시장이란 국제적으로 자금의 대차거래가 이루어지는 시장기구를 말한다. 이러한 국제금융시장은 런던 또는 뉴욕국제금융시장과 같이 구체적인 장소를 지칭할 수도 있고, 정보통신수단을 통해 국제자금의 수요와 공급을 연결해 주는 추상적인 시장 조직을 의미할 수도 있다.[20]

국제금융은 19세기 영국을 중심으로 이루어졌으나 본격적인 국제금융은 1950년대 말 유로달러시장의 형성과 미국은행의 유럽 진출에서 시작되었다고 할 수 있다. 국제금융시장은 국내 거주자간의 자금 대차거래가 이루어지는 국내금융시장과 대칭되는 개념이었으나, 최근 정보통신기술의 급속한 발전과 각국의 금융시장의 규제완화로 국제금융시장의 글로벌화, 통합화 현상이 가속화되고 있다. 이에 따라 국제금융시장과 국내금융시장간의 구분이 희석되고 있으며 거주나 장소적 구분을 초월하여 국내금융시장과 국제금융시장이 통합되는 경향을 나타내고 있다.

국제금융시장은 국제자금의 결제 기능, 국제무역금융지원, 국제자금관리를 의한 경로제공, 국제유동성의 과부족 조정 등의 기능을 수행한다.[21] 국제자금의 결제 기능의 경우, 국제금융시장은 국제간의 재화 및 용역거래와 자본거래에 의해 발생되는 국제간의 채권, 채무의 결제 기능을 각 은행들이 갖고 있는 당좌계좌를 통해 수행한다. 국제무역금융지원의 기능은 주로 단기금융시장을 통해 국제적 무역거래에 수반되는 무역금융을 원활히 지원해 줌으로써 국제무역을 촉진시켜 주는 기능이다.

20 김기영 외, 앞의 책, 두남, 2011, pp. 124~125.
21 박종수 외, 앞의 책, 삼영사, 2008, pp. 151~152.

국제유동성의 조절 기능은 전술한 단기자금의 대출 이외에 외화자본이 부족한 개도국을 대상으로 장기자금의 대출도 해 주므로 국제유동성의 과부족을 조정해 주는 것이다. 장기자금은 보통 국제채(international bond)의 발행형식으로 증권시장을 통하여 주로 이루어지고 있다. 그리고 국제자금관리를 위한 복합서비스 제공 기능으로서, 국제금융시장은 기업과 금융기관의 다국적화에 따른 자금의 조달과 운용, 그리고 각종의 금융수단과 기법을 제공하고 이들의 국제자금관리를 담당하고 있다.

2) 주요 국제금융시장

대표적인 국제금융시장은 세계적 규모의 뉴욕과 런던금융시장이다. 제2차 세계대전 이후 미국이 세계경제의 중심으로 등장하면서 뉴욕금융시장은 현재 세계 자본시장을 지배하고 있다. 증권분야에서는 세계 최대 규모이며, 외환부문에서도 런던에 이어 두 번째의 규모를 자랑한다. 투자은행 등의 금융기관들은 국제금융환경의 변화에 신속히 대처하기 위해 자신들만의 금융기법을 개발하면서 전문분야를 선도하고 있다.

런던금융시장은 500년 전부터 런던이 국제무역의 중심지가 되면서 무역어음(bill of exchange) 인수 및 할인시장을 중심으로 자생적으로 발전하였는데, 규제수준이 낮고, 행정절차가 간단하며, 시장유동성이 풍부하며, 금융 및 법률 서비스가 다양하다는 장점을 자랑하고 있다.

최근에는 프랑크푸르트 · 취리히 · 파리 등지의 금융시장에서도 국제화가 진전되면서 국제금융시장의 다극화 현상이 확산되고 있다. 이들 시장은 뉴욕이나 런던에 비해 규모가 작긴 하지만 각국의 통화가 국제통화로서의 요건을 갖추고 그 중요성이 점차로 높아짐에 따라 국제금융시장으로 부상하고 있다.[22]

3) 새로운 금융체제의 모색

국제금융체제의 효율적 운영과 안정적 관리를 위해 자유무역체제의 확립, 금융

22 주요 국제금융시장 정의(브리태니커 사전 참조).

경제위기 방지와 재발 영향력 축소 등을 위한 IMF의 개혁과 대안 등 많은 논의가 제기되고 있다.

현재 IMF의 가장 큰 문제점은 기금의 규모에 있다. IMF가 최종 대부자로서의 기능을 발휘하려면 현재 민간금융자본의 양적 팽창과 신속한 이동성을 고려해 보았을 때, 현재보다 3배 이상 기금이 확대되어야 한다.

두 번째는 IMF가 지원조건으로 내거는 조건들이 많은 경우 일률적으로 적용되고 있으며, 때로는 지나치게 엄격하다는 것이다. 특히 외적 요인에 의해 발생한 금융위기에 대해 국내적 구조조정을 강하게 요구하는 것은 잘못이라는 것이다. 한국의 경제위기 시에 IMF의 고금리 정책은 한국기업들의 도산과 경제위축이란 부작용을 가져온 바 있다.

세 번째, 그동안 IMF의 근본적 한계로 지적되던 문제, 즉 IMF는 위기가 발생하기 전까지는 아무런 기능도 할 수 없다는 문제를 해결하기 위한 제안들이 있다. 이러한 제안들은 주로 IMF가 위기발생 이전에 위기의 징조를 파악하고 사전에 위기발생을 방지하는 조치를 취할 수 있도록 하는 것이다.[23]

이러한 IMF의 대안으로 여러 지역에서 지역금융체제의 구축을 위해 노력해 왔다. 예를 들면, 1990년대 말 아시아 금융위기 이후 아시아통화기금(Asian Monetary Fund: AMF)을 설립하자는 논의가 제기되었다. 미국의 반대 등의 장애요인 때문에 현실화되지 못했지만, 2010년 치앙마이 이니시어티브에 대한 한·중·일, ASEAN 국가들의 합의를 통해 지역금융협력체제가 구축되고 있다. 이러한 노력은 다른 지역에서도 강구될 것으로 기대되고 있다.[24]

IMF의 대안이 될 새로운 금융기구는 IMF보다 더 적극적으로 환율안정, 단기자본규제, 금융규제관련 국제협력의 구심체 등의 역할을 함으로써 국제금융시장의 안정을 도모해야 할 것이다. 또한 1980년대 이후 시작된 세계화의 영향으로 인한 국제금융거래의 폭발적 증가현상, 특히 단기적 투기자본 거래에 통제적 권한을 갖는 것도 핵심적인 항목이다.

23 심승진, 국제경제관계론, 법문사, 1996, pp. 141~142.

24 김석우, 국제정치경제의 이해, 도서출판 한울, 2011, p. 134.

제4절 세계경제협력체제

제2차 세계대전 후, 세계경제의 구조적 변화를 배경으로 구상된 경제협력의 핵심은 국제기구를 통한 것이었다. 그것은 국제부흥개발은행(IBRD), 국제통화기금(IMF), 관세 및 무역에 관한 일반협정(GATT)의 3개 기구에 의하여 대표되며, 이 기구는 전후의 세계경제의 확대안정과 균형 · 성장의 추진을 꾀하였다. 그 후 개발도상국의 경제개발에 대한 국제협력이 중요성을 더해 감에 따라 국제금융공사(IFC), 국제개발협회(IDA) 등이 설립되어, 개발도상국에 대한 원조체제가 강화되었다. 또한 1961년에는 선진국을 통합한 경제협력개발기구(OECD)가 발족하였으며, 국제연합총회는 1960년대를 '국제연합 개발의 10년'으로 정하였고, 1970년대를 '제2차 국제연합 개발의 10년'으로 채택하였다.

한국은 아직 개발도상국의 범주에서 완전히 벗어나지 못한 형편이기 때문에, 경제협력에 있어서도 수혜국의 입장에서 외자와 기술의 효율적인 도입에 정책적 역점을 두어 왔다. 그러나 신흥공업국으로 발돋움하면서, 이제까지의 외자조달은 전체의 60% 이상을 차관에 의존하여 왔으나, 국제금융기구 등으로부터의 장기저리의 공공차관 도입증대에는 한계가 있으므로, 앞으로는 과거의 일본 등과 같이 외국인의 직접투자 유치, 기업의 국제금융시장에서의 직접차입 등, 외자도입 방식을 개선해야 할 것이다. 그리고 미 · 일 등 주요 선진국 중심의 경제협력 패턴을 탈피하여 앞으로는 중동 등 산유국, 아프리카지역, 아세안 등 동남아시아 각국, 그리고 중남미지역 등과의 호혜적인 경제협력 증진활동을 강화함으로써 국제협력의 다변화를 도모하여야 할 것이다.

제5절 지역경제협력체제

최근 세계경제체제의 두드러진 특징 중 하나는 지역주의의 확산이다. 지역화의 확대는 WTO로 대변되는 다자주의를 보완하면서 지구촌 단일경제권 형성에 기여할 것이라는 기대 속에 진행되고 있다. 1957년 로마협정을 통해 유럽의 6개국이 유럽경제공동체(European Economic Community: EEC)를 형성한 후 지역주의는 그 후 수십 년간 더디게 발전했다. 전후 국제경제체제의 근간을 이루었던 원칙이 다자주의였기 때문에 국가들은 GATT, IMF, 세계은행, 유엔 등의 국제기구 안에서 다자주의를 통해 자국의 경제적 부를 증진시키기 위한 노력을 강구한 것이다.[25] 1990년대에 들어서는 국제협력질서가 WTO중심의 다자주의에서 지역주의로 전환되면서 대륙별로 통합을 추진하거나 독자적으로 자유무역지역(Free Trade Area: FTA) 협정을 체결하기 시작하였다. 1990년 중반 이후 지역주의 협력이 가속화되었고, 많은 국가가 경쟁적으로 지역주의를 추진하려는 모습을 보였다. 이를 바탕으로 양자간 또는 다자간 자유무역협정과 관세동맹의 수가 크게 증가했다. 북미에서는 미국, 캐나다, 멕시코가 북미자유무역지역을 결성하였고 아시아에서도 아세안 자유무역지역을 결성하여 개발도상국간의 경제통합으로서는 가장 성공적인 통합체로 발전해 왔다.[26]

지금까지 세계무역질서는 과거의 GATT와 오늘날의 WTO를 축으로 하는 다자간 자유무역 협상체제와 2개국 이상의 국가간의 쌍무협상에 의하여 자기들끼리만 자유무역 및 시장확대를 위한 전략을 추진하는 지역경제통합 현상이 공존하고 있다.

한편, 일부국가들끼리만 추진하는 지역경제통합의 증가가 전 세계를 하나의 시장으로 만들려는 다자주의 무역질서 구축에 방해가 된다는 시각을 가질 수 있다. 그러나 지역주의는 다자주의에 대해 부정적 영향만 주는 것이 아니라 긍정적인 영향도 미치고 있다.

사실 과거 다자간 협상은 다수의 협상국가간의 이해관계가 얽혀 최종 타결에 이르기까지 시간이 지나치게 많이 소요되었다. 그러나 지역경제통합은 서로 이익이 되는 국가간에만 협상이 진행됨으로써 신속하고 순조롭게 타결될 수 있는 장점이 있어 많은 국가들이 선호하고 있다. 그런데 이러한 지역경제통합이 많은 국가들에게 문호를 개방하는, 개방적 지역주의(open regionalism)을 지향한다면 참여국가의

25 김석우, 앞의 책, 도서출판 한울, 2011, p. 167.
26 김미아, 앞의 책, 두남, 2014, p. 278.

수가 증가하게 되고, 나아가 다시 지역경제통합체들끼리 더 확대된 광역경제통합체를 형성하게 되면 보다 넓은 경제영역에서 자유무역과 자원의 효율적 배분이 이루어질 것이다. 그리고 궁극적으로는 오늘날 WTO를 중심으로 표명하고 있는 범세계 차원의 자유무역체제로 나아갈 수도 있는 것이다. 이와 같이 지역주의는 다자주의와 배타적 관계 이외에 보완적 관계를 갖는 현상으로 새롭게 조명되기도 한다.[27]

경제통합은 대부분 초기에는 역내국간 경제협력 강화 및 관세철폐 등 단순한 형태로 시작한다. 내부결속의 정도에 따라, 자유무역지역, 관세동맹, 공동시장, 경제동맹, 완전경제통합의 5가지 형태로 분류되고 있다.

오늘날의 경제통합의 시작은 1947년 베네룩스 관세동맹에서 시작되어 1960년대 들어 전 세계로 확대되었다. 1958년 유럽경제공동체(EEC)가 출범하여 1967년 유럽공동체(EC)로 발전하였고, 이와는 별도로 1960년에 유럽자유무역연합(European Free Trade Association: EFTA)이 발족하였다. 1965년엔 호주와 뉴질랜드간의 FTA가 체결되었다.

이러한 경제통합 움직임은 개도국간에도 파급되어 1960년에는 남미자유무역지역(LAFTA), 1961년에는 중미공동시장(CACM), 1964년에는 아랍공동시장(ACM), 1967년에는 아세안(ASEAN), 1981년에는 걸프만 연안국 협력위원회(GCC) 등이 출범하였다. 그러나 1960년대에 추진된 지역경제통합은 EC, EFTA 등 유럽지역의 경우를 제외하고는 성공적이지 못한 것이었다. 미주지역에서는 1985년 미국과 이스라엘이, 1988년에 미국과 캐나다가 FTA를 체결하였고, 1994년에 미국과 캐나다 및 멕시코가 북미자유무역협정(NAFTA)을 체결하였다.[28]

2014년 9월 현재 발효 중인 지역무역협정은 379개[29]에 이른다. 초기의 지역무역협정은 주로 유럽지역을 중심으로 이루어졌으나 그 수는 많지 않았다. 그러나 1970년 20개, 1990년 46개 등 완만한 증가를 보이던 지역무역협정은 1994년 북미자유무역협정(NAFTA)과 1995년 WTO 출범 이후 급격히 증가하였다.[30] 경제통합은 초기에는 선진국간, 인근 국가간에 체결되었으나 그 후 개발도상국간 혹은 선진

27 박희종 외, 앞의 책, 두남, 2012, pp. 272~273.
28 정재완, 앞의 책, 삼영사, 2014, pp. 181~182.
29 http://www.wto.org/english/tratop_e/region_e/region_e.htm
30 박희종 외, 앞의 책, 두남, 2012, p. 254.

국과 개도국간에도 활발하게 체결되었고, 지리적으로도 공통의 경제적 목적을 달성하기 위해서는 인접성을 가리지 않고 추진되고 있다. 그 결과 국가간에 서로 중첩되며 복잡한 체결 양상을 보이고 있다.

1. 지역별 경제통합체제

1) 유럽의 경제통합

유럽지역의 경제통합은 정부주도통합의 대표적 유형이다. 그러나 그 과정에 있어서 역내시장의 결정적 역할을 무시할 수 없다. 유럽의 경제통합은 1980년대 이전에는 주로 역내국가간의 상품교역 증대가, 1980년대에는 역내국가의 투자가 통합이 밑거름이 되었다. EC의 역내무역의존도가 1985년 이후에는 70%를 상회하고 있으며, 이러한 시장주도는 유럽경제지역(European Economic Area: EEA)[31]으로의 확대통합에도 정책적 요소에 앞서 중요한 역할을 하고 있다.

2) 북미지역의 경제통합

북미지역의 경제통합은 시장주도와 정부주도의 조화의 결과라 할 수 있다. 통합 이전의 상황을 살펴보면 캐나다와 멕시코는 수출입의 70% 이상을 역내에 의존하고 있었다. 그 결과 시장통합 초기에는 미국과 멕시코의 정부주도가 이러한 시장주도를 뒷받침하였다. 이러한 시장통합을 통하여 멕시코는 미국시장으로의 진출이 보다 용이해졌다.

3) 아시아지역의 경제통합

아시아시장통합은 기업의 상호 침투비율이 매우 높았던 EU와는 달리 지역적 다

31 유럽경제지역(European Economic Area: EEA)은 유럽의 양대 무역블록인 유럽연합(EU)의 15개국과 유럽자유무역연합(EFTA)의 4개국이 합쳐서 구성된 거대한 유럽 단일 통합시장이다. 1994년 1월 1일에 EFTA와 EU 사이에 발효한 협정에 따라 만들어졌다.

양성과 산업적 전문화 등이 통합의 요소가 되었다고 볼 수 있다.

이 지역의 경제통합은 일반적인 경제통합의 성공요인인 역내국가의 거리상 문제, 고관세의 존재, 제도화된 지역협력체의 미비 등이 있었음에도 불구하고, 일본과 여타 지역 간의 심한 경제적 불균형으로 인해 방해받고 있다.

그러나 일본의 산업이전정책과 동 지역 국가들의 수출주도형 성장전략 및 일방적인 자유화조치에 힘입어, 이 지역에 대한 외국인투자와 무역을 위한 유리한 환경을 조성하게 되었으며, 이러한 상호개방의 혜택은 결국 역내국가들에게 좋은 영향을 미치게 될 것이다.

4) 남미지역의 경제통합

남미의 지역통합은 북미지역과의 연계를 통해 미주경제권의 일부가 될 수 있으므로 그 성공 여부가 불투명하고 우리나라에 미치는 경제적 효과가 작음에도 불구하고, 우리가 주시할 충분한 이유가 있다.

2. 지역통합과 FTA

GATT와 WTO로 대변되는 다자주의는 WTO가 출범한 1995년을 정점으로 추가 개방의 어려움을 보이고 있다. 이러한 가운데 세계 여러 나라들은 FTA로 대표되는 지역무역협정(Regional Trade Agreement: RTA)을 통한 개방 확대에 열중하고 있다.[32] 일반적으로 FTA와 혼용되기도 하는 RTA는 자유무역협정(FTA), 서비스협정, 관세동맹, 개도국간 협정을 포괄하는 개념이다.

WTO체제에서 이러한 FTA(RTA)는 크게 두 가지 형태가 있다. 모든 회원국이 자국의 고유한 관세 및 수출입제도를 완전히 철폐하고 역내 단일관세 및 수출입제도를 공동으로 유지하는 것으로 EU가 채택하고 있는 방식이 있고 각 회원국이 역내 단일관세 및 수출입제도를 공동으로 유지하지 않고 자국 고유의 관세 및 수출입제

32 박종수 외, 앞의 책, 삼영사, 2008, p. 210.

도를 유지하면서 통상장벽을 줄여 나가거나 철폐하는 방식으로 NAFTA에서 볼 수 있다.

1) FTA의 확산[33]

WTO에 의하면 2012년 기준 세계적으로 발효된 FTA협정은 351건에 달한다. 총 351건 중에서 86.3%가 1995년 이후 발효된 것으로 나타나 1990년대 중반 이후 FTA가 큰 폭으로 확산되었음을 알 수 있다. 최근 세계경기침체가 장기화되는 추세 하에서 세계 각국은 FTA를 통해 수출시장의 안정적 확보 및 경제협력을 도모하고 있어 FTA는 지속적으로 확산될 전망이다.

세계 주요국들은 EU, NAFTA, ASEAN, MERCOSUR 등 통합체를 결성하였는데 FTA, 공동시장 등 다양한 형태로 경제통합을 추진해 왔다. 유럽에서는 EU 28개국이 공동시장을 완성하였고 NAFTA는 미국, 캐나다, 멕시코간에 FTA를 완성하였다. ASEAN은 동남아시아 10개국이 공동시장 단계로 통합을 추진 중에 있다.

최근 들어 아시아태평양지역에서는 환태평양 경제동반자 협정(Trans-Pacific Partnership: TPP)이 2006년 발효되어 미국을 위시한 12개국이 참가하여 협상을 추진 중에 있으며 새로운 국가를 추가로 참여시켜 규모를 확대하고 있다.

FTA를 결성하여 회원국간 관세를 철폐하게 되면 역내국 상호간에는 상품의 자유이동이 촉진됨으로 경제적 상호의존성이 증대하여 경제의 국제화가 촉진되는데 이러한 국제화가 범세계적으로 확대되면서 세계화가 진행된다. EU의 역내 무역은 1960년대 이후 빠른 증가세를 보여 최근 EU 역내무역 의존도는 60%를 넘어서고 있다. 그런데 FTA회원국간에만 자유무역을 추진하고 비회원국에게는 무역장벽을 유지하므로 세계적인 차원의 다자간 자유무역질서의 구축에는 방해가 된다는 견해가 많다.

2) FTA의 확산 원인

세계경제가 완전한 자유무역체제를 확립하지 못한 상태에서 개별국가들 사이 쌍

33 김미아, 앞의 책, 두남, 2014, p. 32.

무적으로 또는 지역적으로 FTA가 확산되어 가고 있다. 이러한 FTA의 확산 원인은 범세계적인 거대 지역경제통합체에 대한 대응책으로써, 그리고 WTO 다자간 체제의 취약점을 들 수 있다.[34]

첫째, 범세계적인 거대 지역통합체에 대한 대응책이다. WTO 출범 이후에도 지역주의는 계속 확산, 심화되어 세계경제가 몇 개의 지역블록으로 재편되어 가고 있는 상황이다. 최근에 EU의 중 · 동구권으로의 확대, 범미주자유무역지대(Free Trade Area of the America: FTAA), ASEAN 등이 확대하려는 움직임을 보이고 있는 가운데 세계적으로 지역블록에 편입되어 있지 않은 국가는 한국, 일본, 중국 등 동아시아 국가 일부에 불과한 실정이다. 아시아 국가들은 아주지역만이 여타 지역의 무역블록화 움직임에서 배제되는 데 불안감을 갖고 있다. 이러한 불안감은 특히 EU의 멕시코, 남아공과의 자유무역협정 체결, EU와 MERCOSUR와의 자유무역협정 체결 움직임, NAFTA의 본격적인 효과 발생 및 FTAA 제안 등으로 인해 증폭하고 있다.

둘째, WTO 다자간 체제의 취약점이다. WTO체제가 전통적인 교역분야 이외에 회원국의 국내정책까지 관여하여 비효율성을 초래하고 있다. 무역정책 범주의 확대, 즉 국경조치뿐만 아니라 투자나 경쟁정책 등 국내의 각종 규제제도까지도 무역자유화 문제에 포함하였으나 WTO의 다자간 무역체제가 이러한 새로운 자유화 문제에 즉시 대응할 수 있을 정도로 효율적이지 못하여 한계를 노출하고, WTO가 미국과 유럽 및 일본 간의 대립, 선진국과 개도국의 대립을 해소하지 못하고 있는 상황이다. 여기에다 세계화의 확산에 따른 기업차원의 경제통합에 대한 욕구가 FTA가 확산되는 원인이라 할 것이다.

3. 세계 주요국의 FTA 추진 현황

미국, EU, 일본, 중국 등 세계무역에서 가장 중요한 비중을 차지하는 국가들이 여러 가지 이유로 아직 이들 국가들 상호간의 직접적인 FTA 체결은 미루고 있는

34 박영기, 글로벌 통상환경, 학술정보(주), 2011, pp. 82~83.

가운데, 오히려 경제적인 중요성이 크지 않은 국가들이 자국이 속한 지역뿐만 아니라 세계적인 수준에서도 적극적인 FTA망을 형성하고 있다. 아시아지역에서는 ASEAN 전체가 그 역할을 하고 있고, 개별국가들 중에서도 싱가포르, 말레이시아, 인도네시아, 태국, 베트남, 브루나이 등 아시아지역 국가들과는 물론 세계무역 주도국들인 강대국들과도 적극적으로 FTA 체결을 추진하고 있다. 그 이전에 중남미 국가들인 칠레, 멕시코, 페루, 콜롬비아, 파나마 등도 세계적인 FTA망을 형성하고 있는 국가들이라고 할 수 있다.

제6절 새로운 경제질서와 정보혁명

1. 새로운 경제질서의 전개

현재, 세계경제는 정보기술의 발달에 따라 글로벌화되고 지식자본을 중심으로 재편되고 있다.

먼저, 정보통신기술의 혁신적인 발전은 시간과 공간의 장애를 근본적으로 해결하였고, 다양하고 막대한 정보를 쉽게 저장, 전송, 처리할 수 있게 하였다. 이러한 정보기술의 발달과 인터넷으로 대표되는 글로벌 정보통신 네트워크의 끊임없는 확장은 정치, 경제, 사회, 문화 전반에 걸쳐 지대한 영향을 미치기 시작하였고 궁극적으로 새로운 가능성의 장을 열고 있다. 특히 기업들은 새로운 정보기술을 활용하여 이전과 비교할 수 없을 만큼 빠르고 효율적으로 사내의 다양한 정보를 축척하고 공유할 수 있게 되었다. 뿐만 아니라 급속하게 변화하는 시장환경관련 외부정보도 광범위하고 빠르게 입수, 활용할 수 있는 길이 열림으로써 세계시장에 손쉽게 적응을 할 수 있게 되었다.[35] 이러한 기술력이 곧 국가경쟁력이 되면서, 국가차원의 기술혁신을 기반으로 생존을 위한 '무한경쟁'시대가 열리게 되었다. 그 결과, 자국의

35 박종수 · 신경환, 국제통상의 이해, 두남, pp. 377~384.

생존과 번영을 위하여 각국은 국가경쟁력 강화에 총력을 기울이고 자국의 이익을 극대화하기 위하여 국가간 경제블록 형성을 가속화시키게 되었다.

1990년대 초 미국은 국가적인 정보화 전략을 발표하고 기존 통신망을 고도화, 고속화하면서 미국이 다른 나라에 비해 월등한 비교우위를 보이고 있는 네트워크, 소프트웨어분야, 그리고 R&D와 Technology분야의 시장을 확대하고 이 분야를 부가가치산업으로 육성해왔다. 따라서 현재의 정보사회에서는 시시각각 변화하는 고객의 취향에 맞는 새로운 서비스와 제품을 만들어 내는 창의성과 그에 따른 환경과 제도를 조성할 수 있는 유연성이 국가경쟁력의 척도가 되고 있다. 그러므로 현장에서의 업무와 권한의 이양을 위한 정보의 공유와 활용은 국가경쟁력 강화의 중요한 요인이다.

두 번째 변화로는 산업혁명이 자본주의 시장경제체제의 출발점이었듯이 정보화 중심의 지식자본에 의해 세계경제질서가 재편되고 있는 점을 들 수 있다. 실제로 선진 자본주의경제는 표준화된 제품을 대량생산하는 제조업 중심의 경제에서 창의적인 아이디어와 축적된 지식중심의 산업으로 전환되어 오고 있다. 지식경제사회에 들어선 국가들은 국가의 생산성과 성장은 기술적 정보와 지식의 축적비율에 의해 크게 좌우되고 있다. 이러한 지식자본이 세계경제의 핵심이되고 있는 배경을 정리해 보면 다음과 같다.[36]

1) 지식의 경제적 비중 증대

자연자원, 노동, 제품이 자본이 되던 시대에 이어 이제는 지식이 부의 원천이 되는 시대가 도래하였다. 국가차원에서도 이념에 대한 논쟁이 끝나면서 이제 국가간의 경쟁은 어떻게 국가경영시스템의 효율성을 높이느냐로 모아지고 있고, 시스템 경쟁의 핵심요소가 바로 지식으로 전환되고 있다.

2) 경제구조 및 시장구조의 질적 변화

산업사회에서 지식기반사회로의 전환에 따라 획일성에서 다양성으로, 집단성에

36 박종수 외, 앞의 책, 삼영사, 2008, pp. 263~265.

서 개별성으로 수요자의 특성이 급격하게 변화하고 있다. 이에 따라 지식기반경제에서의 경제 및 시장구조는 다양하고 개별적인 수요의 충족을 위한 노력과 네트워크화된 조직 등, 산업경제시대와는 근본적으로 차별화된 특징을 가지게 되었다.

3) 생산방식의 패러다임의 변화

근대 산업사회에서 자본, 토지, 노동력이 가장 중요한 생산요소였다면, 지식사회에서는 지식과 정보가 가장 중요한 생산요소이며, 사회구성원리의 중심축이 되었다고 할 수 있다(Drucker, 1993). 이러한 사실은 지식의 경제적 비중이 증가하였다는 사실의 또 다른 표현이다.

4) 정보, 지식중심의 산업구조로 재편

지식이 가장 중요한 생산요소가 되는 지시경제시대에서는 상대적으로 제조업의 비중이 약해지고 고부가가치를 창출하는 지식자원이 중심을 이루는 지식산업의 비중이 커진다.

또한 지식산업의 확장과 함께 지식기업도 급속도로 성장하고 있다. "지식기업 혹은 지식집약기업(Knowledge Intensive Firm: KIF)이란 지식이 가장 중요한 경영자원이며 동시에 결과물인 기업"(Starbuck, 1992)을 의미하는데, 대표적인 예로 경영컨설팅회사, 법률법인, 회계법인, 광고회사, 소프트웨어회사 등을 들 수 있다. 이러한 지식기업의 성공요소와 핵심역량은 지식을 어떻게 창출, 관리, 축적, 전파하는가 하는 지식경영에서 찾을 수 있다.

5) 서비스 부문의 확대

정보기술의 집약적 활용, 지식의 생산요소화 등의 현상들이 눈에 띄게 발견되는 서비스부문(특히 생산자 서비스부문)이 새로운 생산양식의 도입에 결정적인 역할을 한다. 이러한 변화는 정보기술의 혁신에서 기인한다.

6) 지식노동자의 역할 증대

지식기반경제에서는 기존 산업사회에서 필요로 하는 근면 순종형의 근로자들보다 본인의 업무에 지식을 적극적으로 활용하는 창의적인 '지식노동자'들을 필요로 하며 이런 지식노동자들의 역할이 증대하고 있다.

세계경제의 경영환경은 불확실성이 과거보다 매우 높아졌다. 따라서 정해진 계획하에 목표를 수행하는 것만으로는 기업의 경쟁력을 확보할 수 없게 되었다. 급속한 경쟁환경의 변화 속에서 '조직을 변경시킬 수 있는 능력'이 기업의 경쟁우위가 되고 있다. 즉, 경영환경의 불확실성 속에서 이에 대응하는 능력을 갖춘 조직이 지식기업이며 그러한 패러다임이 곧 지식경영이라고 할 수 있다. 이러한 혁신적인 환경변화의 대부분은 정보기술의 급속한 발전 및 활용과 밀접한 관계가 있다. 이 시대의 정보기술혁명을 3차 산업혁명 또는 과학기술혁명이라고 부르는 이유는 지금까지의 기술혁신과는 뚜렷하게 구분되어지는 기술발전의 응용성과 신속성 때문이다. 다음에서는 이러한 정보기술과 지적 자본을 기반으로 하고 있는 지식기반경제 및 디지털경제 개념에 대해 살펴보기로 하겠다.

2. 지식기반경제와 디지털경제

1) 지식기반경제

'지식기반경제(knowledge-based economy)'는 지식의 창출과 활용이 경제적 가치창출의 중심적 역할을 하는 경제를 말한다. 1980년대 이후 창의적인 아이디어와 정보가 생산, 분배, 소비의 주요단위로 대두되면서 지식과 기술이 생산성과 경제성장에 미치는 영향에 대한 연구가 활발해졌다. 이러한 연구와 함께 '신경제성장론(New growth theory)'이 등장하게 되었고, 이 이론은 지식이 투자의 수익을 증가시키고 또 투자수익의 증가는 지식의 축적을 가져와서 경제의 지속적 성장을 가능케 한다는 경제모형으로 발전되었다.[37] 이 경제모형에 따르면, 첫째, 지식은 자본

37 정보통신정책연구원, 지식기반경제를 위한 정보통신산업정책, 1999, p. 5.

과 노동의 생산력을 증대시키고, 둘째, 지식은 자본과 노동의 투입요소를 조합하여 제품 및 기술혁신에 필요한 Know-how를 제공하고, 셋째, 노동과 자본에 비해 지식은 축적이 용이하고 증가속도가 빠르고, 넷째, 지식축적은 한계수확체감의 원칙에 구애받지 않으며, 다섯째, 새로운 지식은 연구개발 기업이나 산업에서 타 부문으로 파급되어 큰 추가적인 비용 없이 반복적으로 다른 사용자들에게 사용될 수 있다는 것이다. 따라서 경제성장에 있어서 지식이 가장 중요한 생산요소라고 주장하고 있다.

2) 디지털경제

정보기술의 급속한 진보를 바탕으로 디지털경제가 도래하였는데, 이러한 정보기술 발전의 결과, 부각된 것이 전자상거래라고 볼 수 있다. 디지털경제[38]에서 생산품이란 지식집약적 상품 및 정보이며, 생산과정이란 전자상거래와 네트워크의 활용을 의미한다. 그리고 하부기술은 디지털기술, 인터넷, 컴퓨터 등이며, 산업은 서비스와 지식산업이라고 정의되고 있다. 이러한 디지털경제의 특징은 지식기반경제, 네트워크경제, 신경제 등으로 요약할 수 있다.

(1) 지식기반경제

디지털경제의 가장 큰 특징은 지식을 기반으로 움직이는 사회가 될 것이라는 점이다. 이것은 과거 토지와 노동이라는 생산요소 외에 지식이 새로운 생산요소가 된다는 것을 의미하고 이 지식이라는 생산요소는 다른 생산요소의 효율을 좌우하는 가장 중요한 요소로서 국가의 경제성장과 산업발전에 상대적으로 더 많은 기여를 하게 된다. 지식기반경제의 핵심은 네트워크를 활용한 지식의 축적, 확산 및 활용이다.

(2) 네트워크경제

디지털경제는 필연적으로 네트워크경제, 즉 지식이나 정보가 네트워크로 연결되

38 The Emerging Digital Economy I, The Emerging Digital Economy II, The Emerging Digital Economy 2000, The Emerging Digital Economy 2002.

어 쉽게 활용되는 경제 시스템이다. 네트워크를 통해 공유된 지식은 과거보다 훨씬 효율적으로 활용되어 생산성의 획기적 향상으로 연결된다. 또한 네트워크를 활용하기 위한 기술적 변화는 정보통신의 발전에 의해 주도되고 있다. 인터넷의 급속한 확산, 정보통신의 발전과 이들을 토대로 한 새로운 상품과 서비스의 출현 등은 모두 네트워크에 기반한 지식기반사회로의 전환을 더욱 촉진시키고 있다.

(3) 신경제 현상

디지털경제가 성숙되면 신경제[39]이론으로 발전된다고 볼 수 있다. 신경제의 정의와 원인에 대해서는 다양한 의견이 있으나, 신경제는 정보기술과 접목된 기업경영의 효율성 제고에 힘입어 높은 성장 추세를 보인다는 특징을 갖는다. 그리고 네트워크 효과와 수확체증으로 경제성장이 촉진되는데, 이러한 네트워크 효과의 가장 대표적인 예가 인터넷과 전자상거래라고 볼 수 있다. 또한 정보통신기술과 글로벌화가 결합함으로써 인플레이션 압력 없이, 그리고 인플레이션과 고용의 상쇄효과 없이 장기적인 경제성장이 이루어지는 특징을 갖고 있다.

제7절 국제관계와 세계 이슈

국제관계는 기본적으로 국가간의 외교를 통해 이루어졌고 국가는 국제관계를 독점해 오고 있었다. 그러나 국가들간의 상호의존이 심화되면서 국가간의 다양한 접촉채널이 생겨나기 시작했다. 이러한 다양한 접촉 채널들은 비안보분야에서 두드러지게 나타났으며 초국가적 관계(transnational relations)를 형성하기 시작하였다. 냉전의 종식으로 비안보적 이슈들이 국제적 이슈로 부상하였고 이러한 이슈들은 일국의 노력만으로 해결하기 어려운 성격을 가지고 있기 때문에 비정부기구들의 역할이 필요하게 되었다. 이러한 추세는 지구촌화라는 커다란 물결로 더욱 강화되었고 정보네트워크와 통신수단의 발달은 국가를 초월한 행위자들이 활동할 수

39 신경제: 정보통신분야의 기술혁신을 통하여 나타나는 고성장, 저물가의 새로운 경제체제.

있는 공간과 정보, 그리고 의사소통 수단을 제공함으로써 이들이 비약적으로 성장하고 영향력을 확대하는 계기가 되었다.

1. 국제관계와 NGO

더욱 다원적이고 상호의존적으로 변화하고 있는 세계는 더 이상 주권국가가 인간의 행복과 안전을 보장할 수 없다는 새로운 문제의식을 가져오게 되었다. 21세기를 맞이하여 이러한 새로운 문제의식은 지구시민사회 운동으로 연결되었다. NGO 혁명이라 할 정도로 세계 여러 지역에서 다양한 영역의 이슈를 다루는 NGO가 생겨나서 국가와 시장에 영향력을 행사하고 시민들의 요구에 응답하고 있다.

정보사회의 출현, 인터넷의 발달, 참여욕구의 증대, 삶의 질에 대한 관심 증대로 1980년대 이후 전 세계적으로 확산된 NGO(Non-Governmental Organization)란 '비정부기구', '비영리조직(Non-Profit Organization: NPO)', '자발적 민간조직(Private Voluntary Organization: PVO)', '시민사회단체(Civil Society Group)', '민간단체'라고 부른다. NGO는 흔히 "자발적인 사적 그룹(private group)과 개인(individuals)을 그 회원으로 하는 기구로서 이윤(profit)을 목표로 하지 않고 지방이나 국가 또는 국제수준에서 활동하는 이익집단 또는 압력집단"이라고 정의된다.

이러한 NGO는 ① 세계인권선언, UN헌장, 고문방지협약, 대인지뢰금지조약 등 국제사회의 규범을 만들어 가는 과정에 적극적으로 참여하거나, ② 그린피스 등의 조직을 통해 국제사회에서 규범준수 여부를 감시하며, ③ 공익추구의 대의명분을 가지고 있으며 신뢰도가 높고, 커뮤니케이션, 협력, 신뢰와 같은 사회자본이 풍부하기 때문에 갈등조정자로서 역할을 수행하며, ④ 전문인력 양성, 시민교육, 국제캠페인 등의 교육적인 기능을 수행하고 있다. 그리고 ⑤ UN인권위원회, UN난민고등판무관, UN환경계획, UN개발계획 등의 전문기구와 지역기구에 자료와 전문지식을 제공하며, 인류적 과제에 대한 연구 및 조사사업을 수행하며, ⑥ 관련된 정부간 국제기구(Intergovernmental Organization: IGO)와의 협력을 통해서 재난구호, 개발원조, 기술자문 등의 서비스를 제공하고 있다. 개도국의 아동원조에 관련된 NGO와 UNICEF는 협력관계를 통해 업무를 수행한다. ⑦ 그 외, 소수자와 사회적 약자를 보호하기 위해 로비를 하거나 입법청원을 시도하고 정부위원회나 공청회에 참여한다. 한국에서 NGO는 여성, 장애인, 노인, 청소년, 동성애자, 아동, 병역 거부자, 재소자, 북파공작원 등 사회적 약자와 소수자의 권익을 위해 활동하고 있다. 서구사회의 노예해방운동, 여성해방운동, 인종차별운동 등은 NGO가 주도해 왔다.

2. 국제관계와 자원, 환경 이슈

1) 국제자원 및 에너지 문제

세계적인 에너지 수요의 증대와 자원의 편재성에 비추어 볼 때 자원 및 에너지 문제는 지구적 차원에서 공동으로 대처해야 할 중요한 과제이다.

일반적으로 자원과 에너지문제라고 하면 “인간의 생활과 정상적인 경제활동을 유지시키고, 이를 성장 · 발전시키기 위하여 필요한 자원과 에너지를 어떻게 효율적으로, 싼값으로, 다량으로, 안정적으로 확보할 수 있을 것인가”로 집약될 수 있다. 한편으로는 물질적 진보, 경제성장 지향적인 인간 활동의 부산물로 나타나는 자연파괴, 환경과 공해문제도 자원과 에너지문제라고 볼 수 있을 것이다.[40]

따라서 국가에 필요한 천연자원 중에서 에너지원이 가장 핵심적인 것이다. 석탄, 석유, 가스 등의 화석연료가 세계 에너지 소비량의 95%를 차지하고 전략생산을 위해 사용되는 에너지 중 일부는 세계경제에서 핵심적인 역할을 한다. 특히 석유는 대표적인 에너지원으로 국제유가의 변동은 전 세계 에너지 수급에 막대한 영향을 미친다. 석유자원의 편재성과 중동산 석유에 대한 높은 의존도로 인한 석유의 안정적 수급문제는 경제안보 차원에서 석유소비국의 걱정거리가 되고 있다.

석유, 석탄 등 화석 에너지의 대량소비로 지구는 지구온난화, 환경오염 등의 문제에 직면해 있다.

40 심승진, 국제경제관계론, 법문사, 1996, pp. 567~569.

자연환경은 보호를 필요로 하는 민감한 생태계이자 동시에 천연자원의 저장고이다. 자원은 국가에게 부와 힘을 가져다주기 때문에, 항상 국제분쟁의 원인이 되어왔다. 자원은 대개 개별국가의 영토 내에 위치해 있어 공공재 문제를 야기하지 않는다. 오히려 국가는 중요 자원의 판매를 놓고 협상을 벌이게 된다.

천연자원이 산업경제를 운영하는 데 필요한 경우와 천연자원의 근원(광산이나 강 등)이 특정영토와 관련 있는 경우나 천연자원이 지역에 따라 불균형하게 분포되어 있는 경우에는 천연자원의 독점이나 과점 또는 가격조작과 같은 시장의 불완전성이 야기됨으로써 국제분쟁의 원인이 되기도 한다.

2) 국제환경문제

지구환경의 위기가 국지적 · 국가적 범위를 넘어서서 전 지구적으로 확산됨에 따라 이를 해결하기 위한 국제환경규제의 필요성이 전 세계 차원에서 논의되고 있다.

환경문제는 인류의 역사만큼이나 오래된 것이다. 이러한 지구환경문제는 크게 세 가지로 정리해 볼 수 있다.[41]

첫째, 개선의 여지가 있는 환경문제로, 문제해결을 위한 기술적 · 제도적 장치를 도입함으로써 점차 개선될 수 있는 것으로써, 예를 들면, 주로 선진국에서 개도국으로 공해수출을 하는 경우이다. 둘째, 대응력이 부족한 환경문제이다. 환경악화의 진행은 경험적으로 알려져 있어 부분적 대응은 가능하다. 그러나 그 문제의 발생원인과 배경에 경제적 · 사회적 · 기술적 문제가 숨어 있으므로 효과적인 대응이 불가능한 문제이다. 장래에는 우주 쓰레기 문제도 포함될 것이다. 세 번째는 인식부족으로 인한 환경문제이다. 최근 수년간 문제화되기 시작한 것으로 점차 이에 대한 대응력이 높아지고 있다.

환경문제가 가진 특이성 때문에 환경문제 해결을 위한 국가간 협력의 필요성이 제기되었다. 이와 관련된 최초의 국제적 노력은 1972년 스톡홀름에서 개최된 유엔인간환경회의로 이 회의에서 인간환경선언문이 채택되었고, 지구차원의 환경문제를 전문으로 다룰 유엔기구인 유엔환경계획(UNEP)을 설치하여 환경기금을 조성하는 것 등에 합의하였다.

41 심승진, 앞의 책, pp. 574~576.

지구환경문제의 범세계적 논의는 1980년대 이후 눈에 띄는 성장을 보였다. 1983년 '국제 열대목재협정', 오존층 보호하기 위한 1985년 '비엔나협약'과 1987년 몬트리올의정서, 1989년 유해폐기물 처리를 위한 바젤협약 등이 체결되었다. 1987년 UN이 구성한 세계환경개발위원회(WCED)의 「우리 공동의 미래(Our Common Future)」라는 보고서에서 '지속가능발전'이란 개념을 확정하고 1992년 브라질 리우에서 열린 유엔환경개발회의(UNCED)는 지속가능발전의 실현을 위한 구체적인 협의를 했다. 개발과 환경의 갈등관계를 해소할 수 있는 바탕을 만든 '리우선언'과 인류 미래를 위해 국가가 지켜야 할 행동원칙인 'Agenda 21'을 만들었다. 또한 '기후변화협약'과 '생물다양성협약'을 체결하고 산림보호성명을 발표하는 성과를 이루었다. 그 후 1997년 유엔환경특별총회를 통해 지구온난화, 오존층파괴, 핵폐기물 안전관리문제, 토양유실, 사막화 등의 문제가 제기되었고 그동안의 지구환경보전 노력을 평가하고 효과적 이행방법을 강구하였다.

이러한 노력으로 국제환경법 규범이 탄생되었는데, 기존 국제법 규범에 비해 법적 구속력이 미비하다는 문제점이 있다.

3. 국제관계와 기타 세계 이슈

1) 비동맹, 중립주의와 제3세계

상이한 정치체제의 평화공존을 목표로 중립을 유지하며 어떠한 군사 블록에도 속하지 않는 것이 비동맹, 중립주의이다. 제2차 세계대전 후, 세계의 국가들은 공산권과 자유권 2개의 군사, 경제블록으로 계속 나눠져 왔는데, 서구의 식민지로부터 독립한 신흥국이나 여러 사정으로 공산권에서 이탈한 나라들, 또 경제적으로 대국 안에 흡수될 것을 우려한 나라들은 각각의 독립을 유지하기 위해 그룹을 만들어 그 존재를 알리기에 이르렀다. 이들 그룹을 제3세계라고 부르기도 한다.[42]

1955년 아시아와 아프리카의 29개 독립국 대표들이 인도네시아의 반둥에 모여

42 하시모토 고헤이(김은진 · 김소운 역), 국제정세, 가람, pp. 74~75.

아시아, 아프리카 회담(반둥회의)을 개최하고 오랜 시간 개발도상국의 민족해방에 큰 영향을 미치고 있는 '평화 10원칙(반둥정신)'을 채택한다. 이 회의의 이념은 비동맹국회담으로 계승되어 3년에 한 번 2011년 현재까지 모두 16회[43]의 회의가 개최되었고 참가국은 해마다 증가하고 있다. 특히 1970년대부터는 종래의 반제국주의 논쟁에서 경제적 측면이 강조되기 시작해, 개도국과 선진공업국간의 경제격차, 소위 남북문제가 제기되었다.

2) 세계의 마찰과 분쟁

국제분쟁을 바라보는 한 가지 방식은 모든 국가가 다른 국가에 대해 최대한의 힘을 가지고자 한다고 가정하는 것이다. 이렇게 보면 분쟁은 국제관계에서 하나의 보편적 조건이 되며, 국가들은 국제체계에서 힘, 지위, 동맹 등을 놓고서 서로 싸우게 된다.

이와 같은 현실주의적 접근은 가끔 국가들이 영토, 종교, 기타 구체적인 명분을 놓고서 벌이는 어떤 구체적인 분쟁과 아무 관계없이 단순히 힘 경쟁을 벌이는 경우를 설명해 줄 수 있다.[44]

(1) 분리, 독립전쟁

1940년대 후반부터는 동남아시아에서, 1960년대는 아프리카에서 식민지로부터의 독립을 위한 분쟁이 발생했다.

제2차 세계대전 중 각지에 주둔한 일본군이 전후의 독립을 약속한 것을 계기로 1940년 후반에 동남아시아에서 일제히 독립운동이 일어났고, 1945년 인도네시아의 독립전쟁으로 시작된 독립의 물결은 말레이시아, 라오스, 베트남으로 퍼져갔다.

아프리카에서는 1960년대 독립 후 실권 장악을 위한 빈발한 내전이 시작되어 이런 내전이 현재까지 계속되고 있는 나라도 있다.

---

43 http://www.aseantoday.kr/news/articleView.html?idxno=2830: 인니 발리, 제16회 비동맹국회의 개최.

44 Josuha S. Goldstein, p. 235.

(2) 민족, 종교전쟁

물질적인 불만을 넘어서는 민족분쟁은 종교분쟁의 형태를 취하는 경우이다. 세계의 많은 지역에서 종교는 한 공동체의 가장 중요한 가치체계이기 때문에 종교를 달리하는 사람은 쉽게 경멸, 무시, 차별을 받게 된다.

민족이나 영토분쟁을 기반으로 한 종교분쟁은 집단들간의 가장 두드러진 분열로 나타난다. 가장 대표적인 예가 이스라엘과 팔레스타인의 중동 분쟁이다. 이 외에도 영국계의 신교도와 아일랜드계의 가톨릭 교도 사이의 북아일랜드 분쟁, 다수파 불교도인 싱할리족과 소수파 힌두교도인 타밀족간의 스리랑카 분쟁, 파키스탄의 이슬람교도와 인도의 힌두교도간에 지속되고 있는 캐슈미르 분쟁, 이슬람교 다수파에 속하는 수니파의 이라크와 소수파에 속하는 시아파의 이란의 분쟁 등 전 세계에 걸쳐 여러 지역에서 종교 분쟁이 발생하고 있다.

또한 국가의 통일에 실패해 지배와 피지배의 관계가 없어지면, 민족과 집단이 드러나게 되어 국가의 재편성이 발생하면서 다양한 분쟁이 일어나게 된다. 구 소련의 해체 이후 유럽지역은 자유화 물결로 종교와 민족의 분쟁이 표면화되면서 여러 국가들이 새롭게 생겨났다. 특히, 이 과정에서 구 유고슬라비아가 해체된 후 보스니아계와 세르비아계 사이에 심각한 종교적 분쟁이 발생하였다.

(3) 시스템 붕괴로 일어나는 분쟁

1991년 말 소련이 붕괴해 양극구조가 소멸하고 구 소련연방을 중심으로 그룹의 재편성이 활성화되자, 다양한 문제들이 발생하였다. 시스템이 붕괴됨에 따라 분쟁의 형태도 많이 바뀌고 있다. 이전에는 국가단위의 분쟁이 많았다면, 최근에는 반드시 국가단위가 아닌 분쟁이 빈번하게 일어나고 있다. 구 시스템의 붕괴 이후 새로운 시스템 확립을 위한 다양한 시행착오가 반복되고 있고 새로운 체제가 확립될 때까지 이러한 분쟁들은 계속될 것이다.

아시아지역에서는 아시아 주변국이 서로의 문제를 논의하는 아세안지역포럼(ARF)이라는 조직이 창설되었고, 유럽에서는 전 유럽안보협력기구(OSCE)체제의 확립이나 NATO의 동방확대가 진행되고 있는 등 새로운 세계의 시스템을 만들어 가는 시도를 계속하고 있다.

(4) 국제테러

테러리즘이란 의도적이고 무차별적으로 민간인을 표적으로 삼는 정치적 폭력을 가리키며 그 목적은 상대국 국민들의 사기를 떨어뜨림으로써 국민들의 불만을 정부 또는 기타 당사자에 대한 흥정수단으로 삼고자 하는 것이다. 이와 관련된 다른 목적으로는 극적인 상황을 연출하여 자신들의 대의에 대한 언론매체의 관심을 얻고자 하는 것도 있다.

2001년 미국에서 일어난 9 · 11테러 후 가장 주목받고 있는 비국가행위자는 테러리스트 집단이다. 테러리스트 조직은 일반적으로 정규군이 아닌 일반인을 대상으로 폭력적인 수단을 통해 대중의 공포를 일으켜 자신들의 목적을 달성하고자 하는 집단을 의미한다. 이들은 항공기 납치, 요인 암살, 공중시설 폭파, 그리고 이러한 행위들의 위협을 통해 다중의 공포를 불러일으키고 이를 통해 자신의 목적을 달성하는 형태를 보인다.[45]

테러리스트 조직은 그 결성 동기에 따라 몇 가지로 분류할 수 있다. 첫째, 이념적 성향을 중심으로 결성되어 정치적 소수라는 위치를 극복하기 위해 활동하는 이념적 테러집단, 둘째, IRA와 같이 특정지역의 민족독립이나 자치를 목표로 결성되는 민족주의 테러집단, 셋째, 알카에다, 이슬람의 지하드 등의 종교적 신념을 바탕으로 한 종교적 테러집단, 넷째, 종족적 갈등으로 인한 분리주의 운동의 일환으로 활동하고 있는 종족적 테러집단으로서 아르메니아 해방군, 체첸 테러리스트, 시리아의 IS 등을 들 수 있다.

45 유현석, 국제정세의 이해, 한울, 2003, pp. 165~166.

Part 02

거시적 연구

제4장 | 정치적 환경
제5장 | 경제적 환경
제6장 | 문화적 환경
제7장 | 법률적 환경

Part 02 Introduction to Area Studies

1편에서는 모든 국가에 영향을 미치는 글로벌적 요인을 살펴보았으므로, 본 2편에서는 각 지역별 거시적 환경의 특징을 연구하는 방법에 대해 설명하고자 한다.

먼저, 4장에서는 정치적 환경에 대해 살펴보고자 한다. 정치적 환경의 급격한 변화는 그 지역에서 활동하는 기업이나 개인에게 중대한 손실을 유발할 가능성이 있기 때문이다.

5장에서는 그 지역의 경제적 환경을 크게 국제경제적 환경과 진출대상지역의 경제적 환경으로 구분하여 고찰하고자 한다. 기업이 해외시장에 진출하게 되면 타국의 경제체제와 접촉하게 되며, 국제경제체제와 규범의 영향을 받게 되기 때문이다.

6장에서는 그 지역의 문화적 환경에 대해 살펴보고자 한다. 문화는 생활 속에 체화되어 있고, 사람들의 소비활동을 결정짓는 중요한 요소이므로 기업이나 개인이 해외로 진출 시, 적응하기 가장 어려운 환경요소이기 때문이다.

7장에서는 해외로 진출하는 기업이나 개인을 가장 직접적으로 통제하는 수단인 대상지역의 법률적 환경에 대해 살펴보고자 한다.

Chapter **04**

정치적 환경

제 1 절 정치적 환경의 의의

1. 정치적 환경의 중요성

정치적 환경은 기업활동에 아주 중요한 영향을 미치는 외부환경이다. 특히 전쟁, 혁명을 통한 정권의 교체, 내란 등과 같은 급격한 정치적 환경의 변화는 기업활동의 계속성과 안정성을 위협하고, 기업에 중대한 손실을 유발할 위험이 있기 때문에 각별히 주의해야 하는 외부환경이라 할 수 있다.

실제로 국제시장을 대상으로 활동하고 있는 기업들을 대상으로 해외시장 진출 여부를 결정할 때, 가장 우선적으로, 그리고 중요하게 고려하는 환경요인이 무엇이었는가를 조사해 보니, 상당수의 기업이 정치적 환경을 꼽고 있다. 기업들은 왜 이렇게 정치적 환경에 대하여 중요하게 고려하는 것일까? 그것은 정치적 위험으로 인해 기업이 직면하게 되는 손실이 가장 치명적이기 때문이다.

예를 들어 1959~1960년에 쿠바의 카스트로는 자국 내 사유재산을 모두 국유화하는 조치를 단행하였다. 이와 같이 현지국의 정치적 환경이 급격히 변화함으로써 투자 재산을 모두 빼앗길 수도 있기 때문에 기업들은 해외시장의 진출 여부를 결정할 당시 정치적 환경요소를 무엇보다도 중요하게 고려한다. 러시아, 유고슬라비아를 비롯한 일부 동 · 남부 유럽국가들과 이라크, 이란을 비롯한 중동국가들, 그리고 아프리카 국가들에 대한 외국기업의 진출이 활발하지 못한 가장 중요한 이유 중의 하나가 바로 정치적 환경의 불안정이다.

하지만 기업 입장에서 보면 정치적 환경이 불안정하다고 해서 반드시 불리한 것만은 아니다. 정치적 환경의 급격한 변화가 오히려 기업의 현지투자활동이나 현지 경영활동에 기회를 제공해 줄 수도 있기 때문이다. 예를 들어, 동유럽권 국가들의 자유화에 대해 많은 기업들이 새로운 기회로 판단하고 이 지역으로 진출하였다. 우리나라의 삼성도 1990년 헝가리에 공장을 세우고 영국에 있던 중대형 컬러 TV 생산시설을 이곳으로 이전하여 삼성의 유럽 제조본부로 사용하기 시작하였다. 삼성은 서유럽에 비해 저렴한 헝가리의 우수 기술 인력을 바탕으로 공장을 운영한 결과, 2008년에는 유럽시장에서 31억 달러의 매출을 달성하며 이후 3년 연속 유럽 TV 시장 1위를 달성할 수 있었다.[01] 그러므로 정치적 환경에 급격한 변화가 일어난다고 해서 기업들이 무조건 회피할 것이 아니라 그러한 변화가 기업에 어떤 영향을 줄 것인가에 대한 정확한 분석을 통하여 구체적인 대안을 마련해야 할 것이다.

2. 시대적 배경

기업이 국제시장에서 경영활동을 수행하는 데 있어서 정치적 환경에 대하여 매우 중요한 요소로 고려하게 된 시기는 미국이 세계경제에서 헤게모니[02]를 상실하기 시작한 1950년대 말 이후부터라고 할 수 있다. 기업이 정치적 환경요인에 대하여 관심을 갖게 된 시대적 상황을 살펴보면 다음과 같다.[03]

제2차 세계대전 이후 IMF와 GATT의 양대 체제를 바탕으로 한 자유무역주의와 국제주의의 영향으로 세계경제가 발전하였다. 그러나 1960년대 말, 미국의 국제수

01 2012 KOTRA 국가정보: 헝가리, KOTRA 부타페스트 무역관, P 헝가리-108.
02 가장 통상적인 의미에서 한 집단 · 국가 · 문화가 다른 집단 · 국가 · 문화를 지배하는 것을 이르는 말("헤게모니", 두산백과, http://terms.naver.com/entry.nhn?docId=1200581&mobile&categoryId=200000204).
03 어윤대 외, 국제경영, 학현사, 1996, pp. 151~152.

지 적자 누증 때문에 세계경제질서가 동요하게 됨에 따라 자원민족주의의 대두, 제3세계의 태동 등 여러 가지 국제경제의 혼란상이 나타나기 시작하였다.

미국이 세계경제의 헤게모니를 상실하기 시작한 지난 20여 년간 국제기업들은 정치적 위험에 대해 관심을 기울이지 않을 수 없게 되었다. 1970년대에 들어와서 석유파동에 의해 촉발된 자원민족주의 등 국제기업환경이 불확실해지고 점차로 혼란스러워지게 됨에 따라 정치적 위험에 대한 관심이 고조되었으며, 특히 국제기업의 선두 역할을 담당해 왔던 미국계 다국적기업과 국제금융기관들이 정치적 위험 분석의 중요성을 인식하게 되었다.

정치적 위험에 대한 기업들의 관심이 높아진 원인은 여러 가지 측면에서 파악할 수 있다. 그러나 가장 근본적인 원인은 제2차 세계대전 이후 기업의 급격한 국제화 추진이라고 볼 수 있다. 기업의 국제경영활동이 확대됨에 따라 정치적 위험 상황도 보다 복잡해지고 중요해지는 반면에 좀 더 새로운 위험 상황이 기업에 다가온 것이다. 또한 기업의 국제활동이 가속화됨에 따라 현지국에서의 반감이 확대되어 소위 민족주의가 팽배해진 것도 한 원인이 될 수 있다.

식민 통치에서 벗어난 신생독립국의 수가 늘어나면서 민족주의의 감정이 팽배한 결과이기도 하지만, 보다 근본적인 중요한 원인은 바로 국제정치경제가 종속관계에서 상호의존관계로 변화했다는 데서 찾을 수 있다. 이와 같이 국제간 상호의존관계의 심화는 기업 외부환경의 불확실성과 복잡성을 가중시키는 결과를 초래하였다. 1973~1974년 기간 중 석유수출국기구(OPEC)의 수출금지조치와 수출가격인상조치는 상징적인 본보기라 하겠다.

민족주의의 강화는 거시경제적 충격 이외에도 여러 가지의 형태로 국제기업에 타격을 가하였다. 외국인 기업에 대한 강제철수나 재산의 수용조치도 증가하였다. 예를 들어, 미국기업의 경우, 1940년대 말부터 1960년까지 강제철수조치를 당한 기업은 매년 평균 3개 업체에 불과하였으나, 1970년대 초반과 중반에는 4배 이상으로 증가하였다. 즉, 국제기업의 외부환경이 점차 복잡해지고 불확실해질 뿐만 아니라 기업에 직접적으로 불리하게 작용하게 된 것이다. 더욱이 국제기업의 본국 정부는 자국의 기업에 대하여 해외시장에서의 안전성을 보장할 수도, 현지국의 규제조치나 탄압을 막아줄 수도 없는 입장이 되었다.

물론 1970년대 초반 이전까지 미국의 군사적 우위는 전 세계를 장악하여 세계 어느 곳이라도 자국과 자국기업의 이익을 위하여 파병을 할 수 있었다. 따라서 현지국들은 미국기업의 재산을 수용하는 경우, 미국의 파병이나 군사적 압력을 고려하지 않을 수 없었으며, 특히 OPEC도 초기에 석유수출 금지조치를 행하면서 미국의 페르시아만 봉쇄조치를 고려하지 않을 수 없었다. 그러나 1978년 이란혁명을 필두로 표면화된 민족주의는 전 세계의 국제기업에 심각한 타격을 입혔고, 이후 국제적으로 정치적 위험을 크게 증가시키는 요인이 되었다.

제2절 정치적 위험의 개념

1. 정치적 위험의 정의

정치적 환경변화는 기업의 자산이나 수익에 엄청난 영향을 주는 위협요소이기 때문에 기업들은 이러한 위험을 회피하기 위하여 부단히 노력하고 있다. 하지만 급격하고도 거시적인 정치적 환경의 변화는 기업의 입장에서는 통제하기 어려운 외부환경이기 때문에 기업은 이 변화의 흐름을 제대로 파악하고 기업의 손실을 어떻게 하면 극소화시킬 수 있는가에 전략의 초점을 두게 된다.

현지국에 투자한 기업의 투자단위가 비교적 큰 경우, 기업들은 이러한 정치적 변화에 더욱 민감하게 대처하게 된다. 만일 현지국의 정치적 환경의 급격한 변동이 기업의 자산이나 수익에 막대한 손실을 초래한다면 현지의 자회사뿐만 아니라 본국의 모회사까지 그 영향을 받게 되기 때문에 기업 전체적인 경영활동이 어려움에 처할 수도 있기 때문이다.

이와 같이 정치적 위험이란 기업의 경영활동이나 자산에 영향을 미치는 정치적 환경의 변화를 의미한다.[04] 따라서 어떤 정치적 사건이 예측하기 어려운 급격한 정치적 변화를 수반하면서, 그러한 정치적 변화가 기업의 국제경영활동에 실질적인

04 S. H. Robock, "Political Risk: Identification and Assessment", *Columbia Journal of World Business*, Jul.-Aug. 1971, p. 7.

영향을 미친다면 정치적 위험이라고 간주할 수 있을 것이다.

현재의 세계 정치적 환경은 일부 국지전을 벌이고 있는 중동이나 아프리카, 러시아, 동유럽의 몇몇 나라들을 제외하고는 비교적 안정되어 있는 편이다. 특히 중국의 개방정책과 러시아 및 동구권의 자본주의화는 세계정치환경의 안정에 결정적인 역할을 하였다. 정치적 환경이 점차 안정을 찾아가면서 기업들은 여러 가지 환경들 중 정치적 환경보다는 타 기업들과의 경쟁에 있어 우위를 차지하기 위한 사회 · 문화적 환경이나 경제적 환경 등의 분석에 더 관심을 쏟고 있다.

하지만 세계정치환경과 더불어 각국의 정치적 환경이 어느 시기에 어떻게 변화되어 기업활동에 영향을 미칠지는 누구도 모르는 일이다. 따라서 국제기업은 세계적인 정치적 환경의 흐름 및 진출 대상국의 정치적 환경의 변화가 기업에 미칠 영향과 이에 대해 대처할 수 있는 기업 내 · 외부적 전략을 마련해 두고 있어야 할 것이다.

예로서, 이란혁명 이전에는 많은 외국기업들이 이란에 진출해 있었다. 이란에 진출한 기업들은 주로 이란에서 생산되는 석유를 이용하여 해외사업을 수행하던 외국기업들이었으며 이들 기업은 이란 정부에 대해 대단한 로비력을 가지고 있었다. 또한 이 기업들은 이란에서 혁명이 일어나 성공하리라고는 예상치 못하였으며 혁명이 일어나더라도 미국이나 유럽의 강국들이 혁명세력을 다시 축출해 줄 것으로 생각하고 있었다. 하지만 혁명이라는 정치적 격변을 통하여 팔레비 국왕이 추방당하고 민족주의자인 호메이니가 정권을 장악하게 되면서 상황은 급변하게 되었다. 이란 내에 진출한 기업들은 모두 국유화되었으며 이란과 적대관계에 있던 나라의 국민들은 모두 추방당하게 되었던 것이다.

2. 정치적 위험의 분류

정치적 환경변화에 적절히 대응하기 위해서는 우선 정치적 환경변화의 유형을 파악하고, 유형별 대응전략을 수립하는 것이 바람직하다. 정치적 위험은 현지에 투자한 외국기업 모두에게 영향을 미치는 거시적 위험(macro risk)과 일부 기업이나

특정 프로젝트에 대해서만 영향을 미치는 미시적 위험(micro risk)으로 구분할 수 있다.[05]

거시적 위험이란 한 국가 내의 다국적기업 전체에 영향을 미치는 정치적 변화를 의미한다. 거시적 위험은 자주 발생하지는 않지만 일단 발생하게 되면 그 영향을 아주 강력하고 직접적이며 전면적으로 발생하며, 개별기업의 능력으로는 통제할 수 없는 위험이다. 거시적 위험의 대표적인 예로는 1958~1959년 쿠바(Cuba)의 카스트로(F. Castro)가 모든 사유재산을 국유화했던 경우, 1979년 이란혁명 시 외국기업에 대한 국유화 조치 등을 들 수 있다.

미시적 위험이란 소수의 특정기업에만 영향을 미치는 정치적 변화를 의미한다. 이는 현지 정부가 정치적인 이유로 특정한 산업, 기업, 프로젝트에 대해 제한적인 정책을 취할 때 발생한다. 미시적 위험은 거시적 위험보다는 그 강도가 약하고 전면적이지 않지만, 오히려 자주 발생될 가능성이 있으며 한 기업에만 발생할 경우나 타 기업과의 경쟁에서 불리한 위치에 서게 된다. 미시적 정치위험은 오늘날 국제적으로 사업활동을 전개하고 있는 기업들이 직면하고 있는 대부분의 정치적 위험의 형태이며, 기업의 성격 또는 전략에 따라서 어느 정도 통제나 조절이 가능하다. 미시적 위험의 예로는 이란에서 굿리치(BF Goodrich) 타이어사가 극동과 중동에서 최대 규모의 타이어 공장을 설립하였는데, 중도에 현지정부에서 24시간 3교대 작업을 금지하고, 8시간 근무제를 도입하는 입법조치를 행하여 생산계획에 차질이 생긴 경우를 들 수 있다.[06]

제3절 정치적 위험의 원천과 유형

정치적 위험이 발생하는 경우 국제마케팅활동을 전개하는 기업이 치명적인 손실

05 S. J. Kobrin, *Managing Political Risk Assessment: Strategic Response to Environmental Change*, Berkely, CA.: University of California Press, 1982, p. 35.

06 이윤선, 글로벌마케팅, 청록출판사, 2010, p. 168.

을 입게 된다는 것을 앞에서 살펴보았다. 그렇다면 정치적 위험을 발생시키는 요인, 즉 정치적 위험의 원천이 되는 요인은 무엇이며, 이러한 정치적 위험이 구체적으로 어떠한 유형으로 나타나게 되는가? 이를 요약 정리하면 [표 4-1]과 같다.

| 표 4-1 | 정치적 위험의 원천과 유형

정치적 위험의 원천	정치적 위험의 생성 집단	정치적 위험의 효과(유형)
• 상반된 정치적 이념 • 상반된 종교집단 • 사회적 불안과 무질서 • 현지기업과의 이해관계 • 정치적 독립 • 전쟁, 내란, 테러행위 • 새로운 외교관계	• 집권정부 및 산하기관 • 의회 내의 반대집단 • 비조직적 공동이행집단 • 외국정부 또는 정부간 기관 • 전쟁 상대국이나 내란을 지원하는 외국정부	• 몰수 • 수용 • 운영상 규제 • 이전자유의 제한 • 계약의 일방적 변경 • 차별정책 • 재산 또는 인명피해

자료: S. H. Robock & K. Simmonds, *International Business and Multinational Enterprises*(4th ed.), Burr Ridge, Illinois: Irwin, 1989, p. 383.

1. 정치적 위험의 원천

정치적 위험을 발생시키는 근본원인이 되는 요인들로는 정치이념, 사회적 불안과 무질서, 현지기업과의 이해관계, 정치적 독립, 전쟁 · 내란 · 테러행위, 새로운 외교관계 등을 들 수 있다.

1) 정치이념

자본주의 국가가 사회주의 국가로 전환되는 경우와 같이 한 국가의 정치적 이념이 바뀜에 따라 발생하게 되는 정치적 위험을 의미한다. 일반적으로 민족주의, 사회주의, 공산주의 등의 정치적 이념을 표방하는 경우 정치적 위험을 초래할 가능성이 높아진다.

1959~1960년 카스트로가 대통령으로 당선된 후 쿠바의 모든 사유재산을 국유화함으로써 쿠바에 진출했던 모든 외국기업들이 심각한 정치적 위험에 직면했던

경우를 예로 들 수 있다.

2) 사회적 불안과 무질서

사회적으로 불안하거나 국가질서가 제대로 정립되지 않을 때 정치적 위험이 발생할 수 있다. 이는 정치적 불안정을 초래할 뿐만 아니라 근로자의 근로의욕을 저하시키고 사회전반에 걸쳐 보신주의를 만연하게 한다. 1980년 중앙아메리카에서 발생했던 사회적 불안이나 무질서, 그리고 1991년 자이레에서 발생했던 사회적 무질서 등을 예로 들 수 있다.

3) 현지기업과의 이해관계

현지기업과 외국기업이 특정사업분야에서 상호간에 이해관계가 대립될 경우 뇌물이나 기타 스캔들 폭로 등을 통해 정치적 공세를 펼 수 있다. 가령 외국인투자로 인해 현지기업인들이 불이익을 받게 되거나 현지에 진출한 외국기업들간에 이해관계가 충돌하는 경우 이것이 정치적 위험으로 연결되기도 한다.

예를 들어, 1980년대 초반 이후 미국에는 자국기업이 컬러 TV를 생산하지 않았음에도 불구하고, 1980년대 중반 한국산 컬러 TV에 대한 덤핑제소가 계속되었던 것은 일본계 및 대만계 전자제품 수출업체들의 로비에 의한 것으로 알려지고 있다.

4) 정치적 독립

식민지로 있던 국가가 정치적으로 독립을 하여 주권을 선언하는 경우에 정치적 위험이 발생하게 된다. 일반적으로 정치적으로 독립을 하는 경우 국민적 반감과 피해의식 때문에 종주국에 대해 적대적 행위를 취하는 경우가 많다.

5) 전쟁, 내란, 테러행위

현지국이 다른 국가와 전쟁을 하게 되거나, 현지국 내 반란이 발생하거나 또는 테러행위가 지속될 경우 이러한 것들이 기업활동에 실질적인 영향을 미치는 환경변화를 일으키게 된다. 이스라엘과 아랍국가간의 오랜 전쟁, 그리고 보스니아 내전 등은 이 지역에서 마케팅활동을 수행하는 기업들에 심각한 영향을 미칠 것이다.

6) 새로운 외교관계의 체결

외교관계를 새로이 체결하거나 변경하는 경우에도 정치적 위험이 발생할 수 있다. 예를 들어, 1992년 한국과 중국간의 국교가 수립되었는데, 이로써 한국은 대만과의 국교를 단절했다. 이때 한국에 진출한 대만기업의 입장에서는 현지국인 한국이 중국과 새로이 외교관계를 체결함으로써 심각한 정치적 위험에 처하게 되었던 것이다.

2. 정치적 위험의 유형

이러한 정치적 원천 등에 의해서 발생하게 되는 정치적 위험이 실제 기업활동에 영향을 미치는 유형을 정리해 보면 다음과 같다.

1) 몰수

몰수(confiscation)란 현지국이 자국에 소재한 외국기업들의 사유재산을 아무런 보상 없이 수용하는 경우이다. 이와 같은 정치적 위험은 현지국의 정치체제가 변하는 경우에 주로 발생한다. 특히 공산화가 된다든가 아니면 민족주의가 대두되는 경우에 몰수조치가 발생할 가능성이 높다.

2) 수용

넓은 의미의 수용(expropriation)은 몰수의 개념까지도 포함하여 보상의 유무에 관계없이 특정 외국기업의 재산을 국가가 강제로 징수하여 처분하는 행위를 의미하며, 좁은 의미의 수용은 명목상으로 형식적인 보상을 해 주고 국가가 특정자산의 소유권을 강제로 징수하여 처분하는 행위이다.

3) 운영상의 규제

현지국이 외국기업의 시장점유율, 소유 지분 비율, 제품의 특성, 고용정책 등에 대해 규정을 정해 놓고 제한을 가하는 것을 뜻한다.

4) 이전자유에 대한 제한

대부분의 다국적기업은 자본, 기술, 인력 등 기업자원과 원재료 및 완제품을 내부화하는 기업 내부거래를 행하며, 여기에서 획득한 이익이나 배당 등을 본국으로 송금하는데, 현지국정부가 이와 같은 이전을 제한하기도 한다.

5) 계약의 일방적 변경

현지국정부가 자국의 특정 목적을 달성하기 위하여 민간기업들간에 맺은 계약에 개입하여 이를 규제하는 조치를 의미한다.

6) 차별대우

현지국정부가 자국의 특정목적을 위하여 필요한 경우 외국기업에 대하여 차별과세를 하거나 대형 프로젝트에의 참여를 제한하거나 또는 강제적으로 정부 공사를 수주하도록 하는 등 현지기업과 차별 대우하는 것을 뜻한다.

7) 재산 또는 인명의 피해

현지국에서 주로 폭동이나 내란, 전쟁 등과 같은 극단적인 정치적 위험으로 인하여 재산이나 인명이 피해를 보는 것을 말한다. 1992년 미국 LA에서 발생한 흑인폭동으로 한국인과 한국기업이 피해를 입었던 것을 예로 들 수 있다.

제4절 정치적 위험의 분석

1. 정치적 위험의 분석방법

정치적 위험의 중요성이 커짐에 따라 현지국의 정치적 위험을 정확하게 측정하는 것이 국제마케팅에 있어서 중요한 문제로 대두되고 있다. 정치적 위험을 분석하는 방법 중 대표적인 것을 살펴보면 다음과 같다.

1) 정형적 서술법

정형적 서술법이란 정치적 위험요인에 대하여 서술적 방식으로 위험을 평가하되 정형회되고 체계적인 방법으로 평가하는 것이다. 다시 말하면, 전문가 또는 전문기관에 의뢰하여 정치적 위험이 높을 것으로 판단되는 상호관련변수들로 구성된 모형을 설정해서 이를 근거로 정치적 위험을 예측하는 방법이다. 이 방법은 주관성이 개입될 수 있다는 단점이 있다.

2) 자유서술법

자유서술법이란 전문가의 주관적 판단에 의존하며, 이론에 근거를 두지 않고 일정한 형태나 체계를 갖추지 않는 예측방법이다. 즉, 평가대상국이 당면하는 중요문제에 초점을 두고 서술하는 방식이라고 할 수 있다. 평가대상국의 특성에 따라 평가요소를 달리하여 정치적 위험도를 평가한다. 이 방법은 각국이 처한 상황에 따라 가장 핵심적인 사안에 주안점을 두고 평가할 수 있으며, 계량화하기 어려운 요인들을 분석할 수 있다는 장점이 있다. 그러나 국가별로 평가요소가 다르기 때문에 국가간 비교를 하기 힘들고 예측능력이 부족하며 객관성이 부족하다는 단점이 있다.

3) 현지 방문 조사법

현지 방문 조사법(Grand Tours)이란 현지국을 직접 방문하여 현지의 정치적 위험을 조사하는 방법이다. 특정국가에 대한 진출을 고려하는 경우 우선 국내에서 현지국에 대한 자료를 수집한 후 현지국에 조사단을 파견하여 조사하게 되는데, 현지국의 기업가, 정치가, 사회지도자 또는 관련기관을 방문하여 현지에서 직접 정치적 상황을 파악하는 것이다.

이 방법의 가장 큰 장점은 현실감 있는 정보를 취득할 수 있다는 것이다. 단점으로는 대개 조사가 단기간에 이루어지므로 정보수집이 체계적이지 못하며, 방문자, 방문시기에 따라 조사 결과가 다르게 나타날 수 있다는 것이다.

4) 전문가 자문법

전문가 자문법(Old Hands)은 진출하고자 하는 국가나 지역에 대해 전문적인 지식이나 경험을 가지고 있는 사업가, 외교관, 언론인 등 전문가로부터 자문을 받는 방법이다. 이 방법은 시장잠재력이 증대되고 있는 지역에 대한 정치적 위험을 분석하는 데 효과적이다. 국제마케팅활동을 수행하는 대부분의 기업들은 이러한 전문가를 기업의 고문이나 상담역으로 채용하기도 한다. 전문가들의 지식은 실제로 그들이 보유하고 있는 능력과 경험에 의해 그 유용성이 달라진다. 그러므로 이 방법으로 해외위험을 조사하려는 기업들은 우수한 전문가를 초빙하는 데 최대한 노력을 기울여야 한다.

이러한 예로는 미국의 엔지니어 대기업인 벡텔(Bechtel)社가 전직 CIA국장과 이란 대사였던 헬름(R. Helms)을 고문으로 두고 있고, G.M.과 캐터필러(Caterpillar)社도 외부자문단을 두고 있다. 또한 전 미국 국무성 장관이었던 헨리 키신저(H. Kissinger)는 머크(Merck), 골드먼삭스(Goldman Sachs), 체이스 맨해튼 뱅크(Chass Manhattan Bank) 등의 기업에 자문을 하였다.[07] 그렇지만 능력과 경험이 풍부한 전문가라 할지라도 실수를 할 수도 있다. 예를 들어 "1960년대 말에 미국무성 라틴아메리카 담당관은 브라질의 군정이 붕괴될 것이라고 미국투자가들에게 조

---

07 Jean-Pierre Jannet & H. David Hennessey, *Global Marketing Strategies*(3rd ed.), Houghton Mifflin Company, 1995, pp. 122~123.

언한 바 있다. 이 말을 믿고 많은 미국기업들이 브라질에서 서둘러 철수하였으나 브라질 군정이 붕괴되지 않아 손실을 보게 되었다.

전문가 자문법의 장점은 전문가의 의견을 이용함으로써 시간을 절약할 수 있고, 전문가의 높은 예측력을 통해 거시적인 흐름이나 패턴을 파악할 수 있다는 것이다. 그러나 전문가를 통해 기업의 해외진출과 관련된 정보가 누출될 수 있으며, 만약 전문가의 판단이 잘못됐을 경우 기업이 막대한 손실을 입을 수 있다.

5) 델파이법

델파이법(Delphi)은 여러 전문가들의 의견을 종합적으로 수렴하여 평가를 내리는 방법이다. 먼저 정치적 위험에 영향을 미칠 수 있는 요인을 결정하고, 전문가들이 이들 각 요인들에 대해 중요도에 따라 가중치를 부여하거나 서열을 매겨 체크리스트를 작성한다. 그 다음 체크리스트상 서열이 매겨진 각 요인들을 종합하여 정치적 위험에 대한 종합지수를 산출하며 이에 근거하여 각 국가의 정치적 위험을 평가하는데, 주로 반복적으로 설문조사를 행한다.

델파이법을 이용해서 유용한 결과를 도출하려면, 첫째, 정치적 위험에 영향을 미칠 수 있는 요인들이 포괄적이면서도 정확하게 선정되어야 하고, 둘째, 전문가들이 합리적이고 시의적절하게 의견을 제시하여야 하며, 셋째, 각 전문가들의 의견에 대해 가중치를 부여하고 종합할 수 있는 적절한 방법이 마련되어야 한다. 델파이법을 이용한 정치적 위험지수로는 BERI(Business Environment Risk Index: 기업환경위험지수), Business International社의 BI지수, NBI(Nikkei's Business Index: 니케이 기업지수) 등이 있다. 이 방법은 분석이 체계적으로 이루어지고 시간변화에 따른 위험수준의 변화를 일관성 있게 측정할 수 있는 장점이 있는 반면, 예측이 주로 거시적 위험에 초점을 두고 있다는 단점이 있다.

6) 체크리스트법

체크리스트법(Checklist)은 전문가의 주관적 판단에 의해 정치적 위험에 영향을 주는 변수를 추출하고 이를 각 국가별로 평가하는 방법이다. 다시 말해 표준화된 공통지표를 작성하여 국가별로 점수를 부과하고 각 지표별로 가중치를 두어서 종합적으로 가중평균점수를 산출한 후 국가별로 비교함으로써 각국의 정치적 위험도를 평가하는 방법이다. 앞의 BERI나 BI 등에서 행하는 델파이분석에서의 지표가 바로 체크리스트이다.

이는 국제비교가 용이하고 계량화할 수 없는 요소도 고려할 수 있고 예측력도 상당하다는 장점이 있는 반면, 공통지표의 선정이나 가중치 부여 시 자의성이 개입될 수 있으며 개별국이 처한 특수한 상황이나 환경의 변화를 적절하게 반영하지 못한다는 단점이 있다.

7) 계량적 분석법

계량적 분석법은 정치적 위험을 평가하는 데 계량모형을 설정하고 모형에 수량화할 수 있는 변수를 투입하여 분석함으로써 정치적 위험을 평가하는 방법이다. 이 방법은 최근 사회과학에도 객관성과 과학성을 요구하는 시대적 분위기에 편승하여 급속히 발전하고 있다.

계량적 분석법의 장점은 개인의 주관에 좌우되지 않고 정치적 위험을 객관적으로 판단할 수 있다는 것이다. 그러나 정치적 위험에 실제로 영향을 미치지만 수치화되지 않는 변수들이 빠질 수 있고 계량모형이 단순하기 때문에 현실과 괴리되는 결과가 나올 수 있다는 것이 단점이다.

8) 통합적 분석법: 시나리오 분석법

앞에서 살펴본 분석방법들은 나름대로 중요한 역할을 하고 있지만, 위험을 과소평가하여 손해를 보거나, 위험을 과대평가하여 사업기회를 놓치는 우를 범할 수 있다. 그러므로 한 가지 방법에 의존하는 경우 각 분석법의 단점으로 인하여 발생하는 문제를 회피할 수 없으므로 여러 가지 방법을 보완하여 사용하는 것이 바람직하다. 따라서 정치적 위험을 정확하게 평가하기 위해서는 객관적 분석과 주관적 분석이 동시에 이루어져야 하고, 분석범위도 거시적인 위험과 미시적인 위험을 모두 포함시키는 통합적인 분석의 필요성이 제기된다.

최근 정치적 위험을 평가하는 종합적인 분석방법으로서 통합적인 위험분석방법을 많이 사용하는데 그 대표적인 것이 시나리오 분석법이다. 여러 가지 사건과 추세가 상호연관을 맺고 변수들 상호간에 영향을 주고받는 복잡한 환경하이거나 혹은 불확실한 상황하에서 개별국가의 정치적 위험도와 추세를 파악하기란 어려운 일이다. 시나리오 분석법은 융통성 있는 의사결정을 위하여 인과관계를 설명하는 일련의 가상적 사건을 가정하고 이에 대한 상황전개를 함으로써 사건의 복잡성과 불확실성에 대처하는 기법이다.[08]

이와 같은 시나리오 분석법을 통해 국제마케팅활동을 계획하고 있는 경영자는 국제마케팅의 동기와 목적, 시장상황에 맞게 마케팅전략을 수립하며 장래의 환경변화나 경쟁상황의 변화에 대한 예상 시나리오를 통해 경영환경의 미래예측과 관련된 불확실성을 어느 정도 회피할 수 있게 된다.[09] 즉, 시나리오는 해외사업의 본질과 내적 요인들 및 불확실성 등에 대해 경영관리자들이 나름대로 정확히 판단할 수 있는 '감각'을 개발해 나갈 수 있도록 도와주는 역할을 한다.[10] 따라서 시나리오는 그럴듯해야 하고(Plausibility), 조리가 있어야 하며(Self-consistency), 결정적이고 유효한 요소들이 모두 포함될 만큼 완전(Completeness)해야 한다.[11]

시나리오 분석법의 장점은 객관적 자료를 근거로 전문가들의 추론에 의해 작성된 몇 개의 시나리오를 최고경영자들이 주관적 판단으로 선택할 수 있으며, 거시적 변수와 미시적 변수를 모두 고려할 수 있다는 것이다. 일반적으로 시나리오 분석법에 의해 정치적 위험을 평가하기 위해서는 [그림 4-1]과 같이 다섯 단계를 거치게 된다.[12]

그림 4-1 | 시나리오 분석법의 진행과정

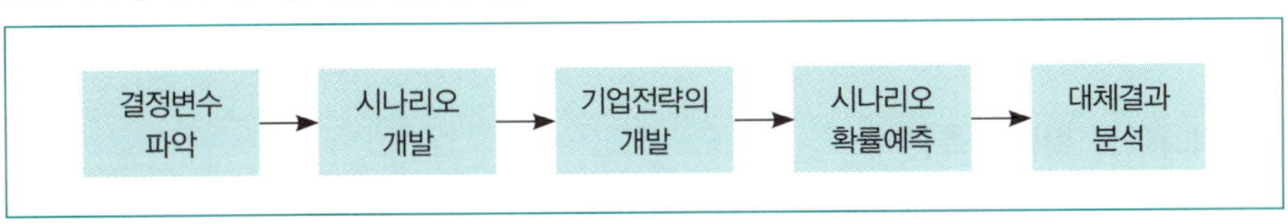

08 어윤대 외, 앞의 책, pp. 167~168.

09 R. B. Mitchell, J. Tydeman and J. Georgiades, "Structuring the Future-Application of a Scenario-Generation Procedure", *Technological Fore-casting and Social Change*, Vol. 14, 1979, pp. 409~410.

10 P. Wack, "Scenarios: Shooting the Rapids", *Harvard Businee Review*, Nov/Dec. 1985, p. 140.

11 J. H. Vanston, Jr., W. P. Frisbie, S. C. Lopreato, and D. L. Poston, Jr., "Alternate Scenario Planning", *Technological Forecasting and Social Change*, Vol. 10, 1977, p. 159.

12 강태구, 국제경영학, 박영사, 1997, pp. 201~203.

(1) 결정변수 파악단계

시나리오 분석에 있어 가장 우선적으로 시행해야 하는 과정은 변수의 파악과 선정이다. 결정변수의 선정에는 사건의 전개에 가장 중요한 영향을 줄 것으로 예상되는 변수를 파악해야 한다. 이때 변수들은 모든 외국기업에 영향을 주는 거시적 변수와 특정기업이나 마케팅활동에 관련된 미시적 변수를 포함하여야 한다.

(2) 시나리오의 개발단계

주요 변수 중에서 선정된 몇 개의 변수를 적절하게 조합함으로써 몇 가지의 시나리오를 작성할 수 있다. 시나리오는 여러 가지의 경우를 고려하여 많이 만들어 볼 수도 있겠지만 실질적인 관리적 측면에서 세 가지의 경우로 한정하는 경우가 많으며, 대개 낙관적 · 비관적 · 절충적 혹은 현재 상황 지속의 시나리오로 구성한다.

(3) 기업전략의 개발단계

기업전략의 개발은 시나리오에 설정된 상황을 바탕으로 이루어지며 기업의 최고경영자도 이 과정에 참여하는 것이 좋다. 시나리오별로 적합한 전략을 수립하기 위해서는 전략개발에 참여하는 구성원들이 기업의 현재 상황과 시나리오의 내용을 충분히 숙지하고 있어야 하며 구성원의 활발한 참여가 보장되어야 한다. 전략을 구성하기 위해 참여하는 집단에는 최고경영층과 시나리오 개발자뿐만 아니라 해외투자실무담당자, 재무담당자, 마케팅담당자 등과 같은 집단도 포함시켜 구체적이고 현실적인 전략이 개발될 수 있도록 하여야 한다.

(4) 시나리오 확률예측단계

각각의 전략 대안을 평가하기 위하여 각 시나리오별로 발생 확률을 예측한다. 이 경우 전문가에 의뢰하여 평가할 수도 있으나 기본적으로는 주요 결정변수를 평가함으로써 각 시나리오의 확률을 예측한다.

(5) 대체결과 분석단계

자신들이 예상하는 시나리오와 다르게 상황이 전개될 경우 예상되는 결과를 분석해 본다. 즉, 낙관적 시나리오를 가정하고 전략을 수립하고 시행하였지만 실제로는 비판적 시나리오가 전개되는 경우 기업이 입게 되는 손실을 분석함으로써 각 전략 대안에 수반되는 위험의 정도를 예상해 볼 수 있다.

2. 정치적 위험지수

세계의 유수한 기관들이 각 국가별로 정치적 위험도를 평가하고 이를 정치적 위험지수의 형태로 발표하고 있다. 이들은 주로 델파이법을 이용하여 정치적 위험도를 측정하고 있는데, 대표적으로 BERI(Business Environment Risk Index: 기업환경위험지수), Business International社의 BI지수, NBI(Nikkei's Business Index: 니케이기업지수) 등이 있다. 그리고 세계적인 금융기관들이 자금대출 시 이용하기 위하여 국가별로 투자등급, 투자회수등급, 채무불이행등급 등의 신용도를 평가하여 국가위험지수를 공표하고 있는데, 대표적인 기관으로는 무디스(Moody's), S&P, Euromoney 등이 있다.

여기서는 정치적 위험지수의 한 예로 BERI社에서 공표하고 있는 것을 개략적으로 소개하고자 한다. 스위스 제네바에 본사가 위치해 있는 BERI社는 1966년 Haner에 의해서 설립되었다, 이 기관은 Business Risk Service(BRS)라는 자료를 제공하며, 1970년대 중반부터 BERI Index를 50개국을 대상으로 작성하고 있다.

| 표 4-2 | BERI社의 국가위험 평가방법

형태	분석방법
정치위험지표(the Political Risk Index: PRI)	델파이 기법(Delphi method)
영업위험지표(the Operations Risk Index: ORI)	
이전위험요소(the Remittance and Repatriation Factor: R Factor)	• 법률체제(20%) • 외환거래기간(30%) • 국제준비금(30%) • 외채평가(20%)
종합위험점수(the Composite Score: CS)	PRI+ORI+R Factor / 3

자료: Michel Henry Bouchet, E. Phraim Clark and Bertrand Groslambert, *Country risk assessment – A guide to global investment strategy*, WILEY FINANCE, 2003, p. 80.

BERI社는 4가지 평가형태로 국가등급을 산출하고 있으며, 델파이(Delphi) 기법에 의하여 자료를 산출하고 있다. BERI社의 자료는 다수의 평가자의 주관적 의견을 종합하고 평균화한 국가위험 평가자료라고 할 수 있다. 세부적인 내용은 [표 4-2]에 정리하였다.

BERI社에서는 정치위험을 측정하기 위해 다음과 같이 델파이 기법을 사용한다. 즉, 국내정세 및 국제정세에 정통한 100명의 전문가를 선출하고, 이들은 3개 분야의 각 10개의 질문에 대해 향후 1~5년간 예상되는 각 국가의 정치적 위험에 대한 의견을 제출한다. 정치적 위험은 0점(고위험)에서 7점(저위험)으로 측정된다. 100명의 전문가의 평가는 총 100점 중 70%가 반영되며, 나머지 30점은 8개의 내부 및 외부 기준에 의해서 점수를 산출한다. 평가결과, ① 0~39점: Prohibitive risk, ② 40~54점: High risk, ③ 55~69점: Moderate risk, ④ 70~100점: Low risk 그룹으로 분류하며, 세부내용은 [표 4-3]과 같다.

| 표 4-3 | BERI社의 정치위험 지표(PRI)

구분	내용
내부요인에 의한 정치위험	• 정치적 분열과 당파싸움 • 외국인 혐오증, 국수주의, 부패, 족벌주의 등의 국민적 성향 • 언어, 윤리, 종교 등으로 인한 지역간 분열 • 권력유지를 위한 강제적 조치들 • 급진적 정부의 군사력 증강
외부요인에 의한 정치위험	• 주요 적대적 세력에 대한 방어력 및 그 세력의 영향력 • 지역 정치세력의 부정적 영향
정치위험징후	• 시위, 파업, 폭력 등의 사회적 갈등 • 위헌적 조치, 암살, 게릴라전 등의 불안정

자료: Michel Henry Bouchet, E. Phrain Clark and Bertrand Groslambert, *Country risk assessment – A guide to global investment strategy*, WILEY FINANCE, 2003, p. 80.

정치위험지표(PRI)의 내용을 보면 100점 만점을 기준으로 정치적 환경이 좋은 국가는 싱가포르(79), 스위스(73), 일본(73), 벨기에(72) 등의 순으로 나타나고 있다. 반면에 정치적 위험이 높은 국가는 러시아(34), 중국(40), 멕시코(49), 이탈리아(50) 등이다. 한국의 경우에는 57점을 기록하였다.

영업위험지표(ORI)는 정치위험지표와 동일하게 델파이 기법을 사용하며, 정치위험지표를 위해 동원된 집단과는 별개의, 주로 국제 업무 경험 전문가로 100명의 집단을 구성하여, 해당 국가의 해외 직접투자 시 친밀도 및 편리성 정도를 측정한다. 측정문항은 국가 경제적인 면과 국가 규제정책에 관한 15개의 문항으로 구성되어 있는데, 0점(까다로운 투자조건)~4점(자유로운 투자조건)으로 측정한 후, 가중치를 곱하여 100점 만점으로 산출한다. 점수대별 그룹은 정치위험지표와 동일하며 세부내용은 [표 4-4]와 같다.

| 표 4-4 | BERI社의 영업위험지표(ORI)

구분	내용
영업위험 지표	• 정책의 일관성 • 경제 성장 • 화폐 태환성(兌換性) • 노동비용 / 생산성 • 단기신용 • 장기대출과 위험자본 • 영업계약의 준수가능성 • 외국투자자와 외국투자자본의 이익에 대한 태도 • 민영화 정도 • 금융통화 팽창 • 국제수지 • 통신 및 운송 • 현지 경영관리와 파트너 • 관료주의에 의한 행정처리 지연 • 계약관련 전문서비스

자료: Michel Henry Bouchet, E. Phrain Clark and Bertrand Groslambert, *Country risk assessment – A guide to global investment strategy*, WILEY FINANCE, 2003, p. 81.

이전위험요소(R Factor)는 외국기업의 이익에 대한 국가간 이전(Cross-border Risk)에 대한 위험을 나타내는 4가지 지표, ① 법률체계, ② 외환거래시간, ③ 축적된 국제준비금, ④ 외채평가 등으로 구성되어 있으며, 개략적으로 14,000개의 정보를 기반으로 한 회귀분석 결과와 BERI社의 Senior Staff의 직관을 적용하는 것으로 알려져 있다.

종합위험점수(CS)는 정치위험지표, 영업위험지표, 이전위험요소의 단순합산으로 산출되며, 이 산출값은 ESRI Index에서 주요한 점수로 인정된다. 그리고 이 점수로 ① No Business Transection, ② Trade Only, ③ Non-dividend Cash flow, ④ Investment Quality의 4가지 형태로 구분한다.[13]

제5절 정치적 위험의 대응전략

이제까지 살펴본 바와 같이 정치적 위험이 발생할 경우 기업이 입을 수 있는 손실이 막대하며, 정치적 위험의 발생 원천과 그 유형 역시 다양하게 나타나고 있다. 진출하고자 하는 국가의 정치적 환경에 대한 정보가 미흡하여 정치적 위험에 대해 평가를 제대로 하지 못한 채 국제마케팅활동을 수행하는 경우, 현지국의 정치적 환경변화에 대한 대응능력이 당연히 떨어지게 될 것이다. 그러므로 정치적 위험에 대한 대응전략을 수립하는 데 있어서 진출하고자 하는 국가의 정치적 위험을 정확하게 조사 · 분석하는 것이 무엇보다도 중요하다. 이를 바탕으로 기업과 진출 대상국이 처한 상황에 따라 적절한 대응전략을 수립할 수 있을 것이다. 정치적 위험에 대한 세부적인 기업의 대응전략은 [표 4-5]에서 보는 바와 같다.

| 표 4-5 | 정치적 위험에 대한 대응전략

전략구성시기	대응전략의 내용
진출 이전 대응전략	① 기업 내부적 대응전략 • 진출포기 • 현지 소유지분의 최소화 -현지금융 -현지 지분 참여(합작투자) • 본국과 현지국 정부간 협정체결

13 두충헌, 국가위험 평가방법의 비교에 관한 연구, 성균관대 경영대학원 석사학위논문, 2004, pp. 22~26.

	② 기업 외부적 대응전략 • 정부 및 민간보험 가입 • 현지 정부의 투자보증 • 본국과 현지국 정부간 협정체결
진출 이후 대응전략	① 기업 시민 이미지의 부각 ② 현지 기술 발전에 공헌 ③ 현지 관련산업의 육성
위험발생 이후의 대응전략	① 경쟁(지배) ② 회피(무시) ③ 협동(통합) ④ 순응(회유) ⑤ 타협(공유)

자료: 어윤대 외, 국제경영, 학현사, 1996, p. 175.

1. 해외시장 진출 이전 대응전략

기업이 해외시장에 진출하기 이전에 진출대상국에 정치적 위험이 있다고 판단되는 경우 취할 수 있는 대응전략은 회피, 위험의 이전, 현지국 정부와의 협상 또는 협정체결과 같이 크게 세 가지로 나눌 수 있다.

1) 회피

회피란 진출대상국의 정치적 위험수준이 너무 높아 기업이 감당하기 어려울 것으로 판단되는 경우 진출 자체를 포기하는 것을 말한다. 이러한 회피전략은 위험관리수단 중 가장 단순한 것으로서 불확실성을 사전에 예방한다는 장점이 있다. 그러나 새로운 사업기회를 잃게 될 가능성 또한 배제할 수 없다. 위험이 존재한다는 것은 그에 대한 반대급부로서 이익이라는 것이 존재하며 이들 양자간에는 비례관계를 가지는 경우가 많다. 즉, 위험이 크다는 것은 그만큼 위험을 감수함으로써 얻을 수 있는 이익이 클 가능성도 많다. 진출을 포기할 당시에는 기업의 안정성을 도모할 수 있지만 장래에 현지국의 위험이 없어지거나 감소될 경우 위험을 적극적으로 수용한 기업에 현지국에서의 시장기회를 빼앗길 위험에 처하게 된다. 이 경우 기업은 정치적 위험을 회피함으로써 파생되는 또 다른 위험에 처하게 된다.

2) 위험의 이전

진출대상국에 정치적 위험이 존재하지만 시장규모 또는 시장잠재력이 크거나 아니면 전략적으로 진출이 필요한 국가일 경우, 진출로 인한 위험에 대하여 기업이 이를 모두 부담하는 것이 아니라 이러한 위험을 외부로 이전하는 방법을 고려하게 되는데, 이러한 형태를 위험의 이전이라 한다. 기업이 부담해야 하는 정치적 위험을 외부로 이전하는 구체적인 형태로는 보험가입, 현지자금조달 등의 방법이 있다.

(1) 보험가입

진출대상국의 정치적 위험 정도가 높다고 판단되거나, 예상하지 못한 정치적 위험에 대비하기 위해 수출보험이나 해외투자보험 등의 보험에 가입할 수 있다. 해외시장에 진출하기 이전에 보험제도를 이용하여 정치적 위험을 공공기관에 전가시킴으로써 기업의 손실을 최소화할 수 있다. 특히 해외투자보험의 경우 해외투자가 수출이나 라이선싱 등의 형태로 진출하는 것보다 훨씬 많은 자원의 이동이 이루어지므로 그 중요성이 크게 부각되고 있는데, 이에 대해서는 본 장의 〈부록〉에서 보충하여 설명한다.

(2) 현지자금조달

해외직접투자의 형태로 해외시장에 진출하는 경우 소요자금에 대한 위험을 최소화하기 위해 현지에서 자금을 조달하는 방안을 생각해 볼 수 있다. 구체적으로 현지에서 자금을 조달하는 방법으로는 현지금융기관에서 자금을 차입하거나 합작투자의 형태로 진출함으로써 합작파트너의 자본을 이용하는 것 등이 있다.

현지금융을 이용하여 자금을 조달하게 되면 정치적 위험이 발생하여도 진출 기업이 직접적으로 손해를 입게 되는 자본규모가 줄어들게 된다. 또한 현지금융기관을 이용하는 경우 해외시장진출에 소요되는 자금의 부담을 줄일 수 있게 되며, 현지금융기관과의 결속이 이루어져 정치적 환경의 급격한 변화로 발생하는 위험에 대한 대처능력이 커질 수 있다.

현지정부 또는 현지기업과 합작투자를 통하여 진출하는 경우 정치적 위험으로 인한 손실을 현지국 정부나 기업과 나누어 가지게 된다. 그리고 일반적으로 현지국과의 합작투자기업인 경우 현지국 기업으로 인식되는 경우가 많아 정치적 위험에 노출될 가능성도 줄어들게 된다.

3) 비자본 투자의 진출방식

자본, 기술, 인력 등 기업의 제반자원이 현지국으로 이전되는 해외직접투자의 방식으로 해외진출을 모색하는 것이 아니라 수출이나 라이선싱, 경영관리계약 등 현지국에 자본 투자를 하지 않는 방식으로 해외시장에 진출하면 정치적 위험의 발생으로 인해 기업이 입게 되는 손실을 줄일 수 있다.

4) 현지국 정부와의 협상 또는 협정체결

현지국에 진출하는 기업이 현지국 경제에 막대한 영향력을 행사할 수 있거나 현지국이 외국기업의 진출을 적극적으로 유치하는 경우에 진출기업은 현지국 정부와의 협상을 통하여 외국기업의 진출에 대하여 보증하도록 유도할 수 있다. 예를 들어, 우리나라가 중국, 러시아와 정상적인 국교를 수립하기 이전에 한국기업들이 이 지역으로 진출할 수 있었던 것도 중국과 러시아 정부의 투자보증이 있었기 때문이다.

또한 기업이 본국 정부를 이용하여 현지국 정부와의 협정을 체결하도록 함으로써 정치적 위험을 줄일 수 있다. 이와 같은 협정으로는 대표적으로 최혜국대우의 보장, 국유화 및 수용의 금지, 전쟁이나 폭동 등 긴급사태로 인한 손실의 보상, 자유로운 투자원금 및 과실의 송금보장, 투자분쟁의 발생 시 해결절차 등을 주요내용으로 하는 투자보장협정, 국가간 조세처리의 단순화, 해외투자기업의 조세부담 경감을 위한 이중과세방지협정[14]이 있다.

---

14 기업이 외국에서 소득을 얻었을 경우 본국 또는 외국 중 한 나라에서만 세금을 물리도록 하는 국가간 협정을 말한다("이중과세방지협정", 시사경제용어사전, 대한민국정부, 2010, http://terms.naver.com/entry.nhn?docId=299738&mobile&categoryId=518).

2. 해외시장 진출 이후 대응전략

해외시장에 진출하게 되면 기업은 항상 현지국의 정치적 위험에 대하여 대응할 수 있는 위기관리계획(contingency plan)을 마련해 놓고 있어야 한다. 해외시장 진출 이후 기업이 취할 수 있는 대응전략은 다음과 같다.

1) 기업의 이미지 제고

진출대상국에서 원만한 지역사회관계를 유지한다거나 현지국에 이익이 되는 기업활동을 전개하여 진출기업이 현지국에 도움이 된다는 이미지를 심어 줌으로써 거시적 정치위험은 피할 수 없더라도 최소한 미시적 정치위험을 회피할 수 있다. 기업이미지를 제고시킬 수 있는 방안을 정리하면 다음과 같다.

첫째, 사회복지시설을 설립한다. 학교, 병원, 육아시설, 요양원 등의 시설을 설립함으로써 진출기업이 현지의 사회발전에 기여한다는 선량한 기업이미지를 심어 줄 수 있다. 또한 기업의 소유 및 고용정책이나 마케팅정책 등을 현지국 정부의 시책에 맞도록 적응시킴으로써 현지국 정부와 우호적인 관계를 유지할 수 있을 것이다.

둘째, 기술을 제공하거나 기술개발에 힘쓴다. 오늘날 기업에 있어서 기술은 무엇보다도 중요한 경쟁우위요소가 되고 있다. 그래서 기업들은 새로운 기술의 개발에 막대한 자금을 투자하고 있으며 정부도 이를 적극 지원하고 있다. 그러므로 핵심기술이 노출되지 않는 범위 내에서 현지국이 필요로 하는 기술을 제공하거나 현지에서의 연구개발(R&D)활동을 강화함으로써 자국에 도움이 되는 기업이라는 이미지를 심어 줄 수 있다.

셋째, 현지국 내 관련산업을 육성한다. 진출기업의 제품생산과 관련된 원료 및 중간재 등을 가능한 한 현지에서 조달하여 현지구매비율을 높임으로 현지국 내의 관련산업의 발전을 함께 도모할 수 있다. 최근에는 현지국에서 현지부품조달비율을 높이도록 요구하는 국가들이 늘어나고 있는 추세임을 감안할 때 바람직한 전략이라고 할 수 있다.

넷째, 현지생산제품의 수출시장을 개척 · 확대한다. 가령 해외직접투자의 형태로 진출했을 경우, 현지에서 생산된 제품의 수출시장을 개척하거나 확대하게 되면 현지국의 국제수지개선에 도움을 주게 되므로 기업이미지가 좋아질 수 있다.

다섯째, 현지인에 대한 교육훈련을 강화한다. 현지인력을 대상으로 제품생산기술이나 경영관리능력 등에 대하여 교육훈련을 시킴으로써 기업이미지를 제고시킬 수 있다. 현지인에 대한 교육훈련을 통해 진출기업의 제품생산성이 향상됨으로써 진출기업에도 긍정적인 역할을 하게 된다.

2) 단기이익 극대화

진출대상국의 정치적 위험이 크다고 판단되는 경우 기업은 전략적 목표를 단기간에 이익을 극대화하는 데 둘 수 있다. 진출대상국의 정치적 위험이 크기 때문에 장기적인 사업활동이 불투명하다면, 시장점유율 확대를 통한 장기적인 이익을 도모하는 것이 아니라 고정비용투입 및 제품생산수준의 최소화, 마케팅비용 및 훈련비용의 축소 등과 고가격 정책을 통하여 단기간에 이익을 극대화할 수 있는 전략을 취하는 것이다.

3) 소유권의 이전

해외직접투자의 형태로 현지시장에 진출했을 경우에는 기업이 보유하고 있는 주식지분을 현지기업 또는 외국기업에 매각함으로써 정치적 위험에 노출되는 범위를 축소할 수 있다.

4) 기타

그 외에 해외시장에 진출하기 이전에 취할 수 있는 대응전략에서와 마찬가지로 진출 이후에 보험에 가입하거나, 현지국 정부와의 협상을 통해 현지국 정부가 보증을 하도록 하거나 본국과 현지국 정부간에 협정을 맺도록 하는 형태의 전략을 생각할 수 있다.

3. 위험발생 이후 대응전략

정치적 위험이 실제로 발생한 이후 기업이 취하게 되는 전략은 위험발생 전에 취하는 전략과는 뚜렷이 구분된다. 위험발생 이전의 대응전략은 어떻게 하면 위험발생가능성을 줄이고 기업활동을 안정적으로 수행할 수 있는가가 핵심내용인 반면, 위험발생 이후의 대응전략은 위험의 발생을 전제로 하여 발생한 위험에 어떤 방식으로 기업이 대처할 것인가가 핵심내용이 된다.

위험발생 이후 기업이 수행할 수 있는 전략을 체계화한 학자는 글래드윈과 월터(T. Gladwin & T. Walter), 호스킨스(W. Hoskins) 등을 들 수 있다.

1) 갈등관리모형

글래드윈과 월터(T. Gladwin & T. Walter)는 사회학의 갈등이론을 해외위험발생 시의 관리전략에 도입하여 다음과 같은 갈등관리모형을 제시하고 있다.[15] 이들은 해외위험에 대한 기업의 행동양식을 [그림 4-2]에서와 같이 독단성(assertiveness)과 협조성(cooperativeness)이라는 두 가지 차원으로 분류하고, 기업의 위치에 따라 어떤 갈등관리방식을 택할 것인가를 설명하고 있다.

그림 4-2 | 갈등관리모형

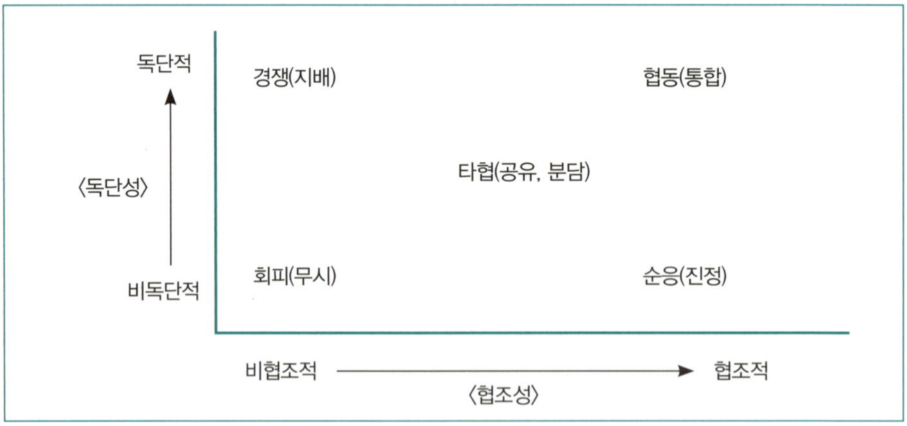

자료: T. N. Gladwin and T. Walter, *Multinationals Under Fire*, John Wiley & Sons Inc., 1980, p. 52.

15 T. N. Gladwin and T. Walter, *Multinationals Under Fire*, John Wiley & Sons Inc., 1980, p. 52.

(1) 독단성과 협조성 개념

독단성이란 기업의 위험에 대한 반응이 어떠한가를 의미한다. 기업이 독단적일수록 기업의 위험에 대처하기 위한 의사결정이나 이의 수행이 단호하고 능동적이며 공격적인 성향이 강하다. 반면에 비독단적일수록 기업은 수동적이며 무력하고 비공격적이 된다. 경쟁력이 우수하고 첨단기술을 많이 보유하고 있으며 현지 네트워크화가 잘 이루어진 기업은 일반적으로 독단적인 성향을 띠게 될 가능성이 많다. 반면에 투자의 형태가 단순 조립형 투자이거나 현지의 값싼 노동력을 이용하기 위한 투자일 경우 비독단적인 성향을 띠게 될 가능성이 많다.

협조성이란 현지기업 또는 정부와의 관계에서 발생하는 갈등을 관리함에 있어서 상대편과 공동으로 문제를 해결하려고 하는 정도를 의미한다. 기업의 행동양식이 협조적이면 상대기업 또는 정부와의 관계에서 발생하는 갈등을 관리함에 있어서 우호적이고 신뢰성이 높으며 갈등의 해소에 적극적이다. 반면에 비협조적인 기업은 상대에 대하여 적대적이고 불신하며 완고한 태도를 유지한다.

(2) 기업의 갈등관리방식

각 기업의 갈등관리방식을 독단성과 협조성을 기준으로 분류하면 다섯 가지로 구분된다.

① 경쟁(지배)

[그림 4-2]에서 볼 수 있듯이 경쟁(지배)의 전략을 선택하는 기업은 갈등의 해소에 있어 다분히 독단적이고 비협조적인 태도를 지닌다. 일반적으로 경쟁(지배)의 전략은 투자단위가 크고 많은 손실을 입을 가능성이 있는 경우, 위험발생으로 인한 손실의 정도가 막대한 경우, 시장지배력이 강하여 기업의 행위에 현지국 경제 전체가 영향을 받을 수 있는 경우, 우수한 기술과 경영능력을 보유하고 있어 위험에 대처하기 위한 현지국 정부나 기업과의 협상을 유리하게 이끌 수 있는 경우에 취하게 된다.

경쟁(지배)의 전략은 정치적 위험발생으로 기업의 사활이 걸려 있을 만큼 손실이 큰 경우 이외에는 되도록 시행하지 않는 것이 바람직하다. 가령 기업이 우수한 기술 및 경영능력 등과 같은 우위요소를 이용하여 기업이 원하는 방향으로 갈등을 해결할 수 있다 하더라도 진출대상국 내에서 경영활동을 계속하기 위해서는 바람직스럽지 못한 전략이라 할 수 있다. 그 이유는 현지국 정부나 기업과 계속 긴장관계를 형성하게 되면 투자기업이 원활한 경영활동을 보장받지 못하고 눈에 보이지 않는 불이익을 당할 가능성이 많으며, 더 나아가서는 현지국민들로부터 배척당하게 됨으로써 기업활동이 점차 어려워지기 때문이다.

② 회피(무시)

회피(무시)의 전략은 위험발생으로 인한 손실이 미미하거나 기업이 독단적으로 현지국 정부나 기업에 대항하여 경쟁을 하기에는 기업능력이 너무 미약한 경우에 주로 이용된다. 이 경우 갈등 당사자들은 상호 비협조적인 태도를 취하고 있기 때문에 당사자간에 원만한 갈등의 해결은 보장하기 힘들다. 특히 기술력이나 경영능력이 취약한 중소기업의 경우 위험의 발생에 대해 대처할 수 있는 능력이 부족하고 대기업들이 추구하는 여러 가지 전략을 추구할 수 없기 때문에 위험이 일단 발생하게 되면 회피전략을 사용하는 경우가 많다.

③ 협동(통합)

협동(통합)의 전략을 시행하는 기업들은 상대적인 힘이 강하고 독단적인 면이 있으나 협조적인 성향이 높기 때문에 아래의 두 요건이 제대로 충족되면 갈등을 원만히 처리할 수 있는 가장 바람직한 전략이다. 협동전략을 시행하기 위해 충족되어야 하는 요건으로는 다음의 두 가지를 들 수 있다.

첫째, 갈등의 당사자들간에 우호적인 관계가 조성되어야 한다. 즉, 갈등당사자들이 상호신뢰를 바탕으로 갈등을 해소하기 위해 협력하여야 하며 자신의 이익만을 추구하는 것이 아니라 상대방의 이익에 대해서도 배려하는 태도가 유지되어야 한다.

둘째, 갈등의 당사자들간에 공통적인 이해관계가 있어야 한다. 공통적인 이해관계는 단기적인 이익만이 아니라 공통적인 이익을 위한 상호협조, 상호보완을 통한 이익의 창출 및 시장지배력의 확대, 보다 더 강력한 위험에 대한 공동대응 등을 들 수 있다.

④ 순응(진정)

순응(진정)의 전략이란 갈등의 상대방이 추구하는 갈등해결방법에 그대로 따르는 전략을 의미한다. 이러한 순응전략은 기업의 경쟁력이 상대에 비해 약소하거나 상대방에 대해 순응함으로써 더 큰 이익을 올릴 수 있을 것으로 전망하는 경우, 장기적인 관점에서 관계의 개선이 기업활동에 도움이 된다고 판단하는 경우 등에 사용될 수 있는 전략이다.

하지만 순응전략을 시행함에 있어서 주의할 점은 이 전략을 시행하는 것이 장기적인 관점에서 기업의 약점으로 작용할 수도 있다는 것이다. 즉, 갈등상대자들은 순응전략을 시행하는 기업이 약점을 가진 것으로 파악하고, 모든 위험으로 인한 갈등의 발생 시 이 기업이 순응할 것을 요구하게 될 수도 있다. 따라서 무조건적인 순응전략은 오히려 장기적인 관점에서 기업경영에 해가 될 수도 있다는 점을 간과해서는 안 된다.

⑤ 타협(공유, 분담)

타협(공유, 분담)의 전략은 갈등상대방과의 견해 차이를 협상을 통해 절충하는 것으로서 갈등당사자들의 성향은 독단성과 협조성의 중간에 위치한다. 타협전략은 각 당사자가 갈등의 결과로 인하여 손실을 입을 가능성이 있거나 갈등의 정도가 미약하여 타협을 통한 갈등의 해결이 상호간에 이익이 될 경우, 당사자들이 서로 양보를 통하여 손실이나 이익을 분담하여 공유하는 형태이다.

글래드윈과 월터의 갈등관리이론은 본국, 현지국 혹은 초국가적 정부에 의해 발생하는 어떠한 정치적 위험의 관리에도 적용될 수 있다. 그리고 기업의 특성변수로서 경영자의 의식이나 태도 등에 따라 투자위험 대응방법을 달리 설명하는 새로운 시각을 제시하고 있다. 이 모형의 기본적인 사고방식은 기업에 위험을 초래하는 것이 기업과 현지정부 사이의 갈등 그 자체라기보다는 이러한 갈등을 어떻게 관리하느냐가 관건이라는 것이다. 그러나 이 모형은 변수들의 개념이 모호하고 실제 모델 적용을 위한 조작화에 많은 문제점을 안고 있기도 하다. 한편 글래드윈과 월터는 앞의 다섯 가지 갈등해결전략 중에서 가장 바람직한 전략은 타협과 협동의 전략이라고 주장하고 있다.

2) 보상전략

호스킨스(W. Hoskins)는 '정치적 위험의 발생으로 인하여 기업이 손실을 입을 경우 그 보상을 어떻게 받을 것인가'라는 문제에 초점을 두고 진출기업의 입장에서 현지국 정부와의 관계를 중심으로 사후보상전략을 제시하고 있다.[16] 호스킨스가 제시하는 보상전략의 유형을 요약하면 [표 4-6]과 같다.

| 표 4-6 | 보상전략의 유형

시행전략	전략의 내용
현지국과의 합리적 협상 (rational negotiation)	• 경제적 기여도 강조 • 투자 철수 시 발생할 수 있는 부정적 효과 강조 • 기업이 보유한 기술, 자본의 제공 • 현지국 경제에 도움을 줄 수 있는 장기적 기업계획 제시
반강제적 협상 (negotiation flavered with power tactics)	• 본국 정부에 개입요청 • 타 외국기업과의 연대 • 관계개선을 위한 이익의 포기
법률적 구제조치의 강구 (exploration of legal remedies)	• 현지국 법원에 제소 • 본국 법원에 제소 • 국제사법재판소에 제소
경영권 포기 및 잔존재산 회수 (surrender by management and decision to seek only salvage)	• 기업의 공개매각 • 기업자산의 재평가 및 회수 가능 자산의 측정

자료: W. R. Hoskins, "How to Encounter Expropriation?" *Harvard Business Review*, Sept./Oct. 1970, pp. 102~112.

(1) 현지국과의 합리적 협상

현지국과의 합리적 협상이란 합리적인 설득과 회유를 병행하여 정치적 위험의 발생으로 손실을 입은 부분에 대한 보상이나 위험요인의 제거를 현지국 정부에 요구하는 것을 의미한다.

협상 시에 제시될 수 있는 전략의 내용은, 첫째, 투자기업이 현지국 경제에 얼마나 많은 기여를 하고 있는가에 대한 강조, 둘째, 투자 철수가 이루어질 경우 실업

16 W. R. Hoskins, "How to Encounter Expropriation?" *Harvard Business Review*, Sep./Oct. 1970, pp. 102~112.

문제와 관련산업의 피해 가능성 등 부정적 효과의 강조, 셋째, 협상이 원만하게 이루어질 경우 기업이 보유한 기술을 이전하고 자본을 확대투자하겠다는 약속, 넷째, 현지국 경제에 도움을 줄 수 있는 장기적 사업계획의 제시 등이 있다.

(2) 반강제적 협상

합리적 협상이 원만히 이루어지지 못할 경우 외부압력기관을 이용하여 반강제적 협상을 시도할 수 있다. 외부압력기관으로는 본국 정부, 타 외국기업들, 세계경제기구, 현지국의 관련산업체 등을 들 수 있는데, 이들 외부압력기관의 상대적인 힘에 따라 반강제적 협상의 성패가 좌우된다. 그러나 기업이 일정부분의 이익을 포기하고 현지국 정부의 정책에 적극적으로 협조하는 것이 장기적으로 기업에 이익이 된다고 판단되면, 반강제적 협상보다는 현지국 정부에 협조하는 태도를 취하는 것이 유리하다.

반강제적 협상전략은 외부기관의 압력을 통해 사태를 해결하려는 것이기 때문에, 때로는 현지국 정부의 강한 반발을 일으키는 등 부정적인 결과가 초래되는 경우가 많다. 따라서 이 전략을 시행할 때는 시기와 정도를 적절히 조절할 필요가 있다.

(3) 법률적 구제조치의 강구

합리적인 협상이나 반강제적 협상의 방법으로 문제가 해결되지 않을 경우 법률적인 구제조치를 강구할 수 있다. 법률적인 구제조치는 현지국 법원에 제소하는 방법, 본국 법원에 제소하는 방법, 국제사법재판소에 제소하는 방법 등이 있는데, 이 중 가장 이상적인 법률구제방식은 현지국 법원에 제소하여 승소하는 것이다. 하지만 현지국 법원이 법의 적용에 있어 공평하지 못할 경우 승소할 가능성이 희박하기 때문에 자주 쓰이는 방법은 아니다.

본국 법원에 제소할 경우 시간과 비용이 적게 들고 소송에 성공할 확률이 높아지지만 법의 역외적용이라는 문제에 봉착하게 된다. 즉, 일국의 법이 다른 나라에 적용될 수 없기 때문에 본국 법원에서 승소하였다 하더라도 이를 현지국에서 주장할 수 없다. 국제사법재판소에 제소하는 경우 비용과 시간이 많이 들게 됨과 동시에 현지국 정부가 국제사법재판소의 판결을 불신하고 이를 받아들이지 않을 경우 해결의 방법이 없다는 난점이 있어 활용도가 낮다.

(4) 경영권 포기 및 잔존재산 회수

법률적인 구제조치에도 불구하고 문제의 해결이 여의치 않을 경우 국제기업이 취할 수 있는 마지막 방책은 경영권을 포기하고 가능한 한 피해를 줄여 잔존자산을 조금이라도 더 확보하는 것이다. 잔존자산을 회수하기 위해서는 우선적으로 기업자산에 대한 재평가 및 회수가능자산에 대한 정확한 측정이 필요하다. 잔존자산을 회수하는 또 하나의 방법은 기업을 공개적으로 매각하여 가능한 한 많은 보상을 받는 것이다. 이 경우에도 우선적으로 자신의 자산에 대한 정확한 재평가가 필요하다.

Case Study

사례연구

1) 중동 민주화 시위와 해외건설 프로젝트[17]

2011년 2월, 튀니지에서 촉발된 민주화 시위가 이집트를 넘어 리비아, 이란, 예멘 등 중동지역 전역으로 확산되면서 한국 경제의 성장을 이끌어 오던 해외건설 시장에 비상이 걸렸다. 시장에서는 연초부터 일선 건설사들의 해외프로젝트가 중동의 반정부 시위 운동에 발목을 잡혔다는 우려가 높아지고 있었다.

2010년 국내 건설업체들의 해외수주에서 중동지역의 비중은 66%로, 총 716억 달러 중 472억 5,000만 달러에 해당한다. 2011년의 경우 해외건설협회가 예상한 총 수주액은 사상 최대액인 800억 달러이며, 이 중 중동지역의 수주액은 430억 달러이다. 아직까지는 공사 중단 등 큰 피해는 없지만, 정권 불안으로 프로젝트가 도중 답보상태에 빠지거나, 신규 수주에 어려움을 겪을 수도 있다. 특히 해외시장 공략이 대형 프로젝트를 중심으로 민-관의 유기적인 협조 아래 이뤄졌던 점을 감안하면, 중동지역의 '정권' 불안이 장기적으로 '신규 수주감소'로 이어질 수 있다는 게 전문가들의 시각이다.

현지 관계자에 따르면 리비아의 경우 주민들이 국내 건설사의 데르나 주택 공사 현장에 난입한 이후, 현장에서 100m가량 떨어진 한국인 근로자 숙소에 침입해 숙소 3개동에 불을 질렀다고 한다. 다행히 인명피해는 없었지만 해당지역 정부의 주택정책에 불만을 가진 현지주민들의 반발에 의한 것이라, 사태가 더 확산될 수 있다는 게 관계자들의 전언이다. 리비아는 국내 건설사들이 북아프리카 건설시장의 핵심지역으로 삼고 있는 곳으로, 이미 과거에도 정치분쟁으로 인해 해외건설 수주활동에 여러 차례 제동이 걸린 바 있다.

가장 큰 문제는 중동에서 불거진 '반정부 시위'가 유혈사태로 확산되고 있다는 점이다. 튀니지 '재스민혁명'으로 시작된 민주화 열풍은 이집트를 거쳐 이란, 리비아, 예멘, 바레인 등 중동과 북아프리카 전역으로 확산됐고 현지에 진출한 건설사들의 발목을 잡고 있다. 이에 따라 현지에 진출한 건설사들은 리비아, 예멘, 이란, 바레인, 요르단, 모로코, 알제리 등의 반정부 시위가 프로젝트 진행에 부정적인 영향을 끼치지 않을지 예의주시하고 있다. 아직까지 실질적인 피해는 발생하지 않았지만, 유혈사태가 일선 현장으로 퍼질 경우 사업이 지연될 수밖에 없기 때문이다.

---

17 • 중동 민주화 시위, 수출中企 비상, 파이낸셜뉴스, 2011.3.3.
• 건설업계, 중동 사태에 '비상', 중앙일보. 2011.2.21.
• 중동발 민주화 시위 역풍 … 국내경제 3대리스크 비상, 동아일보, 2010.2.17.
• [중동 민주화 바람(上)] 해외건설 불안감 팽배, 서울파이낸스, 2011.2.21.

대우건설 관계자는 “리비아 사태의 핵심지역인 벵가지 현장의 경우 카다피 정권의 최대위기라는 설이 돌며 위기감이 고조되고 있는 모습”이라며 “하지만 대우건설이 벵가지 지역에서 진행 중인 프로젝트는 거의 끝난 상태라 별다른 피해는 없다”고 전했다. 대우건설의 경우 리비아에 7개 프로젝트를 진행 중인 것으로 알려졌다. 이 중 벵가지 지역에 발전소와 중앙병원 프로젝트를 진행했고 각각 공정률이 99.7%, 100% 진행되며 리비아사태의 후폭풍은 제한적이라는 게 대우건설 측의 설명이다.

현대건설 또한 같은 입장이다. 현대건설 관계자는 “유혈사태가 벌어진 벵가지 시에서 송전선 공사를 진행 중이지만 특별한 인명피해가 없는 것으로 안다”며 “사태를 예의주시하고 있지만 프로젝트는 계획대로 진행시킬 계획”이라고 전했다.

그러나 “문제없다”는 건설사들의 입장에도 불구하고 현지교민들의 시각은 다르다. 현지사정에 능통한 한 소식통은 “건설사에서는 최근 리비아에서 공사 중인 주택을 무단으로 점거하는 사례가 반한 감정에 의한 것이 아니라고 하지만 현지 분위기는 조금 다르다”라며 “동북부 벵가지를 중심으로 반정부시위가 격화되면서 리비아 내 국내 건설사 공사현장에 대한 시위대들의 난입 빈도와 강도가 커지고 있다”고 전했다. 이처럼 리비아에서 국내 건설사들이 시공 중인 공사현장에 현지인들의 피습이 이어지자 건설사들도 자체 비상계획 마련에 바쁘다.

익명을 요구한 건설사 관계자는 “대우건설, 현대건설 등 일선 건설사들이 리비아에서 별다른 피해가 없다고 밝히고 있지만 각 현장은 현재 비상상황에 직면해 있다”라며 “북부아프리카 최대 건설시장인 리비아에서의 수주활동은 당분간 위축이 불가피할 것”이라고 진단했다.

2) 日進그룹의 경영위기 극복

日進그룹은 국내에서 공업용 다이아몬드를 생산하여 수출하는 유수한 기업체이다. 일진그룹에서 판매하는 공업용 다이아몬드는 그 품질이 우수하고 값도 저렴한 편이었기 때문에 해외수출이 급격히 신장하고 있었다. 전 세계 공업용 다이아몬드시장의 70% 이상을 점유하고 있던 GE는 일진그룹에 의한 시장잠식을 견제하기 위하여 공업용 다이아몬드 제조에 관한 지적재산권을 침해하였다는 이유로 일진을 미국법원에 고소하였다.

일진그룹은 진퇴양난의 위기에 처하게 되었다. 즉, 일진그룹이 GE와 원만한 해결을 보기 위해서는 GE 측에 기술사용료를 지불하거나 공업용 다이아몬드 생산을 중단해야 하는 처지였으며, GE와 지적재산권 분쟁을 계속하기에는 장기간의 소송으로 인한 기업 자산의 손실이 너무나 많고 분쟁이 해결되기 전까지는 다이아몬드의 수출을 할 수 없었으며, 소송이 반드시 일진 측에 유리하게 결말지어진다는 보장도 없었던 것이다.

이때 일진은 한국정부에 정부 차원에서 GE 측에 압력을 넣어 줄 것을 요청하였다. 정부는 GE 측에 소송철회를 요구하였으며, 만일 소송을 철회하지 않을 경우, 한국정부 물자 조달 시, GE를 대상 기업에서 제외하겠다고 압력을 가하였던 것이다.

결국 GE는 정부의 압력에 굴복하였고, 일진그룹은 자사의 주력업종이었던 공업용 다이아몬드 생산을 계속할 수 있었다.

부록 해외직접투자보험[18] - 보험을 통한 위험회피 -

해외직접투자 시 발생할 수 있는 위험에 대응하기 위해 민간차원에서 가장 쉽게 쓰일 수 있는 위험회피방법이 바로 해외투자보험을 이용하는 것이다.

해외직접투자는 수출이나 간접투자와는 달리 대규모의 자본이 투입되고, 투자기업에 대한 경영권을 소유하고 있으며, 경영행위가 단기간에 끝나는 것이 아니라 장기간에 걸쳐 지속된다. 이 기간 동안 투자위험은 초기에 기업이 예상했던 것과는 다른 형태로 변화될 가능성이 많고 이 변화가 기업에 치명적인 손실을 입힐 가능성도 있기 때문에 기업은 위험을 회피하거나 전가시킬 수 있는 다른 종류의 구제방안을 모색하게 되는 것이다.

이러한 구제방안의 일종이 바로 보험을 통한 위험의 전가이다. 기업은 보험을 이용하여 혹시 생길지도 모르는 위험에 의해 기업이 입게 되는 손실의 일부분 혹은 투자원금의 회수를 보장받게 된다.

해외직접투자보험은 기업이 외부의 어떤 기관을 이용하여 보험에 가입하는가에 따라 국제기구를 통한 보험, 국가적 차원에서의 보험, 민간기업차원에서의 보험으로 나누어 볼 수 있다. 이하에서는 이 세 가지 보험방법과 국내 해외직접투자보험에 관한 내용을 간단히 설명하고자 한다.

1. 국제기구

국제기구를 통한 보험방법은 앞에서 제시한 세 가지 보험방법 중에서 가장 바람직한 방법이다. 해외투자보험제도는 세계은행 산하의 국제금융공사(International Finance Corporation: IFC)가 그 효시인데 IFC는 대출만 하는 세계은행과는 달리 개도국의 중점사업에 대한 자본투자도 병행하고 있으며 대출의 경우에도 세계은행

18 이철, 해외투자론, 두남, 1998, pp. 369~374; 최백렬, 해외투자론(개정 2판), 대경, 2011, pp. 346~347.

과는 달리 정부의 보증을 필수조건으로 하지 않음으로써 매우 탄력적으로 운영되고 있다. IFC는 1988년 4월 개도국에 대한 선진국의 해외직접투자 지원을 위해 산하에 다국적 투자보증기구인 국제투자보증기구(Multilateral Investment Guarantee Agency: MIGA)를 신설하였다.

이하에서는 국제적으로 공인받은 유일한 해외직접투자보증기관인 MIGA의 역할을 중심으로 살펴보고자 한다.[19]

1) MIGA의 설치 목적

MIGA는 다자간 투자보증기구라고도 하며, 국제부흥개발은행(International Bank for Reconstruction and Development: IBRD)과 국제개발협회(International Development Association: IDA), 국제금융공사(International Finance Corporation: IFC) 등과 함께 세계은행으로 불린다. 설립 이래 2010년까지 보증 규모는 600개 프로젝트에 대해 220억 달러 이상이다. 2012년 현재 177개 회원국이 가입되어 있고 본부는 미국 워싱턴에 있다.[20]

MIGA의 설치 목적은 다음과 같은 사업을 통하여 개도국에 대한 해외직접투자를 촉진하기 위함이다.

첫째, 외환거래에 따르는 제반위험, 국유화, 전쟁 및 소요, 현지정부의 계약 위반 등으로부터 해외직접투자를 보장한다.

둘째, 개도국의 회원국가들에 대하여 자격을 갖춘 투자자들에게 해외직접투자에 대한 각종 투자위험에 대한 보증을 제공한다.

특히 MIGA와 같은 국제기구의 투자보장은 현지에서의 투자자 입장을 강화함으로써 현지정부 및 투자참가기업들에 대한 안정성과 신뢰감을 제공함과 동시에 투자협상력을 강화한다는 장점을 갖는다.

2) MIGA가 보장하는 위험의 종류

MIGA가 보장하는 위험의 종류는 환위험, 수용위험, 전쟁 및 소요, 계약위반의

19 최용록, 해외투자론, 박영사, 1996, pp. 184~191.

20 http://terms.naver.com/entry.nhn?docId=1067460&mobile&categoryId=200000173

4개 분야로 요약될 수 있으며 이들은 계약에 따라 부분적으로 또는 전체를 부보대상으로 하게 된다.

첫째, 환위험에 대한 보장을 들 수 있는데, 환위험의 주된 대상이 되는 내용은 환금성과 이익의 송금에 관한 것이다. 환금성이란 현지국의 다양한 화폐를 국제적으로 통용되는 외국환과 교환하는 것을 의미한다. 이러한 환금성과 이익의 송금에 대한 위험부담은 현지국 정부의 외환구제, 외화송금의 억제는 물론이고, 그러한 행위를 유발하는 일체의 정부행위로부터 현지화폐의 자유로운 환전과 환전된 외화의 송금을 보장한다는 것을 의미한다. 그러나 환율의 변동 등 자율적인 경제적 환경의 변화에 따른 환위험 보장은 제외된다.

둘째, 수용위험의 보장을 들 수 있다. 기업 외부환경의 급격한 변화로 인하여 현지기업이 수용이나 몰수의 위험에 처하거나 현지정부에 의한 소유권이나 경영권에 대한 침해가 있을 경우 MIGA는 부보된 투자원금의 회수를 보장한다. 그러나 국내외기업에 무차별적으로 적용된 현지정부의 합법적인 주권활동에 의하여 초래된 조치는 부보대상에서 제외된다.

셋째, 전쟁 및 소요에 대한 위험보장을 들 수 있다. MIGA는 전쟁이나 소요에 의해 발생한 투자자산의 손실에 대해 보상하는데 전손에 대해서는 최저장부 가액에 의한 투자원금을, 부분적인 자산의 손실에 대해서는 자산의 수리비용 또는 교체비용을 지급하게 된다. 본 위험보장은 계약에 따라 1년 이상의 장기적인 경영불능을 초래하여 투자자금의 흐름에 현저한 영향을 끼치는 여타의 사회경제적인 활동에 대해서도 보장을 받을 수 있다.

넷째, 계약위반에 대한 보장을 들 수 있다. 계약위반에 대한 보장은 현지정부의 계약불이행이나 계약의 침해 등과 같은 정치행위에 대한 투자위험을 말한다. 이러한 계약위반의 경우에 투자자는 먼저 투자계약의 내용에 따라 현지정부와의 중재를 거쳐야 하며 계약위반에 따른 손실증명을 제시하여야 한다. 일정 기간이 경과한 후까지도 이러한 계약위반에 대한 현지정부의 보상이 이루어지지 않을 경우에는 MIGA가 잔존 투자가치를 보상하게 된다.

MIGA에 의한 투자보험은 모든 해외직접투자에 해당되는 것이 아니라 가입회원국의 투자자가 개도국에 투자할 경우에만 해당되며, 현지국영기업의 민영화나

BOT사업과 같이 현지정부의 직 · 간접 관여가 필수적이다. 부보대상으로는 지분투자는 물론, 3년 이상의 대출이나 기술지원 및 경영자문계약, 라이선싱 등과 같은 3년 이상의 모든 유 · 무형 투자활동을 포함하며 신규투자, 재투자, 투자확대 등도 포함한다.

2. 국가기관 및 민간기업

국제기구에 의한 해외직접투자보험은 이용에 한계가 있을 수 있으므로 이와 병행하여 현지국 정부 및 국제 보험회사들과 보험계약을 체결함으로써 보완적인 대책, 즉 국제기구가 부보의 대상으로 삼지 않는 위험에 대비할 필요가 있다. 그렇다고 해서 모든 해외직접투자 시에 국제기관에 의한 보험과 국가기관 혹은 민간기업의 보험을 들어야 한다는 의미는 아니며, 투자규모와 투자성격에 따라 구분하여 부보하여야 한다.

즉, 투자의 규모가 크고 사회간접자본적인 성격이 강한 경우에는 국제기구를 통한 보험과 국가차원 및 민간기업차원의 보험을 병행하는 것이 좋지만 투자규모가 작은 경우에는 보험비용이 투자기대수익을 초과할 수 있기 때문에 적합하지 못한 방법이 될 가능성이 있다.

따라서 투자기업들은 자신들이 투자하는 규모나 투자성격을 명확히 하고 현지국에서 발생할 수 있는 위험의 종류와 정도를 면밀히 분석한 후, 국제기구에 의한 보험과 국가기관 및 민간기업의 보험을 병행할 것인지 아니면 하나를 선택할 것인지를 결정하여야 한다.

한편, 민간기업의 보험에 있어 기업들은 상대적으로 규모가 큰 보험회사를 선호하는 경향이 있는데 이는 위험발생으로 인하여 손실이 발생할 경우 보험에 의한 원활한 자금회수가 가능하다는 신뢰가 높기 때문이다. 또한 규모가 작은 보험회사들은 자신들의 자본력이 부족하기 때문에 일반적으로 부보된 보험에 대해 국제적인 공신력을 가진 대규모 보험회사에 재부보한다. 그러므로 민간보험기업에 가입할 경우 대상보험기업의 재무구조나 공신력 등에 대한 정보를 바탕으로 보험가입을 추진하여야 한다.

3. 우리나라의 해외직접투자보험

국내 해외투자보험은 우리나라 국민이 해외직접투자를 행한 후 투자대상국에서의 비상위험, 즉 수용위험, 전쟁위험, 송금위험 등으로 인하여 투자원금 또는 배당금, 이자 등을 회수할 수 없게 되어 입는 손실을 보상하는 비영리정책보험으로서 한국수출보험공사가 취급하고 있다.

보험대상이 되는 해외직접투자는 다음과 같다.

- 현지법인의 설립, 기설립된 법인의 인수(일부 지분 참여 포함) 또는 증자에 따른 증권취득 등에 의한 투자인 외화증권 취득
- 현지법인에 대한 운영자금의 대부, 합작사업의 공동출자자에 대한 대부 등에 의한 투자인 외화대부채권 취득
- 해외사업용 부동산 또는 설비에 관한 권리, 광업권, 공업소유권 등을 취득하는 방법에 의한 투자인 부동산 취득
- 국내기업이 실질적으로 경영권을 지배하고 있는 현지법인의 장기차입금에 대한 보증 채무

그리고 해외투자보험에서 담보하는 위험은 투자자의 귀책사유가 될 수 없는 불가항력적인 위험, 즉 비상위험으로서 수용위험, 전쟁위험, 송금위험 등이다.

수용위험은 투자상대국 정부, 공공단체 등에 의한 투자재산의 몰수 또는 박탈 등이 해당되며, 전쟁위험은 전쟁, 혁명, 내란 등 투자대상국에서의 정변으로 인한 투자사업 불능 및 파산 등이 해당된다. 송금위험은 외환사정 악화에 따른 투자대상국 정부의 지급유예조치 또는 외환거래 제한 등으로 인한 투자원금(배당금, 이자 포함)의 본국 송금 불능이 해당된다.

보험금액은 보험사고로 인해 손실이 발생한 경우 지급되는 보험금의 한도액으로 해외투자금액의 90% 범위 내에서 투자자가 정한 금액이며, 중소기업의 경우에는

95% 범위 내이다. 보험기간은 3~15년 이내에서 투자자가 임의로 결정한 기간이 되며, 기간 만료 시 연장이 가능하다. 보험료는 매 사업년도의 해당보험금액에 대하여 소정의 요율을 곱하여 계산된 금액이다. 보험료 납부방법은 보험계약 체결 시(청약승낙일로부터 영업일 기준 10일 이내) 보험개시일로부터 다음 연도 12월 말까지 납부하며, 3차년도 이후에는 당해 연도 보험기간(사업년도) 개시일부터 영업일 기준 10일 이내에 해당보험료를 납부하여야 한다.

Chapter 05

경제적 환경

제1절 국제경제적 환경

기업이 국제마케팅활동을 수행하는 근본적인 목적은 국내기업과 마찬가지로 이윤추구라고 할 수 있다. 그러므로 기업이 해외시장에 진출을 통해 이윤을 획득하기 위해서는 기본적으로 진출대상국의 경제적 환경에 대해서 정확하게 파악하고 있어야 한다.

또한 국제간 상품 이동이나 화폐 이동을 규율하는 국제경제질서 등 국제경제적 환경의 변화가 기업의 국제마케팅활동에 지대한 영향을 미치게 된다. 그러므로 국제경제질서가 어떻게 변화하고 있으며, 앞으로 어떻게 변화해 갈 것인가, 그리고 어떻게 대응할 것인가 등에 대해 분석하는 것이 필요하다.

본 장에서는 현지기업의 국제거래에 가장 크게 영향을 미치고 있는 GATT, UR, WTO, DDA 등의 국제경제규범, 상품의 국제적 이동과 관련된 국제무역환경, 화폐의 국제적 이동과 관련된 국제금융환경, 그리고 EU, NAFTA 등 급속하게 전개되고 있는 지역경제통합과 FTA, 최근 새로운 시장기회를 제공하고 있는 사회주의 국가들의 개방화 등을 살펴본 후, 현재 국제경제적 환경에 있어서 가장 주요한 흐름과 한국기업의 대응전략을 제시할 것이다.

1. 국제경제환경의 주요 흐름

18세기 말 산업혁명의 결과로 기계에 의한 대량생산방식이 발달하게 되었으며, 국가간의 무역거래가 활성화되기 시작하였다. 산업혁명은 세계 경제 판도를 뒤바꾸어 놓는 계기가 되었으며, 이 영향은 서유럽국가와 북미지역에 급속히 확산되었다.[01] 산업혁명의 영향으로 유럽은 경제적으로 부유해지고 그 이외의 국가들은 경제적으로 유럽국가들에 종속되는 식민경제가 주를 이루게 되었다. 산업혁명으로 인한 대량생산체제로 인해 공급이 과잉되자, 이를 소화해 줄 수 있는 새로운 시장이 필요하게 되었다. 산업혁명에 성공한 선진국들은 증대된 부(富)를 바탕으로 군사력을 강화하여 해외시장을 개척하는 데 이용하였으며, 이를 통하여 저가의 원료를 공급받고 생산된 제품을 안정적으로 판매할 수 있었다.

이 시기에는 세계경제적 측면에서 두 가지의 대립이 있었다. 첫째는 선도 산업혁명국과 후발 산업혁명국간에 있었던 자유무역주의와 보호무역주의의 대립이고, 둘째는 산업혁명을 이룩한 국가와 그렇지 못한 국가간의 식민경제의 출현이다. 가장 먼저 산업혁명에 성공한 국가는 영국이었는데, 영국은 자국의 선도적인 지위를 이용하여 자유무역주의를 표방하였다. 이에 반해 비교적 산업혁명이 늦게 시작된 독일이나 미국 등은 영국이 주장하는 자유무역에 반대하고, 자국 산업이 대외적으로 경쟁력을 갖추기 전에는 보호무역을 통하여 이를 보호하고 경쟁력을 갖추고 난 후에 자유무역을 할 수 있다고 주장하였다.

20세기에 접어들면서 선진국들은 자국의 기업을 보호한다는 명목하에 경쟁적으로 보호무역주의적인 정책을 수립하기 시작하였고, 이는 2차례의 세계대전이 발발하는 촉매제 역할을 하였다. 특히 1930년대 대공황을 전후하여 각국은 자국 산업의 활로를 모색하기 위해 경쟁적으로 평가절하, 관세인상 등의 보호주의 무역정책을 추진하였다. 자국의 산업 보호 및 경기 진작을 위하여 타국의 수출 기회를 봉쇄하고 일국의 부담을 타국에 전가하게 되는 소위 근린 궁핍화 정책(beggar-my-neighbor policy)을 취함으로써 국제경제질서가 붕괴되고 세계적인 무역 전쟁이

01 W. Arthur Lewis, *The Evolution of the International Economic Order*, Princeton, N. J.: Princeton University Press, 1978, p. 1.

유발되었다.

제2차 세계대전 이후, 세계경제는 영국에 의한 지배가 종식되고 새로운 강자로서 미국이 등장하게 되었다. 미국은 전쟁의 피해를 입지 않은 유일한 공업국이었기 때문에 모든 재화의 생산에 있어서 타 국가에 비해 경쟁우위를 점할 수 있었다. 미국은 자국의 막강한 공업을 기반으로 자유무역을 강력하게 지지하였으며, 유럽 및 기타 저개발국에 대한 투자를 활발하게 추진하였다. 이는 성장을 추구하는 미국기업들의 전략과 전쟁으로 인하여 산업시설이 파괴되어 자체적으로는 경제발전을 도모할 수 없었던 국가들간의 이해관계가 일치하였기 때문이다.

미국기업들은 특히 유럽에 많이 진출하였는데 이는 같은 인종이어서 인종에 대한 차별감이나 거부감이 없고, 문화적 환경이 비슷한 국가가 많아서 기업이 현지국의 문화적 환경에 비교적 쉽게 접근할 수 있었으며, 전쟁 전 미국의 산업구조와 유럽의 산업구조가 비슷하여 기업활동에 필요한 인력, 기술, 자원에 대한 접근이 쉬웠기 때문이었다. 이 시기를 통하여 미국기업들의 국제화가 순조롭게 이루어졌으며 그 영향은 오늘날의 다국적기업이나 글로벌기업의 형태로 나타나고 있다.

또한 세계의 각국 정부들은 보호주의 정책이 세계대전의 원인이 되었음을 인식하고, 실물부문에서는 세계무역의 자유화를 통한 세계경제 발전을 도모하고, 금융부문에서는 국제통화제도의 정립을 통해 안정적인 국가간 거래를 지원하고자 하였다. 그리하여 출범하게 된 것이 GATT와 IMF체제이다.

다음에서는 제2차 세계대전 이후 국제경제환경의 중심축을 형성하여 온 국제무역규범과 국제통화제도를 살펴보고 그 외 새로운 통상환경으로 대두되고 있는 지역경제통합과 기타 주요한 변화들을 정리해 볼 것이다.

2. 국제무역환경

1) 관세와 무역에 관한 일반협정(GATT)

(1) GATT 설립배경 및 과정

1929년 세계적인 대공황 이후 대부분의 국가들은 자국의 수출을 촉진하고 자국의 산업을 보호하기 위하여 자국의 통화를 과도하게 평가절하하고 외국으로부터 수입되는 상품에 대해 고율의 관세를 부과하거나 수입량을 제한하는 보호주의 정책을 취했다. 그 결과 전 세계 무역량이 극도로 축소되었고, 또한 국제수지 방어를 위한 각국의 경쟁적인 평가절하와 보복적인 무역장벽이라는 악순환을 초래함으로써 전 세계적인 무역마찰이 확산되었다.

제2차 세계대전이 끝난 후 각국들은 1930년대의 무역장벽 강화와 국제통화제도의 불안정에 따른 무역마찰이 제2차 세계대전의 발생원인이 되었음을 인식하고, 국제간 무역활동의 지속적이고 안정적인 발전을 위하여 GATT(General Agreement on Tariffs and Trade: 관세와 무역에 관한 일반협정)를 설립하였다. 무역에 관한 국제협력이 구체화된 것은 1946~1948년 기간 동안 일련의 국제회의를 거치면서부터였다.

1948년 하바나 회의에서 국제무역기구 설립에 관한 헌장(ITO)이 채택되었으나 헌장이 너무 이상적이ㄱ 엄격하여 주창국인 미국을 비롯한 대다수 국가의 의회 비준을 얻지 못해 발효에는 실패하였다.

그러나 하바나 헌장에 기초한 관세 · 비관세의 무역장벽 축소를 위한 협상을 진행하여 1947년 4월부터 제네바에서 23개국이 참가한 가운데 관세인하 협상을 추진한 결과, 하바나 헌장의 일부를 모체로 하여 GATT만을 우선적으로 출범시켰다. GATT는 1948년 1월 1일을 기해 세계무역의 기본틀로서 독자적인 국제무역관련 협정으로 출발하였다. GATT 설립 당시는 가맹국이 23개국이었으나 후에 많은 국가가 이에 가입함으로써 무역에 관한 최초의 세계기구가 되었다.

(2) GATT의 이념과 기본원칙

GATT는 세계경제의 발전을 저해하는 무역장벽을 낮춤으로써 각국의 경제발전과 세계경제발전의 조화와 균형을 이룩하는 것을 기본이념으로 하고 있다. 이러한 기본이념을 실천하기 위하여 내부적으로 몇 가지 기본원칙을 설정함으로써 자유로운 무역활동과 국제무역 확대를 돕고 있다.[02]

---

02 John H. Jackson, *The World Trading System: Law and Policy of International Economic Relations*, The MIT Press, 1990, p. 55.

① 자유무역주의

자유로운 무역을 제한하는 가장 기본적인 무역장벽인 관세를 점진적으로 인하함으로써 자유로운 국제무역의 폭을 보다 확대하고자 하는 것이다. 관세율의 인하를 위한 교섭에는 일반 관세인하 교섭, 개별 관세인하 교섭, 그리고 재교섭이 있다. 또한 자유무역을 제한하는 수단으로 쉽게 사용될 수 있고 관세보다 훨씬 강력하고 직접적인 무역규제 수단인 비관세장벽에 대해서도 각 회원국이 특별한 예외의 경우를 제외하고는 기본적으로 이러한 비관세장벽을 폐지하여 사용하지 않는 것을 원칙으로 삼고 있다.

② 무차별주의 또는 최혜국대우 원칙

GATT의 회원국은 회원국별로 차별적인 대우를 하지 못하도록 되어 있다. 무차별 원칙은 관세, 수출입상의 절차, 내국세, 운송, 판매여건 등 제반조건에 있어서 어느 일국에 한 나라의 상품이 수입 · 소비되는 데 다른 나라의 상품보다 특별하게 불리한 대우를 받거나 유리한 대우를 받아서는 안 되며 평등하게 대우받아야 한다는 것을 의미한다. 또한 어느 일국이 어떤 회원국에 대하여 특전이나 이익을 부여하는 경우, 그 일국은 다른 모든 회원국에 대해서도 즉시 특전이나 이익을 동일하게 부여하지 않으면 안 된다.

(3) GATT의 예외규정

GATT는 기본원칙을 획일적으로 적용하는 것이 아니라 각 국가별 경제발전과정상의 차이, 상품의 특수성, 비경제적인 문제 등을 고려하여 상당한 예외를 두고 탄력적으로 운영하고 있다. GATT에서 인정하고 있는 예외규정을 살펴보면 다음과 같다.

- 선진국과 개발도상국에 차이를 두어 개발도상국은 보다 넓은 무역구제조치를 취할 수 있도록 하였다.
- 농수산물에 대해서는 과잉재고와 가격하락을 방지하기 위하여 수입제한이 가능하였다.
- 국제수지적자가 심각한 국가의 경우 이를 이유로 수입제한이 가능하며, 또한 특정산업에서의 수입이 국내산업에 심각한 폐해를 줄 염려가 있는 경우 한시

적으로 긴급수입제한조치를 취할 수 있다.

- 경제통합지역에서의 역내국가와 역외국가간의 차별을 인정하고, 이미 형성되어 있는 기존 국가간 특수한 특혜관계를 인정하며, 선진국의 개발도상국가에 대한 일반특례관세 등의 차별조치를 인정한다.
- 국방, 풍속, 문화, 천연자원보호, 위생 등의 이유로 인한 무역규제를 인정한다.

(4) GATT의 다자간 무역협상과 성과

GATT가 창설된 이래 총 8차례의 다자간 무역협상이 추진되었고, 그 결과 관세는 더 이상 무역제한 수단으로서의 역할을 상실하게 될 정도로 크게 인하되었다. GATT의 이러한 노력은 전 세계 무역을 크게 확대시키는 데 결정적인 역할을 하였다. GATT의 주도하에 이루어졌던 그동안의 다자간 무역협상 결과를 요약하면 [표 5-1]과 같다.

| 표 5-1 | GATT의 다자간 무역협상

회	명칭	기간	개최장소	참가국	양허품목 수	평균인하율
1	일반적 관세교섭	47.4~47.10	Geneva	23	총 45,000품목	불명
2	일반적 관세교섭	47.8~49.10	Anney France	32	총 5,000품목	불명
3	일반적 관세교섭	50.9~51.4	Torquay, UK	34	총 8,000품목	불명
4	일반적 관세교섭	56.1~56.5	Geneva	32	총 3,000품목	불명
5	Dillon Round	61.5~62.7	Geneva	23	총 4,400품목	7%
6	Kennedy Round	64.5~67.6	Geneva	56	총 30,000품목	35%
7	Tokyo Round	73.9~79.7	Geneva	99	총 27,000품목	33%
8	Uruguay Round	86.9~93.12	Geneva	115	서비스, 농산물 포함	단계적 인하

자료: John H. Jacson & William J. Davey, *Legal Problem of International Economic Relation*, Westing Publishing Co., 1986. p. 407.

제1차 무역협상에서부터 제5차 딜론라운드(Dillon Round)까지의 관세인하는 국별 · 품목별 방식에 의해 이루어졌다. 관세가 보다 본격적으로 인하되기 시작한 제6차 케네디라운드(Kennedy Round)부터는 일괄인하(linear · tariff reduction)

방식이 도입되었다. 일괄인하란 주요 선진국들이 관세인하협상에서 관세인하를 제외할 품목을 합의한 후, 관세율의 높고 낮음에 상관없이 일정한 비율을 전 품목에 적용하여 관세를 일괄적으로 인하하는 방식이다. 이와 같은 일괄인하 방식을 채택한 케네디라운드에서는 협상에 참가한 국가들의 평균 35% 정도의 관세가 일괄인하되었다.

또한 케네디라운드에서부터는 완화 및 철폐의 대상에 관세뿐만 아니라 비관세장벽도 포함시키기 시작하였으며, 우루과이라운드(Uruguay Round)에서는 그동안 여러 차례의 무역협상에서 해결하지 못했던 관세 및 비관세장벽, 섬유류 교역, 긴급수입제한조치, 농산물 수출보조금 문제, 그리고 기존 GATT 영역 밖에 있던 서비스 무역, 외국인 직접투자, 지적소유권 보호, 위조상품 등 현안에 대하여 광범위한 협의가 이루어졌다.

이상에서 살펴본 바와 같이 GATT는 1950~1960년대의 무역을 급속히 증대시키고 관세를 현격히 인하하는 데 크게 공헌하였다. 그러나 1970년대에 들어서면서부터는 GATT가 본래적으로 가지고 있던 여러 가지 결함 때문에 점차 그 한계를 드러내기 시작하였다.

2) 우루과이라운드(Uruguay Round: UR)

(1) 배경

GATT체제의 성립으로 인하여 세계경제는 계속적인 관세율의 인하와 비관세장벽의 철폐를 위해 노력했고, 이를 통하여 과거 수십 년간 빠른 속도의 경제발전을 이룩할 수 있었다. 그러나 외부환경 면에서는 1970년대 후반부터 세계경제에 신보호무역주의가 대두되면서 각국은 자국의 이익을 보호하기 위하여 여러 가지 무역제한 조치를 취하였다. 또한 내부적으로는 GATT가 국제기구가 아닌 협정임으로 인해 사법권이 없기 때문에 일국이 자국편향적인 무역정책을 시행하거나 국가간의 무역마찰이 생기더라도 이에 대해 시정을 권고할 수 있을 뿐 강제적으로 문제를 해결할 수 없는 한계를 지니고 있었다.

신보호무역주의의 확산을 방지하기 위한 동경라운드 이후에도 1979년 제2차 석유파동으로 세계경제는 저성장기로 도입하였으며 특히 미국의 경제여건은 급속히 악화되었다. 미국이 산업경쟁력 저하에 따른 무역수지적자가 지속적으로 확대되는 반면 일본과 대만 그리고 한국 등 신흥공업국(NICs)[03]의 수출은 급성장함으로써 국가별 무역불균형 현상이 심화되었다.

이에 따라 1980년대 들어 보호주의 및 지역주의 경향이 확산되고 국가간 통상마찰이 심화되었으며 GATT체제에 대한 위협이 증대되었다. 특히 선진국들은 섬유와 철강 등 사양산업[04] 보호를 위해 GATT규정에 위배되는 수출자유규제(Voluntary Export Restraint: VER)[05]와 시장질서유지협정(Orderly Marketing Arrangement: OMA)[06] 등 소위 회색지대 조치(grey area measures)를 남용하였다. 또한 선진국들은 강력한 협상력을 바탕으로 양자간 압력을 통한 문제해결방식을 선호하였다. 이에 따라 윌리암스버그 경제정상회담(1983년 5월)에서 처음으로 GATT체제에 대한 재정비의 필요성이 제기되었고, 1986년 9월 우루과이의 푼타 델 에스테(Punta del Estee)에서 다자간 협상개시를 위한 각료선언을 채택함으로써 GATT 주관하의 제8차 다자간 협상인 우루과이라운드가 출범하였다.

(2) 협상체계와 주요의제

UR협상의 기본목표는 관세인하 및 비관세장벽의 완화, GATT체제의 강화, 서비스 및 지적소유권 보호 등 신규의제(new issues)에 대한 새로운 규범의 마련을 통하여 1990년대에 적용될 세계무역규범을 정립하는 것이었다.

---

03 과거 경제발전에서 선진국과 후진국의 중간에 위치하여 급속한 공업화를 추진하고 있는 신흥공업국가들로서 우리나라, 홍콩, 대만, 싱가포르, 브라질, 멕시코 등을 가리켰다. 최근에는 신흥공업경제체제를 뜻하는 NIEs(Newly Industrializing Economies)가 NICs를 대신해 많이 사용되고 있다("NICs", 증권용어사전).

04 과거에는 높은 성장추세를 보였으나 제품의 수명주기가 성숙기를 지나 앞으로 성장률이 낮을 것으로 예상되는 산업을 말한다. 선진국의 석탄산업, 방직산업 등이 대표적인 예이며 우리나라에서도 섬유, 완구, 의복 등의 산업이 사양산업으로 분류되고 있다. 이에 비해 현재 또는 앞으로 성장이 기대되는 산업을 성장산업이라고 하는데 원자력산업, 정보서비스, 금융산업 등이 여기에 속한다("사양산업", 증권용어사전).

05 수출자율규제란 특정 제품의 수입이 증대됨으로써 자국의 시장이 교란될 우려가 있는 경우 수입국과 수출국간에 쌍무적 또는 다각적 협정을 체결하여 수출국이 특정 제품의 수출을 자율적으로 규제하도록 하는 조치이다.

06 시장질서유지협정이란 수출자율규제와 마찬가지로 수입 증가에 따른 수입국의 시장교란을 방지하기 위하여 수출국이 수입국과 맺은 협정에 따라 일정한 범위 내에서 수출을 자율적으로 규제하는 것으로서, 양국간의 협정체결에 정부가 참여하는 형태이다.

UR협상은 1986년 우루과이 푼타 델 에스테 선언에 의거하여 무역협상위원회(Trade Negotiations Committee: TNC), 상품협상그룹(Group of Negotiations on Goods: GNG), 서비스협상그룹(Group of Negotiations on Services: GNS) 등 UR협상기구를 설치하고 협상을 진행하였다.

무역협상위원회는 UR협상 전반을 관장하는 상급기구로서 상품협상그룹과 서비스협상그룹은 협상진행 상황을 보고받는다. 상품협상그룹회의는 상품분야의 무역협상을 관장하며 14개 세부그룹을 두고 있다. 서비스협상그룹회의는 서비스분야의 협상을 관장한다([그림 5-1] 참조).

그림 5-1 | UR협상 추진체계

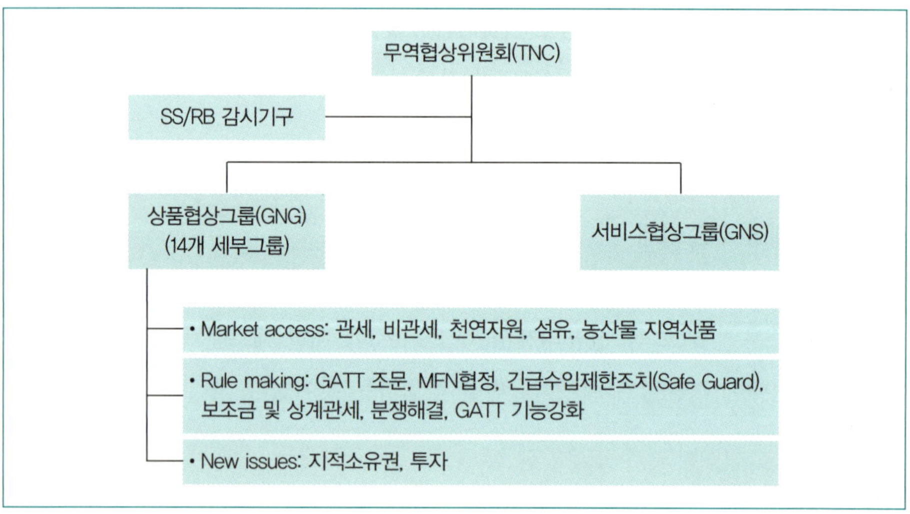

이와 같은 협상체계 속에서 이루어졌던 UR협상은 상품시장개방과 관련한 의제뿐만 아니라 서비스 등 새로운 분야를 협상에 추가함으로써 협상의제가 매우 다양하고 광범위하였다.

그동안 GATT체제하에서 많은 예외를 인정받아 온 농산물 교역이 협상 대상으로 부상되었다. 또한 주로 쌍무협상방식으로 이루어지고 있는 서비스분야 교역도 일반적 규범제정을 목표로 협상이 이루어졌다. UR협상에서 진행되었던 주요한 의제를 요약하면 [표 5-2]와 같다.

| 표 5-2 | UR협상의 주요의제

협상그룹	협상목표
관세	관세인하 및 철폐와 관세양허범위의 확대
비관세	수량제한을 포함한 각종 비관세조치의 완화 및 철폐
천연자원산품	천연자원산품의 교역자유화
섬유	섬유류 교역의 GATT체제에의 통합 및 교역자유화
열대산품	열대산품의 교역자유화와 관세 및 비관세조치의 완화
농산물	수입장벽, 보조금 등 수입에 영향을 미치는 모든 조치의 완화를 통한 농산물 교역자유화
GATT 조문	현존 GATT 조문의 재검토
긴급수입제한	GATT 기본원칙하에 조치의 대상범위, 발동기준, 발동기간 등에 관한 포괄적 협정체결
MFN협정	동경라운드 시 체결된 협정의 개정
보조금 및 상계관세	보조금 및 상계관세 관련규정의 개선
분쟁해결절차	신속하고 효과적인 분쟁해결을 위해 절차 및 규정의 개선강화
지적재산권	국제무역을 왜곡하는 지적재산권 침해 방지를 위한 규범 마련
무역관련 투자	무역왜곡효과를 가져오는 투자조치에 대한 규제방안 마련
GATT 기능강화	회원국 무역정책에 대한 감시기능강화, 각료참여확대, 국제금융, 통화기구와의 연계강화
서비스	서비스무역자유화를 통한 다자간 규범 마련
보호조치 동결 및 철폐	UR 협상기간 중 GATT에 위배되는 새로운 보호조치의 도입금지 및 기존보호조치의 점진적 철폐

(3) 특징

UR협상은 GATT체제의 한계를 극복하고 1990년대 이후 새로운 국제교역질서의 형성을 위하여 추진되었으며, 과거의 협상과는 다른 특징을 지니고 있다.[07]

첫째, 선진국과 개도국의 관심사항을 모두 포괄하는 광범위한 의제를 채택하였고 미국을 비롯한 선진국가는 그들이 경쟁력을 가지고 있는 서비스, 지적재산권 등 새로운 분야를 협상의제에 포함시켰다. 개도국은 선진국의 섬유쿼터제도, 각종 회색지대 조치 등 보호무역장벽의 완화 또는 폐지를 추구하였다. 한편 농산물수출국

07 국제경영연구회, 글로벌 시대의 국제경영학, 영지문화사, 1995, p. 27.

들은 그간 GATT체제에서 예외로 인정되어 온 농산물 교역의 자유화를 의제에 포함시켰다.

둘째, 이와 같은 각국의 이해를 반영하여 UR협상에서는 협상의제를 광범위하게 선정함과 동시에, GATT체제의 실효성 확보를 위하여 GATT규율을 대폭 정비하고 강화하는 노력도 병행하였다. 이러한 노력의 일환으로 반덤핑, 긴급수입제한, 분쟁해결절차, 보조금 및 상계관세제도 등이 모두 의제에 포함되었다.

한편 각 의제가 대부분 선진국과 개도국의 이해가 상충되기는 하였지만 농산물과 같은 분야에서는 단순히 선진국과 개도국의 이해가 충돌하는 것이 아니라 미국과 EU 등 선진국 간에도 이해가 상충하고 있었으며, 이에 따라 전체협상의 타결가능성을 높이기 위하여 부문별 타결 방식이 아닌 일괄타결 방식(single undertaking)[08]을 채택하였다. 즉 어느 한 부문에서의 협상결과가 만족스럽지 않을 경우에는 전체를 받아들이지 않아야 하며, 그 부문만을 선택적으로 거부할 수는 없는 것이다.

3) 세계무역기구(World Trade Organization: WTO)

7년여 동안의 장기간에 걸친 우루과이라운드 협상의 타결로 1995년 1월 1일을 기해 이전의 GATT체제에서 한 단계 더 발전된 보다 강력하고 포괄적인 국제무역 규범으로서 세계무역기구체제가 출범하게 되었다. WTO체제는 기존의 GATT체제를 계승함과 동시에 1990년대 후반 이후의 세계무역질서를 규율하게 되었다.

(1) 조직구조

세계무역기구는 세계무역에 있어서 회원국간 원활한 무역관계의 수행을 위한 정식 국제기구이다. WTO의 조직구성은 [그림 5-2]에서 볼 수 있듯이, WTO의 최고 의사결정기관으로서 각료회의를 두고 있으며, 그 아래에 일반이사회와 부문별 위원회를 두고 있다.

각료회의는 최소 2년에 1회 개최되며 WTO협정하의 모든 문제에 대한 의결권을

08 "모든 것이 타결되기 전에는 아무것도 타결된 것이 아니다(Nothing is agreed until everything is agreed)"라는 GATT 이래의 협상원칙을 의미한다("일괄타결방식", 시사경제용어사전).

갖는다. 일반이사회는 필요에 따라 개최되어 회원국간의 무역분쟁을 해결하거나 회원국의 무역관련 정책 및 관행을 평가한다. 일반이사회 산하에는 상품교역이사회, 서비스교역이사회, 지적재산권이사회 등 분야별로 나뉘어져 있으며, 민간항공기위원회, 정부조달위원회, 우육위원회, 낙농위원회 등 복수국간 협정하의 기구들도 있다. 또한 각료회의와 일반이사회의 요구에 적절히 부응하기 위하여 무역개발위원회, 국제수지위원회, 예산행정위원회 등 분야별 상설위원회를 두고 있다.

그림 5-2 | 세계무역기구의 조직구성도

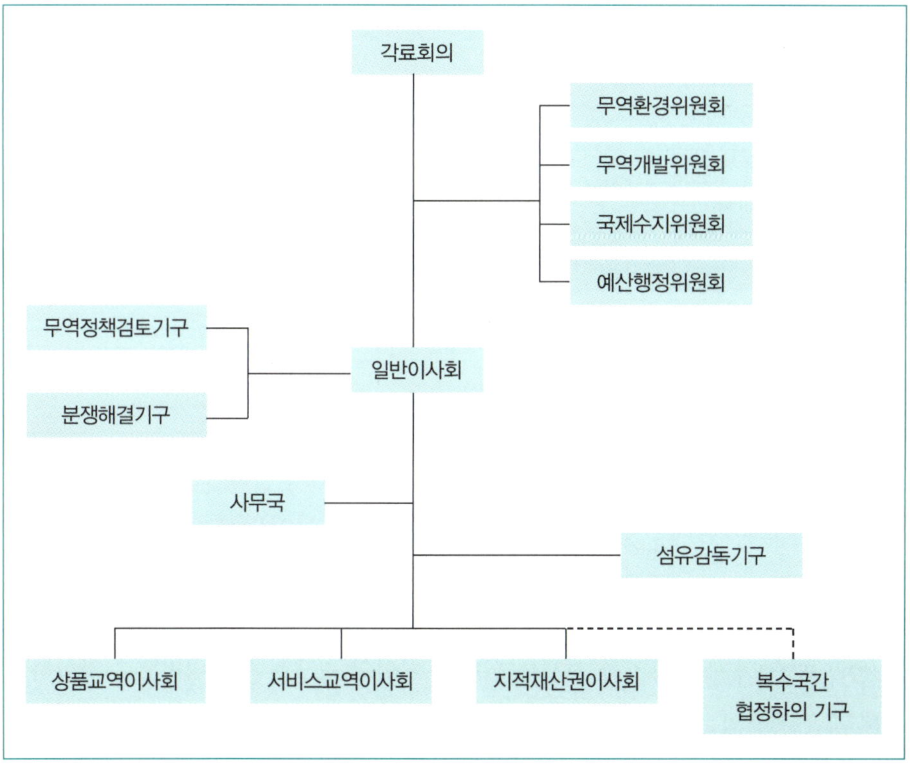

자료: 통상산업부, WTO협정 해설, 1995.

(2) WTO체제의 특징

향후 세계무역질서를 규율하게 될 WTO체제는 이전의 GATT체제와 비교할 때 다음과 같은 특징을 지니고 있다([표 5-3] 참조).[09]

09 강태구, 국제경영학, 박영사, 1997, pp. 131~133.

첫째, WTO체제는 관세를 대폭 인하했을 뿐만 아니라 특정분야에서는 무관세를 도입하여 관세를 철폐하면서 동시에 비관세장벽까지 철폐하기 위한 구체적인 규제 조항을 마련하였다. 그리고 기존의 GATT체제하에서 용인되어 왔던 각종 회색조치를 1999년까지 완전히 철폐하도록 하였다.

둘째, GATT체제는 주로 상품, 특히 공산품이 관할대상이었으나 WTO체제는 공산품 이외에 농산품에 대한 규제도 도입하였다. 그리고 다자간 섬유협정도 WTO체제 내로 흡수하였다. 또한 서비스교역, 지적재산권 보호, 무역관련 투자 등 무역에 영향을 미칠 수 있는 관련제도에 대한 규정도 크게 강화하였다.

| 표 5-3 | GATT와 WTO의 비교

구분	GATT	WTO
자유무역의 실현을 위한 방안	관세인하	• 관세인하 및 철폐 • 비관세장벽 철폐
대상품목	공산품	• 공산품 • 농산품
추가협정내용	–	• 서비스교역 • 지적재산권 보호 • 무역관련 투자조직
강제성의 정도	보조금, 덤핑조치의 사용에 대한 강제적 규제 및 제한이 불가능한 자율적 조치가 주류를 이룸	• 보조금, 덤핑에 대한 강제적 조치 발동 가능 • 세이프가드 협정, 원산지규정, 선적 전 검사강화

셋째, WTO체제는 공정한 경쟁을 위해서 기업의 경쟁력을 인위적으로 강화하기 위해 지급하고 있는 각종 보조금에 대한 규정을 명확히 함으로써 정부로부터 보조금을 지원받는 분야에 대한 규제를 강화하였다. 또한 GATT체제에서와는 달리 자국산업에 피해를 입히는 수입품을 규제할 수 있는 반덤핑조치의 발동기준이나 부과절차 등을 명료화하여 그 남용을 사전에 방지하고 있다.

넷째, WTO체제는 과거의 GATT체제에 비해 훨씬 더 강력한 통제력을 갖추고 있다. 즉, WTO는 단순한 협정에 불과했던 GATT와는 달리 분쟁이 발생하는 경우 공권력을 동원하여 당사자의 의사에 반하는 판정을 내릴 수 있는 권한을 가지고 있으며, 이를 이행하기 않을 경우 광범위한 보복조치를 취할 수 있도록 하고 있다. 또한 의사결정 방식에 있어서도 협의사항을 이행하지 않을 경우, 회원국 3/4 이상의 찬성을 얻어 의사결정을 내릴 수 있도록 다수결 원칙을 도입함으로써 신속한 의사결정이 이루어질 수 있게 하고 있다.

이상에서 WTO체제의 특징을 살펴보았는데, WTO체제는 예전의 GATT체제와는 달리 개발도상국을 배려하는 평등이념이 퇴색되고 선진국에 유리한 자유이념이 강화되었다. 즉, 개발도상국의 산업관련 보조금의 지원이 전면 금지되고, 상품시장 개방분야에 있어서나 새롭게 추가된 서비스분야에 있어서도 개발도상국을 특별히 배려하는 이념이 사라졌다.

4) 도하 개발 어젠다(Doha Development Agenda: DDA)

DDA는 1947년 관세와 무역에 관한 일반협정'(GATT) 설립 이후 아홉 번째, 1995년 WTO 출범 이후 첫 번째 다자무역협상이다. 무역자유화와 각종 보조금 철폐를 목적으로 하는 WTO는 GATT의 후신으로 지난 2001년 카타르 도하에서 열린 제4차 WTO각료회의에서 DDA를 공식 출범시켰다. GATT체제하의 여덟 번째 다자간 무역협상인 '우루과이라운드(UR)'에 이은 DDA는 '라운드' 대신 '어젠다'와 함께 개발에 역점을 두자는 취지에서 '개발'이라는 용어를 넣어 명명되었다.[10]

DDA는 WTO 출범 이후에도 해결되지 못한 문제를 정리하고 국제적으로 시장개방을 더욱 가속화한다는 목표하에 추진되었다. DDA의 주요협상의제는, ① 농업, ② 서비스, ③ 비농산물(공산품, 임수산물) 분야에서의 시장개방, ④ 반덤핑협정, 보조금협정 등 기존 협정의 개정, ⑤ 환경 ⑥ 지적재산권의 분쟁해결, ⑦ 싱가포르 이슈(투자, 경쟁, 무역원활화, 정부조달 투명성)와 관련된 신규범 제정 등이다. 이 중에서 특히 농업시장 개방은 DDA에서 가장 첨예하게 대립되고 있는 부분이다. DDA에서의 농업협상의 주요 그룹은 다음과 같다.

① G10(수입국 그룹): 한국, 일본, 스위스, 노르웨이, 대만, 이스라엘, 아이슬란드, 리히텐슈타인, 모리셔스 등으로 관세 상한선 설정 반대, 관세감축에 있어

10 국정브리핑, "WTO는 세계무역기구, DDA는 다자무역협상", 2005.12.12.

신축성 주장하는 등 농산물 수입국 입장을 대변한다.

② FIPs(주요 5개국: Five Interested Parties): 미국, 유럽연합(EU), 인도, 브라질, 호주 등 5개국. 'G5'라고도 하며 협상의 주축국이다. 미국과 EU는 의견 대립을 보이고 있다. 호주를 제외한 4개국을 '주요 4개국(QUAD)'이라 부르기도 한다.

③ G20(수출개도국 그룹): 아르헨티나, 브라질, 중국, 칠레 등이 개도국의 입장을 대변하여 선진국의 국내보조 대폭 감축, 수출보조 철폐 등을 요구하고 있다.

④ G33(특별품목 그룹): 한국, 중국, 도미니카, 인도, 필리핀 등 개발도상국에만 적용되는 특별품목(SP)의 수, 특별긴급수입제한제도(SSM) 관철에 주력하고 있다.

⑤ ACP(아프리카, 카리브해, 태평양 지역 77개국 그룹): 과거 유럽국가들의 식민지국들로 EU와 유사한 입장이다.

⑥ LDC(최빈개도국): 아프리카, 아시아의 극빈국가들로 ACP와 합쳐 'G90'로 부르기도 한다.

⑦ 케언즈 그룹: 캐나다, 칠레, 브라질, 아르헨티나 등 수출국 그룹. 농산물 수출국의 입장을 대변한다.

그러나 2001년 당초 4년 일정으로 시작된 DDA협상은 10년이 넘도록 끝을 알 수 없는 상태이다. 광범한 의제를 다루면서 세계무역기구를 출범시켰던 UR 협상도 4년 예정이었던 협상이 8년을 끌었지만 DDA는 이보다 더 지지부진하게 진행되고 있는 것이다. 이렇게 협상이 길어지다 보니 근래에 많은 사람들은 이런 협상이 있는지조차 모른다.

DDA협상이 빈사상태에 빠지게 된 데에는 몇 가지 이유가 있다. 우선 협상의 역학구도가 복잡해져 합의에 이르기 어려워졌다는 점이다. 회원국 수가 150개국이 넘고, 다양한 협상 소그룹에 개발도상국들의 목소리까지 커져 협상구도가 복잡해졌다. 또 하나는 1990년대 중반 이후 자유무역협정 체결이 급격히 확산되고 있다는 점이다. 다루어지는 의제도 큰 차이가 없어 굳이 합의점을 찾기 어려운 다자적 무역협상에 집착할 필요성이 약화되고 있는 것이다. 특히 농업분야에서는 논의되고 있는 관세와 국내보조 감축 폭이 70%에 이르러 각국의 이해관계가 더욱 첨예하게 대립되고 타협이 쉽지 않아진 데다, 여기에 세계금융위기와 경기침체로 인한 신자유주의에 대한 회의와 반성도 한몫하고 있다.[11]

3. 국제금융환경

제2차 세계대전 이후 GATT의 다자간무역협상과 WTO의 출범으로 이어지는 일련의 과정 속에서 실물부문에서 상품의 자유로운 국제적 이동이 추진되어 왔다. 그렇지만 실물부문의 자유화 추진만으로 기업이 원활하게 국제경영활동을 추구하기는 어려울 것이다. 기업이 보다 원활하게 국경을 초월하여 사업활동을 수행하기 위해서는 상품의 이동과 관련하여 자연스럽게 발생하는 자금의 국제적 이동이 안정적으로 이루어져야 할 것이다.

이와 같이 국제간 재화와 자본의 이동에 따른 화폐의 지불을 원활하게 수행할 수 있게 하는 금융결제의 체계를 국제통화제도라고 한다. 특히 국제거래에 있어서는 각국의 통화가 상이하기 때문에 외환문제가 중요하게 대두된다. 여기에서는 그동안 국가간 통화 이동과 관련된 금융결제체계가 어떻게 변화되어 왔는가를 중심으로 전반적인 국제금융환경에 대하여 살펴본다.

1) 국제통화제도

(1) 금본위제도

금본위제도란 일정량의 금을 자국의 통화로 표시하여 환율을 고정시키는 것이다. 이와 같이 국제교환의 수단으로 금을 사용한 이유는 내구성이 있고 보관 및 운반이 용이하며 식별이 쉽기 때문이다. 또한 금은 규격화와 표준화가 쉬우며, 생산비가 높아 어떤 국가도 금보유량을 자의적으로 조절하기가 어렵고, 정부에서 발행하는 것이 아니므로 장기적으로 가격안정을 유지하도록 하는 특성이 있기 때문이다.

11 DDA가 깊은 동면에 빠진 지금, 농민신문, 2010.11.26.

1821년 나폴레옹 전쟁 이후 세계경제의 중심이었던 영국이 금본위제도를 택함으로써 1880년까지 대부분의 국가들이 이를 따르게 되었다. 그러나 금은 생산비가 높아 많은 국가들이 순수하게 금을 그대로 화폐로 사용하기보다는 이를 대체할 수 있는 것을 선택하여 운용함으로써 국내의 경제활동을 외부적인 교란으로부터 보호하려고 하였다. 즉, 정부가 발행한 지폐나 은행이 발행한 은행권과 예금이 해당 은행의 금보유에 의해서 보장되면서 금본위가 유지되었다. 국제무역을 결제하기 위해 금이 국제적으로 이동하는 경우 국내통화 공급에 영향을 미치게 되는데, 이에 대해서는 많은 국가들이 공개시장매매를 통해 국내증권을 매매함으로써 국내통화량을 조절하여 그 영향을 중화시키려고 노력하였다.

금본위제도가 가장 본래적인 형태로 널리 사용된 것은 1880년경부터 1914년까지의 기간 동안이었다. 각국은 자국통화의 금의 함량을 결정하고 이 가격으로 금을 수동적으로 매입 또는 매각하였다. 가령 이 시기 영국의 1파운드는 순금 113.0016그레인(grain)이었고 미국의 1달러는 23.22그레인이었다. 양국의 통화는 모두 금과 연계되어 있기 때문에 양국 통화의 상대적인 가치는 1파운드=4.87달러가 된다. 그리고 이와 같은 환율은 금수송점[12] 내에서만 변동될 수 있었다.

그러나 제1차 세계대전이 발발하면서 금본위제도는 붕괴되었다. 전후 불환지폐제도[13]가 국제통화제도로 형성되는 듯했으나, 1923년부터 다시 금환본위제도[14]가 채택되었다. 이 시기에는 미국과 영국이 금을 보유하고, 여타 국가들은 금, 달러, 그리고 파운드화를 보유하였다. 그러나 영국이 지속적으로 무역수지 적자를 기록하면서 방대한 양의 금과 자본이 해외로 유출됨으로써 더 이상 이 제도를 지속할 수가 없게 되었고, 1931년부터는 불환지폐제도가 다시 등장하게 되었다.

---

12 국제적인 금본위제도하에서의 두 나라 사이의 외환시세변동의 한계점을 말한다("금수송점", 두산백과).

13 한 나라의 화폐제도의 기초가 되는 본위 화폐와의 교환이 보증되어 있지 않는 지폐를 가리키는 단어이다. 20세기 중반 이전의 금 혹은 은에 대한 태환이 보증되어 있던 태환지폐의 반대 의미로 쓰인다. 중앙은행의 신용에 의해 유통되는 지폐라고 하여 신용지폐라고도 불린다("불환지폐", 위키백과).

14 금본위제를 채용하고 있는 다른 나라의 통화를 태환준비(兌換準備)로 보유함으로써 자국통화의 안정을 도모하는 화폐제도이다. 이 제도를 채택하면 정부 · 중앙은행은 금을 보유하지 않았더라도 다른 나라 통화와 금과의 연결에 의하여 간접적이긴 하지만 자국통화와 금의 연결을 보증받게 된다("금환본위제도", 두산백과).

(2) 브레턴우즈체제

오늘날의 국제통화제도 및 국제금융제도의 기초를 형성하게 된 것은 제2차 세계대전 이후부터라고 할 수 있다. 1944년 미국의 뉴햄프셔주 브레턴우즈에서 44개국 대표들이 모여 전후의 금융제도를 재건하기 위하여 국제통화회의를 개최하였다. 여기에서 각 국가들이 국제무역 및 금융에 관해 합의된 규칙의 준수 여부에 대한 감독과 일시적인 국제수지상 어려움을 겪는 국가에의 차관제공을 위해 국제통화기금(International Monetary Fund: IMF)과 경제부흥를 위한 자금제공를 위해 세계은행(International Bank for Reconstruction and Development: IBRD)을 설립하기로 합의하였다.

또한 여기에서 고정환율제도[15]와 금에 의한 국제결제제도를 채택하였다. 미국은 금의 가격을 1온스(약 28g)당 35달러로 고정시키고, 여타국의 요구가 있을 경우 이 가격으로 금을 매입 또는 매각하기로 하였다. 그리고 국제통화기금의 여타 회원국들은 자국통화를 금이나 미국달러에 연계시키고 환율이 평가가치의 상하 1퍼센트의 폭 이내로 유지하도록 미국달러의 매입과 매도를 통해 외환시장에 개입하기로 했다.

따라서 브레턴우즈체제는 회원국 통화의 가치를 금-달러에 연계시키는 금환본위체제이며, 또한 회원국의 통화가치를 상하 1% 이내로 변동할 수 있도록 하고 있어서 조정 가능한 고정환율제도라고 할 수 있다.

이러한 브레턴우즈체제는 상당 기간 동안 아무런 문제없이 운영되었지만, 결국 국제유동성 딜레마와 국제수지 조정문제라는 한계를 드러내게 되었다. 브레턴우즈체제하에서의 국제유동성 공급은 주로 금과 달러에 의존할 수밖에 없는데, 이 중 금은 현실적으로 매장량이나 생산량에 한계가 있기 때문에 주로 미국달러화가 국제유동성의 역할을 담당하게 된다.

그런데 미국의 국제수지가 흑자를 기록하면 국제유동성이 부족하게 되고 반면에 미국의 국제수지가 적자를 기록하면 국제유동성이 과잉 공급되어 국제간 결제나 금융거래의 기본이 되는 기축통화인 달러화에 대한 믿음이 낮아지는 딜레마에 빠지게 된다.

15 외환시세의 변동을 전혀 인정하지 않고 고정시켜 놓은 환율제도("고정환율제도", 두산백과).

실제로 브레턴우즈체제는 미국의 경상수지 적자가 지속되면서, 이에 따른 달러화에 대한 불신, 금과 여타 강제통화에 대한 신호, 금가격의 급격한 상승 등으로 인해 1971년 미국 닉슨 대통령이 금태환 정지를 선언함으로써 붕괴되었다. 이에 대해 세계 10대 교역국은 달러의 금태환 정지로 인한 국제금융질서의 혼란을 피하기 위해 스미소니언협정을 통해 금의 달러가격을 1온스당 35달러에서 38달러로 9% 평가절하[16]하고 여타 9개국의 통화에 대해 미국달러화에 대한 평가절상을 단행하였다. 1973년에는 다시금 1온스당 42.22달러로 10% 평가절하하였다. 그럼에도 불구하고 달러에 대한 투매현상이 나타남으로써 결국 각국의 통화가치를 금과 달러에 연계하는 체제는 붕괴하게 되었다.

(3) 변동환율제도

브레턴우즈체제의 붕괴에 따라 1973년부터 국제통화제도는 자국의 환율을 자유롭게 변동하도록 하는 변동환율제도로 이행하게 되었다. 변동환율제도로 이행하면서 환율이 불안정해졌고, 이러한 것이 국제무역활동에 중요한 장애요인이 되기도 한다. 이에 따라 기업은 외화표시의 자산과 부채 또는 현금흐름의 가치를 환위험으로부터 보호하기 위한 여러 가지 환위험회피 기법들을 개발하게 되었으며, 그 결과 외환시장이 다양한 형태로 발전하고 있다.

변동환율제도는 기본적으로 시장에서의 외환에 대한 수요와 공급에 의해서 각국의 환율이 결정되는 제도이다. 주요국의 통화들이 변동환율제도로 이행되었지만, 아직까지 대부분의 국가들은 자국통화가치의 안정을 위해 통화가치를 미국의 달러화, 프랑스의 프랑화, 독일의 마르크화, 일본의 엔화 등에 연계시키고 있다. 또한 변동환율제도로 이행한 이후에도 각국 중앙은행들은 시장에서의 환율이 적정 수준이 아니라고 판단되거나 단기적인 환율변동이 지나치게 큰 경우 외환시장에 개입하고 있다.

2) 최근 국제금융시장의 특징

과거 1970~1980년대에도 국제금융시장은 브레턴우즈체제의 붕괴에 따른 환율

16 한 나라의 통화가치가 대외적으로 떨어지는 것을 말한다("평가절하", 두산백과).

의 급격한 변동, 중남미국가 및 동구국가의 재무위기와 같은 불안한 모습을 보이기도 하였지만 1990년대에 들어서는 불안정성이 보다 심화되는 경향을 보이고 있다. 최근의 국제금융불안은 다음과 같은 몇 가지 특징을 지닌다.[17]

첫째, 강한 전파성이다. 금융의 세계화 현상이 가속화되면서 한 나라의 금융시장에서 어떤 위기상황이 발생하는 경우 순식간에 다른 나라로 전파된다. 예를 들어, 1997년 7월에 태국의 바트화의 급격한 평가절하가 동남아 여타 국가의 통화불안정으로 이어져 동남아의 통화위기가 발생했던 사건과 최근에 발생한 그리스의 재정위기로 유로존에 가입한 전체 국가에 경제위기가 확산된 점을 볼 때 이러한 전파성은 갈수록 커지고 있음을 알 수 있다.

둘째, 대형 금융사고의 발생위험 증대이다. 수백 년 전통을 가진 은행이 딜러 한 사람의 실수로 파산하는 등 파생상품거래 확대로 인하여 수억 또는 수십억 달러의 금융손실 사고가 갑자기 생기는 경우가 허다하다. 1994년 미국의 오렌지카운티가 금리선물투자 실패로 15억 달러 이상의 손실을 기록한 것은 전형적인 예이다. 그리고 우리나라의 경우에도 과거 광주은행이 외환딜러의 판단 잘못으로 큰 환차손을 입어 어려움을 겪은 적이 있다.

셋째, 중앙은행의 시장개입능력 축소이다. 환율변동의 경우를 예로 들면 각국의 이해상충으로 다국간 정책협조도 쉽지 않은 데다가 전 세계의 하루 평균 외환거래량이 1조 달러를 상회하기 때문에 불과 몇 십억 달러 정도의 외환시장 개입으로는 중앙은행의 정책목표를 달성하기 어려운 실정이다.

넷째, 민간자본투자(Hedge Fund)의 영향력 증대이다. 조지 소로스(George Soros)의 퀀텀(Quantum)펀드로 대표되는 헤지펀드들은 전 세계를 대상으로 오로지 고수익성만을 추구하여 무차별적으로 각국의 금융시장을 공격하고 있다. 이러한 헤지펀드들은 많은 경우 파생상품을 거래함으로써 동원 가능한 자금량의 몇 배까지 거래규모를 확대시킬 수 있다. 헤지펀드의 희생자는 다른 민간자본이며, 심지어 선진국의 중앙은행들도 빈번히 피해자가 되고 있다.

17 어윤대 외, 국제경영, 학현사, 1996, pp. 109~110.

4. 지역경제통합

WTO체제의 성립으로 인한 세계경제의 자유화 추세와 함께 또 하나의 흐름으로 자리 잡고 있는 현상이 세계경제의 블록화이다. 세계경제의 블록화는 지리적으로 인접하고 상호보완적인 산업구조를 가진 국가간에 경제적 유대관계를 형성함으로써 규모의 경제와 범위의 경제를 실현하려는 집합체라고 정의할 수 있다.[18]

이와 같은 지역경제통합으로 역내국가간에는 자유무역주의에 입각하여 무역이 증대되고, 규모의 경제 실현 등에 의해 기업의 국제경쟁력이 강화되며, 경제성장이 촉진된다. 반면에 역외국가에 대해서는 차별적인 대우를 하고, 역내산업을 보호하는 등 경제공동체의 이익을 우선시함으로써, WTO체제하의 세계경제에서 추구하고 있는 자유무역주의에 역행하는 면도 있다.[19] 다음에서는 지역경제통합의 유형과 대표적인 경제통합체들의 실태를 살펴보도록 하겠다.

1) 유형

경제통합은 국가간의 경제적 장벽의 제거수준과 내부 결속정도에 따라 다음과같이 몇 가지 형태로 구분할 수 있다.

(1) 자유무역지역

자유무역지역(Free Trade Area)이란 정치적 · 경제적으로 밀접한 관계에 있는 국가들간에 무역의 수량제한 등을 철폐하여 자유무역화를 지향하고, 동 지역 외의 국가들에 대하여는 관세 및 무역정책에 있어서 각국의 자주적인 규제를 존속시키는 지역을 말한다.[20] 조약에 기초하여 이루어지며 이러한 조약은 '자유무역협정

18 Bela Balassa, *The Theory of Economic Interation*, London: George Allen & Unwin Ltd., 1969, p. 1.

19 경제통합이 무역창출효과(trade creating effect)를 유발할 수도 있지만 무역전환효과(trade diverting effect)도 가져온다. 예를 들면 A국과 B국이 자유무역지역을 형성하여 A국이 역외지역인 C국으로부터 수입해 왔던 재화를 면세혜택으로 인해 B국으로부터 수입할 경우 C국으로서는 피해를 입게 되는 것이다.

20 "자유무역지역", 외교통상용어사전, 대한민국정부.

(Free Trade Agreement: FTA)'이라고 한다.[21] 자유무역협정은 그동안 대개 유럽연합(EU)이나 북미자유무역협정(NAFTA) 등과 같이 인접국가나 일정한 지역을 중심으로 이루어졌기 때문에 흔히 지역무역협정(Regional Trade Agreement: RTA)이라고도 부른다.

FTA에는 크게 두 가지 형태가 있는데, 하나는 모든 회원국이 자국의 고유한 관세와 수출입제도를 완전히 철폐하고 역내의 단일관세 및 수출입제도를 공동으로 유지하는 방식으로, 유럽연합이 대표적인 예이다. 다른 하나는 회원국이 역내의 단일관세 및 수출입제도를 공동으로 유지하지 않고 자국의 고유관세 및 수출입제도를 그대로 유지하면서 무역장벽을 완화하는 방식으로, 북미자유무역협정이 대표적인 예이다.

WTO가 모든 회원국에게 최혜국대우를 보장해 주는 다자주의를 원칙으로 하는 세계무역체제인 반면, FTA는 양자주의 및 지역주의적인 특혜무역체제로, 회원국에만 무관세나 낮은 관세를 적용한다. 시장이 크게 확대되어 비교우위에 있는 상품의 수출과 투자가 촉진되고, 동시에 무역창출효과를 거둘 수 있다는 장점이 있으나, 협정대상국에 비해 경쟁력이 낮은 산업은 문을 닫아야 하는 상황이 발생할 수도 있다는 점이 단점으로 지적된다.

우리나라의 경우를 보면 1998년 11월 대외경제조정위원회에서 FTA 체결을 추진하기 시작하여 한국 최초의 한-칠레 FTA가 2004년 4월 1일부터 발효되었다. 그 뒤로 한-싱가포르 FTA는 2006년 3월 2일에, 한-유럽자유무역연합(EFTA) FTA는 2006년 9월 1일에 발효되었다. 2007년 6월 발효된 한-ASEAN(동남아시아국가연합) FTA 상품무역협정은 2008년 11월 캄보디아 등 9개국에 대한 발효가 완료되었다.[22] 2014년 현재 한국은 48개국과의 FTA가 발효되었으며, 인도네시아, RCEP 등과 협상을 진행 중에 있다.[23]

(2) 관세동맹

관세동맹(Customs Union)은 자유무역지역보다 좀 더 강화된 경제결속 형태로

21 "자유무역지역", 21세기 정치학대사전, 한국사전연구사, 2010.
22 "자유무역지역", 두산백과.
23 www.fta.go.kr/main/situation/kfta/ov: 우리나라의 FTA 현황, 2015.2.2.

서, 가맹국 상호간에 상품의 자유이동이 보장될 뿐만 아니라 역외국가로부터의 수입에 대해서 공통의 수입관세를 부과하는 형태이다. 관세동맹은 그 역사가 오래되어 경제통합의 전형으로 인식되고 있다. 19세기 중엽 독일 내 영주국가간에 졸페라인(Zollverein)[24]이라는 관세동맹이 있었으며, 베네룩스 관세동맹(Benelux Customs Union),[25] 카리브공동시장(Caribbean Community and Common Market: CARICOM)[26] 등이 있다.

(3) 공동시장

공동시장(Common Market)은 관세동맹보다 더 발전하여 가맹국 상호간에 상품뿐만 아니라 노동력, 자본과 같은 생산요소의 이동이 자유롭게 보장되며 역외국가에 대해서는 공통의 수입관세를 부과하는 형태의 경제통합이다. 이러한 형태의 경제통합으로는 유럽공동시장(European Community: EC)을 들 수 있다.

(4) 경제동맹

경제동맹(Economic Union)은 가맹국 상호간에 상품과 자본, 노동의 생산요소의 이동을 자유롭게 하며, 비가맹국에 대해서는 공동의 무역정책을 취하고 가맹국 상호간에 경제정책을 조정하여 수행하는 형태이다. 벨기에-룩셈부르크 경제동맹(Union Economigut Belgo-Luxembourgeoise), 유럽연합(EU)이 이에 해당한다.

(5) 완전 경제통합

완전 경제통합(Complete Economic Union)은 가맹국 상호간에 초국가적 기구를 설치하여 그 기구로 하여금 각 가맹국의 모든 사회 · 경제정책을 조정, 통합, 관리하는 형태의 통합을 의미한다. 이는 경제통합의 형태 중 가장 완벽한 형태의 통

24 1834년 프로이센 주도하에 결성된 독일 관세동맹(두산백과, http://terms.naver.com/entry.nhn?docld=1064528&cid=40942&categoryid=31657, 2015.2.2).

25 제2차 세계대전 후 1944년 네덜란드 · 벨기에 · 룩셈부르크의 3국이 결성했으며 후에 유럽경제공동체의(EEC)의 모체가 되었다("관세동맹", 두산백과).

26 현재 회원국은 정회원국인 카리브 15개국과 준회원국(5개국)인 턱스케이코스제도, 버진제도, 케이만군도, 안길라(이상 영국령), 버뮤다와 옵서버국(9개국)인 베네수엘라, 푸에르토리코, 네덜란드령 안틸레스, 도미니카(공), 아루바, 콜롬비아, 멕시코로 구성되어 있다("카리브공동시장", 경제학사전: 박은태 편, 경연사, 2011).

합 유형이며, 각국은 사실상 하나의 단일경제로 통합되는 것을 전제로 하고 있다. 유럽연합(EU)이 이를 목표로 하고 있다.

2) 유럽연합

미국의 마셜원조계획를 수용하기 위해 형성된 유럽경제협력기구(OEEC)가 유럽의 경제 부흥뿐만 아니라 서유럽 제국간의 상호협력기반을 다지는 데도 크게 기여를 하는 등 성공적으로 운영되자 가맹국 중 대륙의 6개국(프랑스, 서독, 이탈리아, 베네룩스 3국)도 새로운 경제협력기구를 구성하게 되었다.

이 6개국은 1951년 유럽석탄철강공동체(European Coal and Steel Community: ECSC)를 결성하였으며, ECSC를 통한 독일과 프랑스간의 이해 조정으로 1957년 3월 유럽원자력공동체(European Atomic Energy Community: EURATOM)안의 인준과 함께 유럽경제공동체(European Economic Community: EEC)를 설립하는 로마소약에 조인하였다. 유럽경제공동체(EEC)는 1967년 유럽원자력공동체(EURATOM) 및 유럽석탄철강공동체(ECSC)와의 통합조약에 의해 하나의 공동체 기구로 통합되었으며 이것을 계기로 이들 세 공동체를 총칭한 유럽의 경제공동체를 유럽공동체(European Community: EC)라 부르고 있다. 결성 당시의 6개국이 1973년 영국, 아일랜드공화국, 덴마크의 가입 등으로 12개국으로 늘어났으며 지리적으로는 지중해에서 북유럽에 이르는 광역공동시장으로 확대되었다.

1993년 1월 EC가 지속적으로 추진해 온 단일시장이 완성됨에 따라 1993년 11월 유럽연합(EU)을 발족하고 단일유럽을 위한 과정이 시작되었다. 유럽연합은 완전경제통합을 목표로 하여 산업경쟁력, 에너지, 환경, 직업훈련 등의 분야로 통합 영역을 확대하고 있으며, 유럽통화동맹으로 유럽중앙은행을 창설하고, 유럽단일통화를 도입하며, 통일된 금융정책 시행을 추진하고 있다. 또한 유럽연합은 보다 더 진전된 단계로의 통합을 위해서 공동외교, 공동사회정책, 공동안보정책, 사법 및 내부 행정상의 협력 등 비경제적 분야에서도 그 범위를 넓혀 나가고 있다. 이와 같이 유럽연합은 통합의 강도를 단계적으로 점차 심화시켜 경제적인 통합뿐만 아니라 정치적인 통합까지도 목표로 하여 계속 추진해 나가고 있다.

1999년 1월 1일에는 유로 화폐가 공식적으로 도입되면서 유로존(Eurozone)이

탄생하였다. 유로존은 유럽연합의 단일화폐인 유로를 국가통화로 도입하여 사용하는 국가나 지역을 통칭한다. 유럽연합이라고 해서 반드시 유로존에 속하는 것은 아니다.

유로존의 통화정책은 유럽중앙은행이 담당하며 2011년 1월 1일 새로 가입한 에스토니아를 포함하여 오스트리아 · 벨기에 · 키프로스 · 핀란드 · 프랑스 · 독일 · 그리스 · 슬로바키아 · 아일랜드 · 이탈리아 · 룩셈부르크 · 몰타 · 네덜란드 · 포르투갈 · 슬로베니아 · 스페인 등 EU에 가입된 27개국[27] 중 17개국이 가입되어 있다. 유로존에 가입하려는 국가는 2년 동안 유럽의 환율변동을 조정하여 통화의 안정성을 확보하는 것을 목적으로 하는 유럽 환율 메커니즘(European Exchange Rate Mechanism)에 참여하여야 한다.

유럽연합 가입국이면서 유로를 국가통화로 도입하지 않는 나라는 덴마크 · 스웨덴 · 영국 · 불가리아 · 체코 · 헝가리 · 라트비아 · 리투아니아 · 폴란드 · 루마니아의 10개국이다. 유럽연합 가입국이 아니면서 유럽연합과 금융협정을 맺고 유로를 사용하는 나라 또는 지역으로는 마요트 · 모나코 · 산마리노 · 생피에르에미클롱 · 바티칸시국 등이 있다. 이 밖에 유럽연합과 금융협정을 맺지 않고 유로를 사용하는 나라 또는 지역으로는 아크로티리와 데켈리아를 비롯하여 안도라 · 코소보 · 몬테네그로 · 생바르텔르미섬 · 세인트마틴섬 등이 있다.[28]

3) 북미자유무역협정

북미지역에서의 경제통합은, 1989년 미국과 캐나다간에 자유무역협정이 체결되었고, 이후 멕시코를 포함하여 1992년 미국, 캐나다, 멕시코 3국을 회원국으로 하는 북미자유무역협정(North America Free Trade Agreement: NAFTA)을 체결하였다. 북미자유무역협정은 미국의 기술과 캐나다의 풍부한 자원, 그리고 멕시코의 풍부한 노동력을 결합하기 위해 이루어졌다. 이는 세계경제상에서 그 위치가 점점 쇠퇴하여 가는 미국과 자국의 경제발전을 도모하려는 캐나다 및 멕시코의 이해관계의 일치로 이루어질 수 있었다. 이로써 NAFTA는 EU와 함께 세계경제에서 가장

27 2012년 8월 기준(EU공식홈페이지, http://europa.eu).

28 "유로존", 두산백과.

중요한 경제블록으로 자리 잡게 되었다.

더 나아가 미국은 중남미국가들도 경제블록에 포함시킴으로써 세계 최대의 경제블록을 형성하려는 목표를 가지고 있다. 1994년 미국 마이애미의 1차 미주정상회담에서 34개국 정상들이 회담을 가진 후, NAFTA 3국은 물론 쿠바를 제외한 중남미지역 전체를 하나의 거대한 단일시장인 미주자유무역지대(Free Trade Area of America: FTAA)로 묶는 자유무역협정이 제안되었다. 이후 FTAA를 구체화하기 위해 통상장관회의, 통상차관회의, 실무그룹 등이 운영되어 왔다. 1998년 칠레 산티아고에서 열린 2차 미주정상회담에서는 2005년 창설을 목표로 하는 '산티아고선언'으로 FTAA가 구체화했다. 그러나 산티아고선언에서 약속한 2000년까지 관세표준화 마련 등 구체적 실천계획은 실무회의에서 각국의 주도권 싸움과 이견으로 차질을 빚어 왔다.[29]

34개국 회원 중 멕시코와 중미권 등 29개국은 미주자유무역지대를 찬성하는 입장이다. 베네수엘라 · 브라질 · 아르헨티나 · 우루과이 · 파라과이 등 남미공동시장 정회원국은 이에 반대한다. 특히 미국-브라질간의 갈등이 심한데, 미국 측은 사탕수수, 오렌지, 땅콩 등 농산물에 대한 보조금을 일괄폐지하면 값싼 브라질 수입품과의 경쟁에서 미국농부들이 모두 패배할 것이라며 철강, 섬유산업 등을 반덤핑관세 부과를 통해 일정기간 보호할 필요가 있다고 주장하고 있다. 반면 브라질 측은 "농산물 보조금 등 핵심사항이 해결되지 않으면 결코 협상 테이블에 나서지 않겠다"며 "아르헨티나 등 입장이 비슷한 다른 국가들과 연합해 선진국의 횡포에 맞설 것"이라고 거부입장을 분명히 하고 있다.[30] 가장 최근에 열린 2012년 콜롬비아 카르타헤나 미주정상회담에서도 FTAA에 대한 협의는 별다른 성과 없이 끝나며 FTAA의 창설은 당분간 계속 난항을 겪을 전망이다.

4) 동남아국가연합

동남아지역의 공동안보 및 자주독립 노선의 필요성 인식에 따른 지역협력 가능성을 모색하기 위해 창설된 지역협력기구로 '동남아국가연합'이라고 한다.

29 "미주자유무역지대", 시사용어사전.
30 "미주자유무역지대", 위키백과.

1967년 8월 아세안의 설립 목적을 명시한 방콕선언에 인도네시아 · 말레이시아 · 필리핀 · 싱가포르 · 태국 5개국이 서명하면서 창설되었고, 상설 중앙사무국은 인도네시아의 자카르타에 위치하고 있다. 1984년 1월 브루나이가 가입하고 1995년 7월 베트남, 1997년 7월 라오스 · 미얀마, 1999년 4월 캄보디아가 가입하면서 가입국은 총 10개국[31]이 되었다.[32]

2008년 12월 15일 동남아시아 정상들은 지역공동체의 헌법 역할을 할 아세안헌장을 발효시키고 앞으로 유럽연합처럼 단일공동체로 통합하는 절차를 단계적으로 밟기로 합의했다. 오는 2015년까지 관세를 낮춰 역내 무역을 자유화하고, 단일 비자를 도입하는 등 역내 경제를 통합하려는 정책을 준비 중에 있다. 이번 통합으로 인해 아세안은 6억 명에 육박하는 인구와 국내총생산(GDP) 2조 달러 경제를 보유해, 통합으로 영향력을 확대할 수 있을 것으로 기대되고 있다.[33]

5) 아시아 태평양 경제협력체

아시아 태평양 경제협력체(Asia Pacific Economic Cooperation: APEC)는 환태평양 국가들의 경제적 · 정치적 결합을 돈독하게 하고자 만든 국제기구이다. APEC은 1989년 11월 5일부터 7일까지 오스트레일리아의 캔버라에서 한국, 미국, 캐나다, 일본, 오스트레일리아, 뉴질랜드, 아세안 6개국의 12개국이 참가하여 결성되었다. 이후 1991년에 중국, 홍콩, 대만이, 1993년에 멕시코, 파푸아 뉴기니, 1994년에 칠레, 1998년에 페루, 러시아, 베트남 등이 추가로 가입하여 총 21개[34] 국가들이 참여하고 있다.[35]

APEC은 1980년대 세계경제의 블록화 추세에 맞서 이 지역 국가들도 어떤 형태로든 서로 협력할 수 있는 논의체를 만들자는 취지 아래 출발했다. APEC은 협력 초기 단계에서부터 경제 · 기술 협력을 중시해 왔으며, 회원국간 경제불균형을 해

31 2012년 현재에도 10개국이 가입되어 있다(ASEAN 공식홈페이지, http://www.aseansec.org/19573.htm).
32 "미주자유무역지대", 시사용어사전.
33 印尼, 아세안 공동통화 도입 경고 … 유로존 봐라, 머니투데이, 2012.5.30.
34 2012년 현재에도 21개국이 가입되어 있다(APEC 공식홈페이지, http://www.apec.org).
35 "APEC", 위키백과(http://ko.wikipedia.org/wiki/APEC).

소하고 역내 경제 · 사회적인 복지를 개선함과 동시에 회원국들의 지속적인 성장과 균형된 발전을 도모하는 데 목적을 두고 있다. APEC에서의 협력은 선 · 후진국의 공여자 · 수혜자간 협력이 아니라 동반자적인 대등한 관계에서 추진되고 있는 것이 특징이며, 이러한 협력관계는 1995년 오사카 행동지침(OAA)상의 협력원칙에 잘 나타나 있다.

출범 당시만 해도 지역경제문제나 소규모 연구프로젝트에 국한된 느슨한 비공식 협의체로 출발한 APEC은 1991년 제3차 서울각료회의에서 APEC의 목표 및 활동 범위를 규정한 '서울선언'을 채택하고, 이어 1992년 제4차 방콕회의에서 공식적인 국제기구로 발돋음했다. 1993년 2월에는 싱가포르에 상설사무국을 설치하고, 회원국 공동기금 설립에 합의하면서 역내 자유무역화 및 공동사업 협력추진 등 구체적인 경제협력을 위한 발판을 마련했다. 1993년 7월 7일 서방 선진 7개국(G-7) 정상회담 참석차 일본을 방문한 클린턴 미국대통령이 '신태평양공동체'의 설립을 제창하며 기존 APEC각료회의를 정상회담으로 격상시킬 것을 제안함에 따라 그해 11월 시애틀회의 때 처음 정상회의가 열렸으며, 이후 매년 개최되고 있다. 그리고 정상회의 외에도 외무장관, 재무장관, 통상장관회의 등 분야별 장관회의가 개최되고 있다.

2005년 13차 APEC 정상회의는 우리나라의 부산에서 개최되었으며, 참가국 정상들은 무역투자 자유화와 역내 안보 증진을 위한 합의 내용을 담은 '부산선언'을 발표한 바 있다.[36] APEC은 회원국간의 경제격차로 인한 입장 차이가 상존한다. 선진국의 경우, 무역 · 투자 자유화 촉진을 통한 시장개방을 원하고 있으며, 개도국은 경제기술협력확대로 실질적 혜택을 도모하고자 한다.

이러한 차이점이 존재하고 있지만, APEC의 목표는, 첫째, 지역 내 무역 및 투자의 자유화, 둘째, 지역 내 통신, 교통, 인력 등의 특정분야에서의 경제협력과 기술이전, 셋째, 지역 내 공동경제정책의 수립과 협력, 넷째, 무역 · 투자 등의 사업기회에 대한 정보교환과 데이터시스템의 구축 등에 있다. 현재 APEC은 세계 명목 GDP의 약 51%[37]를 차지하는 최대 지역협력체로, 교역액도 세계교역량의 절반(약

36 "APEC", 시사용어사전.

37 CIA World Factbook(2011).

48%[38])에 가까이 접근하고 있을 뿐만 아니라 높은 경제성장세를 보이는 지역이어서 그 잠재력은 매우 크다고 할 수 있다. 현재는 경제통합기구가 아니며, 경제협력기구로서의 결속력도 약한 편이지만 장기적으로는 밀도 있는 협력체로 발전할 가능성도 있다.

그러나 경제통합에 있어서 중요한 요소인 국가간의 동질성에 있어서 경제, 사회, 문화적인 격차가 심하고 지리적으로 상호 먼 거리에 위치해 있어 앞으로 결속력 있는 경제통합체로 발전하는 데는 많은 장애가 있을 것으로 예상된다.

6) 아프리카지역의 경제통합

아프리카지역의 경제협력 형태로는 서아프리카경제공동체(Economic Community of West African States), 아프리카통일기구(Organization of African Unity), 남아프리카개발협력회의(Southern African Development Coordination Conference) 등이 있다.

서아프리카경제공동체는 서아프리카지역 15개 국가가 결성한 지역경제공동체로서 1975년 나이지리아 아부자에서 서아프리카 15개 나라가 모여 라고스 협정(Treaty of Lagos)을 발표하면서 공식 발족했다. 다른 경제공동체와 마찬가지로 관세의 철폐, 역외국가에 대한 공동관세율의 설정, 지역 내에서 자본과 노동력 및 서비스의 자유로운 이동 등을 목표로 하고 있으며 2011년 현재 코트디부아르를 제외한 베냉, 부르키나파소, 카보베르데, 감비아, 가나, 기니, 기니비사우, 라이베리아, 말리, 니제르, 나이지리아, 세네갈, 시에라리온, 토고의 14개 나라가 정회원 국가로 활동을 하고 있다.[39]

아프리카통일기구는 아프리카 국가들의 협력 증진을 위해 1963년 결성된 국제기구로서 아프리카 제국의 통일과 단결의 촉진, 주권 · 독립의 확보, 식민주의 소멸 등을 위해 발족되었다. 그러나 아프리카 국가들의 결속 강화와 삶의 질 향상에 큰 도움이 되지 못했다는 반성 아래 보다 강력한 정치 · 경제 통합체제를 지향하기 위해 2002년 7월 9일 해체를 선언하고 아프리카연합(AU)으로 변신했다. 현재는 유

38 CIA World Factbook(2011).

39 "서아프리카 경제공동체", 네이버 기관단체사전: 경제 분야, Human & Books, 2011.

럽연합(EU)처럼 아프리카 대륙의 통합을 목표로 아프리카 국가 간 연대와 영토 보전, 민족문제에 대한 공동의 이익 보호, 아프리카인의 권리 및 인권 신장, 생활수준 향상, 과학기술 공동 연구, 질병 퇴치와 건강증진을 위한 협력 등을 추진하고 있다.[40]

남아프리카개발협력회의는 남부 아프리카의 흑인 국가들이 남아프리카공화국에 대한 경제의존에서 탈피하는 것을 목적으로 1980년에 설립되었다. 탄자니아, 감비아, 보츠와나, 모잠비크, 앙골라, 짐바브웨, 레소토, 말라위, 스와질란드의 9개국으로 되어 있다. 이들 나라는 남아프리카공화국의 아파르트헤이트(인종격리) 정책에 강하게 반발하였지만, 운수, 통신 등의 여러 경제문제에 있어서는 완전히 남아프리카공화국에 의존하고 있다.[41]

대부분의 아프리카의 국가들은 이 기구들에 중복하여 참여하고 있지만 빈곤하고 경제활동이 적어서 협력의 필요성을 심각하게 받아들이지 못하고 있다. 시장 크기가 근본적으로 작고, 국가들마다 부존자원이 유사하여 아프리카지역의 국제기구들은 경제통합을 달성하기 어려울 것으로 보인다.

5. 사회주의 국가들의 체제 전환

베를린 장벽의 붕괴와 동유럽에서의 사회주의체제 붕괴는 자본주의체제하에서 활발한 경영활동을 하던 기업들에 새로운 시장기회를 제공해주는 계기가 되었다. 구 사회주의 국가들이 시장경제로 변환하는 과정은 국가에 따라 달라서 어떤 한 가지 모형만으로 모든 변환과정을 설명할 수 없다. 이전의 독일민주공화국(동독)이 독일연방공화국(서독)으로 흡수 통합되는 형태가 있는 반면, 쿠바와 같이 현재까지도 시장경제로의 전환을 시도하지 않고 사회주의에 따라 전인민소유제 및 개인능력과 노동에 따라 분배하는 경제체제를 유지하는 국가도 있다. 하지만 현재는 과거에 사회주의를 채택했던 대부분의 국가들이 자본주의체제로 변환하는 추세에

40 "아프리카통일기구", 네이버 기관단체사전: 정치행정 분야, 용오름.

41 "남아프리카개발협력회의", 매경닷컴(http://terms.naver.com/entry.nhn?docId=899&mobile&categoryId=504).

있다.

동유럽국가들 중 폴란드, 체코, 헝가리는 사회주의 계획경제에서 자본주의 시장경제로 전환하기 위해 일찌감치 경제개혁을 추진하여 현재 중 · 동유럽에서 모범적인 체제전환국으로 평가받고 있으며, 루마니아와 불가리아에서도 2007년 EU가입 이후로 시장자본주의 제도화를 위한 노력에 박차를 가하고 있다. 중국은 중앙개혁개방정책을 실시해 30여 년 동안 연평균 9.6%의 경제성장을 이루며 점진적인 탈사회주의 체제개혁을 성공적으로 수행함으로써 구 소련 및 동유럽국가들과 비교할 때 두드러지는 체제전환 능력을 보여 주고 있다. [표 5-4]는 과거 중앙계획경제체제를 유지했던 국가들을 지역별로 구분하여 인구와 1인당 국내총생산을 보여 주고 있다.

| 표 5-4 | 구 사회주의 국가들의 인구와 1인당 국내총생산 추정치

지역	국가	인구(명)	1인당 국내총생산(달러)
아시아	Afghanistan	30,605,401	405[a)]
	Cambodia	14,138,255	802
	China	1,338,300,000	4,393
	Korea, Rep.	48,875,000	20,757
	Lao PDR	6,436,093	1,164
	Mongolia	2,701,117	2,252
	Myanmar	50,495,672	702[b)]
	Vietnam	88,361,983	1,172
	Yemen, Rep.	24,255,928	1,118[c)]
아프리카	Algeria	35,422,589	4,501
	Angola	18,992,707	4,443
	Benin	9,211,741	720
	Congo, Rep.	3,758,678	3,165
	Ethiopia	84,975,606	350
	Guinea	10,323,755	437
	Madagascar	20,146,442	433
	Mozambique	23,405,670	410
	Somalia	9,358,602	600[d)]
	Tanzania	45,039,573	527

북미와 남미	Chile	17,134,708	11,873
	Cuba	11,204,351	5596[a)]
	Nicaragua	5,822,265	1,125
동유럽	Albania	3,169,087	3,719
	Bulgaria	7,561,910	6,310
	Croatia	4,430,003	13,736
	Czech Republic	10,534,920	18,239
	Hungary	10,004,970	13,035
	Poland	38,177,910	12,274
	Romania	21,449,980	7,535
	Slovak Republic	5,429,970	16,397
	Slovenia	2,065,110	23,129
구 소련연방	Armenia	3,090,379	2,998
	Azerbaijan	8,883,200	5,752
	Belarus	9,645,000	5,673
	Estonia	1,340,200	13,934
	Georgia	4,452,800	2,620
	Kazakhstan	16,316,050	8,764
	Kyrgyz Republic	5,365,167	860
	Latvia	2,242,830	10,705
	Lithuania	3,318,970	10,939
	Moldova	3,562,062	1,631
	Russian Federation	141,750,000	10,440
	Tajikistan	7,074,845	797
	Turkmenistan	5,176,502	4,071
	Ukraine	45,759,961	3,014
	Uzbekistan	28,160,361	1,384

주: a) 2008년, b) 2010년 IMF, c) 2009년, d) 2010년 미국 중앙정보국 월드팩트북 추정.
자료: World Bank Open Data(2010).

동유럽국가들은 후진국에 비해 경제발전 수준이 높으며, 소득수준이 비슷한 남미국가들에 비해 국민들의 교육수준이 더 높고 소득분배가 균등하게 이루어지고 있다. 중국의 경우 거대한 인구와 급속한 경제성장 중이라는 특징 때문에 외국기업들의 관심의 대상이 되고 있다. 비록 중국의 1인당 국민소득이 동유럽국가들의 약 1/3 수준이지만, 최근의 급속한 성장과 엄청난 인구는 현실적으로 파악되고 있는 시장보다 더 거대한 잠재시장이 존재할 가능성을 내포하고 있다.

구 사회주의 국가들이 새로운 시장기회를 제공해 주는 것은 분명한 사실이지만, 이들 국가들에 대한 진출에는 많은 비용과 위험이 수반될 가능성이 크다. 구 사회주의 국가에 진출 시, 일반적으로 나타나는 문제점으로는 길고 복잡한 협상과정, 경험 있는 파트너보다 정치적 영향력이 있는 파트너가 더 선호된다는 점, 공급업체의 신설 또는 확보의 어려움, 종업원을 철저한 소비자 중심의 마인드로 교육하는 것의 어려움, 기업가적 마인드를 갖춘 전문경영인력 확보의 어려움, 이익금을 본국 또는 모회사로 상환하는 것이 오래 걸리거나 불확실함 등을 들 수 있다.

6. 대응전략

1) 정부차원의 대응전략

WTO체제의 성립 이후 선진국들의 시장개방에 대한 압력은 정부가 더 이상 자국기업을 보호하는 조치를 취하거나 기업활동에 간여해서는 안 되는 방향으로 진행되었다. 이와 함께 고임금, 고물가, 고금리의 경제구조는 기업활동에 악영향을 미침으로써 우리나라 기업들의 경쟁력 약화에 큰 영향을 미치는 요인이 되고 있는 실정이다. 우리나라 정부가 당면한 내외적인 어려움을 극복하기 위한 방향을 제시해 보면 다음과 같다.

첫째, 기업에 대한 정부의 인식변화가 선행되어야 한다. 과거 우리나라 경제발전은 정부주도형의 경제성장정책이었다. 따라서 기업들은 정부의 비호 아래 폐쇄된 시장 내에서 여러 가지 혜택을 누리면서 기업활동을 영위할 수 있었으며, 정부는 이러한 기업들을 정부가 충분히 통제하고 그 발전방향을 제시할 수 있다고 생각하였다. 정부의 입장에서는 기업이 지원과 규제의 대상으로 인식될 수밖에 없었던 것이다.

하지만 기업에 대한 정부지원의 감소 또는 철폐와 같은 세계경제환경의 요구와 다국적기업 또는 글로벌기업과 같은 거대기업의 등장으로 인한 경쟁의 심화는 정부가 더 이상 자국기업을 지원의 대상이나 통제, 규제의 대상으로 인식할 수 없도록 하는 계기가 되었다. 따라서 정부는 기업에 대한 규제를 우선으로 하기보다는 기업에 대한 서비스를 우선으로 하는 정책을 수립하여 기업활동이 자유로울 수 있는 토대를 마련해야 한다. 이와 더불어 선진국의 초우량기업들 중 우리나라의 경제발전과 산업구조의 조정에 도움이 되는 기업들을 적극적으로 유치하여 국가 전체적인 경쟁력의 향상을 도모해야 한다.

둘째, 기업주도적인 산업구조조정이 일어날 수 있는 여건을 마련해 주어야 한다. 이때까지 우리나라 정부는 산업구조조정을 중간재 및 기술력 배양에 의한 산업구조조정에만 중점을 두었기 때문에 산업구조조정에 많은 어려움을 겪게 되었다. 이는 산업구조조정의 실질적인 주체인 기업이 배제된 상태에서 정부의 독단적인 판단에 의한 산업구조조정 정책은 실패할 가능성이 더 높다는 점을 잘 나타내 주는 예라고 할 수 있다.

특히 WTO체제하에서는 정부의 경제에 대한 개입이 점차 축소되어야 하며 이는 산업구조조정 문제에 있어서도 마찬가지이다. 따라서 우리나라의 산업구조조정은 실질적인 경제의 주역인 기업들이 담당해야 한다. 이를 위해서는 정부가 기업들이 추구하고 있는 전략의 방향이 무엇인가를 충분히 알고 기업이 이들 전략을 효과적으로 수립하고 실행할 수 있도록 외부환경을 조성해 주는 데 노력을 기울여야 한다.

셋째, 기업이 실질적으로 필요로 하는 기술개발에 정부가 적극적으로 나서야 한다. 각국의 통상압력이 거세지고 세계경제가 개방화 · 자유화로 나아가게 되면 우리나라의 기업들은 세계적인 기업들과의 경쟁이라는 상황에 직면하게 된다. 세계적인 기업들과의 경쟁에서 우위를 점할 수 있는 가장 원천적인 요인은 바로 기술이라고 할 수 있다. 현재 세계적으로 유명한 다국적기업이나 글로벌기업들은 모두 우수한 기술력을 갖추고 있는 기업들이라는 점을 보더라도 이 점을 충분히 인식할 수 있다.

하지만 세계경제환경은 정부가 기업에 대해 직접적인 지원을 하지 못하도록 통제하고 있기 때문에 정부는 우회적인 방식으로 기술개발을 해서 기업들에게 실질적인 도움이 될 수 있게 하는 방안을 고려해야 한다. 이를 위해서는 첨단기술을 보유한 외국기업들의 적극적인 유치, 외국의 기술자를 유입하는 방안, 국가연구소와 기업간의 기술공동개발 등의 정책을 시행해야 할 것이다.

2) 기업차원의 대응전략

세계환경에 대응하기 위한 정부의 노력도 중요하지만 경쟁의 당사자인 기업들의 노력은 더욱 중요하다고 할 수 있다. 정부에서 아무리 지원을 하더라도 기업이 발전하려는 의지가 없고 정부의 정책을 악용한다면 기업에 대한 정부의 지원이 무의미해질 것이고 기업 자체적인 경쟁력도 저하될 것이 분명하다.

일부 대기업들을 제외하면 현재 우리나라의 기업들이 당면하고 있는 과제는 국제적인 경험이 부족하고, 자본이 취약하며, 경쟁의 바탕이 되는 원천기술력이 부족하다는 점이다. 하지만 이러한 당면과제는 세계적인 경쟁력을 가진 기업이 되기 위해 우리나라 기업들이 반드시 극복해야 할 문제이다. 세계경제환경 변화에 대한 기업차원의 대응전략으로는 다음의 내용을 들 수 있을 것이다.[42]

첫째, 가장 우선시되는 부문이 바로 기업의 원천기술력이다. 우리나라처럼 천연자원이 부족한 나라는 과학기술에 바탕을 둔 첨단 제품의 수출을 통해 경제적인 부를 창출하는 것이 최선이다. 그런데 그런 제품을 만들 때 필요한 원천기술을 보유하고 있지 않다면 많은 돈을 들여서 기술을 사 와야 한다. 이 경우 그 제품의 수출이 늘어나도 우리가 지불해야 하는 기술료가 같이 늘어나게 된다.

일례로 2000년대 이후 우리나라 5대 수출품 중의 하나로 자리 잡은 휴대폰과 그 제조기술력은 우리나라 국민들이 세계적으로 자부심을 갖고 품목이다. 그러나 내부적으로 살펴보면 2세대 이동통신하에 우리나라 기업들이 휴대폰을 생산하면서 CDMA 방식[43]의 원천특허를 보유한 미국 퀄컴사에 지불한 기술사용료는 1995년부

42 원종근, 국제경영학, 박영사, 1993, pp. 187~189.

43 2G 이동통신 표준 기술은 크게 미국식 CDMA(Code Division Multiple Acess)와 유럽식 GSM (Global System for Mobile Communications) 2가지로 나뉘며, 이를 동기식과 비동기식으로 나누기도 한다. 동기식은 미국 퀄컴이 원천기술을 보유하고 있다. 즉, 원천기술을 보유한 업체의 국가에 따라 미국식과 유럽식으로 나눠진 것이라 할 수 있다.
3G 이동통신 표준 기술의 경우 2G와 마찬가지로 유럽식과 미국식, 또는 동기식과 비동기식으로 구분된다. 2G 때 이통 3사가 모두 CDMA를 채택했지만 이때부터는 SK텔레콤과 KT(당시 KTF)가 유럽식 WCDMA를, LG유플러스(당시 LG텔레콤)는 미국식 CDMA를 이어갔다(1G → 2G → 3G, 이동통신 세대별 진화과정, 아이티투데이, 2012.4.3, http://www.ittoday.co.kr/news/article

터 10년간 3조 원을 넘는다. 이 기간 동안 평균적으로 휴대폰 판매가격의 9%가량을 기술료로 지불했던 것이다. 원천기술을 개발한 퀄컴사는 가만히 앉아서 엄청난 돈을 벌었다. 우리나라 기업들이 원천기술 연구에 투자해야 하는 것이 바로 이 때문이다.[44] 당장 성과가 보이지 않는다고 해서 기초원천기술개발을 소홀히 한다면 국제무대에서 우리 기업이 설 자리는 없을 것이다.

물론 현실적으로 첨단산업의 기술개발에는 비용이 많이 투입될 뿐만 아니라 실패위험 또한 높다. 따라서 한정된 기업자원으로는 기업 자체적인 기술개발이 어려우며, 만일 자본을 투입하여 기술개발을 하다가 실패할 경우에 기업은 재정적인 타격뿐만 아니라 기업의 전체적인 경쟁력에서 막대한 타격을 입게 된다. 이는 비단 우리나라 기업들뿐만 아니라 세계적인 거대기업들도 마찬가지의 입장이다. 따라서 기업들은 자체적인 기술개발에도 관심을 기울이는 동시에 시야를 넓혀 첨단기술을 개발하려는 국내외 기업들과 기술에 관련한 전략적 제휴를 도모함으로써 위험부담을 줄여 나갈 수 있을 것이다.

둘째, 기업이 적극적으로 해외시장에 진출해야 한다. 다국가에 걸친 경영활동의 확장은 일국 내에서 경영활동을 하는 것보다 유리한 면이 많다. 예로서, 우리나라 기업들이 1980년대 중반 저달러 · 저유가 · 저금리의 3저 현상을 기반으로 막대한 무역흑자를 시현하였을 때, 기업들은 해외에서 벌어들인 수익의 대부분을 국내의 부동산에 투자하였다. 그 결과 1989년부터 원화 절상이 가속화되고 타국 화폐가 점차 안정세로 접어들게 되자 기업의 경쟁력은 또다시 저하되게 되었다. 만일 1980년대 중반에 벌어들인 막대한 수익금을 해외에 재투자함으로써 기업의 활동영역을 넓히고 기술개발에 힘썼다면 우리나라의 대외적 경제사정이 변화하더라도 기업은 이러한 변화를 충분히 극복할 수 있었을 것이다.

즉, 우리나라의 환율이 평가절상된다면, 해외에 투자한 생산입지에서 더 많은 생산을 해서 시장에 제공하면, 이 제품은 우리나라의 환율변동과는 상관없이 생산국의 환율에 따라 가격이 결정될 것이기 때문에 기업의 가격경쟁력에 별다른 변화가 없었으리라고 볼 수 있다.

셋째, 세계시장을 대상으로 하는 마케팅 노력이 필요하다. 이제까지 우리나라

View.html?idxno=26311).

44 동아일보, "우리나라 대표 원천기술 개발 위한 전략이 필요하다", 2010.5.19.

기업들의 주요 거래대상 국가는 미국과 일본이었다. 이들 국가에 기업의 무역활동이 편중되면서 기업활동은 이들 국가의 통상정책에 많은 영향을 받게 되었다. 우리나라에 대한 미국과 일본의 통상압력이 거세질수록 우리나라 기업들의 입지는 점점 위축되게 되었다. 이러한 한계상황을 인식한 기업들은 시장의 다변화와 함께, 다변화된 시장을 개척하기 위한 마케팅의 집중화가 필요함을 깨닫게 되었다.

시장의 편중성과 더불어 세계시장을 대상으로 활동하는 다국적기업과 글로벌기업이 세계경제의 전면에 부각되면서 기업이 한 부분의 시장만을 대상으로 경영활동을 해서는 경쟁에서 이길 수 없다는 위기감이 조성되었다. 특히 세계적인 브랜드와 유통망을 기반으로 경영활동을 수행하고 있는 글로벌기업은 우리나라 기업들이 현재 당면하고 있는 과제에 많은 전략적인 시사점을 제공하고 있다. 우리나라 기업들이 성장하게 되면 궁극적으로 이들 글로벌기업과의 경쟁을 피할 수 없는데 이들과의 경쟁을 위해서는 세계시장에 대한 철저한 조사와 함께 마케팅력의 집중화를 이룩함으로써 전 세계 소비자에게 기업의 이미지와 브랜드를 인식시키고 제품을 공급하기 위한 세계적 유통망을 확보하여야 한다.

제2절 진출대상국의 경제적 환경

1. 경제적 환경의 의의

1) 경제적 환경의 분류

경제적 환경은 거시적 경제환경과 미시적 경제환경으로 구분하여 볼 수 있다. 거시적 경제환경에는 인구와 소득, 경제성장, 인플레이션, 경제관련 제도, 통상정책 등 국가적 견지에서 경제를 조정하고 관찰할 수 있는 변수가 포함된다. 반면, 미시적 경제환경에는 산업 내 경쟁의 정도, 경쟁기업의 존재와 상태 등 산업이나 기업 입장에서 경제운영을 파악하는 것으로 이해할 수 있다.

경제적 환경은 각국마다 차이가 있게 마련이며, 경우에 따라서는 엄청난 차이를 가지고 있기도 하다. 예를 들어, 과거 중앙계획적인 경제체제를 유지하고 있던 동유럽이나 소련, 중국 등의 나라들과 서유럽, 미국, 일본 등과는 경제적 환경이 많이 다르다.

이러한 경제적 환경은. 기업의 해외진출 시에 영향을 미치는 주요한 환경변수의 하나로 작용하게 된다. 즉, 현지국의 경제체제, 경제발전의 정도, 국제수지, 현지국 산업구조 및 경쟁 정도, 외국기업에 대한 경제규제의 여부 등은 해외진출기업이 현지국에서 활동하는 데 많은 영향을 주는 변수로 작용하게 된다.

2) 경제적 환경의 중요성

경제적 환경은 기업활동에 직접적인 영향을 미치기 때문에 중요하다. 즉, 경제제도의 변화는 기업운영의 흐름을 바꿔 놓거나 이제까지 고수해 왔던 기업운영방식을 변환시키는 작용을 하며, 인구나 GNP와 같은 경제요소들은 시장성, 잠재성, 성장성을 가늠하는 척도로 활용될 수 있다. 또한 국가 내의 경쟁기업의 존재와 기업의 경쟁력 정도는 그 국가에 어떤 방식으로 진출할 것인가, 경쟁을 하기 위해 기업이 갖춰야 할 전략적 대안은 무엇인가, 경쟁으로부터 기업이 얻을 수 있는 이점은 무엇인가 등에 대해 진출기업이 판단할 수 있는 근거를 만들어 준다.

이와 같이 경제적 환경은 기업활동에 전반적이고도 직접적인 영향을 미치는 요소이기 때문에 기업의 외부환경으로서 중요한 가치를 지닌다. 해외진출기업들은 현지국에 진출하기 전에 현지국의 경제적 환경이 기업의 목적을 달성하기에 적합한가에 대한 분석을 우선적으로 실시하여야 한다. 만일 기업의 목적이 시장확대를 통한 제품 판매수익의 증진에 있다면 기업은 진출대상국의 GNP, 인구, 소비자의 성향, 경쟁기업의 형태 및 상황 등에 관심을 가져야 하며, 기업의 목적이 생산비의 절감에 있다면 진출대상국의 임금, 노동조합, 고용에 대한 정부제도 및 규제 등에 관심을 가져야 할 것이다.

해외진출 시에 기업은 기업의 목적을 달성하기 위한 나름대로의 전략적 대안을 수립하고 있어야 하며 외부환경의 변화에 적절히 대처할 수 있는 전략도 수립하고 있어야 한다. 이러한 전략들은 기업의 해외진출이 단기적이고 일시적인 현상이 아니라 투자를 통한 기업성장과 영역의 확장이라는 장기적이고 계속적인 활동이기 때문에 필요한 것이다.

2. 경제적 환경요소

1) 경제체제

현대사회에서 경제체제를 분류하는 중요한 지표는 각 경제주체의 활동간의 상호 조정이 시장기구에 의존하는가, 중앙계획에 의존하는가에 있다. 기본적으로 경제체제의 유형은 자본주의와 사회주의 혹은 시장경제와 계획경제로 구분할 수 있다.[45] 이와 같은 경제체제는 두 가지 기준을 사용하여 세분할 수 있다. 첫째는 생산수단의 소유 형태에 따른 것으로 사적(private) 소유 혹은 공적(public) 소유로 분류하여 자본주의체제와 사회주의체제로 나눌 수 있다. 둘째는 자원의 배분과 통제 방법에 따른 것으로 자원이 시장가격에 의해 자유롭게 배분되는 시장경제와 자원이 정부에 의해 배분되고 통제되는 계획경제로 분류할 수 있다.

현실적으로 생산요소의 소유 형태 측면에서 어느 국가에서도 완전한 사적 소유나 완전한 공적 소유는 찾아보기 힘들며, 대부분의 국가들은 이 양자가 상호혼합된 혼합소유의 범주에 속한다. 자원의 배분과 통제 측면에서도 완전한 자본주의나 완전한 사회주의 경제체제를 유지하고 있는 국가들은 거의 없으며, 대부분의 국가들이 이 양자가 혼합된 경제체제를 보이고 있다. 즉, 자본주의 국가라 하더라도 사회주의적 요소를 어느 정도 가미하여 경제운용에 활용하고 있고 사회주의 국가도 자본주의적 요소를 도입하고 있다. 예를 들면, 미국은 사적인 기업체계가 가장 잘 발달된 예라고 할 수 있지만 정부가 교육, 국방, 통신 등에 관련된 몇몇 생산수단을 소유하고 있으며 이 경제영역 내에서 활발하게 생산활동을 하고 있다. 이는 자원에 대한 통제와 배분에 있어서도 마찬가지이다.

[표 5-5]는 이러한 구분을 보여 주고 있다. 여기에는 완전한 시장경제(사적 소

45 "경제체제", 경제학사전: 박은태 편, 경연사, 2011.

유)에서 완전한 계획경제(공적 소유)에 이르기까지 모든 국가들이 포함될 수 있다. 이 구분에 의할 경우, 홍콩은 A 블록에, 중국은 E 블록에, 그리고 미국은 D 블록에 위치하고 있다고 할 수 있다. 다음에서는 시장경제, 계획경제, 그리고 혼합경제에 대해 더 자세히 살펴보기로 한다.

| 표 5-5 | 경제체제의 구분

생산수단의 소유 / 자원의 통제	사적 소유	혼합 소유	공적 소유
시장경제	A	B	C
혼합경제	D	E	F
계획경제	G	H	I

자료: John D. Daniels & Lee H. Radebaugh, *International Business*(7th ed.), Addison-Wesley Publishing Co., 1995, p. 120.

(1) 시장경제

시장경제(Market Economy) 내에서는 개인과 기업이라는 두 개의 사회적 요소가 중요한 역할을 한다. 개인은 자원을 보유하고 재화를 소비하며, 기업은 자원을 활용하고 재화를 생산하는 역할을 한다. 시장메커니즘은 다음과 같은 상호작용을 포함한다.

첫째, 만일 기업이 적절한 임금을 제시한다면 개인은 노동을 제공한다.

둘째, 만일 적절한 범위 내에서 가격이 형성된다면 재화는 소비된다.

셋째, 기업은 일을 할 수 있는 노동력의 공급에 기초하여 임금을 결정한다.

넷째, 개인과 기업간, 개인들간, 그리고 기업들간의 지속적인 상호작용의 결과로 자원이 배분된다.

시장경제를 유지하는 핵심요소는 소비자의 지배력(소비자가 무엇을 구매할 것인지를 결정하는 권한)과 시장 내 기업경영활동의 자유이다. 이와 같이 개인과 기업이 모두 자유롭게 경제적 의사결정을 행한다는 바탕하에서, 기업이 생산한 제품의 공급과 소비자의 수요간 상호관계에 의해 자원이 효율적으로 배분된다. 대부분의 선진국이 시장경제체제를 기초로 하고 있으면서도 완전한 시장경제체제가 되지 못하는 것은 거대기업, 노동조합, 그리고 정부 정책 때문이다. 즉, 이러한 요인들이 시장경제의 장애요인이 되고 있다.

거대기업은 자신이 보유한 거래망이나 생산시설, 그리고 자본력을 이용하여 자원의 구입이나 제품의 판매에 대해 통제하려는 노력을 기울임으로써 시장압력을 감소시킬 수 있다. 이는 기업의 거대함에 비해 개인주주들은 상대적으로 약소하기 때문에 소유와 통제간에 거대한 갭이 존재한다는 점에 그 근본적인 원인이 있다. 따라서 거대기업의 활동을 통제해 줄 수 있는 다른 영향력 있는 기관의 개입이 필요하게 되었는데, 이 기능을 하는 대표적인 기관이 바로 정부다. 정부는 각종 규제, 법률과 제도를 마련하여 거대기업들이 소비자나 개별주주들의 권익을 침해하는 행위를 방지하고 있다.

노동조합은 기업소유자와 관리자들의 거대한 힘에 비해 약자일 수밖에 없는 개별 노동자의 권익을 보호하기 위하여 생겨났다. 과거 자본주의 형성 초기의 심각한 노동력의 착취는 이들 노동조합을 만드는 계기가 되었으며 그 후 노동조합은 조합원들에게 더 높은 임금, 특별급여, 작업환경, 그리고 협상력 등 엄청난 이익을 가져다주었다. 하지만 이러한 순효과와는 달리, 이들 노동조합은 노동시장에서의 수요와 공급에 대응하여 노동인력의 시장참여를 통제하고 노동자의 직업변환의 자유를 제한하는 등의 행위를 함으로써 시장기능을 저해하는 요소로 작용하기도 한다.

정부의 시장개입은 주로 재정정책과 통화정책, 그리고 기업에 대한 규제를 통해 이루어진다. 정부의 이러한 정책들은 고용, 생산, 재화와 서비스의 소비, 통화공급 등에 직접적으로 영향을 줌으로써 시장의 자유로운 기능에 의한 수요와 공급의 조절을 저해한다. 이러한 정부의 시장개입은 시장경제가 가지고 있는 결함들을 정부의 개입을 통해 보완하는 성격과 정부가 의도하는 경제상황을 형성하기 위하여 시장경제에 대한 통제라는 두 가지 상반된 성격을 가지고 있다.

(2) 계획경제

계획경제(Planned Economy)의 가장 기본적인 논리는 정부가 기업이나 소비자보다 자원의 배분을 올바르게 결정한다는 점이다. 또한 모든 생산시설이나 자원을 정부가 소유 · 통제하며, 기업이나 소비자에 대해 일일이 통제하는 형태를 띤다. 따라서 각 경제영역활동의 조정과 생산량, 생산주체, 소비주체에 대해서도 정부가 결정한다.

최근 러시아를 비롯한 구 소련에 속해 있던 동유럽권 국가들, 중국, 베트남 등 과거 중앙계획경제를 추구하던 국가들이 오늘날 경제체제개혁을 단행함으로써 엄격하게 중앙계획경제를 고수하는 나라는 거의 없다. 이 범주에 속하는 대부분의 나라들이 새로운 경제체제로 이행해 왔으며 과거의 중앙계획경제체제가 더 이상 지속되지 않으리라는 의미에서 이들을 구 사회주의 국가라고 일컫는다.

유사한 개념으로 통제경제(Controlled Economy)가 있다. 통제경제는 자유경쟁과 시장원리를 채택하는 자본주의 국가가 전쟁이나 천재지변과 같은 비상사태를 극복하기 위하여 가계 등 개개 경제주체의 행위를 행정권한으로 강제적이고 조직적으로 규제하는 경제형태를 말한다. 넓은 뜻으로는 사회주의적 계획경제를 포함시키는 경우도 있으나, 일반적으로 자본주의 경제체제의 틀 안에서 행해지는 것을 말한다. 우리나라에서도 5 · 16 군사혁명 이후 미곡, 석유 등에 대해서 행정지도라는 명목으로 사실상의 가격 동결책을 써 왔으며 유류, 전력의 사용제한 등 국민생활과 관련된 기초재화에 대한 가격인상의 사전승인제 등으로 통제경제의 색채가 농후한 정책을 실시한 적이 있다.[46]

(3) 혼합경제

오늘날 우리가 시장경제 혹은 중앙계획경제라고 부르는 어떠한 경제체제도 완전한 의미에서의 시장경제 혹은 중앙계획경제체제는 아니다. 시장경제체제 내에서도 시장 불완전성과 거대기업의 횡포를 방지하기 위해 정부가 경제운영에 깊숙이 개입하고 있으며 중앙계획경제 내에서도 생산의 효율성을 추구하기 위하여 시장경제원리의 일부분을 수용하고 있다. 특히 구 사회주의 국가들의 경제체제변화로 인하여 시장경제와 중앙계획경제의 구분은 더욱 불명확해지게 되었다.

엄격한 의미에서 각국의 경제체제는 혼합경제(Mixed Economy)라고 할 수 있다. 하지만 이와 같이 모든 국가들을 혼합경제에 포함시키게 되면 국가경제체제의 차이가 있음에도 불구하고 이들을 구분할 수 있는 명확한 체계가 형성되지 못하기 때문에 혼합경제의 범위를 한정시킬 필요가 있다. [표 5-5]에서 홍콩과 중국을 혼합경제의 범위를 정하는 기준으로 활용할 수 있다. 즉, 혼합경제의 범위를 홍콩보

46 "통제경제", 경제학사전: 박은태 편, 경연사, 2011.

다는 정부의 개입의 정도가 높고 중국보다는 시장 기능에 더 높게 의존하는 경제로 국한시킬 수 있다.

혼합경제의 범위를 설정하는 기준이 되는 요소인 정부의 개입은, 첫째, 생산수단의 정부 소유와, 둘째, 국가경제적 의사결정에 대한 정부의 영향으로 측정할 수 있다. 이와 같은 측정대상 중 생산수단의 정부 소유는 쉽게 통계화할 수 있는 반면 정부의 영향은 정부의 정책과 실행의 문제이기 때문에 정확하게 측정하기 어렵다. 예로서, 독일 및 스웨덴과 같은 많은 국가들은 정부 소유 수준이 낮지만 세금에 의해 사회복지관습이 강하게 유지된다. 반면, 영국은 정부가 기업을 많이 소유하고 있지만 앞의 국가들과 비슷한 경제체제를 유지하고 있다.

(4) 정부의 역할

국민총생산(Gross National Product)이나 국내총생산(Gross Domestic Product)에 대한 정부 지출과 수입의 비중을 이용하여 국가경제에서 차지하는 정부의 역할을 측정할 수 있다. 즉, GNP 또는 GDP 대비 정부지출 및 수입의 비중이 클수록 국가경제에서 차지하는 정부의 역할이 크다고 할 수 있다. 주요 국가들의 GNP 대비 중앙정부의 지출 및 수입 비중을 보면 [표 5-6]과 같다.

국민총생산(GNP)은 경제활동의 광범위한 측정 수단이며 "국내의 생산요소에 의

| 표 5-6 | GNP 대비 중앙정부의 지출과 수입

국가	정부수입	정부지출	국가	정부수입	정부지출
호주	36.6	36.2	일본	30.3	38.2
캐나다	41.7	41.1	한국	31.3	30.9
덴마크	58.9	56.3	네덜란드	46.2	48.6
프랑스	49.8	53.4	스페인	38.4	38.6
핀란드	52.5	50.7	스웨덴	58.3	57.3
독일	43.2	46.8	영국	40.8	43.9
그리스	46	52	미국	31.9	36.5
이탈리아	45.4	48.5	뉴질랜드	41.2	37

자료: OECD Factbook, 2003.

해 새롭게 생산된 최종재 및 서비스의 시장가치"이다.[47] 즉, 국내생산요소를 이용한 생산은 국내에서나 외국 어느 곳에서든지 할 수 있으며, 이 생산요소를 투입하여 생산된 제품은 국민총생산계정에 포함되게 된다. 국내총생산(GDP)은 제품을 생산하는 생산요소가 국내의 것인지 외국의 것인지를 고려하지 않고 그 국가의 경계 내에서 생산되는 제품의 가치를 측정하는 것이다. 따라서 외국의 자본이더라도 국내에서 제품을 생산하는 생산요소로 투입된다면 국내총생산계정에 포함된다.

최근에는 다국적기업의 등장과 해외진출 및 해외자본의 국내 유입이 가속화됨에 따라 국민을 기준으로 계산하는 GNP의 의미가 많이 퇴색되어, GNP 대신 GNI(Gross National Income, 국민총소득)가 그 역할을 대신하고 있다. GNI는 한 나라의 국민이 생산활동에 참여한 대가로 받은 소득의 합계로서, 해외로부터 국민(거주자)이 받은 소득(국외수취 요소소득)은 포함되고 국내총생산 중에서 외국인에게 지급한 소득(국외지급 요소소득)은 제외된다.[48]

(5) 성공적인 시장경제모델

오늘날 많은 구 사회주의 국가들이 자국의 경제발전을 위해 그들의 경제체제를 중앙계획경제체제로부터 자유시장경제체제로 전환하고 있다. 그런데 자유시장경제체제도 여러 가지 유형들이 있고 각기 장 · 단점이 있기 때문에 과연 구 사회주의 국가들(HPEs)이 어떤 유형을 선택할 것인가가 중요한 문제가 될 것이다. 사회보장제도가 잘 갖추어진 북유럽국가 경제모델은 국민의 보건, 교육, 영세민 보조, 실업자보호 등의 사회복지서비스를 위하여 많은 정부지출과 더불어 높은 세금을 거두고 있다. 미국과 같은 소비자 지향적 시장경제모델에서는 경제에 대한 최소한의 정부간섭과 높은 이직률을 포함한 생산요소의 자유로운 이동을 통한 성장 촉진을 표방하고 있다. 일본과 같은 정부주도의 시장경제모델에서는 경제성장과 이직률이 낮은 상태에서의 완전고용을 달성하기 위해 정부, 기업, 그리고 노동자간의 협력이 잘 이루어져야 한다. 이와 같이 시장경제모델들간에도 차이점을 보이고 있지만 성공적인 시장경제모델에는 몇 가지 공통된 요소가 있다.

---

47 Andrew B. Abel and Ben S. Bernanke, *Macroeconomics*, Reading, Mass.: Addison Wesley, 1992, p. 30.

48 "GDP/GNP/GNI/GDI", 시사경제용어사전, 대한민국정부, 2010.

첫째, 일반적으로 생산수단이 정부보다는 개인에 의해 더 많이 소유되고 있다.

둘째, 시장이 매우 경쟁적이다. 일본이나 미국과 같은 거대 규모의 경제 내에서는 시장지분을 획득하기 위한 여러 기업들의 치열한 경쟁이 이루어지고 있다. 이러한 경쟁은 일국시장 내에서의 경쟁을 넘어 세계시장을 대상으로 한 경쟁으로 확대되는 경향이 있다.

셋째, 낮은 물가상승과 원활한 교환으로 인한 통화의 안정성으로 국민들이 경제의 밑거름이 되는 저축과 투자에 대해 확신을 가지고 있다.

넷째, 개별적인 기업조직이 국민의 저축을 바탕으로 자본을 축적한다. 이 자본은 경제발전을 촉진시키고 사회복지를 유지하는 프로젝트를 실행하는 데 사용된다.

다섯째, 지역통신망, 학교, 그리고 수송망 등 사회간접자본이 적소에 잘 구성되어 있으며, 급격하고 부정적인 방향으로의 환경변화를 지양한다.

여섯째, 개개인이 투자기회를 활용할 수 있다.

구 사회주의 국가들 중 어떤 나라들도 성공적인 시장경제에서 볼 수 있는 정도의 환경요소들을 갖추고 자유시장경제로 이행하고 있는 국가는 없다. 예로서, 동유럽의 국가들이 국민을 위한 교육시설의 확충과 도로나 전화시스템과 같은 사회간접자본시설의 발전을 자랑했지만, 성공적인 시장경제국가들에 비교해 보면 형편없는 수준이었으며 효율적으로 개발되지도 못하였다. 또한 대부분의 동유럽국가들은 중앙에서 계획한 경제목표를 수행하기 위하여 무분별하게 환경을 파괴했다. 잘못 구상되고 시행된 산업정책과 환경에 대한 투자부족으로 후세들에게 엄청난 환경재해의 위협을 유산으로 남겨 주게 되었다.[49]

2) 국민 1인당 GNI

진출대상국의 GNI(Gross National Income)[50]를 보면 그 국가의 전체 시장규모

49 Steven Greenhouse and Peter Kraljic, "The Economic Gap Separation East and West", *McKinsey Quarterly*, Spring, 1990, pp. 62~74.

50 한 나라의 국민이 일정기간 생산활동에 참여한 대가로 벌어들인 소득의 합계로서, 실질적인 국민소득을 측정하기 위하여 교역조건의 변화를 반영한 소득지표이다("GNI", 두산백과, http://terms.naver.com/entry.nhn?docId=1199684&categoryId=200000138).

를 개략적으로 알 수 있으며, 1인당 실질소득인 GNI를 보면 국민의 구매력을 어느 정도 파악할 수 있다. 주요국가별 1인당 GNI는 [표 5-7]과 같다.

| 표 5-7 | 주요국가의 1인당 실질소득(GNI)

(단위: US달러)

국가명	2007	2008
칠레	12,311	13,299
멕시코	13,936	14,305
폴란드	15,727	16,900
헝가리	17,429	18,407
에스토니아	19,174	19,402
슬로바키아	19,734	21,545
포르투갈	21,801	22,346
아이슬란드	33,035	22,515
체코	22,316	22,875
뉴질랜드	24,982	24,997
슬로베니아	26,007	27,222
이스라엘	26,726	27,448
한국	26,623	27,839
그리스	26,981	27,947
스페인	30,743	30,648
이탈리아	30,795	30,774
프랑스	32,840	33,309
일본	34,759	35,258
벨기에	34,997	35,523
아일랜드	37,997	35,581
핀란드	35,329	35,837
독일	35,390	36,017
영국	35,432	36,259
호주	35,938	36,897
오스트리아	36,100	37,256
덴마크	36,699	37,323
스웨덴	37,674	37,780

캐나다	37,963	38,593
스위스	42,338	39,735
네덜란드	40,165	39,983
미국	46,867	47,320
노르웨이	54,189	59,253
룩셈부르크	65,342	63,978
OECD Total	33,216	33,748

자료: OECD Factbook, 2010.

하지만 1인당 국민소득 하나만으로는 잠재적인 시장발굴 기회를 정확하게 나타내지 못한다는 점에 주의해야 한다. 잠재적인 시장기회는 여러 가지 경제지표를 통하여 분석해 볼 수 있는데, 대표적인 지표로는 현지국의 인구 수와 경제성장률을 들 수 있다. 특히 생활필수품의 경우에 있어서는 인구규모가 총소비능력 또는 시장크기를 결정하는 데 가장 중요한 요소가 된다. 그 예로 소득수준이 높고 인구가 많은 국가는 모든 기업에 아주 매력적인 시장이 된다. 예로서 미국과 같은 나라는 소득수준이 높을 뿐만 아니라 인구도 많아서 모든 기업들에 매력적인 시장으로 인식되고 있다.

인구가 많더라도 전체적인 소득수준이 낮은 국가는 실제로 제품을 구매할 수 있는 소비인구가 많지 않기 때문에 기업들에게 잠재적인 시장으로서의 의의를 갖지만 실제적으로 매력적인 시장이 되지는 못한다.

예를 들면, 냉전체제 종식 전의 중국은 10억의 인구를 가진 대국으로서 전 세계 인구의 1/4을 차지할 정도로 많은 인구를 보유하고 있었지만, 이들의 소득수준이 아주 낮았고 경제구조가 사회주의식 계획경제체제였기 때문에 기업들에 시장으로서의 매력을 주지는 못했다. 하지만 중국의 시장잠재력은 어느 국가보다도 컸다. 실제로 지속적인 개혁 · 개방을 통해 중국 경제가 성장해 가자 점차 기업들이 중국을 대규모 시장으로 인식하게 되었으며, 1980년대 중반 이후 중국시장의 선점을 위해 많은 외국기업들이 진출하여 현재는 중국이 세계경제에서 차지하는 비중이 10%[51]로 과거 대비 빠른 속도로 높아지고 있다.

51 2011년 GDP 기준(세계경제 버팀목, 그래도 미국, 아시아경제, 2012.8.24, http://view.asiae.

3) 경제성장

기업들은 진출하고자 하는 국가가 정치적으로 안정되어 있고, 저인플레이션과 고성장을 기록하기를 바랄 것이다. 만약 이것이 가능하다면, 기업은 해외시장을 장악하기 위해 노력하지 않더라도 일정지역에서의 활동만으로도 평균적인 경제성장(Economic Growth) 속도와 같은 정도의 수익을 올릴 수 있을 것이다. 하지만 실제로는 각 국가간에 경제성장의 차이가 존재하고 있고, 이에 따라 해당국가들의 시장잠재력이 달라진다. 따라서 기업들은 각 시장의 경제성장률 차이와 이에 따른 시장잠재력의 변화에 대해 적응할 준비가 되어 있어야 한다.

2009년과 2010년의 산업화된 선진국과 개발도상국들의 실질 GDP 성장률을 보면 [표 5-8]과 같다. 2008년 미국발 세계금융위기 이후 세계 전반적으로 (-)성장률을 기록했던 2009년과 달리 2010년 중국의 거대한 시장규모와 비교적 빠른 경기호조로 인하여 동아시아와 태평양지역 국가들의 경제성장 속도가 비교적 안정을 되찾은 반면, 유럽과 북아메리카의 산업화된 선진국들은 상대적으로 낮은 성장률을 기록하고 있다.

| 표 5-8 | GDP 실질성장률

(단위: %)

국가군	2009	2010
아랍국가	3.1	-
동아시아 & 태평양	-0.6	7.1
동아시아 & 태평양(개발도상국만)	7.4	9.6
유럽 & 중앙아시아	-4.3	2.2
유럽 & 중앙아시아(개발도상국만)	-6.0	5.6
유럽연합	-4.3	1.9
고소득 국가	-3.5	3.1
남아메리카 & 카리브해	-1.8	6.2
남아메리카 & 카리브해(개발도상국만)	-1.8	6.2
저개발국가(UN분류기준)	4.4	5.4
저소득 국가	4.7	5.9

co.kr/news/view.htm?idxno=20120823112851998528&nvr=Y).

중동 & 북아프리카	2.6	–
중동 & 북아프리카(개발도상국만)	4.1	–
중소득 국가	2.7	7.7
북아메리카	−2.7	2.9
OECD회원국	−3.7	3.1
남아시아	8.1	8.8
사하라사막 이남 아프리카	2.1	4.8
사하라사막 이남 아프리카(개발도상국만)	2.0	4.8
전 세계	−2.0	4.2

자료: World Bank national accounts data, and OECD National Accounts data files, 2011.

일본을 제외한 동아시아국가들이 전 세계 GDP에서 차지하는 비중은 2010년 기준으로 17%에 불과하지만, 중국 및 대만, 한국의 성장을 통해 그 영향력이 증대되고 있다.[52] 즉, 2010년 기준으로 경제협력개발기구(OECD)가 전 세계 GDP의 68%를 차지하는 반면, 동아시아(일본 제외) 국가들이 전 세계 GDP에서 차지하는 비중은 17%에 지나지 않지만, 동아시아국가들의 GDP 성장률은 연평균 9.6%로 3%의 성장률을 보이는 OECD국가들보다 3배 이상 높다. 2050년이 되면 엄청난 규모의 인구와 빠른 경제성장률의 결과로 아시아국가들(일본 제외)이 세계 GNP에서 차지하는 비율이 57%로 증가할 전망이다. OECD국가 비중은 12%에 지나지 않을 것으로 추정되므로, 판매와 수익을 늘리려는 많은 기업들이 경제성장속도가 느린 국가들보다는 경제성장속도가 빠른 아시아국가들에 눈을 돌리고 있다.

이러한 지역별 경제성장률의 차이는 지역별 투자불균형의 심화라는 중요한 문제를 유발한다. 예로서, 1986년에서 1991년까지 5년간 개발도상국에 대한 총 외국인투자 중 55%가 멕시코, 중국, 말레이시아, 아르헨티나, 브라질, 태국 등에 집중되었다. 반면, 아프리카국가들과 같은 후진국에 대한 외국인의 직접투자는 거의 없었다.

세계시장을 대상으로 판매수익의 극대화를 추구하는 기업의 경우 진출대상국의

52 2050년이 되면 엄청난 규모의 인구와 빠른 경제성장률의 결과로 인하여 아시아국가들(일본 제외)이 세계 GDP에서 차지하는 비율이 57%로 증가되는 데 비하여 OECD국가들은 단지 12%에 지나지 않을 것으로 추정된다.

경제성장률의 차이에 따라 기업전략이 바뀌게 된다. 높은 성장률을 기록하고 있는 개발도상국의 경우에는 기업제품의 판매도 높은 성장률을 기록할 것이고, 낮은 성장률을 보이는 지역에서는 제품 판매도 낮은 성장률을 기록할 것이다. 따라서 기업이 판매망을 확충하기를 원한다면, 낮은 경제성장률을 유지하고 있는 선진국보다는 남미나 아시아에서 급속한 성장을 하는 국가들을 목표시장으로 하는 등과 같은 기업의 전략변화를 유발하게 된다.

4) 인플레이션

인플레이션은 기업의 수익률, 환율, 생활비용, 그리고 일국의 정치 · 경제체제에 대한 전반적인 신뢰도에 영향을 주는 중요한 경제환경이다. [표 5-9]는 주요국가들의 인플레이션(소비자물가기준)을 비교한 것이다. 이를 보면 2009년에는 국제금융위기로 인해 이전에 비해 인플레이션이 둔화되었으며, 이러한 현상은 개발도상국보다는 선진국에서 두드러졌다는 것을 알 수 있다.

하지만 아직까지도 아르헨티나와 같은 남미국가들과 아프리카 및 러시아 등 일부 국가들은 극심한 인플레이션으로 어려움을 겪고 있다. 또한 이들 국가에서 사업활동을 수행하는 외국기업들도 사업계획수립과 사업운영에 많은 어려움을 겪고 있다. 특히 이들 지역에 해외직접투자 형태로 진출한 기업들은 투자시설의 교체와 지속적인 사업활동 수행에 필요한 충분한 현금흐름을 유지하기 위하여 거의 매일 가격을 변화시키고 있다. 극심한 인플레이션이 발생하면 현금흐름이 부족하게 되고 기업의 책정가격이 높아짐으로써 시장점유율 유지가 어렵게 된다.

한편, 인플레이션은 정치를 불안정하게 하는 원인이 된다. 만일 정부가 임금을 통제함으로써 물가상승을 억제하고자 한다면, 실질소득이 점차 낮아지게 되고 따라서 국민들의 불만이 생겨나게 된다. 만일 정부가 인플레이션에 대해 아무런 조치도 취하지 않으면 국가경제가 실질소득이 하락하는 것보다 더 악화될 것이다. 정부가 이미 경제에 대한 통제력을 상당 부분 상실한 상태에서 국가재정 통제를 강화하는 조치를 취하기는 어렵다. 브라질이나 러시아에서 이와 같은 상황이 발생하고 있다.

중국은 2000년대 초에 들어서면서 급속한 경제 성장을 이룩하였다. 이러한 고도 성장이 지속되면서 여러 전문가들이 우려했던 바와 같이 인플레이션이 발생하였다. 그 결과, 중국통화는 세계경제로부터 평가절하 압력을 받게 되었고, 중국 정부가 경제성장 속도를 늦추도록 하는 압력으로 작용하게 되었다. 인플레이션으로 인한 이와 같은 불안정성은 궁극적으로 현지국에 엄청난 규모의 투자를 계획하고 있던 투자자들을 망설이게 하는 계기가 된다.[53]

| 표 5-9 | 소비자물가의 연도별 변화

(단위: %)

국가	연도		
	2007	2008	2009
선진국	3.4	5.5	1.4
호주	2.3	4.4	1.8
오스트리아	2.2	3.2	0.5
벨기에	1.8	4.5	−0.1
캐나다	2.1	2.4	0.3
체코	2.9	6.4	1.0
덴마크	1.7	3.4	1.3
핀란드	2.5	4.1	0.0
프랑스	1.5	2.8	0.1
독일	2.3	2.6	0.3
그리스	2.9	4.2	1.2
헝가리	7.9	6.1	4.2
아이슬란드	5.1	12.7	12.0
아일랜드	4.9	4.1	−4.5
이스라엘	0.5	4.6	3.3
이탈리아	1.8	3.3	0.8
일본	0.1	1.4	−1.4
한국	2.5	4.7	2.8
쿠웨이트	5.5	10.6	4.0
라트비아	10.1	15.4	3.5

53 Joyce Barnathan and Lynnem Curry, "Inflation Has China Running Scared", *Business Week*, June 14, 1993, pp. 48~49.

룩셈부르크	2.3	3.4	0.4
말타	1.3	4.3	2.1
네덜란드	1.6	2.5	1.2
뉴질랜드	2.6	3.9	1.9
노르웨이	0.7	3.8	2.2
오만	6.0	12.1	3.9
폴란드	2.4	4.3	3.8
포르투갈	2.8	2.6	−0.8
카타르	13.8	15.1	−4.9
사우디아라비아	4.2	9.9	5.1
싱가포르	2.1	6.5	0.6
슬로바키아	2.8	4.6	1.6
슬로베니아	3.6	5.7	0.9
스페인	2.8	4.1	−0.4
스웨덴	2.2	3.4	−0.3
스위스	0.7	2.4	−0.5
트리나다드 토바고	7.9	12.0	7.0
영국	4.3	4.0	−0.6
미국	2.9	3.8	−0.4
개발도상국	6.5	10.9	5.7
알바니아	2.9	3.4	2.3
알제리아	3.5	4.4	5.7
앙골라	12.2	12.5	13.7
안티구아 바부다	5.2	0.7	2.4
아르헨티나	8.8	8.6	6.3
아르메니아	4.4	8.9	3.4
볼리비아	8.7	14.0	3.3
보스니아	1.5	7.4	−0.4
브라질	3.6	5.7	4.9
불가리아	8.4	12.3	2.8
카메룬	0.9	5.3	3.0
중국	4.8	5.9	−0.7

콜롬비아	5.5	7.0	4.2
콩고	2.7	7.3	5.0
코스타리카	9.4	13.4	7.8
도미니카공화국	3.2	6.3	0.1
에콰도르	2.3	8.4	5.2
이집트	9.3	18.3	11.8
엘살바도르	4.6	6.7	1.1
피지	4.8	7.7	3.7
가봉	5.0	5.3	1.9
과테말라	6.5	12.6	1.9
온두라스	6.9	11.4	5.5
인도	6.4	8.4	10.9
인도네시아	6.3	10.1	6.4
자메이카	9.3	22.0	9.6
요르단	5.4	14.9	-0.7
카자흐스탄	10.8	17.2	7.3
레소토	8.0	10.7	7.2
리비아	6.3	10.4	2.5
리투아니아	5.7	10.9	4.4
말레이시아	2.0	5.4	0.6
멕시코	4.0	5.1	5.3
나이지리아	5.4	11.6	11.5
파키스탄	7.6	20.3	13.6
파라과이	8.1	10.2	2.6
페루	1.8	5.8	2.9
필리핀	2.8	9.3	3.2
루마니아	4.8	7.8	5.6
러시아	9.0	14.1	11.7
세네갈	5.9	5.8	-1.1
남아프리카공화국	7.1	11.5	7.1
스리랑카	15.8	22.5	3.5
수단	8.0	14.3	11.2

태국	2.2	5.5	−0.8
터키	8.8	10.4	6.3
우크라이나	12.8	25.2	15.9
우루과이	8.1	7.9	7.1
베네수엘라	18.7	31.4	28.6
베트남	8.3	23.1	7.1

자료: International Monetary Fund, International Financial Statistics and data files.

5) 국제수지

진출대상국의 국제수지 상태(적자 또는 흑자)는 해당국의 환율과 정부의 정책에 영향을 주어 궁극적으로는 진출기업의 전략에 영향을 미치게 된다. 예를 들어, 미국은 일본에 대해 지속적인 무역적자를 기록하였으며, 이러한 상황이 주요한 정치문제로 대두됨에 따라 미국정부는 일본정부에 대해 계속적으로 시장개방에 대한 압력을 가함으로써 무역적자를 축소시키려고 하였다. 또한 미국정부는 현지 부품사용 의무비율과 같은 규정을 내세워 일본 자동차기업들로 하여금 자동차부품을 미국의 부품 제조업자로부터 더 많이 구매하도록 압력을 가했다. 결국, 미국의 무역수지 적자로 미국기업들은 사업기회가 더 늘어난 반면, 일본기업들은 사업기회가 줄어들게 되었다. 이러한 국제수지를 나타내는 경상계정과 자본금계정에 대해 살펴보기로 한다.

(1) 경상계정

국제수지표상에서의 경상계정은 한 나라의 최근에 생산된 제품과 서비스를 포함하는 진정한 거래를 나타낸다. 경상계정에는 상품무역계정, 서비스계정, 자산계정에 대한 수취와 지불, 이전거래 등이 포함되어 있으며, 이 계정들의 총합을 통해 경상수지의 흑자나 적자를 파악할 수 있다. 경상계정 중 상품무역계정은 일국의 무역수지를 측정하는 데 활용되는 중요한 계정이다. 이 계정은 상품의 수출에 대비한 상품의 수입을 차감함으로써 도출될 수 있는데, 부(−)의 결과는 무역적자를 의미하고 정(+)의 결과는 무역흑자를 의미한다. 수출은 정(+)의 요소로 받아들여지고 있는데 수출이 해외로부터 대금의 지급(현금의 유입)을 유발하기 때문이다. 반면,

수입은 부(−)의 요소로 받아들여지고 있는데 이는 수입이 해외의 판매자에게 대금의 지급(현금의 유출)을 유발하기 때문이다.

서비스계정은 여행과 운송, 관광, 세금과 로열티 등과 같은 거래로 측정할 수 있다. 예를 들어, 독일의 관광객이 한국에서 휴가를 보낸다면, 그 사람의 전체 지출은 독일로부터 한국으로 현금이 유입된다는 의미에서 서비스수출로 파악된다. 반면, 한국관광객이 독일에서 휴가를 보낸다면 그 사람의 전체 지출은 독일로 현금이 유출된다는 의미에서 서비스수입으로 파악된다.

자산계정에 대한 수취와 지불은 외국기업의 국내투자와 국내기업의 해외투자를 측정함으로써 파악될 수 있다. 예로서, 한국기업이 브라질에 해외직접투자를 시행하여 브라질에 있는 자회사로부터 배당이익금을 수령하는 경우 이를 자산의 수취라 할 수 있는데, 이러한 배당이익금은 정(+)의 자산계정으로 잡힌다.

이전거래란 상품과 서비스의 이동 없이 현금을 지불하는 것을 의미한다. 이에 대한 예로는 1991년에 발생한 걸프전(Gulf war)의 비용 지출을 돕기 위하여 많은 국가들이 미국에 현금을 지불한 것을 들 수 있다. 이러한 외국의 지출은 미국의 국제수지 균형계정에 이전거래의 명목으로 정(+)의 계정으로 표시된다.

(2) 자본금계정

자본금계정은 현존하는 자산을 매입하는 거래를 측정하는 것이다. 예로서, 영국기업인 Grand Metropolitan Plc가 미국 아이스크림 제조업체인 하겐다즈(Haagen-Dazs)를 매입했을 때, 그 매입은 미국의 입장에서는 자본유입(자본금계정에서 자산)으로 기록된다. 반면, 미국기업인 GM이 한국의 기아자동차를 인수하기 위해 주식을 매입하게 되면 미국의 입장에서는 자본유출(자본금 계정에서 부채)로 기록된다.

6) 외채

1970년대 유가의 급격한 상승으로 많은 비산유국들의 외채(External Debt)가 급격히 증가하게 되었다. 이는 개발도상국들이 원유와 개발에 필요한 제품을 수입하기 위해 외국의 기업이나 정부기관으로부터 대규모로 자금을 차입하였기 때문이다. 특히 남미와 아프리카 두 지역 국가들의 자금 차입이 두드러졌다. [표 5-10]은 2010년 현재 주요개발도상국의 외채 상황을 보여 주고 있다. 외채 규모가 가장 큰 국가는 일본, 미국, 이탈리아, 영국 순이다. 한국의 경우, 1986년에는 세계 3위의 외채국이었으나 2010년에는 12위 수준에 위치하고 있다.

대규모 외채를 안고 있는 국가들의 가장 큰 문제는 이 국가들이 원금은 고사하고 이자도 제대로 갚지 못할 형편이라는 것이다. 부채상환비율[54]이 높은 국가들은 수출소득이 부채이자로 지급되기 때문에 경제발전을 위한 자금투자가 거의 이루어지지 않는다. 예로서, 심각한 부채를 안고 있는 빈곤개발도상국에서는 수출소득의 1/4이 부채이자로 할당되며, 이러한 할당액도 원래 지급해야 할 이자액의 반에도 못 미치는 실정이다.[55]

| 표 5-10 | 주요국가의 외채 현황

(단위: 백만 달러)

국가	연도		
	2008	2009	2010
호주	58,185	82,057	125,387
오스트리아	233,698	256,538	249,525
벨기에	432,581	463,642	456,457
캐나다	374,131	521,192	584,413
칠레	8,725	10,147	18,652
체코	51,680	64,144	71,679
덴마크	106,455	120,909	123,127
에스토니아	417	685	617
핀란드	75,683	92,603	100,419
프랑스	1,448,241	1,682,268	1,754,504
독일	1,365,712	1,526,511	1,482,569
그리스	364,724	430,054	454,690
헝가리	96,313	100,893	95,996
아이슬란드	5,431	10,477	10,871

54 부채상환비율이란 이자지급에 수출에 의한 원금의 할부상환을 더한 금액을 의미한다.

55 Masood Ahmed Lawrence Summers, "A Tenth Anniversary Report on the Debt Crisis", *Finance & Development*, September 1992, p. 5.

아일랜드	70,139	108,264	124,862
이스라엘	153,205	152,001	162,454
이탈리아	2,140,252	2,337,672	2,256,103
일본	8,625,804	9,464,935	-
한국	235,376	297,654	328,977
룩셈부르크	4,498	4,656	6,991
멕시코	219,093	255,688	290,939
네덜란드	415,445	409,684	409,747
뉴질랜드	28,758	33,250	40,806
노르웨이	49,997	108,592	111,477
폴란드	192,431	221,632	236,783
포르투갈	164,865	191,234	202,802
슬로바키아	24,865	30,654	34,413
슬로베니아	11,577	16,566	17,127
스페인	510,256	698,793	733,951
스웨덴	143,253	167,106	171,620
스위스	114,479	107,641	117,668
터키	249,315	296,137	307,235
영국	1,225,126	1,638,191	2,068,458
미국	5,820,460	7,561,736	9,034,951
OECD - Total	25,021,169	29,464,203	22,186,268

자료: OECD Factbook, 2011.

외채의 증가는 국가경제 및 세계경제에 심각한 영향을 미치게 된다. 예를 들어, 1970년대 폴란드는 채무불이행(빌려온 자금의 상환을 거부하는 행위)을 할 것처럼 보였으며, 많은 전문가들은 이 영향이 국제금융시장에 어떤 변화를 몰고 올 것인지 확언하기 힘들었다. 또한 1982년 폴란드의 4배에 달하는 채무를 지고 있는 멕시코가 부채이자 상환의무를 이행하지 못하게 되면서 외채와 관련된 위기가 발생하였으며, 결국 원금과 이자의 상환에 대한 기간을 재조정하게 되었다. 멕시코뿐만 아니라 브라질, 아르헨티나 등 대부분의 채무국들도 멕시코와 같은 입장에 처하게 되었으며, 부채상환시기의 재조정을 겪지 않을 수 없었다.

1980년대 후반에 들어서면서 개발도상국, 특히 남미의 대규모 채무국들의 외채 위기는 심각한 수준에 이르렀다. 브라질은 연간 55억 달러(총 조세수입의 12%에 해당)에 달하는 이자를 상환할 능력이 없다면서 국제상업자본가들에 대한 이자와 원금의 지불연기를 공표(기본적으로는 지불중지)하였다.[56]

국제통화기금(IMF)은 채무국들의 경제를 재구축하는 데 지대한 공헌을 해 왔다.[57] 국제통화기금은 각국에 대해 차입을 위한 필수전제조건이 되는 강력한 경제규제를 위임받고 있으며, 이러한 규제들은 일반적으로 국제수지균형과 공공지출의 과감한 감소 등을 주요내용으로 하고 있다. 이집트, 베네수엘라 등 일부 국가들은 이 IMF의 엄격한 통제에 대해 반발하기도 하였다.

56 Jeffrey Ruser, Stephen Baker, and Elizabeth Weiner, "The Debtors' Revolt is spreading in Latin America", *Business Week*, December 28, 1987, pp. 88~89.

57 한국은 1997년 10월부터 발생한 급격한 평가절하로 인하여 1997년 11월 20일 국제통화기금으로부터 자금을 차입할 것을 결정하였으며 23일에는 국제통화기금의 1차 조사단이 한국을 방문하였다. 국제통화기금은 한국의 금융시장이 관치금융의 폐해로 인한 구조적 결함을 가지고 있으며, 금융시장에 대한 구조조정이 시급한 문제라고 지적하였다.

Case Study

사례연구

1) 현대자동차의 인도시장 공략[58]

현대자동차는 1967년 미국 포드자동차와 합작회사로 출발한 이래 1976년 국내 최초 자체 모델인 '포니'를 생산함으로써 국내 자동차 역사의 첫 장을 장식한 기업이다.

1980년대 중후반 쏘나타의 성공으로 국내시장에서 승승장구하던 현대자동차는 1989년부터 캐나다 브로몽에 공장을 세우고 북미시장에 진출했지만 부족한 현지조사로 인해 실패하였다. 브루몽의 실패로 인해 현대자동차는 해외진출에 대한 두려움을 갖게 되었다. 하지만 격화되고 있는 글로벌 경쟁체제에 맞서고, 북미시장에 치중된 수출시장을 다변화하고, 고철로 변할 운명에 처한 브루몽의 설비를 조금이라도 재활용하기 위해서도 해외생산기지가 필요했다. 결국 러시아, 중국, 인도를 놓고 고심하다 신흥시장 첫 진출기지로 인도 첸나이를 낙점했다.

이에 따라 현대자동차는 1996년 5월 인도 타밀라두 첸나이 지역에 단독법인 HMI를 설립하고, 4억 달러를 투자하여 1998년 5월 공장을 완공하고, 본격적인 인도시장 공략에 들어갔다.

당시 인도의 소득계층을 살펴보면 연간 215,000루피[59](약 540만 원) 이상을 버는 최상위층이 전체의 1.7%, 45,000~215,000루피(약 110~540만 원) 이하를 버는 상위층이 30.5%, 2만 2천 루피~4만 5천 루피(약 55~110만 원) 이하를 버는 중산층이 36.7%, 1만 6천 루피~2만 2천 루피(약 40~55만 원) 이하를 버는 하위층이 17.8%, 1만 6천 루피(약 40만 원) 이하를 버는 극빈층이 13.3%였다.[60] 이를 감안했을 때, 인도에서 자동차는 일반인들이 넘볼 수 없는 초고가상품에 속했다.

그러나 인도정부와 일본의 스즈키(Suzuki)가 합작하여 설립한 마루티스즈키(Maruti

58 • 현대자동차 공식홈페이지(http://www.hyundai.com, 2012.7.31).
• 현대차 · 쌍용차 서로 다른 인도 공략법 … 누가 더 먹힐까?, 프라임경제, 2012.1.26.
• '600만 원짜리' 현대차 화제, 한국일보, 2012.6.10.
• 현대차 400만 원대 최저가 경차 출시, 아시아경제, 2011.8.30.
• 3만 원짜리 휴대폰으로 인도 휩쓴 노키아처럼…, 한국경제, 2008.1.3.
• 한국 자동차산업, 위기의 해법은 (2) 세계가 놀란 한국 소형차 경쟁력, 내일신문, 2009.3.31.
• (현대차 글로벌경영 ②) 인도 車시장석권 자신, 이데일리뉴스, 2004.3.19.
• 디젤 vs 가솔린 … 현대차, 인도 엔진공장 '고민', 한국경제, 2012.1.6.

59 당시 환율(1997~1998년)로 1루피는 원화로 약 25원, 외환은행.

60 NCAER(인도응용경제연구위원회).

Suzuki)사가 800cc의 경차급인 마루티800을 약 19만 루피(450만 원)에, 1,000cc의 소형 차급인 마루티젠을 약 31만 4천 루피(790만 원)에 내놓은 이래, 일반인들에게 경차를 중심으로 자가용 차가 많이 보급되어 있었다. 현대자동차가 본격적으로 영업에 돌입한 1998년 당시, 마루티스즈키의 인도 자동차시장 점유율은 80% 이상으로, 마루티스즈키는 그야말로 독보적인 위치에 있었다.

따라서 현대자동차는 마루티스즈키와의 경쟁에서 승리하기 위해 철저한 사전조사를 통해 인도 소비자들이 마루티 시리즈에서 느끼는 단점을 크게 보완한 상트로(999cc, 소형차급)를 출시한다. 출시가는 경쟁 차종인 마루티젠보다 5% 저렴한 29만 9천 루피(750만 원)로 인도 고객들의 경제력 수준에서 구입할 수 있는 현실성 있는 가격으로 책정하였다.

| 표 5-11 | 인도 자동차시장 점유율(2003)

메이커	생산능력	판매(2003)	시장점유율
마루티	350,000	331,243	51.1
현대	150,000	120,120	18.5
텔코	80,000	103,887	16.0
피아트	65,000	11,914	1.8
힌두스탄	64,000	14,732	2.3
포드	100,000	18,744	2.9
혼다	30,000	16,112	2.5
GM	25,000	14,977	2.3
스코다	10,000	5,555	0.9
벤츠	10,000	1,497	0.2
토요타	50,000	9,187	1.4
대우	72,000	–	0

자료: HMI.

현대자동차의 이러한 전략은 적중했고 상트로는 출시 1년 만에 1,000cc급에서 점유율 75%이던 마루티젠을 36%까지 끌어내렸고 다음 해에는 인도 국민차 마루티800의 판매대수 순위를 2위로 밀어내면서, 출시 2년이 채 되지 않아 1,000cc급 소형 차종의 시장점유율 1위 자리를 차지하는 큰 성공을 거두게 되었다. 상트로는 해외 메이커 중 최단 시간인 19개월 만에 10만대 생산을 돌파하며, 2003년에는 인도 내수시장에서 9만 3,854대나 팔려 소형차시장에서 명실상부 판매량 1위를 차지했다. 이로써 인도 자동차시장은 경차 시대에서 소형차 시대로 전환했고, 현대차 인도시대의 서막을 펼쳤다.

이러한 성공적인 인도진입에 힘입어, 현대차 인도법인은 2011년 연간 61만 5,000대를 판매하며, 41%의 점유율을 갖고 있는 마루티스즈키에 이어 21%로 인도시장 점유율 2위를 기록 중이다.[61]

2) Strother Shoes사[62]

북캐롤라이나의 록키산 칼레에 위치한 Strother Shoes사(이하 SS사)는 국제 신발시장 진출에 관심을 가지고 있었다. 1989년 미국달러는 세계 주요통화에 비해 평가절하된 상태였고, 이는 개발도상국에 SS사의 저가제품을 수출할 수 있는 좋은 기회였다.

물론, 대부분의 국민이 여유 자금이 거의 없는 개발도상국 진출은 문제가 많다는 것을 SS사도 알고 있었다. 그러나 SS사가 당시까지 많은 매출과 이익을 내고 있었던 미국과 유럽시장은 경쟁이 치열해지고 있었다.

SS사의 설립자이며 사장인 Erin Strother 씨는 세계경제와 인구성장 관련 조사에서, 적어도 저가격 제품계열에 있어서는 저개발국가들이 국제마케팅을 할 좋은 대상이 될 것임을 확신하게 되었다.

1971년에 설립된 SS사는 대량시장을 위해 중저가제품에 특화했다. 현대식 장비와 종업원 지주제라는 시스템 덕분으로 비교적 낮은 임금으로 노동력을 공급받을 수 있게 되었는데, 이러한 장점으로 인해 SS사의 제품은 비교적 가격경쟁력을 가지고 있었다.

따라서 1980년대 후반에 Erin 씨는 자사의 제품이 개발도상국에서도 역시 가격경쟁력이 있기 때문에 판매될 수 있을 것이라고 믿었다. 물론 많은 이익이 난 것은 아니지만 규모의 경제효과로 인해 이윤을 얻게 되었다.

Erin 씨는 어린 시절을 인도에서 보냈는데, 그때부터 Erin 씨는 인도의 정치와 경제에 관한 정보를 계속 수집했다. Erin 사장은 인도가 긍정적인 경제성장 사이클의 초기국면에 있다고 믿었다.

인도는 경제가 발전되고 있었으므로 일반적인 국민의 생활수준도 향상되었다. 또 인도에 진입하기 위한 관세 및 비관세장벽도 낮았고, 심지어 인접국가뿐만 아니라 소련시장에까지 제품을 재수출할 기회가 존재했다. 또한 거대한 인구를 보유하고 있으므로, 인도는 매우 매력 있는 시장으로 보였다. 그러나 Erin 사장은 인도에서 국제마케팅을 수행하기로 결정하기 전에 시장의 경제적 생존능력에 대하여 좀 더 철저한 조사가 필요하다는 것을

61 4Ps Business & Marketing, Star Brands India 2011, 현지 언론 종합 및 코트라 뭄바이 무역관 의견 종합.

62 Rand McNally, *World Facts & Maps*, Chicago, 1989, p. 131.

느꼈다. 특히 현지의 정치, 법률, 문화적 환경요인을 시장평가시에 고려해야 한다고 생각하였다.

예를 들어, 인도의 가장 번성한 주의 하나인 펀잡 주에 기반을 둔 시크교도들은 정치적 자유를 요구하면서 점차 폭력적인 성향을 띠고 있으며, 힌두교가 신발류의 판매에 영향을 미친다는 것을 알았다. 대부분의 인도 기후는 온난기후여서 신발이 일년 내내 꼭 필요한 것은 아니었다.

여름 장마 시에는 땅이 진흙이 되어 어떤 사람들은 신발이 상하는 것을 피하기 위해 실제로 맨발로 걸어 다닌다. 그러나 인도에서는 서구 스타일의 옷과 신발류 매출이 점차 증가하고 있었다.

잡지를 이용한 예비 시장조사에서 Erin 사장은 비록 미국보다는 복잡하지만 유통경로 면에서 양호한 상태인 것을 발견하였다. 그런 다음 광고와 촉진을 위한 의사결정이 필요하다는 것을 알게 되었다.

Chapter 06

문화적 환경

제1절 문화적 환경의 의의

1. 문화의 개념

문화(culture)에 대한 일률적인 정의를 도출하기는 어려우며 학자에 따라서도 각기 다른 정의를 내리고 있지만 개략적으로 다음과 같이 얘기할 수 있을 것이다. 문화란 지식 · 신념 · 예술 · 도덕 · 법률 · 관습 및 기타 제반제도와 사회구성원의 일원으로서 개인에 의해 습득되어진 습관을 포함하는 복합체를 말하며, 이러한 문화는 그 구성원의 상호작용이라는 순환적 사회관계를 통해서 발전한다.[01]

이러한 문화의 특징으로는 다음과 같은 것들을 들 수 있다.[02]

첫째, 문화란 선천적인 것이 아니라 학습된 것이다. 즉, 문화는 한 세대에서 다른 세대로 문화를 전하는 그룹의 일원에 의해 획득되어지는 것이다. 둘째, 문화에는 여러 가지 요소가 상호 관련을 맺으며 내재되어 있다. 종교, 사회적 지위, 학력, 소득수준, 가치관 등과 같은 문화요소들은 상호 밀접한 관련을 맺고 있다. 셋째, 문화는 확산에 의해 그 사회에 속해 있는 구성원들에 의해 공유되며 이렇게 공유된

01 Edward B. Tylor, *Primitive Culture*, John Murrau, 1971, p. 1.
02 E. T. Hall, *Beyond Culture*, *Garden City*, New York: Anchor Books, 1997, p. 16.

문화는 다른 사회의 구성원이 가진 문화와 확연히 구별된다.

문화는 크게 동양문화와 서양문화로 구분될 수 있고, 작게는 국가에 따라 구분될 수도 있다. 또한 한 국가 내에서도 문화는 구별될 수 있다. 예로서 중국이나 러시아와 같은 넓은 영토를 가진 국가의 경우, 지역에 따라 언어, 행동양식, 종교, 가치관 등이 판이하게 다르며 심지어는 말조차 통하지 않는 경우도 있다.

2. 문화와 기업활동

문화와 기업활동에 있어서 중요한 개념은 각 문화권에서 통용되는 관습이나 행동양식을 선천적으로 타고나는 것이 아니라 개개인이 각 문화권에서 생활하면서 학습한 후천적인 것이라는 점이다. 이는 기업의 노력에 의해 타 문화에 적응할 수 있음을 시사해 준다.

문화란 사회구성원들의 특성을 나타내는, 학습되고 공유되며 또한 강제되는 상호 관련된 일련의 상징(symbol)으로서, 구성원들의 생존에 관련된 문제의 해결책을 제공해 주기 때문에 그 문제의 해결책을 실천하는 영리단체인 기업의 존속과 성장에 지대한 영향을 미치게 된다.[03] 그러므로 기업이 해외시장에 진출하게 되면 다른 문화적 환경과 상호 관련을 가지게 된다. 새로운 문화적 환경 속에서 문화적 차이를 극복하기 위해 기업이 학습해야 할 내용으로는 다음의 두 가지를 들 수 있다.

첫째는 문화의 실질적 내용에 관한 학습이다. 예를 들면, 국가에 따라 선호하거나 싫어하는 색상이 다르다. 중국의 경우, 백색을 상색이라 하여 싫어하는 경향이 있고, 말레이시아에서는 황색이 황제색이기 때문에 황색복장을 착용하지 않는다. 반면, 시리아에서 황색은 죽음을 상징하기 때문에 회교도가 모두 싫어하고, 이스라엘의 경우 나치하에서 황색 천을 걸치도록 강제된 경험이 있기 때문에 황색을 극도로 싫어한다.

둘째는 기업의 차원에서 해외에 진출할 경우 상이한 문화적 환경을 충분히 이해

03 V. Terpstra and K. David, *The Cultural Environment of Internatonal Business*, Cincinnati, Ohio: South-Western Publishing Co., 1985, p. 14.

하고 평가할 수 있는 능력에 대한 학습이다. 가치관, 소유에 대한 사고, 종교의 사회 · 문화적 지배력, 시간의 의미, 타인 및 특정대상에 대한 태도 등은 각 문화에 따라 다르다. 인도인들은 현세를 내세를 준비하는 과정이라고 생각하고 있기 때문에 현세에서 부를 축적한다든가 명예를 얻는 것을 아주 하찮게 여기고 있다. 이러한 인도인들을 서양이나 우리나라 사람들이 지닌 소유에 대한 관념을 가지고 대하려고 한다면 인도인들은 오히려 경멸하고 적대시하게 될 것이다. 또한 중동지방 사람들은 시간에 대한 관념이 희박하기 때문에 오전 10시에 만나기로 약속을 할 경우, 우리나라나 다른 서양 사람들의 경우에는 대부분 오전 10시라는 시간을 지키려고 노력하는 반면 이들은 오전에 아무 때나 만나면 된다고 생각한다. 이런 문화를 모르고 이들과 접촉할 경우 많은 오류를 범하게 될 것이다.

이와 같이 문화는 단순한 이해만을 가지고는 접근하기 어렵고, 각 문화에 대한 이해와 평가를 기업 스스로 해야 하며, 각 문화에 접근하기 위한 학습과 인력개발에 상당한 노력을 투입해야 한다.

3. 문화적 환경의 의의

기업이 해외활동을 전개하면서 미처 예상치 못했던 많은 위험에 직면하게 된다. 외부환경으로서 기업이 직면하게 되는 위험 중 가장 큰 손실을 줄 수 있는 것이 정치적 위험이라 할 수 있다. 하지만 현대의 세계경제구조가 국가간 상호연관성이 크게 증대되면서 일국의 정치적 환경이 급변하게 되면 타국에도 많은 영향을 미치게 된다. 따라서 각국은 이러한 환경의 변화를 되도록 줄이려고 노력하고 있으며, 이러한 노력으로 인하여 세계경제에서 정치적 위험이 차지하는 비중은 점차 줄어들게 되었다.

반면에 기업활동이 국제화되어 가면서 진출지역의 문화적 환경에 더 많은 관심을 갖게 되었다. 이는 진출지역의 문화적 환경에 대한 적응력의 정도가 시장진입뿐만 아니라 안정적으로 국제마케팅활동을 수행하는 데 결정적인 요소로 작용하기 때문이다. 오늘날 기업의 마케팅활동은 그 초점을 소비자에게 두고 있는데, 이들 소비자의 소비행태나 사고방식, 습관, 신호 등에 영향을 주는 것이 바로 그 지역의 문화적 환경이다.

더욱이 문화적 환경은 생활 속에 체화되어 있어 겉으로 쉽게 드러나지 않는 경우가 많기 때문에 기업의 국제마케팅활동에 있어서 적응하는 데 가장 오랜 시간이 걸리며 적응하기 가장 어려운 환경요소이다. 따라서 기업이 성공적으로 국제마케팅활동을 수행하기 위해서는 진출지역의 문화적 환경에 대한 철저한 이해와 분석이 필요하다.

제2절 문화적 환경요소

기업의 국제마케팅 활동에 영향을 미치는 문화적 환경요소는 다양하지만 주요한 요소들을 살펴보면 다음과 같다.

1. 물질문화

산업혁명 이후 세계경제는 급격한 성장을 거듭해 왔으며 물질적인 풍요를 누리게 되었다. 최근 교통 · 통신의 급격한 발달로 기업의 국제화가 가속화됨에 따라 기업들은 세계 각 지역의 시장크기에 관심을 가지게 되었다. 물질적으로 풍요한 문화라는 것은 곧 그 시장이 전망이 있고 크다는 의미와 상통하며, 시장의 크기와 점유율이 기업활동의 성패를 좌우한다는 관점에서 볼 때 물질문화는 기업활동에 있어서 매우 중요한 의미를 내포하고 있다.

물질문화(material culture)를 간단히 정의하자면 그 사회의 물질적 풍요와 이런 풍요함을 뒷받침하는 지식 및 기술의 집합체라 할 수 있다. 물질문화에 대한 기업적 측면의 연구는 인간이 물건을 어떻게 만들며, 그리고 누가 무엇을 왜 만드는가에 대한 것이다.[04] 한 사회의 물질문화의 발달정도는 기업활동규모의 척도가 되기 때문에 기업의 입장에서 아주 중요한 요소이며, 이를 평가하는 척도로는 경제수준과 기술수준을 들 수 있다.

1) 경제수준

경제수준을 알기 위해서는 인구 · 인구증가율 · 국민총생산 · 임금수준 · 실업률 · 1인당 국민소득 · 1인당 발전량 · 고학력자 수 · 부존자원 · 사회간접자본 · 인플레이션율 등 경제활동과 관련된 모든 항목이 필요하다. 이와 같은 경제척도들은 제품유통 및 판매촉진에 있어 국가별 차이점, 시장크기와 구매력, 기술 · 노동 · 부존자원 등의 이용 가능성에 관련된 정보를 제공해 준다.[05] 이와 관련된 자세한 내용은 제4장 경제적 환경에서 자세하게 다루고 있다.

2) 기술수준

기술이란 새로운 물질을 개발하거나 기존에 있던 물질의 개량을 통하여 그 가치를 높이기 위해 사용하는 수단을 의미한다. 이러한 기술은 인간과 자연환경의 관계를 보여 주는 문화체계이다.[06] 기업 측면에서 볼 때 기술에는 모든 기술의 바탕이 되는 기초과학기술, 기업의 생산효율성을 높일 수 있는 생산기술, 마케팅 · 재무 · 조직을 관리하기 위한 경영관리기술 등이 포함된다.

기술이 일국의 물질문화에 미치는 영향을 살펴보면 다음과 같다.

첫째, 기술은 물질문화 수준을 높이는 중요한 매개체인 기업의 경쟁력에 절대적인 영향을 미친다. 현대의 기업활동은 국경의 개념이 없어졌기 때문에 어느 기업이 보다 효율적인 방법 혹은 저비용으로 소비자의 욕구를 가장 잘 충족시킬 수 있는 제품을 만드는가에 따라 기업의 경쟁력이 결정되게 된다. 따라서 기업들은 경쟁력의 핵심이 되는 기술을 개발 혹은 강화하기 위하여 기업간 전략적 제휴, 매출액 대

---

04 Donald A, Ball and Wendell H. McCulloch Jr., *International Business: Introduction and Essentials*(2nd ed.), Plano, Texas: Business Publication, Inc., 1985, p. 191.

05 *Ibid.*, p. 194.

06 V. Terpstra and K. David, *op. cit.*, pp. 147~173.

비 R&D 비용 증대 등 많은 노력을 기울이고 있다.

둘째, 기술은 사회구성원들의 소비욕구를 변화시키는 역할을 한다. 제품제조기술의 발달은 소비자가 쓰기 편한 제품의 생산을 가능하게 만들고, 통신기술의 발달은 소비자가 원하는 시점에 제품을 구매할 수 있게 하며, 대중매체기술의 발달은 제품에 대한 정보를 신속하게 제공함으로써 제품에 대한 구매욕구를 변화시킨다. 예를 들면, 컬러TV가 개발되면서 소비자들의 욕구는 흑백TV 구매에서 컬러TV 구매로 옮겨갔다. 옷을 제조하는 방식도 과거 기술자가 손으로 만들던 것을 이제는 컴퓨터를 이용해 만들고 있다. 또한 유통에 있어서도 운송기술의 획기적인 발전으로 과거 우리나라 소비자들이 쉽게 구매할 수 없었던 과일이나 농산물들을 쉽게 구할 수 있게 됨으로써 소비욕구가 변하게 되었다.

셋째, 기술의 발달과 확산은 전통적인 문화관습과의 충돌을 유발한다. 교통 · 통신기술의 발달로 상이한 문화간의 접촉기회가 늘어나며, 이에 따라 문화의 수용과 충돌이 발생한다. 과거 우리나라의 전통적인 의복 · 가옥구조 · 가치관 등은 외국문화의 접촉과 수용으로 인해 많이 변하게 되었다. 즉, 한복을 평상복으로 입고 다니는 사람은 거의 없으며 대신에 젊은 층은 청바지와 티셔츠 등을, 장년층은 양복을 평상복으로 입게 되었으며, 가치관에 있어서도 가족중심적이고 집단을 중시하던 경향에서 벗어나 개인중심적인 가치관이 점차 팽배하게 되었다.

2. 사회제도 및 관습

해외시장에서 마케팅활동을 수행하는 기업은 진출대상국의 사회제도 및 관습에 영향을 받지 않을 수 없다. 한 사회의 구성원들은 그들만의 사회제도 및 관습에 동화되어 있는데, 기업이 해외시장을 세분화하거나 특정목표시장을 선정할 때 이러한 사회제도 및 관습을 반드시 분석해야 한다.

각 문화별로 사회제도 및 관습은 많은 차이가 있다. 사회관습은 제도로서 규율되고 있지는 않지만 사회구성원에 의해 보편적으로 지켜지고 있는 행동양식을 의미한다. 사회관습이 오랜 세월을 거쳐 체계화하게 되면 사회제도로 발전하게 된다.

사회제도란 그 사회에 속한 구성원들의 행동양식, 소속집단, 신분 등을 규율하는 것으로써 사회구성원 사이에 연관성을 맺는 여러 가지 방법을 말한다.

국제마케팅의사결정에 있어서 어려운 문제 중 하나는 기업이 어느 정도 진출대상국의 사회관습을 따르고 어느 정도 자신의 경영방침을 고수할 것인가 하는 것이다. 진출대상국의 사회적 제도나 관습을 완전히 무시하거나 주의하지 않으면 전혀 생각지도 않았던 문제들이 발생할 수 있으며, 이러한 결과로 진출대상국의 분노나 반감을 일으킬 수도 있다. 그러므로 국제마케팅관리자는 진출대상국에서의 대인관계라든가 커뮤니케이션과 같은 아주 미세한 부분까지도 주의를 기울여야 한다.

1) 사회관습

사회관습은 넓게는 동 · 서양이라는 문화권과 좁게는 각국 혹은 같은 나라 내에서도 지역에 따라 다르게 나타난다. 따라서 해외진출을 계획하거나 수행하고 있는 기업들은 대상국의 사회관습을 알고 있어야만 기업활동이 원활히 이루어질 수 있다. 말레이시아에 진출한 우리나라 건설업체의 예를 들어 보기로 하자. 건설회사에 고용된 말레이시아인 인부가 아들을 데리고 온 적이 있었다. 이를 본 우리나라 관리자가 그 아이가 예쁘다고 머리를 쓰다듬어 주자, 말레이시아인은 이 관리자를 죽이겠다고 난리를 피웠다. 관리자는 자신이 선의로 아이의 머리를 쓰다듬어 주었는데도 말레이시아인 인부가 자신에게 적개심을 가지고 난리를 피우자 당황하기도 하고 한편으로는 화가 나기도 했다. 겨우 사태를 진정시키고 그 이유를 알아보니, 말레이시아의 관습으로는 머리를 쓰다듬는 행위가 저주를 내리는 행위라는 것이었다. 만일 이 사건으로 인해 현장에서 사고가 났다면 이 건설업체는 현지인력의 관리에 많은 어려움을 겪게 되었을 것이다.

현지인력관리의 측면뿐만 아니라 제품의 판매라는 측면에서도 사회관습은 지대한 영향을 미친다. 진출시장의 사회관습을 제대로 파악하지 못하여 실패하는 기업이 종종 있는데, 예를 들면 다음과 같다.[07] 쿡아일랜드(Cook islands)와 중남미의 여자들은 낮은 스토브(stove) 위에서 구부린 자세로 일하는 데 익숙해져 있었다.

---

07 Henty Assael, *Marketing Management: Strategy and Action*, Belmont, California: Wadsworth, Inc., 1985, p. 660.

이 시장에 서서 요리할 수 있는 현대식 스토브를 도입하면 성공할 것이라는 예측 아래 모 기업이 신형제품을 출시했지만 결과는 참담한 패배였다. 오랫동안 구부린 자세로 일하는 것에 익숙해진 그들에게 서서 요리하는 것은 이질적인 데다 매우 불편하였기 때문이다. 또한 에이븐(Avon)社의 경우 판매원이 미국에서는 가정방문 판매에 성공하였지만, 유럽에서는 그렇지 못했다. 그 이유는 유럽의 여자들은 가정방문을 사생활 침해로 간주하기 때문이었다.

한편 기업이 해외에 진출하게 되면 현지에서 여러 부류의 사람들과 접촉을 가지게 된다. 그러므로 현지인과의 원활한 관계유지 및 의사소통을 위해서는 이들의 생활관습에 대해 미리 파악하고 있어야 한다. 예를 들면, 프랑스에서는 거의 모든 식사에 포도주를 제공하지만, 미국인들은 우유 · 차 · 물 또는 청량음료를 마신다. 유럽이나 남미에서는 손님이 방문 시에 종종 서로 키스로 맞이하지만, 미국에서 이러한 인사는 사교상 적합하지 않다.[08]

2) 사회제도

사회제도(social institution)에는 크게 사회조직, 교육, 사회계급 등이 포함된다.

(1) 사회조직

가장 기본적인 사회조직(social organization)은 가족집단이라 할 수 있으며 더 범위를 확장해 보면 지역집단 · 학연집단 · 특수이익집단 · 연령집단 · 종교집단 등이 있다.

① 가족

사회조직의 1차적인 형태는 친족관계이며, 친족관계의 기초단위는 가족이다. 유럽이나 미국의 가족은 일반적으로 부모와 그 자녀들로 구성되지만, 개발도상국이나 후진국의 경우 모든 친족들을 포함하는 대가족(extended family)으로 구성된 경우가 많다. 하지만 최근에는 개발도상국이나 후진국도 도시화와 산업화가 진전

08 William F. Schoell and Thomas T. Ivy, *Marketing: Contemporary Concepts and Practices*, Boston, Massachusetts: Allyn and Bacon, Inc., 1982, p. 663.

되면서 핵가족화되는 추세에 있다.

이러한 가족제도가 기업의 국제마케팅에 주는 의미는 마케팅활동의 초점을 어디에 두느냐는 것이다. 가령 후진국이나 개발도상국의 대가족하에서는 남성이 가족의 생계를 책임지는 경우가 많기 때문에 가부장적인 성향이 강하며, 제품구입에 대한 의사결정권이 연장자인 조부나 남성에 있는 경우가 많다. 따라서 마케팅활동의 초점도 여성보다는 남성을 자극하는 방향으로 이루어지는 것이 바람직하다. 반면 핵가족하에서는 제품구입에 대한 의사결정권이 대체로 평등하기 때문에 마케팅활동의 초점을 실제 제품사용자에게 두어야 한다.

② 연령분포

해외진출기업에 있어 해당시장 구성원들의 연령분포가 중요한 의미를 가지는 이유는, 첫째, 현지에서 생산활동을 하는 경우 노년층보다는 젊은 층이 많고 교육수준이 높을수록 생산성이 높으며, 둘째, 자사제품의 판매 시 연령집단이 시장세분화의 기준이 되기 때문이다. 두통약을 예로 들면, 연령에 따라 소비하는 두통약의 종류가 다르다. 젊은 사람들은 빠른 효과를 가진 두통약의 선호하는 데 반면, 노년층은 비교적 효과가 느리지만 위에 부담이 적게 가는 두통약을 선호한다.

③ 성(性)

선진국의 경우 사회활동에 대한 성적 차별이 거의 존재하지 않는다. 따라서 여성이라도 능력만 있으면 얼마든지 자신의 역량을 발휘할 기회를 얻게 된다. 하지만 개발도상국이나 후진국의 경우에는 일반적으로 여성의 사회활동에 많은 제약이 가해지게 된다. 하지만 성에 대한 차별주의적인 태도는 그 사회가 공업화되어 가면서 점차 소멸해 가는 경향이 있으며 나아가서는 여성인력이 경제적으로 중요한 위치를 차지하는 빈도가 높아지게 된다.

남녀간의 지위가 마케팅에서 의미를 갖는 것은 제품구매에 대한 의사결정권이 누구에게 있느냐일 것이다. 예를 들어, 중동지역에서는 아직까지 남성의 가부장적인 경향이 두드러진데, 이곳에서는 여성이 사용하는 제품도 남성이 의사결정권을 갖는 경우가 많다. 또한 미국의 Singer社는 재봉틀 판매를 위해 중동지역에 진출하였을 때, 제품사용자인 여성이 아니라 남성들을 모아놓고 제품설명회를 가짐으로써 제품판매에 크게 성공한 적이 있다.

④ 압력집단

정치적 · 직업적 또는 종교적인 공동결속으로 결합한 사람들은 그 집단 내에서 공통적인 이해를 가지고 있다. 따라서 이들은 자신의 이익이 침해받을 시에는 집단 행동을 취함으로써 사회적 압력집단으로 등장하게 된다. 따라서 기업의 국제마케팅활동 시에는 현지압력집단의 정치적 및 경제적 영향력에 대한 평가를 해야 하며, 되도록 이들과의 마찰을 회피할 수 있는 방안을 준비해야 한다.

(2) 교육정도

교육에는 교육제도, 문맹률, 학생의 수, 여성에 대한 교육 여부 등의 요소가 포함된다. 교육의 정도가 높은 사회일수록 성장성이 높고 외부환경변화에 대한 대처능력이 뛰어나다. 국제기업의 입장에서 보면 진출대상국의 교육수준이 높을수록 우수한 현지인력을 고용할 수 있다. 또한 자사제품의 광고나 제품설명서 등에 문맹률 등 교육수준을 고려하지 않을 수 없다. 예를 들어, 문맹률이 높은 국가에서 신문이나 잡지 등 인쇄매체를 통해 광고한다든지 제품설명서에 문자로 상세하게 제품 사용에 대한 내용을 표기하는 것은 효과를 발휘하지 못할 것이다. 각국의 교육참여율과 문자해독률을 살펴보면 [표 6-1]과 같다.

| 표 6-1 | 각국의 교육참여율과 문자해독률

(단위: %)

국가	연도	취학 전 교육	초등교육	중등교육	고등교육[1]	문자해독률[2]
한국	2008	111	105	97	98	98
중국	2008	44	113	76	23	92
인도	2007	47	113	57	13	61
이란	2008	52	128	80	36	77
이라크	2005	6	98	47	16	74
일본	2008	89	101	102	58	99
말레이시아	2007	61	97	68	32	89
필리핀	2008	49	110	82	29	93
태국	2009	92	91	76	45	93

캐나다	2006	70	99	101	–	99
멕시코	2008	114	114	90	27	86
미국	2008	58	99	94	83	99
아르헨티나	2007	69	116	85	68	97
브라질	2008	65	127	101	34	89
칠레	2007	56	106	91	52	96
콜롬비아	2008	49	120	91	35	90
우루과이	2007	81	114	92	64	98
오스트리아	2008	95	100	100	55	98
덴마크	2007	96	99	119	80	99
핀란드	2008	65	97	110	94	100
프랑스	2008	110	110	113	55	99
독일	2008	109	105	102	–	99
그리스	2008	69	101	102	91	94
헝가리	2008	87	99	97	65	99
아이슬란드	2008	98	98	110	75	99
아일랜드	2008	–	105	115	58	99
이탈리아	2007	101	104	100	67	98
네덜란드	2008	100	107	121	61	98
노르웨이	2008	95	99	112	73	100
폴란드	2007	60	97	100	67	100
포르투갈	2007	80	115	101	57	95
러시아	2008	90	97	85	77	99
스페인	2008	126	107	120	71	98
스웨덴	2008	102	95	103	71	99
스위스	2008	102	103	96	49	99
영국	2008	81	106	99	57	99
호주	2008	82	106	149	77	99
뉴질랜드	2008	94	101	119	78	99

주 1) 고등교육은 종합대학, 교육대학, 기술대학 등 초급대학 이상의 교육을 의미.
2) 문자해독률: CIA World Factbook, 2011.

자료: UNESCO 2010-Global Education Digest.

(3) 사회계급의 구조

사회계급(class)이란 공통적인 가족, 부, 교육 및 유사한 직업을 가진 개인들의 집단을 말한다. 이들은 유사한 생활방식, 유사한 관념 · 느낌 및 태도를 가지고 있으며, 그들 자신을 사회의 다른 집단들과는 여러 면에서 차이가 있는 것으로 여긴다. 즉, 문화적 의미에서의 사회계급은 한 집단의 사회적 지위가 타 집단과 차별화되는 것을 의미한다고 할 수 있다.[09] 따라서 기업은 동일제품이라 하더라도 사회계급에 따라 차별화된 마케팅전략을 수립할 필요가 있다.

각 계급은 자신의 사회적 역할모델에 따르고 있다. 가장 대표적인 예가 인도의 카스트제도이다. 이들은 출생 시부터 신분이 정해져 있으며 사회의 구성원들은 이를 당연한 것으로 받아들이고 각각의 역할에 맞는 행동을 하게 된다. 자본주의가 발달한 국가에서 계급의 척도로 많이 활용할 수 있는 것은 고소득층, 저소득층, 중산층과 같이 소득별로 계층을 나누는 방법이다.

개인은 하나의 사회적 역할만을 하는 것이 아니라 여러 가지 역할을 동시에 할 수도 있다. 즉, 어떤 사회에서는 한 여성이 아내, 어머니, 공동체의 리더 혹은 고용주가 될 수 있다. 이러한 사회적 역할은 그 사회를 구성하고 있는 문화적 범주 내에서 이루어지게 된다.[10]

오늘날 계급구조의 뚜렷한 특징 중의 하나는 사회이동(social mobility)이다. 사회이동이란 사회구조 또는 위계적인 사회체제 속에서 개인이나 집단이 하나의 사회적 위치에서 다른 사회적 위치로 움직이는 과정을 말한다. 사회이동은 개인의 능력, 지역사회의 크기, 산업화의 정도, 교육의 기회, 개인적 · 사회적 요인과 깊은 관계를 가지고 있다. 사회이동이 어떠한 형태로 어느 정도 진행되느냐는 것은 그 사회의 민주적인 평등성을 나타내는 척도로도 볼 수 있기 때문에 사회과학자들은 사회이동의 요인, 개인에 미치는 영향, 교육과의 관계, 사회이동의 정도 등에 대하여 깊은 관심을 나타낸다.[11]

일반적으로 자본주의화 혹은 공업화가 진전된 사회일수록 사회적 유동성은 커지

---

09 Endel Jakob Kilde, *Environment of International Business*(2nd ed.), Belmont, California: Wadsworth, Inc., 1985, p. 424.

10 Changiw Pezeshkpur, "Challenges to Management in the Arab World", *Business Horizons*, August 1978, pp. 47~55.

11 "social mobility", 교육학 용어사전, 하우동설, 1995.

는 경향이 있다. 일반노동자의 지위에서 고소득을 올리는 소득층으로 사회적 지위가 향상될 가능성이 과거 신분제 사회에 비해 더 높아진 것이다.

3. 언어

언어는 인간의 사고와 의사를 전달할 수 있는 가장 효율적인 수단으로서 암묵적으로 문화적 환경을 내포하고 있다. 이러한 언어는 문화권을 구분하는 기준으로 쓰이기도 하는데, 이는 언어가 다를 경우 가치전달체계와 사고방식 등이 달라지기 때문에 그 사회의 문화가 달라진다. 세계에는 대략 3,000개 정도의 언어가 있으며, 방언까지 합칠 경우 10,000개의 언어가 있다고 추측된다. 따라서 언어에 따른 문화구분을 할 경우 약 10,000개의 문화권이 생기게 되는 것이다.

이와 같이 다양하고 복잡한 언어구조는 상이한 언어권에 대해 의사를 전달해야 하는 국제기업의 마케팅활동을 어렵게 만드는데, 특히 본사와 현지인 경영자와의 커뮤니케이션 문제, 그리고 진출기업과 현지의 원료공급업자, 유통업자, 소비자와의 커뮤니케이션 문제 등이 발생한다. 그리하여 기업의 전반적인 광고전략이나 제품의 상표결정 등이 크게 영향을 받게 된다. 기업의 해외진출 시 언어와 관련하여 어려움을 겪는 경우가 많은데, 그중 몇 가지 예를 살펴보기로 한다.

프랑스의 어떤 의류 상점에서 외국인에게 옷을 팔기 위해 “We sell dresses for street walking”이라는 안내문을 가게 진열장에 내걸었다. 그들은 거리를 다닐 때 입을 수 있는 캐주얼한 옷을 팔고 있다는 의도로 이 같은 안내문을 작성하였던 것이다. 그런데 Street walking은 거리를 다닌다는 뜻이 아니라 ‘창녀’라는 뜻을 갖고 있다. 그러므로 그 가게는 “창녀가 입는 옷을 팝니다”라는 안내문을 내걸고 있었던 것이다.[12] 이러한 실수는 조그마한 업체들만이 하는 것은 아니다. 세계적인 다국적 기업들도 그러한 실수를 하는데, 예를 들어 GM자동차의 “Nova”를 스페인어권의 나라들에 출시하였을 때 예상했던 만큼의 판매가 이루어지지 않아 GM 관계자들은

12 David A. Ricks, *Blunders in International Business*(이광철 · 이재유 역), 초일류기업의 비즈니스 대실수, 김영사, 1995, p. 110.

의아해 했다. 하지만 곧 Nova가 스페인어로 번역하면 "No go"가 된다는 사실을 알고 상표명을 바꿔야 했다. 포드자동차는 제3세계용으로 내놓은 트럭의 이름을 "Fierra"라고 하였다. 그런데 이 말은 스페인어로 추하고 늙은 여자라는 의미였기 때문에 큰 어려움을 겪었다.

또한 스웨덴의 세계적인 다국적기업인 Electrolux社가 자사제품인 진공 청소기를 미국에서 판매하기 위한 새로운 광고를 개발하였다. 이 회사는 자사 청소기가 어느 회사 제품보다도 먼지를 잘 흡입한다는 의미로 광고 문안을 작성하였는데, 사전에 있는 단어를 그대로 번역한 나머지 "Electrolux sucks better"이라고 함으로써 저질스런 의미를 풍기게 되었다.[13] Pepsi-Cola社의 광고주제 "Catch that Pepsi Spirit"은 스페인어 번역 시 "Catch that Pepso Ghost"로 되었기 때문에 스페인어 시장에서는 "Diga Si a Pepsi(Say Yes to Pepsi)"로 광고 문안을 수정하였다.[14]

우리나라의 기업 중에도 이와 유사한 경험을 한 경우가 있다. 우리나라의 S사는 국내에서 널리 통용되고 있는 섬유 유명브랜드 중의 하나인 "SS Fashion"을 수출 시에도 그대로 적용키로 하고, 독일지점의 직수입 방식으로 "SS Fashion"제품을 수출키로 했으나 독일에서 "SS"의 의미는 나치 독일의 비밀 경찰대의 약어였기 때문에 마케팅이 불가능하다고 판단하여 계획을 포기하였다. 또한 자전거 생산업체인 대영社의 경우 미국시장 수출 시 자사제품에 "DAI YOUNG"으로 기업명을 붙여 선적하였는데, 미국 사람들이 "die young"으로 인식함으로써 미국시장 판매가 저조하였다.

한편 사람들이 동일한 언어를 사용할지라도, 구어에 관한 문제가 있을 수 있다. 미국인들은 자동차에 Gasoline을 넣지만, 영국인들은 자동차에 Petrol을 넣는다.[15] 또한 언어에 따라 같은 의미를 가진 말이라도 그 말 속에 내포된 의미는 다양한 경우가 있다. 미국인들은 협상에서 "예(yes)"라고 대답하면 통상적으로 "예, 조건을 수락하겠습니다"를 의미한다. 그러나 아시아국가에서는 "예(yes)"라는 말이 네 가지 다른 뜻을 의미한다. 첫째, 어떤 일방이 말하는 것을 상대방이 인식하지만 반드시 무엇을 말하는지 이해하고 있다는 것은 아니라는 사실을 의미할 수 있다. 둘째,

13 David A. Ricks, 앞의 책, p. 118.

14 Henty Assael, *op. cit.*, p. 661.

15 William F. Schoell and Thomas T. Ivy, *op. cit.*, p. 661.

상대방이 이야기하는 것을 명백하게 이해하고는 있지만 동의하는 것은 아닐 수도 있다. 셋째, 상대방이 그 제안을 이해하고 그 제안에 대해 상대방과 협상을 하고 있다는 것을 의미할 수도 있다. 마지막으로, "예"는 전적으로 동의한다는 것을 의미할 수도 있다. 따라서 어떤 형태의 협상에서도 "예"가 의미하는 것을 그대로 이해하는 것은 상당한 주의력과 감각을 동원해야 가능하다.[16]

기업의 해외직접투자가 이루어지면서 해외에 본사의 인력을 파견하게 되는데 해외에 파견된 경영자는 현지의 관리자, 종업원, 원료공급자, 유통업자, 소비자, 그리고 현지의 정부관료 등과 접촉을 해야 한다. 따라서 현지에 파견되는 경영자는 언어능력이 풍부한 사람이어야 하며 심지어는 현지인들간에 통용되는 손짓, 몸짓 등에 대해서도 알 필요가 있다. 특히 어느 정도의 의사소통을 할 수 있는 언어실력이 있다면 그 다음으로 중요시되는 것이 묵시적 언어(silent language), 즉 육체적 언어(body language)이다.[17]

Parker 만년필 국제부사장이 한번은 지다(Jidda)에서 사우디의 판매대리상과 산책을 같이 하였다. 산책하던 중 갑자기 사우디 판매대리상이 국제부사장의 손을 잡고는 흔들면서 계속 거리를 걷는 것이었다. 부사장은 당황하기도 하고 모욕감을 느끼기도 하였지만 무언가 뜻이 있을 것이라는 생각에 꾹 참고 있었다. 부사장은 나중에야 이러한 행동이 큰 존경과 감탄의 표시이며, 이때 손을 밀치는 행위는 상대방에게 심한 모욕이 된다는 것을 알게 되었다.

광고의 경우 기업은 국제적인 광고대행사나 현지 광고대행사를 이용할 수 있다. 또는 현지어로 작성된 광고 문안을 현지인에게 역번역을 하게 함으로써 정확하게 작성되었는가를 확인해 보는 방법도 있다. 이러한 여러 가지 방법들을 통해 언어를 잘못 선택하거나 현지 소비자들의 감정을 건드리는 광고를 회피할 수 있다.

언어의 장벽을 넘기 위해서 각 기업들은 계속적인 학습이 필요하다. 모든 사회문화적 환경의 장벽을 넘기 위해서도 마찬가지지만 특히 언어는 기업활동의 기초가 되는 요소이기 때문에 기업조직의 구성원을 학습시켜야 할 필요성이 생기게 된

16 Carl R. Ruthstrom and Ken Matejka, "The Meaning of 'Yes' in the Far East", *Industrial Marketing Managemaent*, No. 3, August 1990, p. 191.

17 Robert Moran, "Cross-cultual Contact: Watch Your Body Language", *International Management*, May 1990, p. 84.

다. 이와 동시에 경영자는 자국민만이 되어야 한다는 사고방식에서 탈피하여 외국의 우수한 인력도 경영자로 과감히 채용해야 한다. 외국인력을 채용함으로써 기업은 보다 더 글로벌한 인력체계를 갖추게 되며 조직구성원간의 계속적인 접촉을 통하여 구성원 개개인이 국제적인 감각을 가진 인력으로 성장할 수 있다.

4. 가치체계

가치체계란 태도 · 가치관 · 종교 등을 포함하는 개념으로 성취도, 일에 대한 태도, 직업관 등을 의미한다. 나라 혹은 문화권에 따라 이들 가치체계가 큰 차이를 보이고 있기 때문에 기업은 해외진출 시에 해당지역의 가치체계에 대한 철저한 조사가 필요하다. 여기서는 기업의 활동에 영향을 미치는 여러 가지 가치체계의 요소 중 시간에 대한 태도, 부와 성취 및 일에 대한 태도, 변화에 대한 태도, 미래에 대한 태도를 중심으로 살펴보기로 한다.

1) 시간에 대한 태도

선진국들은 비교적 시간관념이 정확하다. 그래서 선진국의 기업들과 협상이나 계약을 할 경우, 시간을 지키지 않는 것은 신뢰성과 성실성을 떨어뜨리는 효과를 가지게 된다. 이와는 대조적으로 중남미나 중동의 경우 시간에 대한 관념이 희박하기 때문에 미국이나 유럽인 혹은 일본이나 한국인들이 이들과의 거래에 많은 어려움을 겪게 된다. 예를 들어, 중남미인들의 시간관념은 'manana'로 표현될 수 있다. 'manana'는 글자 그대로는 '내일'이라고 해석되지만, 실제로는 '다음 며칠 이내'라고 그들은 해석하며 느긋한 태도를 취한다.[18]

2) 부, 성취 및 일에 관한 태도

미국이나 유럽과 같은 나라에서는 부(富)를 성공과 성취의 표시라고 생각하지만,

18 Donald A. Ball and Wendell H. McCulloch, Jr., *op. cit.*, pp. 184~185.

물질적인 집착을 중시하지 않는 인도나 중동지방의 나라들에서는 그들을 지배하고 있는 종교적인 영향으로 인하여 부(富)를 중요하지 않게 생각하는 경향이 있다. 이러한 태도로 인하여 기업의 생산성에 많은 차이가 따르게 된다. 즉, 부가 성공과 성취의 표시로 받아들여지는 사회에서는 그 구성원들이 부의 획득을 위해 많은 노력을 하기 때문에 기업의 발전이 빠르고 생산성도 높게 되며 시장도 커지게 된다. 반면 부를 중요하지 않게 생각하는 사회에서는 자신의 수양이 우선시되고 부의 획득은 부차적인 일로 간주된다. 따라서 이들 지역에서는 기업의 발전이 느리며 생산성이 높지 않고 시장규모가 작다.

그러나 기업의 국제화가 이루어지고 교통 · 통신망의 발달로 인해 전통적인 가치관은 많이 변화하게 되었다. 특히 기업의 국제화는 시장범위의 확대라는 기업목적을 달성시킴과 동시에 해당시장 소비자들의 부에 대한 태도도 바꾸고 있다. 세련되고 아름다운 제품, 쓰기에 편리하고 견고한 제품이 시장에 출현하면서 해당시장 소비자들의 구매욕구를 자극시키게 되었으며 이들 제품을 구매하기 위해서는 부의 축적이 선행되어야 되기 때문에 사회구성원들의 부에 대한 태도가 바뀌고 있다. 각국의 노동에 대한 가치관을 정리하면 [표 6-2]와 같다.

| 표 6-2 | 각국의 노동에 대한 가치관

국가	노동시간[1]	
	전체 취업자	임금 근로자[2]
한국	2,307	2,074
일본	1,714	1,733
캐나다	1,699	1,699
멕시코	1,857	1,915
미국	1,768	1,776
오스트리아	1,621	1,436
벨기에	1,550	1,453
체코	1,942	1,879
덴마크	1,563	1,547
핀란드	1,652	1,555
프랑스	1,554	1,468

독일	1,390	1,309
그리스	2,119	1,777
헝가리	1,989	1,749
아이슬란드	1,716	1,717
아일랜드	1,549	1,470
이탈리아	1,773	–
룩셈부르크	1,601	1,559
네덜란드	1,378	1,288
노르웨이	1,407	–
폴란드	1,966	1,938
포르투갈	1,719	1,664
슬로바키아	1,693	–
스페인	1,654	1,615
스웨덴	1,610	–
스위스	1,640	–
영국	1,646	–
호주	1,690	–
뉴질랜드	1,729	1,709

주 1) 전 산업의 연간 평균 노동시간.
2) 임금근로자: 정규직 5명 이상 사업체 대상.
자료: OECD Employment Outlook 2010.

3) 변화에 대한 태도

사회구성원들의 변화에 대한 태도는 기업경영활동에 많은 영향을 미치게 된다. 사회구성원들이 변화를 싫어하는 태도를 지니고 있는데 기업이 새로운 경영방식을 도입할 경우, 그 시행에 상당한 어려움을 겪게 될 것이다. 또한 광고를 통한 제품의 선전에 있어서도 변화를 싫어하는 태도를 지닌 사회에서는 새로운 제품, 혹은 성능이 향상된 제품이라는 광고가 제대로 효과를 발휘하기 어려운 경우가 많다. 극단적인 경우 이슬람교에서는 '모든 변화와 개혁은 악의 산물이다'라고 말하기까지 한다.

이와 같이 변화에 대한 태도가 사회마다, 그리고 동일 사회 내에서도 차이가 발생하기 때문에 새로운 혁신이나 변화를 도입한다는 것이 무척이나 힘든 일이 된다. 따라서 해외진출기업들이 새로운 기업활동을 전개하기 위해서는 다음의 사항에 유의해야 한다.[19]

첫째, 변화의 장애요인을 확인해야 한다. 관습, 가치관, 그리고 행동규범 중 어떠한 요인이 변화를 수용하지 못하게 하는지를 확인해야 한다.

둘째, 변화의 수용을 저해하는 문화적 요인 중 수정 가능하고 적용 가능한 요인을 찾아야 한다. 관습, 가치관, 행동규범 중 기업이 변화시킬 수 있는 요인을 찾아내야 한다.

셋째, 새로운 제품이나 혁신이 현지국 문화의 관점에서 실험되고 평가되어야 한다. 대개의 경영자들은 새로운 제품이나 생산공정, 아이디어가 다른 나라에서도 그대로 받아들여질 것으로 생각하는 경향이 많다. 그러나 지금까지는 논의해 온 것처럼 각국이 서로 다른 문화적 환경을 지니기 때문에 신제품이 현지국에서 거부될 수도 있다.

넷째, 현지에서 신제품이나 혁신의 효율성이 증명될 때에는 채택이 빠르게 진행된다. 가령 소규모의 농토를 지닌 가난한 농부는 새로운 비료나 종묘의 실험에 거부감을 나타내게 된다. 왜냐하면 잘못될 경우 전체 농작물이 못 쓰게 되어 파산하게 될지도 모르기 때문이다. 그러나 대규모의 농토를 소유한 사람은 일부 농토에 대해 실험을 해 보고 성공하는 경우 다음 해에 바로 이를 채택하게 된다. 그러므로 해외시장에 새로운 변화를 도모하는 경우에는 변화를 수용할 만한 대상을 신속하게 찾아내는 것이 중요하다.

다섯째, 사회 · 정치적 변화보다는 기술적인 변화가 보다 빠르고 쉽게 채택될 수 있다. 예를 들어, 자동차, 라디오, 코카콜라 등은 쉽게 수용되고 채택될 수 있으나 민주정치관행, 교육제도 등은 쉽게 모방되지 않는다. 또한 제품 또는 기술적인 변화가 사회적 · 정치적인 영향력을 행사할 수 있다.

마지막으로, 현지의 문화적 요인이나 가치관하에서 신제품이나 혁신이 채택될 수 있게 하는 것이 무엇인가를 발견해 낸다. 이는 현지의 문화와 크게 부딪치지 않고 신제품이나 혁신을 전파할 수 있는 경로를 확보하기 위해서이다.

19 어윤대 외, 국제경영, 학현사, 1996. pp. 122~124.

4) 미래에 대한 태도

각 문화의 기본적인 차이점 중의 하나는 미래에 대한 인간의 능력에 대한 가정의 차이이다. 예를 들어, 미국 경영철학의 기본은 인간이 미래를 대부분 결정한다는 것이다. 이와 같은 문화적 환경에서는 장기 경영계획이 가치 있는 투자가 된다. 왜냐하면 계획을 세움으로써 앞으로 일어날 미래의 일에 영향을 미칠 수 있다고 생각하기 때문이다. 그러나 미래에 대해 운명적으로 생각하고, 미래에 대해 인간이 영향을 미칠 수 없다고 생각하는 이슬람 문화권에서는 이와 같은 경영기법은 크게 효과적이지 못하다.

기업의 경영활동에 있어 중요한 점은 그 사회의 구성원들이 인간의 노력에 상관없이 미래의 일들이 결정되느냐 또는 자신들이 미래에 상당한 영향을 미칠 수 있느냐 중 어떤 태도를 지배적으로 갖고 있느냐는 것이다. 이른바 인간이 "운명의 주인(Master of Destiny)"이란 사고방식은 미래에 원하는 바가 현실적이며, 또한 미래의 목표를 달성하기 위해서는 많은 노력이 필요하다는 것을 믿는 태도에 의해서 강화되기 때문이다.[20]

5. 미적 감각

미학(aesthetics)은 예술(음악, 미술, 연극, 무용)과 색채 및 형상에 관한 특별한 감상으로 표현되는 아름다움(美)과 기호(嗜好)에 관한 개념을 말한다. 미학에는 국제적인 차이가 크지만, 그것은 국가적인 것보다는 지역적인 경향이 있다. 즉, 각 국가별로 미적 감각에 대한 차이가 나타나기보다는 문화권역별로 차이를 보이는 경향이 있다.

해외진출기업에 미학은 마케팅부문의 중요한 요소로 간주되고 있다. 그 이유는 언어 이외의 예술적 표현, 색채 및 미적 감각을 통해 진출기업과 현지 사회구성원들간의 커뮤니케이션이 이루어질 수 있기 때문이다. 따라서 기업의 제품생산이나

20 Stefan H. Robock and Kenneth Simmonds, *International Business and Multinational Enterprise*(3rd ed.), Homewood, Illinois: Richard D. Irwin, Inc., 1983, pp. 400~403.

광고 등에 있어서 해외시장의 미적 가치관에 관한 정확한 해석 없이는 국제마케팅 활동이 성공하기 어렵다. 미학적 가치관을 고려하지 않는 기업활동은 광고 및 포장 디자인부문에서 실패하게 되고, 더 나아가 고객의 감정을 손상시킴으로써 제품과 기업이미지에 대한 부정적인 인상을 심어 주게 된다.

1) 디자인

한 문화의 미적 감각은 기업활동에 많은 영향을 미치게 된다. 기업은 제품 및 포장의 디자인에 있어서 현지인의 미적 감각에 적절히 대응할 수 있어야 한다. 일본 기업들은 제품이나 포장디자인을 예쁘고 섬세하게 설계하면서도 제품사용을 쉽게 할 수 있도록 만들어 냄으로써 기업경쟁력 강화의 한 수단으로 이용하고 있다.

2) 색채

각 문화별로 색채에 관한 느낌이 다르며 이러한 색채에 대한 느낌은 기업의 마케팅활동에 영향을 미친다. 예를 들어, 환경의 중요성이 강화되면서 '그린(Green)'이라는 단어와 함께 초록색의 사용이 늘고 있다. 초록색은 바로 자연환경을 의미하는 색으로 받아들여지며 기업의 활동이 자연환경과 친화적이라는 이미지를 소비자에게 심어 줌으로써 기업이미지를 제고할 수 있다. 하지만 이런 초록색이 동남아시아에서 사용될 경우 자연환경에 친화적인 이미지보다는 밀림의 위험을 연상하게 함으로써 좋지 않은 이미지를 심어 줄 수 있다.

[표 6-3]에서는 각 국가에서 혐오하는 색깔에 대해 설명하고 있다. 해외진출기

| 표 6-3 | 각 국가에서 혐오하는 색깔

국가명	혐오색	금기 및 해설
자유중국	백 · 흑 · 청	• 극동제국에서는 전통적으로 백색 등이 상색(喪色)이다. 중국에서는 특히 백색을 싫어함 • 사례: 외국계 석유회사의 주유소를 규정대로 백색으로 도장했는데 장의 색깔이라는 이유로 손님이 얼씬도 하지 않았으며 석유마저 사지 않았음 • 개는 불길한 상징으로 터부시함

이라크	–	국기의 올리브그린(olive green)은 토템(totem)의식의 상징이므로 상업목적의 사용은 금기임
이집트	–	악어는 토템으로 신성시하고 있으므로 금기임. 어떤 섬유회사에서 악어에 창이 꽂힌 모양의 포장디자인을 하여 수출하였다가 이집트인의 노여움을 사 반품되었다는 이야기가 있음
홍콩	백 · 흑 · 청	중국의 색채적 편견이 지배적이며, 청은 비애를 연상시킴
말레이시아	황	황색은 회교군주의 황제색이므로 결코 황색복장을 착용하지 않음
이스라엘	황	중세기 여러 나라에서 거주하고 있는 유대(Juda)민족은 황색의 천을 걸치도록 강제되어 있었다. 그런데 A. Hitler에 의해서 나치즘(Nazism)의 시대로 들어와 그 실천이 부활되었다. 이러한 연유로 이스라엘에서는 불길한 색이라고 극도로 혐오함
시리아	황	황색은 죽음을 상징하므로 회교도가 모두 싫어함
스위스	흑	흑색은 상색으로 좋아하지 않으나 자동차의 흑색은 일반적으로 좋아함
브라질	자 · 황 · 농자색	자색은 비애를 뜻하며 황색은 절망에 빠지게 한다는 미신이 지배하고 있다. 또한 자색과 황색의 배색은 병의 전조라고 믿고 있으며, 농자색은 불길을 초래한다고 대단히 싫어함
모로코	적 · 황	서부지역에서 직물의 색으로서 싫어함
페루	자	자색은 10월의 종교상의 의식에 사용되기 때문에 일반적으로 사용하지 않음

자료: 한국 디자인 포장센터, "해외시장에 있어서의 색채 선호", 디자인과 포장시리즈, 1971, pp. 37~53. ; 박기안, 국제경영학, 법경사, 1995, pp. 290~291.

업들은 이러한 색이 각 문화별로 주는 의미를 정확하게 파악하고, 이를 제품, 포장, 광고 등의 마케팅활동에 활용해야 할 것이다.

3) 음악

문화권에 따라 음악에도 차이가 있다. 현대에는 서양음악이 세계적인 음악으로서 그 위치를 굳건히 하고 있다. 하지만 음악은 그 문화권의 생활양식, 구성원의 정서나 감정 등을 담고 있기 때문에 문화권마다 호소력 있는 음악은 따로 있다.

또한 연령이나 성별에 따라 좋아하는 음악이 다르다. 이러한 음악은 제품광고에 있어 중요한 매개체이다. 여성용 제품을 광고하면서 남성적인 음악(박력 있는 음악)을 삽입한다면 광고의 효과는 떨어지게 될 것이다. 따라서 해외소비자들을 대상으로 광고활동을 할 때 현지소비자들의 감정을 호소할 수 있는 음악은 어떤 유형이며 이를 어떻게 활용하는 것이 광고의 효과를 극대화할 수 있는 것인지에 대한 분석이 필요하다.

6. 자존심과 편견

각 문화적 환경의 구성원들에게는 나름대로 가치관과 사고방식이 형성되어 있다. 이는 자존심이라고 표현될 수도 있는데, 자신들 속에 형성되어 있는 가치관과 사고방식이 타 문화의 구성원들에 의해 무시당하거나 경멸의 대상이 되면 이들은 자존심에 상처를 받게 되고 더 나아가서는 분노와 적개심을 가지게 된다.

과거 선진국 기업이 후진국에 진출한 초기에 현지 사회구성원들의 자존심에 상처를 주는 행위가 빈번하게 일어났다. 선진국 기업의 경영자나 관리자들은 후진국에 대해 경제적 · 문화적 우월감을 가지고 있었기 때문에 후진국의 국민들이 가지고 있는 가치관이나 관습을 무시했으며 자신의 임의대로 바꾸려고 했다. 이러한 것은 특히 역사와 전통이 길고 문화적 자부심이 강한 나라에서는 강한 반발을 일으킬 수 있으며, 이러한 반발로 진출기업의 국제마케팅활동이 많은 악영향을 받게 될 수 있다.

따라서 해외진출기업들은 각 문화 고유의 영역을 침범하는 기업활동을 자제해야 하며, 기업구성원들에 대한 교육을 통하여 현지의 문화적 자존심을 건드리지 않도록 하여야 한다. 더 나아가서는 기업의 현지문화에 대한 적응능력을 높임으로써 이를 바탕으로 어느 문화권에 진입하든지 기업의 적응력이 향상될 수 있는 기초를 마련해야 한다.

7. 종교와 신앙

각 사회에는 그 사회를 지배하는 종교가 있다. 이들 종교는 가치체계, 사회제도, 관습 등에 지대한 영향을 미치고, 직·간접적으로 소비생활에 영향을 주게 된다. 그러므로 기업활동은 종교적 관념에 의해 많은 영향을 받게 된다. 따라서 기업의 국제마케팅활동 시에 진출대상국의 종교에 대한 깊은 이해가 필요하게 된다.

현지국이 종교적인 색채가 분명하고 종교의 사회지배력이 강할 경우, 기업들은 종교행사나 종교에서 정하고 있는 금기사항에 마찰이 없는 경영방식을 채택하도록 노력해야 한다. 예를 들어, 이슬람교에서는 메카(Mecca)에 순례하는 것을 신성시하기 때문에 사우디아라비아에서 메카로 통하는 도로·교통시스템을 건설하던 스웨덴 회사의 관리자들은 폐쇄회로를 통해 노동자들을 감독할 수 있었다.[21]

또한 이슬람 국가에서는 종교적 영향으로 인하여 고리대금업을 금지하고 있기 때문에 은행의 경영활동은 제약받을 수밖에 없다. 이러한 영향으로 인하여 아랍 사회에서는 특별은행들이 설립되었는데 이 은행들에는 세 가지 계좌[22]가 있다. 이러한 은행들은 고정적인 대출이자를 받지 않는다. 그 대신에 이자지급은 기금이 모금됨으로써 얻는 이익에 따라 부과되며, 예금주는 은행의 이윤 액수에 따라 저축에 대한 수익을 얻는다.[23]

각 종교별로 큰 행사가 있는 기간에는 기업의 생산성은 크게 떨어지지만 소비는 크게 늘어나는 현상이 일어난다. 이슬람교의 라마단 기념일 동안이나 기독교의 크리스마스 기간 동안에는 소비수요가 크게 증가하여 기업의 판매활동 등에 큰 영향을 준다.[24] 또한 종교적인 영향으로 인하여 제품의 판매가 불가능해 보이는 경우가 있다. 하지만 자세히 살펴보면 이를 극복할 수 있는 방안도 생길 수 있다.

21 Warren J., Keegan, *Global Marketing Management*, New York: Prentice-Hall, 1989.

22 이들 은행의 세 가지 계좌는 최저예금유치 및 통지 없이 즉각 인출할 수 있는 권리를 가지는 비수익계좌, 이윤배분저축계좌, 사회서비스 기금들이다. 또한 이와 같은 은행을 운영하는 국가들로는 이집트, 사우디아라비아, 쿠웨이트, 수단, 두바이 및 요르단 등이다.

23 Muhaammad Abduul-Rauf, "The Ten Commendments of Islamic Economics", *Across the Board*, August 1979, pp. 15~16.

24 William F. Schoell and Thomas T. Ivy, *op. cit.*, pp. 662~663.

예를 들면, Gillette社[25]는 목욕용품 및 세면도구를 생산하는 세계적인 기업이다. 이 기업이 이란에 자사제품을 소개하려고 했을 때, 종교적인 요인으로 인하여 시장성이 없다는 것을 발견하였다. 이유인즉, 이란의 종교인 이슬람교에서는 신도들에게 턱수염 면도를 못하게 하는 종교적 명령이 그들을 지배하고 있었던 것이다. 하지만 자세히 시장을 조사해 본 결과 비록 이슬람교가 이란 내에서 거대한 종교 세력을 형성하고 있지만 이란인들 중에서도 면도를 하는 사람들이 많다는 것을 발견하게 되었다. 따라서 Gillette社가 이란시장에 뛰어들 경우 경쟁 없이 시장을 지배할 수 있다는 판단이 들게 되었다. 문제는 Gillette社의 제품을 이란시장에 어떻게 소개할지였다. 이 문제를 해결하기 위해 Gillette社의 현지 대리점 사장은 현지신문의 광고담당자 중 턱수염이 없는 사람을 물색하였다.

운 좋게도 신문광고 담당자 중 턱수염이 없는 사람을 만날 수 있었다. Gillette社의 현지 대리점 사장은 이 담당자에게 사고로 머리를 다친 사람과 같은 경우 면도는 어쩔 수 없이 해야 하며, 그런 경우 Gillette社의 면도칼이 최고라는 확신을 심어 주었다. 이에 설득된 광고 담당 책임자는 국가 종교지도자와 상의를 한 후 광고게재를 허락받게 되었다. 이 신문에서 광고게재 허락이 나자 다른 신문사들도 잇따라 Gillette社의 제품을 광고하게 되었고, 이를 통하여 Gillette Blue가 출시될 수 있었다.

이 사례를 통하여 명확히 인식해야 할 점은 해외진출을 위한 시장조사와 전략의 형성 및 수행에 있어 현지국의 문화적 환경에 대한 날카로운 통찰력과 인식이 필요하다는 점이다. 각종 요인들이 영향을 미칠 것인지 명확하지 않을 때조차도 영향을 미칠 가능성이 있는 요인들을 적극적으로 찾아 이를 분석할 필요가 있다.

광고에 있어서도 종교의 영향이 미치게 되는데 규율이 엄격하고 타 종교에 대한 배척심이 강한 이슬람교나 힌두교가 지배하는 사회에서 성적인 노출이 심하다든지 종교적 관념을 파괴하는 광고행위는 오히려 소비자에 대한 기업이미지를 실추시키는 효과를 얻게 될 것이다. 종교와 관련하여 국제마케팅관리자가 평가해야 하는 문제는 크게 다음 세 가지로 요약할 수 있다.[26]

---

25 "Smooth Talk Wins Gillette Ad Space in Iran", *Advertising Age International*, April 27, 1992, pp. 1~40.

26 어윤대 외, 앞의 책, pp. 120~121.

첫째, 종교가 경제성장에 미치는 영향은 바로 기업성장에 미치는 영향과 같다. 따라서 종교가 가져올 악영향을 미리 제거할 방법을 연구하여야 한다. 둘째, 국가마다 갖는 종교의 이질성 정도를 파악하고, 종교적 인물이나 종교단체가 사회 및 정치적 변화를 초래하는 정도를 고려해야 한다. 다시 말해, 현지국에서 정치적 위험을 분석하는 일환으로 종교의 영향력을 파악해야 한다. 셋째, 국제기업은 국내에서와 마찬가지로 외국에서도 기업활동에 영향을 미치는 종교적 신념에 대해서 자세한 정보를 입수하여야 한다. 예를 들어, 이슬람교의 라마단 시기에는 생산성이 극히 낮아진다. 결론적으로 국제마케팅관리자는 해외현지의 종교적 관행과 신념이 가져올지도 모르는 영향력에 대해 교육을 받아야 하며, 또한 자신이 이를 통제할 수 있도록 노력을 하여야 한다.

제3절 문화적 환경의 분석

국제마케팅관리자는 문화적 환경이 지역별 · 국가별로 많은 차이가 있고 국제마케팅활동에 미치는 영향이 크기 때문에 주요 문화적 환경을 분석 · 평가하게 된다. 하지만 표본의 적합성 여부, 문화의 자체적인 변화, 조사자의 문화에 대한 개인적인 편견 등의 장애요인으로 인하여 문화적 환경을 분석 · 평가하는 것은 쉽지 않다. 여기서는 분석과 평가의 척도를 제공해 주는 여러 학자들의 기존 연구를 소개한다.

1. 문화적 환경의 분석방법

앞에서 우리는 문화적 환경요소들이 기업의 국제마케팅활동에 어떠한 영향을 주는가에 대해 살펴보았다. 기업은 해외진출 이전에 진출대상국의 문화적 환경에 대해 분석 · 평가해야 하며, 이를 바탕으로 현지의 문화적 환경에 충분히 적응할 수 있을 것이다.

문화적 환경을 구성하는 요소 각각에 대한 분석 및 평가는 단편적이고 부분적이라고 할 수 있다. 그렇다고 해서 이들에 대한 평가가 중요하지 않다는 의미는 아니다. 단지 부분적인 평가를 너무 중시하고, 이것이 진출대상국 문화의 모든 면을 대표하는 것으로 간주하면 전체적인 시각에서 잘못된 평가를 내릴 수도 있다는 것이다. 따라서 문화적 환경의 분석 시에는 문화적 환경요소의 각각에 대한 부분적인 평가뿐만 아니라 포괄적 혹은 종합적인 평가도 동시에 이루어져야 한다.

기업이 해외의 문화적 환경을 분석 · 평가할 때 발생할 수 있는 오류에는 다음과 같은 것들이 있다.[27]

1) 문화적 차이점 강조

기업이 해외의 문화적 환경을 분석하는 경우, 환경의 차이점만을 지나치게 중요시하는 경향이 있다. 따라서 기업이 쉽게 적응할 수 있는 문화의 유사점에 대한 시각을 제공해 주지 못하는 오류를 범할 가능성이 많다. 또한 차이점을 실제적인 차이 이상으로 강조함으로써 기업구성원들이 문화적 환경의 차이에 대해 과민반응을 보일 가능성도 있다.

2) 표본의 적합성 여부

한 사회의 문화적 환경을 관찰하기 위하여 선택된 표본이 그 사회의 모든 구성원의 특성을 나타내 주는 표본이 아닐 수도 있다. 즉, 같은 사회에 속한 구성원이라 하더라도 어떤 문화적 요소에 있어서는 각기 다른 문화적 특색을 가질 수 있다. 따라서 한 사회의 문화를 관찰할 때 선택된 표본의 범위와 관찰이 가지는 한계점을 명확히 함으로써 한 사회 내에서도 개별적인 차이점이 존재할 수 있다는 점을 분명히 해야 한다.

3) 변화에 대한 분석 결여

문화적 환경에 대한 분석은 정태적인 분석과 동태적인 분석으로 구분할 수 있다.

27 Stefan H. Robock and Kenneth Simmonds, *op. cit.*, pp. 407~410.

정태적인 분석이란 문화간의 변수의 차이를 분석하는 것이며, 동태적인 분석이란 문화의 변화에 관한 분석이다. 보통 문화적 환경에 관한 연구는 정태적 분석으로 이루어지고 있다.

하지만 문화적 환경은 유기체와 같이 변화하는 속성을 지니고 있기 때문에 변화의 방향과 변화가 미치는 효과에 대한 분석도 중요하다. 그러나 변화에 대한 연구에는 많은 한계점이 존재한다. 그중 중요한 한계점으로서는 문화적 변화 원인이 무엇인가에 대한 명확한 구분과 변화의 방향을 예측하기 어렵고, 그 영향의 정도를 계량화하기 힘들다는 점을 들 수 있다.

4) 문화적 편견의 배제

문화를 구성하는 구성원들은 무의식적으로 그 문화를 받아들이게 되므로 다른 문화와 접촉하는 상황에서 타 문화에 대한 상당한 편견을 가질 가능성이 많다. 따라서 타 문화를 조사하는 사람은 자신이 속한 문화적 관점에서 타 문화를 조사하는 것이 아니라 모든 문화에 대한 객관적인 시각에서 문화를 관찰할 수 있는 능력을 갖춰야 한다. 조사대상인 문화권의 사람을 조사원으로 사용하거나 문화에 민감한 관리자를 선발하여 조사에 투입함으로써 문화적 편견으로 인한 조사상의 오류를 감소시킬 수 있다.

2. 문화적 환경 분석모형

문화적 환경 분석모형은 여러 학자들에 의해 주장되었는데, 대표적인 모형으로는 홀(E. T. Hall), 클러크혼과 스트로드백(F. Kluckhohn and F. Strodtbeck), 홉스테드(G. Hofstede) 등과 같은 학자의 분석모형을 들 수 있다.

1) 홀의 분석모형

홀(E. T. Hall)은 문화의 차이를 고배경문화(high context culture)와 저배경문

화(low context culture)로 분류하여 설명하고 있다.[28] 여기서 배경(context)이란 인간이 의사소통을 하기 위하여 사용하는 여러 가지 상징적인 표현들, 즉 언어, 얼굴표정, 몸짓, 문서 등을 의미한다. 고배경문화와 저배경문화의 구체적인 차이는 [표 6-4]와 같이 요약할 수 있다.

| 표 6-4 | 고배경문화와 저배경문화의 비교

요소 및 차원	고배경문화	저배경문화
법, 변호사	덜 중요하다.	아주 중요하다.
개인의 말	개인에 대한 보증이다.	서면으로 남기는 경우만 신뢰한다.
책임소재	조직의 최고책임자	업무담당자 또는 최하급자
공간	서로 어울리는 공간 중시	개인의 공간을 중시
시간	인생의 모든 일은 시간이 해결해 준다(polychronic).	시간은 돈이며, 매사는 하나씩 매듭짓는다(monochronic).
협상	시간이 걸리며, 협상과정을 통해 서로를 이해한다.	신속하게 해결되며, 협상 자체의 목적 이외의 목적은 없다.
경쟁 입찰	빈번하지 않다.	보통이다.

자료: W. J. Keegan and Mark C. Green, Global Marketing, Prentice Hall, 2005.

(1) 고배경문화

고배경문화(high context culture)란 사회구성원들의 의사소통에 필요한 정보가 사회적 배경, 경력, 가치관, 개인과 개인의 관계 등과 같은 배경에 내부화되어 있는 문화를 의미한다. 따라서 의사소통이 명백한 부호와 문장으로 표시되지는 않으나 책임과 신뢰가 중요한 가치로서 강조되기 때문에 법률적인 서류보다 개인의 말이 더욱 확실한 보증서 역할을 하게 된다. 그 영향으로 이들 국가에서는 은행대출을 할 경우 형식적인 손익계획서 및 대차대조표의 제시보다는 대출을 신청하는 상대방이 어떤 사람인가가 중요한 역할을 하게 된다.

이러한 사회 · 문화적 환경하에서는 책임과 명예가 큰 의미를 가지게 되며 책임의 소재는 하부조직보다는 고위층에 있으며 집단지향적인 성격이 강하다. 고배경

28 E. T. Hall, "How Cultures Collide", *Psychology Today*, July 1976, pp. 66~97.

문화를 가진 국가로서는 인도네시아, 사우디아라비아, 이집트, 일본, 한국 등을 들 수 있다.

(2) 저배경문화

저배경문화(low context culture)란 대화를 통하여 정보의 교환이 이루어지고 구체적으로 표시된 문서와 문장의 표현 그 자체가 중요한 의미를 가지는 문화를 말한다. 그러므로 의사 전달은 문서나 언어의 형태로 전달되며 표현된 그 이상의 의미를 지니지 않는다. 따라서 은행대출의 경우 언어와 대출신청서에 있는 숫자에 의존하게 된다.

저배경문화의 경우, 전달되는 정보의 양이 제한적이며 법률적인 서류가 보증서 역할을 하게 되고, 책임은 대체로 하위층에게 전가된다. 이와 같은 저배경문화를 가진 국가로는 미국, 캐나다, 독일, 스칸디나비아 국가를 들 수 있다.

2) 클러크혼과 스트로드백의 분석모형

클러크혼과 스트로드백은 한 문화권에 있는 사회구성원들의 공통적 가치관과 사고방식을 찾아내고, 이를 문화권별로 비교함으로써 각 국가간의 문화적 차이를 알 수 있다고 주장하였다.[29]

그들은 또한 문화의 이질성을 분별하기 위하여 문화지향성(cultural orientation) 또는 가치지향성(value orientation)이라는 관점에서 인간이 지니는 다섯 가지의 기본명제에 대한 질문을 제시하고 이 질문에 대한 답변의 방향을 기준으로 문화를 양분하고 있다. 이 다섯 가지의 기본명제는, 첫째, 인간의 본성, 둘째, 인간과 자연의 관계, 셋째, 인간관계, 넷째, 인간의 행동양식, 다섯째, 시간관념으로 구성되어 있다([표 6-5] 참조).[30]

(1) 인간의 본성

인간의 본성은 기본적으로 선한 본성과 악한 본성으로 나눌 수 있으며, 문화의

29 F. Kluckhohn and F. Strodtbeck, Variations in Value Orientations, Evanston, Ⅲ., Row, Peterson & co., 1961.

30 어윤대 외, 앞의 책, pp. 136~141.

| 표 6-5 | 문화지향성이 기업경영에 주는 시사점

항목	미국식 문화지향성(서양)	대비적 문화지향성(동양)
인간의 본성	• 인간본성은 선과 악이 혼재함 • 인간의 본성은 변화함 • 교육과 훈련을 통해 인간의 본성을 바꿀 수 있음	• 인간은 본래 선하거나 악함 • 인간본성은 불변임 • 교육훈련으로는 인간성이 변하지 않으므로 초기에 적절한 사람을 선발함
인간과 자연의 관계	• 인간은 자연을 지배함	• 인간과 자연은 조화를 이룸 • 자연을 유지보전하면서 인간의 욕구를 충족시킴
인간관계	• 개인주의적임 • 개인이 의사결정의 주체 • 전문경영제의 도입 • 능력위주의 직원선발	• 집단주의적임 • 집단이 의사결정의 주체 • 족벌 및 친족위주 경영제 • 친족위주의 직원선발
인간의 행동양식	• 동적(dynamic) • 종업원은 자기만족과 목표달성을 위해 업무를 수행	• 정적(static) • 종업원들은 단지 자신에게 주어진 일만을 수행
시간관념	• 미래중심적 • 단기적 기업정책 추구 • 정책목표는 10~20년 장기계획으로 하지만 실제로는 단기적 목표달성을 위한 기업정책의 확신과 탄력성을 강조함 • 단기적인 인사정책	• 과거중심적 • 장기적 기업정책 추구 • 과거에 수행하였던 기업정책을 근거로 미래의 계획을 수립하며 기업정책의 변화를 원하지 않음 • 장기적 인사정책

자료: N. J. Adler, *Women's Androgynous Managers: A Conceptualization of the Potential for American Women in International Management*, Pergamon Press, Ltd., 1984.

차이에 따라 인간의 본성을 대하는 태도가 다르다. 미국이나 유럽 등 서양문화적 시각에서는 인간의 본성을 선과 악이 혼재하는 것으로 파악하였으며, 이는 교육과 훈련을 통해 변화시킬 수 있는 것이라고 생각하였다.

이에 반해 중국 · 일본 · 한국 등 동양문화적 시각에서는 인간의 본성에는 선과 악이 내재하고 있으며 인간에게 내재하고 있는 선과 악은 변화되기 어렵다고 본다. 따라서 인간의 본성을 바꾸려는 교육이나 훈련보다는 어떤 인간을 선택하느냐가 중요하다고 생각하는 경향이 있다.

이러한 인간본성에 대한 사고방식의 차이가 기업경영방식에 영향을 미치게 되는데, 미국기업들은 많은 학습기회와 잘 짜여진 훈련을 통하여 기업 내부의 인력을 변화시키고 발전지향적으로 만들 수 있다고 생각한다. 반면에 일본 · 한국의 기업들은 기업구성원을 선발하는 데 많은 비중을 두는 경향이 있다.

하지만 기업의 국제화가 활발하게 이루어지면서 기업경영방식이 변화하게 된다. 기업의 해외진출은 단지 기업의 성장과 범위의 확장만을 의미하는 것이 아니라 각 지역적 상황에 따른 기업경영방식의 변화도 유발하게 된다. 특히 세계시장을 대상으로 기업활동을 수행하고 있는 다국적기업이나 글로벌기업들의 경우 기업활동을 강화하기 위해서는 기업구성원들이 글로벌한 마인드와 개인적인 경쟁력을 갖추어야 한다고 생각하게 되었으며, 따라서 기업구성원의 선발뿐만 아니라 교육 · 훈련에도 많은 투자를 하고 있다. 이러한 면은 국제화를 지향하고 있는 우리나라 기업들에 시사하는 바가 크다고 할 수 있다.

(2) 인간과 자연의 관계

인간과 자연의 관계는 인간의 자연에 대한 태도로서 나타나게 되는데, 크게 복종, 조화, 정복으로 구분된다.

① 인간의 자연에 대한 복종

자연의 흐름은 거대한 것이며, 인간은 이러한 자연의 흐름에 순종해야 하는 미물에 지나지 않는다고 보는 입장이다. 따라서 인간은 자연의 흐름에 거스르지 않고, 자연을 숭배하고 순종해야 하는 대상으로 생각한다.

② 인간과 자연의 조화

인간과 자연은 서로 맞서 싸워야 하는 대립관계가 아니고 상호조화를 이루어야 하는 관계라는 사고방식이다. 조화의 개념은 주로 동양인들의 사고방식에 체화되어 있다.

③ 인간에 의한 자연정복

지구는 인간이 중심이 되는 곳이므로 다른 모든 것들은 인간을 위해 존재하는 것으로 파악하고, 자연도 인간이 지배하고 정복해야 할 대상으로 간주한다. 따라서 자연의 흐름이 인간생활에 방해가 된다면 인간이 자연을 정복하여 이를 바꾸어야 한다는 사고방식을 가지고 있다. 정복의 개념은 주로 서양인들의 사고방식에 체화되어 있는데 이들에 의한 자연정복행위는 운하, 댐, 방파제 등의 건설에서 잘 드러나고 있다.

이러한 인간의 자연에 대한 태도는 기업의 마케팅전략 수립에도 많은 영향을 미치게 된다. 기업경영자 혹은 그 구성원이 자연에 대한 복종이나 조화적인 태도를 가질 경우, 기업은 외부환경의 변화에 대해 방어적이고 수동적인 대응전략을 취하는 반면, 자연을 정복하려는 태도를 가질 경우에는 외부환경의 변화에 대해 공격적이고 적극적인 대응전략을 수립하여 이를 극복해 나가려고 노력하게 된다.

(3) 인간관계

인간관계는 개인중심적인가, 집단중심적인가, 혹은 권위주의적인가로 구분할 수 있으며, 이러한 인간관계의 유형이 기업의 경영활동에 상이한 영향을 미치게 된다.

① 개인중심적 인간관계

개인중심적 인간관계가 일반화된 사회에서는 의사결정 및 행위의 중심이 개인에게 집중되어 있다. 따라서 개개인이 누리는 부와 이익은 자신의 능력으로부터 나오는 것이며 집단이라는 것은 개인의 발전을 위하여 존재하는 것으로 간주된다. 그 결과 개인중심적인 사회에서는 집단이나 공동체의 응집력이 약하고 구성원의 적응력도 낮다. 또한 공간의 활용에 있어서도 공간을 사적 활동의 중심으로 생각하기 때문에 자신의 공간을 독점적으로 활용하려는 사고방식이 지배적이다. 보통 미국이나 유럽과 같이 선진화된 사회의 구성원들이 개인중심적 인간관계를 가진다.

② 집단중심적 인간관계

집단중심적 인간관계가 일반화된 사회에서는 개인의 발전이나 이익보다는 집단의 발전과 이익이 우선시된다. 따라서 개인의 이익에 반하는 의사결정이라도 집단의 이익에 正(+)의 효과를 미치는 것이라면 이에 따라야 하는 것이 통념으로 되어 있다. 그렇다고 집단이 개인의 무조건적인 희생만을 요구하는 것이 아니라 집단의 차원에서 개인의 이익과 발전에 대한 보장을 해 준다. 또한 공간의 활용에서도 개인중심적 인간관계를 가지는 경우와는 반대로 공간을 집단의 구성원들이 공유하는 경향이 강하다. 집단중심적 인간관계를 가진 대표적인 국가로는 일본을 들 수 있다.

③ 권위주의적 인간관계

개인보다는 집단이 우선시되는 사회에서 권위주의적인 성향이 강한 것으로 나타난다. 즉, 집단을 유지시키기 위해서는 상명하복의 명령적인 조직체계가 필요하며 조직의 상층부는 하부조직에 대해 권위를 가지게 된다. 또한 권위의 손상을 치욕으로 느끼며 자신에 대한 중대한 도전으로 받아들인다.

이와 같은 인간관계의 특성에 따라 기업의 주요활동인 기업구성원의 선발, 조지구성, 의사결정 등이 달라지게 된다. 개인중심적 인간관계가 일반화된 사회에서 새로운 구성원의 선발은 개개인의 능력이 중시되며 업무에 있어서 개인별로 자율적인 권한을 부여하여야 한다. 또한 개인의 조직 내 위치는 직무표, 조직구성체계도 등을 통해 확연히 구분될 수 있어야 한다. 의사결정 방식에 있어서도 한 개인의 의사결정이 우선시되며 이에 대하여 조직의 다른 구성원들의 동의를 구하는 방식을 통해 의사결정을 이루게 된다.

반면 집단중심적 인간관계가 일반화된 사회에서 기업은 인력관리의 측면에서 자신이 소속된 집단, 예를 들어 학연, 지연, 혈연 등을 중심으로 인력채용이 이루어지며 경영체제도 족벌위주 또는 친족위주의 경영제도를 택하게 된다. 일본, 대만, 한국 등은 이러한 인간관계를 형성하는 대표적인 국가들이다. 의사결정방식에 있어서도 다수의 조직구성원이 의사결정과정에 참여하여 집단적 의사결정을 내리는 방식을 취하게 된다. 이러한 의사결정방식은 개인주의적 방식보다 조직의 모든 구성원들의 이해와 동의를 필요로 하기 때문에 많은 시간을 필요로 하며 경직될 수 있다. 그러나 일단 의사결정이 이루어지면 모든 조직구성원들이 그 내용에 대하여 알고 있기 때문에 즉시 실행에 옮길 수 있다.

(4) 인간활동의 유형

인간활동의 유형이 정적 혹은 소극적인가, 아니면 동적 혹은 적극적인가로 나눌 수 있으며, 이는 인간의 본성, 인간과 자연의 관계 및 인간관계와 연관지어 생각할 수 있다.

① 동적 혹은 적극적인 인간활동 유형

인간의 본성을 학습과 교육에 의해 바꿀 수 있고 인간이 자연을 정복하고 지배할 수 있다고 보며, 개인중심적 인간관계가 일반화된 사회에서는 동적 혹은 적극적인 인간활동 형태가 일반적이다. 기업경영의 관점에서는 구성원들이 적극적인 사고방식을 가지고 있기 때문에 동기부여만 잘하면 사기가 올라가고 생산성이 향상될 수 있다.

② 정적 혹은 소극적인 인간활동 형태

인간의 본성은 타고나는 것이어서 바꾸기가 어렵고 인간은 자연과 조화롭거나 순응하는 태도를 가져야 한다고 보며, 집단중심적 인간관계가 일반화된 사회에서는 정적 혹은 소극적 인간관계가 일반적이다. 기업경영의 관점에서는 구성원들이 오로지 자신에게 주어진 일만을 수동적으로 수행하기 때문에 승진, 임금인상 등의 동기부여가 제대로 효력을 발휘하지 않는다. 따라서 업무를 보다 과중하게 부과하고 지속적으로 관리 · 감독하는 방법이 효율적일 수 있다.

(5) 시간관념

사회의 구성원들의 시간에 대한 관념을 기준으로 과거지향적(전통적)인가, 현재지향적(찰나적)인가, 미래지향적(목표지향적)인가로 구분한다. 일반적으로 일본, 한국, 중국 등의 동양문화권의 나라들은 전통을 중시하는 과거지향적인 시간관념을 가지고 있으며, 미국이나 유럽의 국가는 미래지향적인 시간관념을 가지고 있다.

이러한 시간관념은 기업경영방식에 영향을 미치는데 미국이나 유럽의 경우 기업이 미래지향성을 가지고 과감한 변화와 혁신을 주도하려는 노력을 많이 한다. 따라서 기업의 혁신에 장애가 되는 것은 모두 없애고 새로운 것으로 대체하고자 하며 그 성과도 단기간에 나타나기를 기대하는 경향이 있다. 반면 일본이나 한국, 대만과 같은 나라의 기업들은 조직구조의 뿌리를 뒤흔드는 혁신보다는 기업의 전통을 유지하면서 서서히 내부적인 변화를 모색한다. 일본기업들의 경우 이러한 전통을 중시하는 기업문화로 인하여 종신고용제, 연공서열제 등의 관리방식이 생겨나게 되었던 것이다.

하지만 기업활동의 글로벌화는 새로운 기업환경을 창조하는 계기가 되었으며 이에 따라 기업경영방식도 점차 융화되어 가는 경향이 있다. 특히 미국기업들은 위기에 빠지게 된 후 일본기업의 전통적인 경영방식을 배우고자 노력하였으며 벤치마킹과 같은 경영기법을 도입하여 기업경영방식의 변화를 모색하였다.

이상에서 문화의 차이에 관한 클러크혼과 스트로드백의 모형을 살펴보았다. 이 모형은 각 명제에 대한 문화 비교를 통하여 이들 문화의 차이가 기업경영활동에 어떤 영향을 미치는가에 대해 설명하고 있다. 그러나 문화의 여러 측면 중 일부 항목만 비교한 것일 뿐 문화 전체를 완전히 이해할 수 없다는 단점이 있다.

3) 홉스테드의 모형

홉스테드(G. Hofstede)는 각국의 문화 차이로부터 기업구성원의 활동양식이 달라진다는 점에 착안하여 문화의 차이가 기업구성원의 행동양식에 어떤 영향을 미치며, 이것이 기업활동에 어떤 영향을 미치는가에 대해 설명하고 있다. 그는 다음 네 가지를 문화 구분의 기준으로 삼았다. 첫째, 개인주의 대 집단주의(individualism vs. collectivism), 둘째, 권력의 집중 정도(large or small power distance), 셋째, 불확성의 회피 정도(strong or weak uncertainty avoidance), 넷째, 남성다움 대 여성다움(masculinity vs. feminity)의 네 가지를 문화 구분의 기준으로 삼고, 50개 국가와 3개 지역을 대상으로 조사하였다.[31]

(1) 개인주의 대 집단주의(individualism vs. collectivism)

홉스테드의 개인주의와 집단주의에 대한 연구는 전체가족이나 집단(종족, 국가집단, 조직체)과 개인간의 유대관계나 책임의 수용 정도를 구분함으로써 유대관계 및 책임이나 의무의 수용 정도가 약한 경우를 개인주의, 집단과의 유대관계 및 책

31 어윤대 외, 앞의 책, pp. 126~141.

임이나 의무의 수용 정도가 강한 경우를 집단주의로 구분하고 있다.

개인주의의 경우에는 자기 자신과 직계가족에게만 관심을 가지고 종족, 조직체, 국가집단에 대해서는 자신의 이익과 결부된 상황하에서만 관심을 가지게 된다. 이러한 개인주의적 성향은 핵가족제도가 잘 발달된 미국 · 영국 · 네덜란드 등에서 나타난다. 반면에 집단주의의 경우에는 자기가 속한 집단과 그 이외의 집단을 엄격히 구분하며 자신이 속한 조직이나 국가집단 등 공동체를 위해 자신의 모든 것을 희생하는 형태의 행동양식이 나타나게 된다.

기업활동이 국제화되면 진출대상국 국민들의 개인주의적 혹은 집단주의적 성향이 기업활동 및 조직에 많은 영향을 미치게 되는데, 이를 요약하면 [표 6-6]과 같다.

| 표 6-6 | 개인주의와 집단주의가 경영조직에 미치는 영향

집단주의 성향이 높은 국가	개인주의 성향이 높은 국가
① 개인은 조직에 참여해야 한다. ② 기업의 구성원과 조직의 관계는 가족적 유대관계를 가짐으로써 조직은 구성원의 이익과 복지에 결정적인 영향을 미친다. ③ 각 구성원은 자신이 속한 조직을 믿고 그 조직에 대해 충성과 희생을 바친다. ④ 권위가 중요시되기 때문에 상급자의 명령은 절대적인 것이며 하급자가 상급자를 무시하거나 앞서 나가서는 안 된다. ⑤ 기업은 급격한 변화보다는 내부적인 수정 · 보완을 통한 점진적인 변화를 추구하게 되며 과거의 관행이 중요시되는 경향이 있다.	① 개인은 자신의 이익을 우선시하며 조직에 대한 참여도 이익이 있을 경우에 하게 된다. ② 기업의 구성원과 조직의 관계는 이익을 공유하는 관계로서 조직이 구성원의 이익과 복지에 영향을 미치기는 하지만 기본적으로는 모든 것을 책임지는 형태가 아니다. ③ 각 구성원은 조직 전체의 이익보다는 자신의 이익에 더 관심을 가지기 때문에 조직에 대한 충성과 희생을 기대할 수 없다. ④ 상하의 종속적인 관계보다는 개인적인 창의력과 능력이 중요시되며 상급자보다 능력이 뛰어날 경우 상급자보다 진급이 빠를 수도 있다. ⑤ 기업은 계속적인 혁신과 변화를 모색하며 단기적인 이익을 중요시한다.

자료: G. Hofstede, *Culture's Consequences, International Difference in Work Realted Values*, Beverly Hills: Sage, 1980, pp. 238~239.

(2) 권력의 집중 정도(large or small power distance)

홉스테드는 권력의 집중에 대한 사회구성원의 반응과 수용 정도를 평가함으로써 그 사회가 권력의 집중을 인정하는 사회인가 아니면 권력의 집중을 인정하지 않는 사회인가로 구분하고 있다.

일반적으로 권력의 집중 정도가 강하면 중앙에서 모든 사항을 통제하고 계획하게 되며 권력은 소수의 집권층에 귀속되어 권력간의 간격이 크게 나타난다. 권력 집중 정도가 강한 국가로는 필리핀 · 베네수엘라 · 인도 등 집단주의적 성격이 강한 국가를 들 수 있다. 반면에 권력의 집중 정도가 약한 사회에서는 권력이 분산되어 있기 때문에 한 계층이나 한 조직이 모든 부문을 장악하고 통제할 수 없다. 따라서 권력간의 간격은 작게 나타나게 된다. 권력 집중 정도가 약한 국가로는 덴마크 · 이스라엘 · 오스트리아 등 개인주의적 성격이 강한 국가들을 들 수 있다.

(3) 불확실성의 회피 정도(strong or weak uncertainty avoidance)

인간의 생활은 불확실성의 연속이다. 언제 자기 자신에게 무슨 일이 생길지 모르는 상태하에서 하루하루를 살아가고 있다. 이러한 불확실성을 회피하기 위하여 종교에 의지하기도 하고 집단을 이루어 공동으로 대처하기도 한다. 여기서 불확실성의 회피란 한 사회의 구성원들이 불확실성을 어떻게 인지하고 불확실성으로부터 유발되는 위험을 어떤 방법으로 해결하려고 하는가를 의미한다.

불확실성에 대한 회피성향이 강한 사회에서는 법률이나 제도를 마련하여 미래에 대한 불확실성을 제거하려고 노력하는 반면 불확실성에 대한 회피성향이 낮은 사회에서는 일반적인 규범이나 관습을 이용하여 미래에 대한 불확실성을 제거하려고 한다. 불확실성에 대한 회피성향이 약한 국가로는 라틴국가 · 유고슬라비아 · 그리스 · 터키 · 일본 · 한국을 들 수 있고, 불확실성에 대한 회피성향이 강한 국가로는 덴마크 · 스웨덴 · 영국 · 아일랜드 등을 들 수 있다.

국제기업은 진출대상국의 불확실성 회피 정도에 의해 현지의 기업이나 정부와의 거래 시에 많은 영향을 받게 된다. 현지국이 불확실성에 대한 회피성향이 약한 국가인 데 반해 진출기업의 본국은 불확실성에 대한 회피성향이 강한 경우 분쟁이 발생하게 되면, 진출기업은 명백히 규정된 법이나 제도를 이용하여 이를 해결하려고 할 것이며, 반면 현지국 기업은 일반적인 규범이나 관습으로 해결하려고 할 것이다.

또한 불확실성의 회피성향에 따른 경영조직상의 문제도 제기되는데 불확실성에 대한 회피성향이 강한 문화를 가진 경우 개인의 업무영역은 정확히 규정되고, 해당 업무에 대한 전문가가 많으며, 경영조직이 표준화되어 있는 경우가 많고, 직무에 관한 만족도가 높다. 반면 불확실성에 대한 회피성향이 약한 경우 개인의 업무영역이 명확히 구분되지 않고, 전문가의 수가 적으며, 경영조직이 여러 가지 다양한 형태로 구성되며, 직무에 대한 만족도가 낮은 편이다.

(4) 남성다움과 여성다움(masculinity vs. feminity)

남성다움과 여성다움의 정도는 그 사회를 구성하는 여성들과 남성들이 사회에서 차지하는 비중과 권위 및 역할의 정도에 따라 구분될 수 있다. 남성다움이 강한 사회에서는 성별에 따른 역할의 구분이 이루어진다. 주로 남성이 사회활동을 통하여 가족의 생계를 부양하고 여성의 활동은 가족을 돌보는 일에 국한되는 경향이 있다. 반면 여성다움이 강한 사회에서는 여성들의 사회진출에 제약이 없고 여성들도 능력만 있으면 남성보다 우월한 지위에 있을 수 있다.

남성다운 정도가 강한 사회의 경우 남성들은 출세지향적이고, 개인보다는 조직이 우선시되며, 전문인력에서 여성이 차지하는 비중이 작으며, 직무에 도전적인 성향을 가지는 경우가 많다. 반면, 남성다운 정도가 약한 사회의 경우 조직과 개인을 엄연히 구분하는 성향이 강하고, 전문가 중에 여성이 차지하는 비중이 높으며, 직무수행에 있어 유화적인 성향을 가지는 경우가 많다.

3. 문화적 환경의 체계적 분석

기업의 해외진출 시 문화적 환경을 분석함에 있어서 여타 기업의 과거 경험을 다루는 것만으로 해외에서 경험할 수 있는 문화적 환경의 차이를 모두 습득할 수는 없다. 따라서 본 서에서도 문화적 환경의 몇 가지 단면을 예시적으로 보여 주는 것 이상의 설명은 하지 못한다. 그러나 국제마케팅활동 수행 시 문화적 차이를 다룰 수 있는 분석체계를 제시함으로써 문화적 환경을 체계적으로 분석하는 데 도움이 되고자 한다.

기업의 국제마케팅관리자들은 자기판단기준(self-reference criterion) 때문에 문화적 환경을 제대로 분석하지 못하는 경향이 있는데, 자기판단기준이란 자신의 문화적 가치관에 대한 무의식적 참고라고 할 수 있다. 사람들은 각 문화 내에서 어떤 진리와 기초적인 사실을 받아들이게 되는데, 이러한 것들은 개개인의 경험의 일부분을 이루고 그 문화권 내에서는 좀처럼 도전을 받지 않는다. 사람들은 선천적으로 미지의 상황에 처할 때마다 새로운 문제를 해결하기 위해 이전의 경험에 의존하려는 경향이 있다. 따라서 해외진출 시 상이한 문화적 환경에서 새로운 상황이 발생하면 자기판단기준의 영향을 받아 그 상황에서는 도저히 적용될 수 없는 자신의 과거 경험을 바탕으로 판단하게 된다.[32]

국제마케팅관리자가 자기판단기준에 의한 위험을 회피하기 위해서는 다음과 같은 방식으로 문제에 접근해야 한다. 첫 번째 단계에서는 본국의 문화적 특성, 관습, 또는 규범의 관점에서 문제를 정의한다. 이 단계에서는 자기판단기준을 이용할 수 있다. 두 번째 단계에서는 진출대상국의 문화적 특성 · 관습, 또는 규범의 관점에서 문제를 정의한다. 이 단계에서는 가치판단을 피해야 한다. 세 번째 단계에서는 문제와 관련한 개인의 편견을 분리시키고, 개인의 편견이 문제를 복잡하게 하는지 또는 어떻게 복잡하게 만드는지에 대해 분석한다. 마지막 단계에서는 최적의 해결책을 찾기 위해 자기판단기준을 이용하지 않고 문제를 다시 정의한다. 그리하여 본국의 문화에 속박된 사고가 개입되지 않고 문제를 판단하도록 한다.

제4절 문화적 환경에 대한 대응전략

1. 문화적 환경대응의 유형

기업은 진출대상국의 문화적 환경에 대하여 대응전략을 마련해야 하는데, 이와 같은 대응전략의 방향을 크게 다음과 같이 세 가지로 분류할 수 있다.

첫째, 진출대상국의 문화적 환경에 적응하는 전략이다. 이 전략은 현지국에서의 마케팅활동을 원활히 수행할 수 있고 현지국 정부 및 고객과의 마찰을 줄이는 데

32 James E. Lee, "Cultural Analysis in Overseas Operations", *Harvard Business Review*, March–April 1966, pp. 106~114.

유리한 반면, 기업이 세계시장을 대상으로 활동하는 경우 한 국가의 환경에 기업이 지나치게 좌우됨으로써 기업 전체적인 효율성과 통제력을 감소시킬 위험이 있다.

둘째, 기업목표를 정해놓고 이에 맞추어 진출대상국의 문화적 변화를 유도하는 전략이다. 이 경우 각 문화의 요소를 잘 파악하여 변화에 저항하는 문화요소를 촉진요소로 전환시키는 능력과 노력이 중요시된다. 하지만 이를 위해서는 많은 시간과 비용이 들며, 기대했던 바와 같은 문화적 변화가 일어나지 않을 경우 기업은 손실을 입을 가능성도 많다.

셋째, 기업이 현지국의 문화에 적응하려는 노력이나 계획적으로 문화를 변화시키려는 노력을 하지 않고 현지국의 문화가 자연적으로 변해서 기업목표와 일치할 때까지 기다리는 전략이다. 이 전략을 시행하기 위해서는 기업은 상당한 기간을 기다려야 하며 장기적인 문화 변화에 대한 뛰어난 예측력을 보유하고 있어야 한다. 또한 공격적인 경쟁기업이 이 국가에 먼저 진출하여 시장확보를 추구하는 경우, 문화가 변화되기만을 기다리다 가는 유망한 잠재시장을 상실할 위기에 처할 가능성도 있다.

2. 문화적 환경적응전략

1) 적응의 필요성

이제까지 살펴본 바와 같이 문화적 환경은 기업의 국제마케팅활동의 모든 부문에 영향을 미친다. 해외시장에 진출하는 기업은 과거에 접해 보지 못했던 새로운 문화적 환경에 노출되므로 당황함과 혼란을 느끼게 되며, 이에 대한 적응이 필요함을 깨닫게 된다.

하지만 새로운 문화적 환경에 적응한다는 것은 결코 쉽지 않은 일이다. 이는 국제마케팅관리자가 이미 체득하고 있는 자기판단기준(self-reference criterion)이 있기 때문이다. 해외에서의 마케팅활동 수행 중 특정상황에 직면했을 때, 이를 자신의 판단가치와 기준으로 이해하고 반응하게 되면 현지의 문화적 환경과 배치되는 형태의 행동으로 표출되기 쉽다. 자기판단기준이 강한 사람일수록 문화적 충격

(cultural shook)에 빠질 가능성이 많으며, 이로 인해 기업활동에 지장을 줄 뿐만 아니라 개인적으로도 스트레스와 건강악화 등을 유발할 수 있다.

2) 적응방안

기업은 개개인의 문화적 적응력에 대한 상세한 조사자료를 바탕으로 국제마케팅 관리자를 선발해야 하며, 또한 그가 진출대상국의 문화적 환경에 적응할 수 있도록 관련된 교육과 훈련을 병행하여야 한다. 문화적 환경에 대한 기업의 적응전략은 가장 일반적이며 성공확률도 가장 높다. 진출대상국의 문화적 환경에 대해 적응해야 되는 기업활동영역을 크게 마케팅, 최고경영자 및 국제마케팅관리자, 기업조직 및 제도로 분류하여 살펴보면 다음과 같다.[33]

(1) 마케팅의 적응

각 문화별로 문화적 환경요소들의 실질적 내용은 다르게 나타난다. 이로 인해 기업이 고객과 시장을 대상으로 한 마케팅활동을 함에 있어서 통합적이고 표준화된 마케팅활동보다는 현지 적응적이고 세분화된 마케팅활동이 필요하게 된다. 특히 오랜 전통을 가지고 있고 문화적 자존심이 강한 나라에 진출할 경우, 마케팅활동의 현지적응은 더욱 필요해진다. 만일 마케팅활동이 현지의 문화적 환경에 적응하지 못하거나 적응하려는 노력을 하지 않는 경우 현지에서의 기업활동이 성공할 확률은 크게 줄어들게 된다.

(2) 최고경영자 및 국제마케팅관리자의 적용

최고경영자의 기업운영에 관한 철학과 미래에 대한 비전, 그리고 앞으로 기업이 나아가야 할 방향 등에 관한 생각은 기업의 경영활동 전반에 많은 영향을 미친다. 만일 최고경영자가 해외시장 진출을 필요 없는 행위로 여기거나 소극적인 사고방식을 가지고 있다면 효과적인 국제마케팅활동이 이루어지기 어려울 것이다. 따라서 국제마케팅활동의 수행에는 최고경영자의 과감한 지원 및 해외시장의 문화적 환경에 대한 적응이 필요하다.

33 어윤대 외, 앞의 책, pp. 141~144

한편 사람이 다른 문화를 접하게 되면 소위 문화충격(cultural shook)을 경험하게 된다. 해외진출 시 국제마케팅관리자들은 이러한 문화충격을 극복할 수 있는 방법을 스스로 터득해야 한다. 해리스와 모란(Harris & Moran)은 문화적 충격을 극복하기 위한 방법으로 다음의 10가지를 제시하고 있다.[34]

① 문화적으로 무장하라.
② 현지의 의사소통의 복잡성을 배워라.
③ 현지 국민과 모국 국민을 혼합하라.
④ 독창적이고 실험적이 되라.
⑤ 문화적으로 민감하라.
⑥ 현지국 문화의 복잡성을 인식하라.
⑦ 스스로를 문화의 수용자로 인식하라.
⑧ 참고 이해하며 현지 사람들에 대해 수용적이 되라.
⑨ 가장 현실적으로 기대하라.
⑩ 다른 문화를 경험해 보라.

(3) 기업조직 및 제도의 적용

기업의 국제화가 진행될수록 자체적인 조직의 확대와 제도적인 보완이 필요한 것은 말할 것도 없고, 이에 더하여 현지국의 문화적 환경에 맞추어 기업조직이나 인사관리제도 등이 개편되어야 한다.

34 Philip R. Harris and Robert T. Moran, *Managing Cultural Differences*(2nd ed.), Houston: Gulf, 1987, pp. 212~215.

Case Study

사례연구

1) 아르헨티나의 상거래 문화[35]

남미의 대국 아르헨티나는 극심한 경제위기를 겪었음에도 불구하고 자국의 교육시스템이나 문화에 대한 자부심이 강하며 예의와 신뢰를 중시한다. 아르헨티나는 프랑스, 독일, 포르투갈, 스페인 등 유럽 각지에서 기원한 민족으로 구성되다 보니 풍부한 문화를 갖고 있으며 특히 유럽과 문화와 관습이 유사해 '남미의 유럽'으로 불린다. 이번 사례에서는 부에노스아이레스 무역관을 통해 아르헨티나 바이어와 만났을 때 유의해야 할 관습을 알아보기로 한다.

① 개요

아르헨티나인들은 처음 보는 사람과도 대화를 잘 하고 마음을 여는 편이다. 예의를 중시하며 포옹이나 볼을 맞대고 입맞춤 소리를 내는 방식으로 반가움과 애정을 표시한다. 대화 시 종교나 정치, 말비나스 섬(포클랜드)이나 영국 등 껄끄러운 주제는 피하는 것이 좋다. 복장 등을 소재로 농담을 하는 경우가 있는데 대수롭지 않으므로 기분 나빠할 필요는 없다.

모임 주최 측에서 현지 전통차인 마테차를 제공하기도 하는데 쓴맛에 당황하지 말아야 한다. 아르헨티나인에게 마테차를 마시는 것은 하나의 관습이자 의식과 같다.

아르헨티나인들은 속삭이는 습관이 있다. 특히, 여성의 경우, 길을 가다 낯선 남성이 뭐라고 속삭일 경우 너무 나쁘게 받아들이지 말 일이다.

② 인사

아르헨티나인은 제3자가 소개해 주는 것을 선호하는 만큼 모임에서는 주최자의 소개를 기다리는 것이 좋다. 제3자가 없다면 양측이 직접 진행한다. 아르헨티나 사회에서는 타인의 눈에 비치는 모습을 중시하므로 무엇을 말했는지뿐만 아니라 어떤 식으로 소개를 했는지도 판단한다.

초면에 하는 인사는 정중해야 하며 연장자 또는 가장 높은 직위의 사람에게 먼저 한다. 악수는 눈을 맞추고 환하게 웃으며 하는데 눈을 계속 맞추는 것은 호감의 표시로 간주된

35 • 아르헨티나와 비즈니스할 때 꼭 알아야 할 상관습, KOTRA, 2012.4.5.
• 아르헨티나와 거래하기, 주간무역, 2012.5.11.

다. 일반적인 인사는 악수지만 머리를 살짝 숙이기도 하는데 이럴 때는 정확히 눈을 바라봐서 신뢰감을 주는 것이 좋다.

관계가 돈독해진 뒤에는 친근함을 표시하기 위해 남자끼리는 포옹, 여자끼리는 볼을 맞대고 입맞춤 소리를 내는 것이 보통이다. 당신의 외모에 대해 약간의 농담을 하는 것은 공격적 의미보다는 신뢰를 표현하는 것이다.

③ 호칭

초면에는 '당신(우스뗏)'이라는 호칭을 사용하고 주최 측에서 먼저 이름을 부르면 그때부터 이름으로 바꾸는 것이 바람직하다. 잘못된 이름으로 남을 부르는 것은 예의에 어긋나므로 소개를 들을 때 스페인어로 된 이름을 제대로 알아듣지 못했으면 그냥 넘어가지 말고 다시 말해 줄 것을 요청한다.

명함은 공식적인 자리 외에서도 주고받을 수 있으며 상대방이 이름을 바로 읽을 수 있는 쪽으로 건넨다. 이때 가능하면 스페인어로 번역한 명함을 준비하는 것이 좋다. 아르헨티나 바이어의 80%는 영어를 잘 못한다. 중요한 자리에서는 직함을 기억하고 부르는 것이 좋으나 상대방의 직함을 모르는 경우 '쎄뇨르', '쎄뇨라'를 성 앞에 붙여도 무방하다.

④ 선물

일반적으로 면담을 신청한 쪽이나 방문하는 쪽에서 예의상 준비하는 것이 관례다. 선물은 가죽제품, 와인 등 현지에서 흔한 물건이나 칼, 가위 등과 같은 관계 단절을 의미하는 것은 피한다.

수입규제가 심한 아르헨티나인들에게는 한지 명함통이나 한지 보석함 같은 한국 전통 공예품이 좋으며 유명 메이커의 위스키, 프랑스산 샴페인, 수입 초콜릿, 꽃 등도 적절하다. 특히 술의 수입관세가 매우 높으므로 수입 술은 매우 좋은 선물로 간주된다. 선물은 받는 즉시 열어 보고 감사인사를 한다.

⑤ 협상

아르헨티나는 중남미 다른 나라보다 보수적이며 어떤 행위의 결과에 매우 신중한 편이다. 아르헨티나 사람들은 부담감이나 압력하에 협상하는 것을 꺼려 협상이 매우 천천히 이뤄지므로 공격적인 태도나 급하게 밀어붙이는 식의 전략은 역효과를 가져올 수 있다. 어떤 개념을 강요하거나 공격적이기보다 상대방이 여유 있게 검토하도록 시간을 주어야 한다. 비즈니스 전 여행이나 책을 통해 현지 기본 정보를 숙지하고 사업 관계자를 미리 알아두어 유대관계를 형성하면 편안한 분위기의 연출이 가능하다.

아르헨티나는 관계를 중시하는 나라로 인적 네트워크를 구축하고 이를 잘 이용할 필요가 있다. 회사 대표가 바뀐 경우 회사 네트워크보다 대표 한 사람의 인적 네트워크가 더 중요할 때가 있을 정도다. 아르헨티나인들은 복잡한 가족, 친구관계를 유지하면서 도움을 주고받는 데 이를 이용하기도 한다.

서구 사회와 달리 유명한 사람의 이름을 자신과 관련지어 얘기하거나 친족을 등용하는 등의 행위는 부정적인 의미로 받아들여지지 않고 오히려 득이 될 수도 있다. 아르헨티나인들은 자신이 잘 알고 믿는 사람과 비즈니스하기를 좋아하기 때문이다. 일단 한 번 인간관계가 구축되면 회사와의 관계보다 개인과의 의리를 더 중요시하는 것도 이 때문이다.

아르헨티나의 비즈니스 사회는 매우 관료적이므로 결정사항이 최고위직에 있는 사람에게 전달될 때까지 많은 처리단계를 거치며 시간이 오래 걸린다. 고위직에게 존경을 표하는 것이 중요하며 같은 직급의 사람끼리는 편한 대화가 가능하다. 아르헨티나인은 동의하지 않는 것에 대해 직접적으로 표현하기 꺼려 하기 때문에 뉘앙스와 행간의 의미를 잘 파악하는 것이 중요하다.

⑥ 미팅

이벤트나 파티에서는 중남미의 여타 나라들처럼 15분 정도 늦는 것은 어느 정도 용인이 되나 중요한 식사나 정해진 시각이 있으면 지켜야 한다. 관료적인 단체의 간부는 중요할수록 늦게 나타나기도 한다. 아르헨티나 사람들은 사전에 약속하고 따로 확인 전화를 하지 않으므로 변동사항을 확인하기 위해 먼저 연락을 해두는 것이 좋다.

회의는 모든 참가자의 출석을 기다렸다가 하며 회의가 끝나면 모두에게 일대일로 작별인사를 인사하는 것이 예의다. 말할 때 손을 허리에 얹는 것은 피하고 식탁이나 상자 등에 기대지 않도록 주의한다. 다만 보디랭귀지는 아르헨티나에서 매우 중요하므로 눈을 지속적으로 마주치고 말할 때는 손을 허리나 엉덩이에 두지 말며 하품이나 재채기할 때 입을 손으로 가린다.

비즈니스 업계가 매우 보수적이기 때문에 화려한 것보다 보수적이고 평범한 의상을 택하는 것이 좋으며 남성은 정장에 어두운 색깔의 타이를 착용하고 여성은 짧은 바지보다 여성복이나 블라우스를 입는다.

약속은 이메일이나 전화로 1~2주 전에 하는 것이 좋다. 1~2월과 크리스마스 전후는 휴가기간이고 7월 중순은 스키 타러 가는 사람들이 많으므로 피하는 것이 좋다.

⑦ 식사

레스토랑에서의 점심이나 저녁식사가 일반적이며 대개 집으로 초대하지 않는다. 일반적으로 오후 8~10시에 저녁식사 약속을 잡고 주말에는 더 늦게 잡는다. 오후 4~6시 사이에는 차, 커피나 빵과 케이크를 먹는다. 오찬은 오직 부에노스아이레스 시에서만 흔하다.

모임의 주최자가 자리를 지정해 줄 때까지 기다리며 주최자가 먹으라고 권할 때까지 식사를 시작하지 않는 것이 관례다. 종업원을 부를 때는 손가락을 세워 '모조'라고 하며 소리를 내며 먹지 않도록 주의한다.

주류에 붙는 수입관세가 높으므로 아르헨티나산 음료를 선택하는 것이 좋다. 또 담배를 피울 때는 상대방에게 양해를 구하고 흡연구역인지 확인한다. 와인을 왼쪽으로 따르는 것은 큰 실례이며 식사는 즐기는 자리인 만큼 사업 이야기는 하지 않는 게 좋다. 특히 아르헨티나는 와인을 식사에 곁들이는 음식문화가 있는 만큼 와인과 관련된 금기와 예의도 많아 이를 잘 알지 못한다면 와인 따르기를 최대한 피하는 것이 바람직하다.

⑧ 가정방문

아르헨티나 가정에 초대받으면 옷을 잘 차려입는 것이 좋다. 남성은 재킷과 타이, 여성은 드레스나 스커트와 블라우스가 적당하다. 저녁식사에 초대받은 경우 주최자용 선물을 준비한다. 정시보다 30~40분 늦게 도착하며 모임 다음 날 전화로 감사인사를 전한다.

⑨ 무역거래 관습

아르헨티나는 유럽, 미국, 아시아에 비해 작은 시장이며 현지 바이어들도 처음에는 대부분 적은 양으로 거래를 시작한다. 수입업체는 현지대리점이나 유통점으로 독점권을 요구하는데 이는 다른 회사와 같은 물품을 갖고 경쟁할 만큼 시장이 크지 않기 때문이다. 최근 들어 얼마나 쉽게 대금을 지불할 수 있는지가 중요해지고 있으며 공급업체의 부분적 파이낸싱이 필요하다.

한국기업들은 다양한 수출입 규제와 아르헨티나 수입업체를 지원하기 위한 조약의 변경사항들을 알고 있어야 한다. 이는 수입업체가 제시한 가격, 운임, 보험료, 통관세, 수입세 이외에도 비용이 발생하는 부분이기도 하다.

아르헨티나시장은 질도 중요하나 가격이 구매결정의 주요요소다. 현지에서는 한국제품이 중국, 말레이시아, 태국, 대만 등 다른 아시아제품보다 비싸다고 생각하며 일본과 미국제품과 유사하다는 것에 놀라는 편이다.

일반적으로 아르헨티나에서 현지관습을 존중하고 상대방을 정중히 대하면 인종차별을 경험하는 일은 없으며 오히려 혜택을 받는 경우가 많다. 하지만 에티켓을 지키지 않거나 중남미국가라고 하대하면 불쾌한 반응을 보이는 것이 당연한데도 이를 간과해 그들을 인종차별적이라고 오해하는 경우가 종종 발생한다. 특히 웨이터, 주차요원, 청소부 등 저소득층이나 서비스업 종사자를 한국식으로 함부로 대할 경우, 인종 때문이 아닌 본인의 에티켓 부족으로 차별받을 수 있으므로 유의한다.

원활하지 못한 스페인어나 영어로, 흔히 서양식이라고 생각해 상대방에게 정중하지 않은 말투나 단어로 불쾌감을 준다면 아르헨티나 사람 특성상 인종을 불문하고 호전적인 반응을 보이는 경우가 많다. 언어에 자신이 없다면 통역을 활용하는 것이 낫다.

2) 해외 자회사 경영관리와 현지문화[36]

1930년대 초에 처음으로 일본에 진출해서 일본 내 제약 및 화학품 제조업체인 야마자키사의 유통망을 통해 약품판매를 해왔던 미국 최대의 제약회사인 위버 제약회사는, 2차 세계대전으로 그 판매가 일시 중단되었지만 1948년에 다시 그 수출을 재개하게 되었다. 그러나 위버사는 점차 일본 내에서 치열해지고 있는 경쟁에서 살아남기 위한 방편으로 1954년 야마자키사와 합작으로 위버-야마자키사라는 일본 내의 자회사를 설립하였다.

이 자회사의 건립으로 고품질의 특수제품만이 미국에서 일본으로 수입되었고, 나머지의 모든 일본 내 수요는 자회사의 생산능력으로 충당할 수 있게 되었다. 한편 이 자회사는 두 개의 모기업으로부터 불필요한 중복투자가 발생하는 것을 회피하기 위해 독자적인 연구개발 투자를 수행하였고, 이 투자를 통해 상당한 신제품의 개발이 이루어졌으며, 그 신제품 중 일부는 세계 각지에서 인기를 끌기도 하였다.

미국의 위버사, 즉 모기업은 위버-야마자키사의 운영을 하나의 아주 성공적인 사례로 평가하고, 일본인 생활수준의 안정적 성장에 비추어 이 자회사의 장래에 많은 기대를 하였다.

이 자회사의 사장은 쇼조 스스키로서 그는 야마자키사의 부사장이면서 다른 몇 개의 자회사에서도 사장직을 맡은 사람이었다. 따라서 스즈키 사장은 위버-야마자키사의 기본정책경영에 제한적으로만 참여했고, 일상적인 경영업무는 프레스코트가 담당하고 있었으며, 히긴스와 몇몇 일본인 이사가 그를 돕고 있었다. 일부 다른 미국인들도 이 자회사에 근무하긴 했지만 이들 미국인들은 주로 연구개발 분야에만 관여하며, 전반적인 경영일선에는 참여하지 않고 있었다.

미국 위버사의 인사관리정책을 살펴보면 본사의 국제영업부서에서 출장방식으로 해외자회사에 배치하는 미국식의 인사정책을 취하고 있으며, 일반적으로 그 파견기간은 3~5년이며 해외자회사 파견직원의 숫자는 일정하게 제한되어 있었다. 그러나 직원의 출장기간

36 John D. Daniels & Lee H. Redebaugh, *International Business*(5th ed.), Addison Wesley Publishing Company, 1989, pp. 108~111.

에는 탄력적인 정책이 취해지고 있는데, 현지국의 보다 정확한 사정을 파악하기 위해 파견직원 본인의 희망에 따라 그 기간의 연장이 가능했다.

1960년 전임자를 대신해 일본 자회사의 경영 총관리자로 부임해 온 프레스코트는 25년간 위버사에서 국제업무만을 담당해 온 인물로 인도, 필리핀, 멕시코에서 근무한 바 있으며, 본사 국제부서에서도 수년간 경력을 쌓았다. 그는 일본에서의 영업확장에 관심을 기울였고 그의 취임 이후 2년이 지난 후에는 자회사의 발전에 만족감을 느끼게 되었으며, 원활한 기능 수행을 위한 조직개편을 통해 성취감을 얻게 되었다. 그러나 그는 미국적인 관점을 버리고 일본문화에 흡수 · 동화되어 가는 한 관리자, 즉 히긴스의 태도 및 사고의 변화을 주시하면서 이에 대한 우려를 하고 있었다. 히긴스는 경영상의 효율성을 저해하는 '현지인에의 동화' 자세를 취하고 있었다.

미국의 중서부지역 출신인 히긴스는 주립대학 재학 중 언어에 대해 관심을 가지게 되었으며, 학기 중에 군에 입대하여 군사언어학교에 입학하는 기회를 부여받고, 동경에서 15개월간 통역 및 번역업무를 담당했다. 그는 일본 체류 중 일본어, 일본문학 및 역사에 대해 보다 깊이 있게 공부했고 한편으로는 많은 일본인 친구를 사귈 수 있었다. 히긴스는 귀국 후 1957년에 다시 대학에 복학해 일본어의 보다 효율적인 사용을 위해 경영학에 전념해 1958년 위버사에 입사한 후, 일 년간 사내 연수 후 일본으로 발령을 받게 되었다.

히긴스는 일본 자회사 근무에 아주 만족했고 그의 일본어 능력과 일본에 대한 관심 덕분으로 광범위하게 일본인 대중과 어울릴 수 있었다. 한편 그는 일본에서의 미국인들의 미국 중심적인 가치체계를 혐오하며 이를 시정해 보려고 노력했다.

그는 프레스코트와 그의 전임자하에서 일본 고객과의 분쟁해결, 무역거래상담, 일본정부 관리와의 협상, 마케팅계획 등의 업무를 담당하였다. 복잡하고 어려운 경영상의 문제에 대해 그는 두 책임자에게 많은 조언을 해 주었고, 이로 인해 그의 능력은 점차 인정받게 되었다.

프레스코트는 히긴스가 이처럼 완전하게 일본에 동화된 원인을 정리해 보았다. 1961년 히긴스는 미국에서 공부를 하고 일본의 명문대학을 졸업한 일본여성과 결혼을 했고, 결혼 이후 그는 일본 현지근무의 무기한 연장을 위버사에 요청해 승낙을 얻어 냈다. 이 결혼은 위버-야마자키사에서의 그의 역할에 대한 중요한 전환기였다. 그는 일본인 이웃과 친해지고, 집에서는 기모노를 입고, 공중목욕탕을 이용하며, 결혼식이나 이웃잔치는 물론 심지어는 불교식 장례식에도 참석했다. 더욱이 해외 자회사의 직원에게 2년마다 주어지는 2개월간의 모국 체류기간 동안에도 그의 아내와 떨어져 모국을 방문하기보다는 일본 내의 외지를 여행하는 것을 좋아했다.

여러 면에서 일본식 경영 스타일을 추구하는 히긴스는 많은 시간을 할애해 부하 직원의 개인적 고충을 듣고, 많은 사람들과 사회적 유대관계를 맺고, 심지어 젊은 직원의 결혼준비까지 담당함으로써 많은 직원들은 히긴스를 점차 주시하게 되었다. 이에 히긴스는 고용인을 대신해 경영자와 고용인 사이의 중재를 해 주며, 고용인 편에서 그들의 요구 관철을 주장했다.

히긴스는 프레스코트에게 아주 훌륭하게 중앙관리자의 생각을 전달해 주었지만, 프레스코트에게 있어서 히긴스는 절대 그의 편이 아니었다. 일본인의 기준에 맞게 위버-야마자키사의 운영체제를 개편해야 한다고 보는 히긴스의 주장과, 미국의 국제기업이 단순히 현지국의 문화에 동화되어서는 안 되며, 이 같은 동화는 오히려 외국인 투자회사에 일본정부가 요구하는 신사고와 혁신의 전파라는 측면에서도 바람직하지 않다는 프레스코트의 주장은 서로 대립을 보이고 있었다.

최근에는 프레스코트가 히긴스의 사고방식의 타당성에 의문을 품게 된 몇 가지 사건이 발생하게 되었다. 그중에 하나의 예를 들면 다음과 같다. 얼마 전 프레스코트는 그가 보기에 리더십 그리고 모든 면에서 자질이 부족하다고 판단된 한 관리자를 해고시킨 경우가 있었다. 그 관리자는 2년간 프레스코트와 상사로부터 계속 주의를 받아 왔지만, 거의 자기 개발을 하지 않았던 직원이었다. 그러나 히긴스는 이런 스타일의 해고는 전례 없는 해고라고 주장하며, 그 관리자가 지난 10년 동안 착실히 업무를 수행하여 왔고 성실하며 정직하므로 이러한 해고는 회사의 잘못이라고 비판했다.

그러나 그 관리자가 해고된 지 수주일이 지난 후 프레스코트는 해고된 관리자가 히긴스의 중재를 통해 야마자키 제약회사에 근무하고 있다는 사실을 알게 되었다. 이때 히긴스는 모든 일본인 회사에서 상사가 수행하는 일을 그가 수행했을 뿐이라고 말했다.

프레스코트에게 있어 이 사건은 단순한 것이 아니었다. 히긴스는 분명히 언어적 지식과 열성을 가진 아주 훌륭한 관리자이며, 프레스코트의 많은 미국인 친구들조차도 그와 같이 자질 있는 히긴스가 그의 보조자로 근무하는 것을 시기하고 있었다.

한편 많은 일본 내의 기업들이 히긴스에게 스카우트를 제안하고 있었다. 그러나 프레스코트는 히긴스가 일본에 대해 감정적으로 집착하는 태도가 기업의 효율성을 저해한다고 생각하였다. 프레스코트는 최고의 경영관리자는 미국적 관점에 기반을 두고 외국관습을 수용해야 한다는 관점을 가지고 있었다. 물론 외국의 문화적 관습을 이해하는 것은 육감을 통하여 이루어지지만, 절대 어떤 감정에 의한 혐오나 집착이 없는 객관적인 이해이어야 한다.

이와 같이 외국문화를 받아들이는 방법은 자국민 간에도 서로 상이할 수 있으므로 매우 조심스럽게 접근하는 것이 필요하다.

3) 각국의 음식문화[37]

식생활문화는 한 사회 또는 집단구성원에 의하여 습득, 공유, 전달되는 식생활의 양식이다. 따라서 한 민족의 식생활문화는 식품의 생산과 조리, 가공, 상차림, 음식 먹는 습관, 용구와 식기 등 여러 가지 요소가 포함되어 있으며, 각각의 요소마다 그 나라의 자연적·사회적·경제적 조건과 그 민족의 특성이 내재되어 있다.

① 일본

일본은 국토 전체가 어장으로 둘러싸여 있어서 신선한 생선이 풍부하고, 사계절의 구분이 뚜렷하여 계절마다의 다양한 농산물을 음식재료로 사용할 수 있다. 육식을 금하는 불교의 영향과 정치적 이유로 곡물, 채소, 콩, 해조류, 생선을 위주로 식생활을 한다.

우리나라와 마찬가지로 일상적인 식사는 밥과 반찬으로 구성된다. 전통적으로 가정에서 먹는 아침 밥상에는 흰밥에 된장국, 그리고 반찬으로, 구운 생선(소금에 절인 연어를 가장 좋아함), 즈게모노(일본 김치), 맛김(한 장을 여덟 조각 내어 봉지에 들어 있음) 등 아주 간단하다. 이 외에 날달걀이나 달걀말이 또는 낫또(청국장) 등을 더 먹는 경우도 있다. 간단한 점심이나 저녁으로는 라면, 돈부리(덮밥), 우동, 소바 등의 일품요리나 사시미 정식, 생선구이 정식, 덴뿌라 정식 등을 먹는다. 일본의 정식은 밥, 국, 주요리, 샐러드나 즈게모노로 구성된다.

일본은 식사 예절이 엄격하고 복잡하다. 식사하기 전에 반드시 잘 먹겠다는 인사를 해야 하며, 식사 전반에 걸쳐 자세를 바르게 하고 음식 먹는 소리가 나지 않도록 해야 하는 등 여러 가지 예절을 지켜야 한다.

② 영국

영국은 하루 중 아침과 오후의 티타임을 매우 중시하는 나라이다. 대륙식 아침식사는 커피와 빵 종류로만 때우는 데 비해 영국식 아침식사에는 과일주스, 시리얼, 베이컨과 달걀 혹은 소시지와 달걀프라이, 훈제 청어와 토마토 등 매우 실속 있는 상을 차려 먹는다. 여기에서 'English breakfast'라는 말이 유래되었다.

영국의 빵은 주로 베이킹 소다를 이용하여 부풀리므로 만드는 과정이 간단하다. 그래서 영국에서는 빵이나 케이크, 쿠키, 크래커 등을 통칭하여 '비스킷'이라는 단어를 쓴다. 기후가 적합하지 않아 프랑스나 남유럽의 여러 나라처럼 달고 맛있는 과일은 별로 생산되지 않는다. 오히려 서늘한 기후로 인하여 감자농사가 발달하였으므로, 감자는 스튜와 파

37 대한지역사회영양학회 부설 식생활정보센터 홈페이지: http://www.dietnet.or.kr

이, 팬케이크, 튀김, 으깬 감자 등 다양하게 이용되었다. 또한 '자연스러움'을 강조하여 음식 자체의 맛과 향을 중요시하므로 남부 이하의 유럽 여러 나라들에서와 같이 향신료를 많이 쓰지 않는다. 육류는 알맞게 잘라 가볍게 양념을 한 후 주로 굽거나 지져서 조리하며 우스터소스(woscesteshire sauce: 앤쵸비, 식초, 간장, 마늘, 각종 향신료를 섞어 만듦)를 고기 위에 뿌려 먹는다.

영국 음식문화의 특징 한 가지는 차문화이다. 오후 4시에 하던 일을 모두 그만두고 30분 정도를 'tea break'로 철저히 지켜 나가는 관습으로 보아 차는 영국인들의 음식문화에서 빼놓을 수 없는 요소이다. 영국의 차문화가 번성하게 된 요인 중의 하나는 식민지로 통치하던 인도의 역할이 크다. 영국에서 주로 마시는 차는 인도산 차와 실론차이다. 상류 계층에서는 고급의 중국산 차를 마시는 경우도 있지만 대개 아삼, 다아질링, 닐기리 등의 인도산 차를 주로 마신다.

③ 프랑스

프랑스는 그리스, 로마, 이탈리아를 거쳐 16~17세기의 경제적 부흥기에 많아졌던 식민지들로부터 많은 식품과 음식의 조리법을 도입하여, 이용하는 식품과 조리법이 매우 다양하다. 또한 20C 중엽부터 시작된 '누벨퀴진(nouvelle cuisine)'[38]의 영향으로 프랑스인들은 음식의 시각적인 효과를 매우 중요시한다.

프랑스는 삼면이 바다와 산지로 둘러싸여 있으면서 중앙부에 넓은 평원을 가지고 있어 농업, 축산업, 낙농업, 어업 등이 골고루 발달하여 다양한 식품을 생산한다. 생산과 마케팅 분야에서 관리를 잘 하였기 때문에 전 세계적으로 유명한 프랑스 식품이 많으며, 포도주와 치즈가 대표적인 특산물이다.

프랑스인들의 식사는 매우 길다. 포도주를 마시면서 이야기를 많이 하면서 먹기 때문에 다른 집에 초대되었을 때는 이야기에 동참하여 분위기를 맞추어 주어야 한다.

손님을 초대 시 주인은 손님에게 식전에 마시는 술인 아뻬리티프를 권한다. 준비된 술의 종류를 주인이 말해 주므로 원하는 술을 골라 받아 마신다. 두 번째 잔은 다른 것으로

---

38 1970년대부터 연구되기 시작한 누벨퀴진(nouvelle cuisine)은 1970년대 초에 프랑스의 음식비평가인 크리스티앙 미요(Christian Millau)와 앙리 골(Gault Millau)이 새로 만든 단어로서 프랑스 고전요리에 대한 반발로 1970년대 등장한 요리법이다.
'누벨 퀴진'은 '새로운 음식(new cuisine)'이란 의미의 프랑스어로 향신료와 허브를 사용하고, 재료의 본래의 맛을 최대한 살리며, 고기의 사용을 줄이고 채소를 많이 이용하는 저칼로리의 영양학적인 조리법이다. 누벨 퀴진의 영향으로 시각적인 면이 부각되어 음식의 색과 모양에 신경을 쓰고 제공되는 음식의 양도 매우 적어졌다("nouvelle cuisine", 두산백과, http://terms.naver.com/entry.nhn?docId=1271385&categoryId=200000400).

마셔도 되지만 더 이상은 마시지 않는 것이 좋다. 안주도 주인이 권하면 들도록 한다.

아뻬리티프를 마신 후 주인은 손님에게 식탁에 앉기를 권한다. 주인은 개인의 취향, 화술 등을 고려하여 전체가 대화에 참여하도록 자리 배치를 하는데 사람이 많을 경우 이름표가 미리 놓여 있기도 한다. 자리 배치는 상석인 남자 주인의 오른편에 주빈이나 최연장자가 앉고, 남녀가 번갈아 앉으며, 한 가족이 연이어 나란히 앉지 않는다. 자리 배치를 받으면, 곧바로 앉지 말고, 주인과 주빈이 앉은 후에 앉도록 한다. 앉을 때는 식탁을 향해서 섰을 때 의자의 왼쪽에서 앉고 식탁과 너무 멀리 떨어지지 말고, 의자 등받이에 기대지 않는다.

안주인이 식사를 시작하면 손님이 시작하고 모든 사람이 끝날 때까지 식사를 한다. 포크와 나이프는 요리가 나올 때마다 바깥쪽부터 좌우 한 개씩을 사용하는데, 한 번 사용한 것은 접시 위에 가지런히 올려놓는다. 사용 중인 것은 포크는 아래를 향하게 하고 나이프는 칼날 부분이 아래로 향하게 하여 팔(八)자로 걸쳐놓고, 식사가 끝나면 포크는 위를 향하게 하고 나이프의 칼날을 안쪽으로 향하게 해서 접시 중앙의 오른편에 나란히 놓는다.

수프는 왼손으로 수프접시를 잡고 수프스푼을 자기 앞쪽에서 반대쪽으로 향하게 해서 떠서 소리나지 않게 먹는다. 이것은 매우 어려운 기술로서 프랑스인들은 수프 스푼을 가볍게 이로 물다시피 하면서 수프를 입에 흘려 넣는다고 한다. 수프가 조금 남으면 접시 앞쪽을 들어서 살짝 기울인 다음 떠먹는다. 빵은 샐러드나 수프 등과 함께 먹기 시작하는데 손으로 알맞은 크기로 떼어서 먹는다. 고기요리나 생선요리를 먹는 사이사이에도 먹는다. 생선요리는 뒤집어 먹지 않는다. 윗면의 살을 먹은 다음 뼈를 발라내고 나머지 부분을 먹는다. 곁들인 레몬은 포크로 누른 후 나이프의 넓은 면으로 살짝 눌러 즙을 낸다.

포도주는 식사와 함께 마시는데, 백포도주는 생선요리에, 적포도주는 고기요리에 제공된다. 포도주와 같이 차갑게 마시는 경우에는 잔의 목 부분을 잡는다. 만일 목을 감싸듯이 잡으면 체온으로 인해 술의 온도가 변해서 포도주의 제맛을 잃게 된다.

후식이 제공되기 전에 핑거보울이 나오는 경우는 손가락을 서너 개 물에 담갔다가 냅킨으로 닦은 후, 후식으로 제공되는 과일이나 케이크를 먹는다. 핑거보울에는 양손을 넣지 말아야 한다.

④ 러시아

러시아는 북쪽의 한랭하고 일조량이 적으며 토양이 척박한 툰드라와 타이가 지역과 남쪽의 혼합림, 낙엽수림 지대와 곡창지인 스텝 지대로 나뉘어져 있으며 위도에 따라 식생대가 뚜렷이 나뉜다.

북쪽에서는 농업이 거의 이루어지지 못하며 남쪽에서만 농목업이 이루어지는데 이 중

스텝 지대는 밀, 사탕무, 해바라기 등의 농작물 재배가 집중적으로 이루어지는 곡창 지대이다. 그러나 러시아 인구에 비하여 생산되는 식량은 많이 부족하였기 때문에 18세기에 표트르 대제에 의해 서유럽의 문물이 수입되고 상류층의 식탁이 서구화되기 시작하기 전까지 서민들은 경제적으로 많은 어려움을 겪으며 살아왔다. 따라서 러시아요리는 소박하고 영양이 있으며 실질적으로 맛은 동양적이다.

러시아에서는 생채소가 적기 때문에 양배추, 토마토, 감자, 양파, 당근, 사탕무, 오이와 같은 저장채소나 염장채소를 쓰는 요리가 많다. 육류는 양고기를 많이 쓰고 쇠고기, 송아지고기, 돼지고기 등도 많이 먹는데 쇠고기가 가장 싸다. 육류요리에는 소금과 후추 정도만 쓰고 향이 강한 재료는 쓰지 않아 육류의 맛을 그대로 즐길 수 있다. 어류는 청어, 연어, 대구가 많으며, 특히 러시아산 철갑상어의 알젓은 세계적으로 알려져 있는 식품이다.

주식으로 먹는 빵은 호밀로 만든 흑빵이 유명하고, 흰 빵으로는 브로치카라는 둥근 빵이 주로 아침식사에 쓰인다. 특히 러시아인들은 빵을 신성하게 여겨 소홀히 다루지 않았으며 빵과 소금은 귀한 손님에게 가장 먼저 제공하는 환대의 표시였다.

1891년대 기근 이후 감자는 러시아인들의 주식과 같이 되어 삶고 튀기고 다른 야채나 고기요리에 곁들여지는 등 다양한 조리법으로 감자요리를 한다. 유제품은 풍부하여, 스메타나(사우어크림), 트바로크(코티지치즈), 케피르(사우어밀크), 버터 등을 사용한 요리도 특색이 있다.

⑤ 호주

호주는 영국의 식민통치의 영향이 남아 기본 음식문화는 영국을 따르고 있지만, 영국은 비교적 음식문화가 발달하지 않은 나라이기 때문에 현재는 이민족들에 의한 여러 나라의 음식문화가 호주인들의 입맛에 맞게 변형되어 자리하게 되었다.

즉, 이탈리아, 인도, 터키, 태국, 중국, 베트남, 중동, 프랑스 등의 다양한 음식이 각 나라 고유의 기본형태는 갖추면서 호주인의 기호에 맞게 적절히 변형시킨 음식으로 발전하였으며 최근에는 일본의 음식문화도 많이 도입되어 수많은 일본식 레스토랑을 볼 수 있다.

호주는 어느 나라보다도 양고기와 소고기가 풍부하게 생산되는 나라이므로 국민 1인당 육류 소비량이 연간 100kg에 달한다. 그러나 이렇게 많은 육류의 소비로 인하여 성인병과 비만인의 수가 늘어나자, 1990년대 이후로 '모던 오스트레일리아'라고 하는 새로운 운동이 전개되면서 전통 자연음식, 즉 원주민이 즐겨 먹던 육류와 야생식물을 주재료로 한 부시터커(bush tucker)가 인기를 끌게 되었고, 부시터커 전문 음식점이 늘어나고 있다.

호주에는 새우, 바닷가재, 굴, 연어, 도미 등 신선한 해산물이 많아 시드니의 생굴요리,

서부지역의 바닷가재요리, 도미요리 등이 유명하다. 또한 캥거루, 버팔로, 에뮤(emu: 호주산 타조), 악어, 낙타고기도 즐겨 먹는다. 깨끗한 산간지역에서 목축을 하는 호주의 치즈는 순수함으로 그 명성이 높다. 우유뿐 아니라 양젖, 염소젖으로 다양한 치즈를 만들어 먹는데, 테이스터치즈와 체다치즈를 많이 먹는다. 또한 영국의 음식문화를 전수받아 차문화가 발달하여 '차 마시자'라고 초대하면 저녁식사 초대로 알아들어야 한다.

호주의 과일은 대부분 외국에서 유입된 것으로 열대과일인 바나나, 파파야, 파인애플, 아보카도, 망고 외에 복숭아와 살구, 사과, 감귤류 등 계절별 과일도 풍부하며 딸기와 라즈베리는 호주가 원산지로 알려져 있다.

⑥ 인도

인도는 다인종의 나라일 뿐만 아니라 중동 및 서양문화의 영향을 받아서 음식도 지역과 종교에 따라 매우 다양하다.

음식문화의 일반적인 특징을 살펴보면 국민의 약 30%가 엄격한 채식을 하며, 모든 음식이 한꺼번에 개인별로 제공된다. 주식에서 간식에 이르기까지 인도의 모든 음식에는 향신료가 사용되고 가열해서 만든 음식이 많은데, 장시간 은근하게 찜을 하여 향신료가 잘 스며들어 깊은 맛이 있다.

주요식사예절로는 식사 때 낮은 걸상을 사용하거나 바닥에 앉는데, 이때 좌석배치에는 규칙이 있다. 오른쪽에 주인, 왼쪽으로 가면서 연령 순서로 앉으며, 노인과 소년, 소녀는 조금 떨어져 앉는다.

식사 전에 반드시 물로 양손을 씻으며, 반드시 오른손으로 식사를 한다. 음식은 보통 손가락으로 집어 먹지만, 음식이 뜨거운 경우에는 나무 스푼을 사용하기도 한다. 물을 마실 때 컵을 입에 대지 않고 물을 입안에 부어 넣으며, 식사 후 물로 양치한 후 물을 뱉어 버린다. 또한 식사 중에 이야기하는 것을 무례하다고 여기므로 식사가 끝나면 손을 씻고 양치한 후에 이야기를 시작한다.

Chapter **07**

법률적 환경

제 1 절 법률적 환경의 개념

1. 법률적 환경의 의의

법률적 환경은 기업의 활동을 직접적으로 통제하는 환경변수이며, 정부나 기업활동을 통제할 권한을 가진 세계적 조직에 의해 기업이 지켜야 할 규범으로 제정된 것을 통칭한다. 이러한 법률적 환경은 기업활동의 범위와 내용을 구체화시켜 주며, 또한 직접적으로 기업활동을 규제하는 역할을 하게 되므로 중요한 환경요소이다.

법률적 환경은 다른 외부환경들과 상호교류작용을 일으키며 형성된 것이기 때문에 다른 외부환경적 요소를 모두 포함하고 있다. 사회의 관습이나 미풍양속을 지키기 위해 마케팅에 대한 제한조치를 취한다든지, 자국의 외환보유고를 유지하기 위해 외환통제를 강화한다든지, 환경을 보존하기 위해 환경규제에 관한 법률을 제정하거나 강화하는 등은 법률과 다른 외부환경과의 상호작용을 잘 보여 주는 예라고 할 수 있다. 이와 같은 법률적 환경은 각국에 따라 다르게 마련인데, 이는 법률과 상호작용하는 여타 외부환경이 각국마다 상이하기 때문이다.

법률적 환경의 이질성을 없애거나 축소시킬 수 있는 가장 좋은 방법은 국제적인 기관을 설립하거나 국제간에 충분히 권위를 가지고 통용될 수 있는 국제법체계를 제정하는 것이지만 아직까지 이러한 자격을 갖춘 국제적인 기관이나 국제법은 존재하지 않는다. 그러므로 기업은 해외진출 시 본국 및 현지국의 법률적 환경에 대한 명확한 이해를 위해 노력해야 하며, 이러한 이해를 바탕으로 진출전략을 수립하여야 한다. 그러나 본국과 현지국간의 사회적 · 문화적 · 경제적 · 정치적 환경이 크게 다른 경우 법률적 환경 역시 매우 이질적인 경향을 띠기 때문에 이를 체계적으로 파악하고 전략을 수립하기란 쉽지 않다.

해외진출 시 기업들은 본국과 현지국의 법률적 환경에 따라 기업활동을 영위해야 하며, 이를 어길 시에는 본국이나 현지국 정부에 의한 제재를 받게 된다. 그러나 한편으로는 기업이 법률을 준수하는 한 자유로운 기업활동이 보장되므로, 법률적 환경을 기업활동을 제약하는 요소로만 생각해서는 안 된다.

2. 여타 환경과의 관계

1) 정치적 환경과의 관계

정치적 환경은 기업의 외부환경 중 가장 통제하기 힘든 환경이라 할 수 있다. 정치적 환경의 변화로 인해 법률적 환경이 변한 예는 과거 동 · 서 냉전 시대, 이란혁명 이후, 이라크의 쿠웨이트 침공 등과 같은 경우에서 잘 나타나 있다.

특히 본국과 현지국간의 외교적 관계가 심각한 위기 상황으로 치달을 경우 기업은 정치적 위험에 노출되게 되며, 이러한 외교적 관계로 인하여 본국이나 현지국에서 법률로 수출 · 입 제한조치나 거래금지조치를 내릴 경우 기업은 심각한 위기에 직면하게 된다.

2) 경제적 환경과의 관계

국가마다 경제정책은 각기 그 특색을 가지고 있지만 큰 범주로 나누어 생각해 볼 때 국가경제의 발전된 성장, 물가의 안정, 고용의 증대 등은 모든 국가가 공통적으로 안고 있는 과제라 할 수 있다. 각국은 이러한 경제문제를 해결하기 위하여 미 ·

거시적 경제정책수단을 사용하기도 하고 법률로서 경제행위에 대한 규제를 가하기도 한다. 경제에 대한 법률적 규제로는 외환관리법, 노동법, 수출 · 입에 관련된 법규, 법인설립에 관한 법률, 외자도입에 관한 법률, 외국기업의 설립에 관한 법률 등 이루 헤아릴 수 없을 정도로 많다.

해외진출기업들은 현지국의 경제적 환경과 관련된 법률체계를 잘 파악하여야 하는데, 이는 경제적 환경과 관련된 법률체계가 기업활동에 직접적이고 중대한 영향을 미치기 때문이다. 예를 들어, 현지국이 외환보유고를 높일 목적으로 외국화폐의 유출을 통제하려고 할 때에는 외환관리법을 개정하거나 그 시행세칙을 개정함으로써 이러한 정책적 목적을 이룰 수 있다.

또한 외국기업을 적극적으로 유치하여 고용을 증진시키려고 할 때에는 조세법을 개정하여 외국기업에 대한 조세혜택을 부여할 수도 있으며, 고용을 증진시키려고 할 때는 외국기업들이 현지인을 고용해야 하는 의무비율에 관한 조항을 개정하거나 신설함으로써 소기의 목적을 이룰 수 있다.

3) 문화적 환경과의 관계

문화적 환경은 법률적 환경의 형성에 지대한 영향을 미치는 환경요소이다. 문화적 환경에는 그 구성원들의 가치관, 행동양식, 관습 등이 체화되어 있는데, 이러한 요소들이 구체화되어 사회질서를 유지하기 위한 법률의 형태로 발전되기 때문이다.

만일 한 사회가 자연환경을 중시하는 가치관을 가지고 있다면 이러한 가치관이 법률로 명문화되어 있을 가능성이 높으며, 이는 기업의 해당지역에 대한 진출비용을 높이는 역할을 하기 때문에 기업에는 부담이 된다. 또한 해당지역에 진출한 기업이 환경관련 법률을 어겼을 경우 법률에 의거하여 현지국 정부로부터의 제재를 받을 것이며, 이는 기업이미지를 훼손시키는 결과를 유발하므로 기업활동에 많은 어려움을 주게 된다.

문화적 환경은 특히 기업의 현지마케팅활동에 많은 영향을 미친다. 해외시장 점유율을 높이기 위한 광고활동의 경우, 현지국의 사회적 관념이 여성의 성적 노출에 대해 거부감을 가지고 있다면 사회적 압력에 의해 광고활동상 성적 노출에 대한 규제를 강화할 가능성이 많다. 이 경우 여성용 화장품, 내의, 패드 등을 위주로 현지국 시장에 진출하려는 기업들은 광고활동에서 많은 어려움을 겪게 된다.

3. 법률적 차이에 대한 이해

1) 법률체계의 차이

법률체계를 크게 분류해 보면, 시민법 또는 성문법체계(civil or law system), 보통법체계(common law system), 종교 및 관습법체계(religious customary system)의 세 가지로 분류할 수 있다.[01] 이러한 법률체계의 차이는 동일한 사항에 대한 법적 해석을 달리할 수 있는 가능성을 내재하고 있다. 예컨대, 보통법 국가에서는 등록상표의 소유권은 사용(use)의 우선권에 의하여 결정되지만, 성문법국가에서는 그 소유권이 등록의 우선권에 의하여 결정된다. 또한 같은 성문법체계를 유지하고 있는 국가라 하더라도 법률체계가 다를 수 있다.

따라서 해외진출기업들은 진출대상국의 법률체계를 이해해야 하며 필요에 따라서는 유능한 현지법률가를 이용할 수 있어야 한다. 해외진출을 계획하는 기업이 본국과 현지국의 법률적 환경의 차이에 대해 중요하게 인식해야 할 사항으로는 다음과 같은 것들이 있다.

- 본국 및 현지국의 조세제도의 차이
- 진출기업의 시장접근에 필요한 유통계약 또는 판매계약과 그 해약에 관한 법률규정의 차이
- 최저가격제, 독점금지법, 촉진방법 등 경쟁에 관한 법률규정의 차이
- 법의 위반 시 가해지는 처벌의 정도에 대한 차이
- 기업이윤관리에 관한 경제법상의 차이
- 상표권, 저작권, 특허권 등 소위 지적재산권에 대한 규제의 차이
- 환경을 보호하기 위한 규제내용의 차이

01 V. H. Kirpalani, *International Marketing*, New York: Random House, Inc., 1984, p. 126.

이 외에도 해당 시장국별로 특수하게 시행되는 법률규정이 있으므로 해외진출기업들은 진출시장의 독특한 법적 환경에 대해서 철저히 분석해야 한다. 특히 선진국일수록 지적재산권, 환경 등을 중요시하고 이를 보호하려는 성향이 강하기 때문에 이와 관련된 독특한 법률이 제정되어 있는 경우가 많다. 따라서 선진국에 진출하려는 기업의 경우, 신중하게 진출전략을 수립해야 할 것이다.

2) 관습의 차이

관습이란 법률이나 규칙으로 명문화되어 있지는 않지만 사회구성원들에 의해 지켜지는 일반적인 행위규범이다. 법률은 모든 부분을 세세히 규정하지 못하는 경우가 많고 사회의 변화에 민감하지 못한 경향이 있기 때문에 그 갭(gap)을 관습이 보완하는 역할을 하게 된다. 해외진출기업들은 본국과 현지국간 관습의 차이에 대해서도 이해하고 있어야 하는데 중요한 몇 가지를 들어보면 다음과 같다.

- 기업의 인력관리에 있어서 사회적 관습이 어떤 다른 영향을 미치는가?
- 제품 구매와 대금 결제에 있어 관습의 차이가 존재하는가?
- 하청기업과의 관계를 유지하는 특별한 관습이 있는가, 있다면 본국과 현지국의 이러한 관습의 차이는 무엇인가?
- 외국과의 교역을 하는 데 있어서 그 국가의 기업들이 일관되게 주장하는 관습이 있는가?

이와 같은 관습의 차이는 기업의 경영활동에 많은 영향을 미치게 되기 때문에 기업들은 현지시장에 진출하기 전에 관습의 차이에 대한 명확한 이해를 바탕으로 진출전략을 수립해야 할 것이다.

3) 국제조약 및 협정

법률과 관습이 일부 국가 내지 지역에 한정된 문제라고 한다면, 여러 국가의 협의에 의해 체결된 국제조약이나 협정은 가맹국들에 모두 적용되기 때문에 국제 기업은 국제조약 및 협정의 내용을 잘 파악해야 해외시장 진출 시 법률적 문제발생의 가능성을 줄일 수 있다.

예를 들면, 지적재산권 관련 국제법으로는 공업소유권보호협약(파리조약), 특허협력조약(워싱턴조약), 세계저작권협약(제네바조약 또는 유네스코조약) 등이 있으며, 미국에서는 사업 비밀 보호를 위한 부정 경쟁 방지법으로도 보호된다. 최근에는 컴퓨터나 통신기술에서 소프트웨어의 비중이 커지면서 소프트웨어에 대한 지적재산권도 보호되고 있다.[02]

제2절 국제적 법률적용의 문제

1. 법의 관할권

1) 법적 관할권 결정의 어려움

기업이 한 국가 내에서 마케팅활동을 수행할 경우 모든 부문에 있어 동일한 법이 적용되기 때문에 법의 관할권 문제는 생기지 않는다. 하지만 기업활동의 범위가 해외로 확장되면 본국과는 법적 체계나 관습이 상이한 국가의 법체계 내에서 활동하게 된다.

특히 해외직접투자의 경우 해외자회사는 현지국의 법적 관할권하에 있는 것으로 간주된다. 하지만 투자기업이 현지국 정부와 계약 시에 법적 관할권을 본국으로 지정하였을 경우, 법적 관할권에 대한 아무런 규정이 없을 경우, 법적 관할권에 대한 규정이 복잡하고 내용의 해석에 모호한 점이 많은 경우, 법적 관할권이 지정되어 있지만 현지국 정부나 기업에 의해 거부되는 경우 등에 있어서는 법적 관할권으로 인한 마찰이 생길 수 있다.

이와 같은 법적 관할권의 중요성을 나타내는 사례로서는 다국적기업인 다우케미칼社와 인도정부 사이에 일어난 법적 소송을 들 수 있다.[03] 지난 1984년 인도 마디

---

02 "지적재산권", IT용어사전, 두산동아.

03 이철 · 장대련, 글로벌시대의 국제마케팅(2판), 학현사, 2006, p. 116에서 차례 참조.

야 프레데시州 보팔市 화학공장에서 농약의 원료로 사용되는 메틸이소시안산염 36t이 탱크 시설 고장으로 2시간 동안 분출됐던 사건이 있었다. 이 사고로 당시 공장 주변의 1만 5천여 명이 사망하고 20만여 명의 피해자가 발생했다. 당시 공장의 주인은 '유니온 카바이드'라는 미국 화학회사였고, 이 회사는 이후 '다우케미칼'에 인수됐다.

인도정부는 '유니온 카바이드'社에서 충분한 보상을 받지 못하자 이 사고에 대한 보상을 다우케미칼 측에 요구했다. 그러나 다우 측은 인도정부의 보상요구에, 보팔 사고는 유니언 카바이드를 인수하기 17년 전 발생한 것이라며 배상금 추가 지불에 대한 책임이 없다는 입장을 고수하며 인도정부와 팽팽하게 대립하고 있다.[04]

일반적으로 법적 관할권으로 인해 마찰이 생길 경우 주로 투자기업들이 피해를 볼 가능성이 많다. 이는 국제적으로 법적 관할권을 지정해 줄 수 있는 권위 있는 기관이 존재하지 않고 있으며,[05] 또한 어느 국가이든 자국의 이익을 중시하는 성향이 있기 때문에 자국정부와 외국기업간 혹은 자국기업과 외국기업간에 마찰이 생겼을 경우, 법 적용도 자국의 이익을 우선시하는 편향된 판결을 내리는 경향이 있다. 이러한 판결의 편향성은 선진국보다는 후진국의 경우 더 심하기 때문에 후진국으로 해외직접투자를 계획하는 기업은 더욱 주의해야 한다.

2) 법적 관할권 결정의 기준

법률분쟁에 대한 관할권 결정의 기준은 크게 세 가지 나뉜다. 첫째, 계약서에 명시된 법적 관할권에 대한 명문조항에 근거하여(on the basis of jurisdictional clauses included in contracts) 결정하는 경우, 둘째, 계약이 체결된 국가에 근거하여(on the basis of where a contract was entered into) 결정하는 경우, 셋째, 계약조항들이 실제로 이행된 국가에 근거하여(on the basis of where the provisions

04 인도, 다우케미칼 올림픽 후원 반대하는 이유, EBN 산업뉴스, 2011.11.28(http://www.ebn.co.kr /news/n_view.html?id=527473).

05 각국 정부간의 법적 분쟁은 국제사법재판소(World Court at the Hague and the International Court of Justice)와 같은 국제기구를 통해 조정될 수 있는 길이 있으나, 정부와 외국기업, 현지국 기업과 외국기업간의 법적 분쟁은 국제적으로 조정해 줄 국제기구가 존재하지 않는다.

of the contract were performed) 결정하는 경우가 있다.[06]

(1) 계약에 명시된 법적 관할권에 대한 명문조항에 근거

이 방법은 법적 관할권을 정하는 가장 확실하면서도 마찰의 소지가 가장 적은 방법이다. 법적 관할권은 계약당사자의 합의에 의해 본국, 현지국, 제3국 등으로 정할 수 있는데, 특히 제3국을 법적 관할권으로 정하는 경우, 법 적용의 공정성을 보장받을 수 있다는 이점이 있다.

하지만 법적 관할권이 분명하게 명시되어 있더라도 경우에 따라서는 법적 관할권이 바뀌는 경우가 있다. 당사자간의 계약이 효력을 상실하든지, 계약사항들이 계약서에서 지정한 국가 내에서 이행되지 않는 등 계약서의 내용과 실제의 사업내용이 다른 경우에는 소송을 맡은 법정은 계약서상의 법적 관할권 조항을 무시해 버리고 나름대로 결정하여 심리하는 경우도 있다.

(2) 계약이 체결된 국가에 근거

법적 관할권 조항이 명시되어 있지 않거나 또는 그러한 조항이 효력을 상실했을 경우, 법적 관할권이 계약이 체결된 장소에 근거하여 결정되는 예도 있다. 대체적으로 계약이 체결되었던 장소의 국가의 법률을 적용하는 것이 보통이다.

(3) 계약조항들이 실제로 이행된 국가에 근거

때로는 관할권 이외의 기타 계약조항이 실제로 어느 장소에서 이행되었는가에 따라서 법적 관할권이 적용되기도 한다. 즉, 계약사항이 실제로 이행된 국가의 법에 의해서 분쟁을 해결한다는 뜻이다.

이상에서 법적 관할권을 정하는 기준을 제시하였지만 실제로 법적 관할권에 관하여 현지국의 정부나 기업과 마찰이 발생할 경우 이를 해결하는 데는 많은 어려움이 따른다. 계약상에 법적 관할권에 관한 규정을 명시하더라도 소송을 통하여 이를 해결하고자 한다면 상호간의 신뢰에 부정적인 영향을 미치게 되며, 기업이 현지국

06 Philip R. Cateora, *International Marketing*(7th ed.), Irwin, 1990, pp. 185~187.

에서 경영활동을 계속할 수 있는 안정성을 보장받지 못할 수 있다. 따라서 현지국 정부나 기업과의 마찰을 해결하려 할 경우 소송은 최후의 수단으로 고려해야 한다.

2. 법의 역외적용

1) 역외적용의 문제

일국의 법을 다른 나라에 그대로 적용시킨다는 것은 주권문제를 야기한다. 일국의 법이 그 국가의 관할권 범위 내에서 행하여지는 경우에는 당연히 그 국가의 법에 의하여 규제를 받게 된다. 그러므로 외국에서의 기업간 불공정 관행에 대해 자국의 법을 확장해서 적용할 경우에는 역외적용(Extraterritoriality)의 문제가 발생하게 된다.[07]

예를 들어, 미국기업들이 일본시장에 진출함에 있어서 일본의 계열기업간 거래관행이 미국기업의 일본시장 진입을 저해하는 요인으로 인식하고, 그 시정촉구를 위해 일본기업에 대해 미국의 독점금지법을 적용한다면, 이는 일본의 입장에서는 당연히 주권침해라는 반발이 제기될 것이다. 영국의 경우를 예로 들면, 영국은 미국과 법의 역외적용문제에 대해 심한 마찰을 겪어 왔는데, 영국은 미국법의 역외적용을 차단하기 위하여 대응입법까지 제정하였다.[08]

이와 같이 자국법을 자국의 주권이 미치는 범위를 넘어 확장하고자 하는 역외적용에 있어서는 외국과의 심각한 마찰을 유발할 가능성이 존재하기 때문에 어떠한 기준에 의하여 이를 인정할 것이며, 또 상대국과의 충돌문제는 어떻게 조정할 것인가 하는 점을 신중히 고려해야 한다.

2) 역외적용의 기준

법의 역외적용에 관한 최근의 추세는 일정한 범위 내에서 역외적용을 인정하는

07 Weintraub, "The Extraterritorial Application of United States Antitrust Laws: An Inquiry into the Utility of a Choice-of Law", 국제거래법학회 세미나자료, 1993, p. 179.

08 Schmitthoff, *Export Trade*(9th ed.), Steven & Sons, 1990, pp. 229~230.

방향으로 나아가고 있다. 특히 기업의 국제화는 한 기업의 활동이 여러 국가에 걸쳐 일어나기 때문에 일국의 법률안으로 특정지역에서의 기업활동을 통제하는 것은 무의미해졌다. 따라서 일정범위 내에서 법의 역외적용이 필요해지게 되었으며, 미국이나 EU와 같은 국가들도 이를 인정하고 있다.

법의 역외적용은 자칫하면 자국의 이익만을 보호하기 위해 행사될 소지가 많다. 이러한 결함을 보완하기 위하여 다음의 세 가지 요인을 고려하여 법을 역외로 적용시킬 것인가의 여부를 결정하는 기준으로 활용해야 한다.

- 그 행위가 자국의 대외통상문제에 상당한 효과를 미쳤는지 여부
- 역외적용 효과의 중요도와 경쟁을 저해하는 행위의 유형
- 예양(禮讓)분석(comity analysis)에 의한 자국과 상대국 이익의 비교

이와 같은 기준은 외국정부나 기업의 경쟁제한 관행이 자국시장에 직접적이고도 실질적인 효과를 미치는 경우에 한정되어야 한다는 것을 의미한다.

3) 역외적용 관련 주요법률

법의 역외적용은 마찰을 유발할 소지가 많음에도 불구하고 그 시도는 계속적으로 이루어지고 있다. 역외적용이 되고 있는 대표적인 법률로는 독점금지법(Antitrust Act), 수출관리법(Export Administration Act), 해외부패방지법(Foreign Corrupt Practices Act) 등이 있다.

(1) 독점금지법

독점금지법은 미국, EU 등의 선진국을 비롯하여 거의 대부분의 나라들이 경쟁제한 관행을 규제하기 위해 사용하는 법이다. 이러한 독점금지법은 독점으로 시장의 불완전성이 조장되고 소비자의 희생이 강요됨으로써 발생하는 경제체제 교란을 막고, 자유로운 기업활동과 소비자의 이익을 보장하기 위하여 제정된 법률이다.

독점금지법의 역외적용에 가장 적극적인 나라는 미국인데, 미국은 독점금지법을 자국 내에서는 물론이고 이를 확장하여 해외사업활동에까지 적용하고 있다.[09] 또한

09 J. N. Behrman, *National Interests and Multinational Exterprise*, Englewood Cliffs, N. J.:

외국기업도 미국기업과 계약을 체결하거나 미국시장에서 영업활동을 하고 있는 경우 독점금지법의 규제를 받게 되며, 외국인의 경우에도 미국 내에 자산을 보유하고 있거나 사업활동을 하고 있는 경우, 그리고 회사직원이 상주하고 있는 경우에 독점금지법의 규제를 받게 된다.[10]

그 밖의 국가에서 독점금지법 제정의 주요한 예로는 독일의 경제력 남용방지령(1923), 영국의 독점 및 제한적 관행법(1948), 일본의 사적(私的) 독점의 금지 및 공정거래 확보에 관한 법률(1947) 등을 들 수 있는데, 각국의 경제적 · 사회적 여건에 따라 규제내용은 다소 차이가 있지만 독점폐해를 규제하며 자유롭고 공정한 경쟁을 유지 · 촉진하고자 하는 목적이나 이념에서는 일치한다. 최근에는 경제협력개발기구(OECD) 가맹국의 대부분을 비롯하여, 약 40개국이 독점금지법을 법으로 규정하고 있으며, 시장경제체제에 대한 신뢰와 지지가 넓어짐에 따라 독점금지법을 제정하는 나라도 늘어나고 있다.[11]

(2) 수출관리법

소련의 붕괴로 인하여 현재는 의미가 없지만, GATT 제21조에 의한 대표적인 금수조치제도로 인정되고 있었던 것이 대공산권 수출통제조정위원회(Coordinating Committee for Export Control to Communist Areas: COCOM)였다. 이는 미국 및 그 우방들이 공산권에 대한 전략적인 상품과 기술의 수출에 적용하는 각종 통제를 조정하기 위한 협력체제로서 오랜 기간 동안 공산권에 대한 영향력 있는 무역통제체제로 지속되어 왔다.[12]

한편 미국 자체적으로는 국가안보, 외교정책 등을 이유로 수출을 통제할 수 있는 수출관리령(Export Administration Regulation: EAR)으로 무역을 규제하고 있으며, 더 나아가 미국기업의 해외자회사나 미국기업과의 라이선스협정에 따라 생산

Prentice-Hall, 1970, pp. 114~127.

10 R. D. Robinson, *International Business Management*(2nd ed.), Hinsdale, Ⅲ.: The Dryden Press, 1978, pp. 554~555.

11 "독점금지법", 두산백과: http://terms.naver.com/entry.nhn?docId=1083622&cid=409428&categoryId=3

12 John H. Jackson & William J. Davey, *Legal Problems of International Economic Relations*, West Publishing Co., 1986, pp. 920~923.

하고 있는 외국기업의 수출에 대해서도 규제를 가하고 있다. 이 경우 과연 외국기업에 대한 미국의 규제조치가 법의 역외적용으로서 받아들여질 수 있는 것인가가 논의의 초점이 된다. 수출관리법의 역외적용은 외국의 주권과 상충되는 것으로서 국제법상 인용될 수 없다고 보는 것이 온당하다고 할 것이다.[13]

(3) 해외부패방지법

기업이 정상적인 경쟁을 통하지 않고 비정상적인 방법으로 이윤을 추구한다면 기업활동에 의한 시장질서의 교란이 있게 된다. 즉, 기업은 가격, 품질, 기업의 경영능력, 마케팅능력 등을 기반으로 공정한 경쟁을 통해 이윤을 획득해야 함에도 불구하고 이를 위반하여 금품의 살포, 압력집단의 동원, 기업간의 담합 등 경쟁 회피적이거나 제한적인 방법을 동원하여 기업활동을 한다면 시장의 건전함과 효율성이 위협받게 된다.

뇌물은 선진국과 후진국에 공히 존재하고 있다. 일본과 이탈리아의 건설업계와 관련된 뇌물제공 스캔들은 널리 알려져 있으며, 그들 국가의 정치판도 변화에 지대한 영향을 미쳤다. 뇌물을 받은 정부관리가 거액의 뇌물을 그들이 속한 정당에 이전하는 관례가 일반적이었던 이탈리아에서는 많은 지도급 정치인들과 기업 중역들이 투옥되었다. 그 결과 1년 후에는 관공사 프로젝트 입찰금액이 이전 입찰금액을 기준으로 한 예상 입찰금액보다 40%나 낮아져 이탈리아정부가 1994년에 44억 달러를 절감한 것으로 추정된다고 보도되었다.[14] 이와 같은 이탈리아의 뇌물 스캔들에는 이탈리아 기업뿐만 아니라 외국의 기업들도 포함되어 있었다. Young & Rubicam社와 Smithkline社뿐만 아니라 광고대행사인 Foote社, Cone & Belding社의 현지경영진들이 그 스캔들에 연루되었다.[15]

최근 뇌물로 화제가 되고 있는 나라는 중국과 러시아이다. 이 두 나라의 자유화가 시작되자 해외직접투자를 승인하는 현지공무원들은 뇌물을 받을 좋은 기회를 잡게 되었다. 한 기업에 의하면 중국에서의 뇌물제공은 프로젝트 운영비용의

13 ibid., pp. 928~929.

14 "The Destructive Costs of Greasing Palms", *Business Week*, December 6, 1993, p.133.

15 "Three U.S. Related Companies Dragged into Italian Investigation", *Wall Street Journal*, June 25, 1993, p. 7.

3~5%에 이른다고 추정하였다. 한 조사에 의하면 호주기업들의 17% 정도가 대량 판매의 기회를 잃게 될 것이 두려워 아시아에서의 사업을 위해 뇌물을 제공한다고 한다. 미국과 일본의 기업들은 비슷한 수치인 27%와 22%인 것으로 나타났다. 반면, 인도네시아와 태국의 기업들 절반 이상이 중요한 고객이나 거래를 잃지 않기 위해 뇌물을 제공하는 것으로 조사되었다.

미국은 이러한 부정경쟁행위를 막기 위하여 1977년부터 해외부패방지법(The Foreign Corrupt Practice Act: FCPA)을 제정하여 기업이 미국 내에서는 물론이고 해외에서도 기업활동을 함에 있어서 뇌물을 주거나 받는 행위에 대해 규제하고 있다.

OECD에서도 1997년 뇌물방지협약을 맺었으며 우리나라는 이 협약의 국내 이행 법률인 '국제상거래에 있어서 외국공무원에 대한 뇌물 방지법(국제상거래뇌물방지법)'을 제정해 1999년 2월부터 시행하고 있다. 이 법에 따라 사업상 부정한 이익을 얻기 위해 외국공무원에게 뇌물을 제공하거나, 제공을 약속한 경우 처벌을 받게 된다.

외국공무원의 범주에는 입법, 행정 또는 사법상의 임명 또는 선출직 직위를 가진 자와 외국을 위하여 공공 기능을 수행하는 자 및 국제기구 공무원도 포함된다. 한편, 이 협약은 국제상거래에서의 뇌물공여행위를 범죄로 규정한 최초의 국제적 합의로, 뇌물을 주는 행위에 대해서만 처벌한다고 규정돼 있다.[16]

부패방지는 법률적인 제재 조치와 같은 강제적인 방법보다는 기업 자체적으로 부패행위를 거부하는 기업문화를 창조함으로써 부패방지에 앞장서는 것이 바람직하다. 이러한 행동의 결과로 오히려 기업이미지를 제고할 수 있고 이윤도 늘릴 수 있다. 이를 미국의 군수업체인 M社의 사례를 통하여 살펴보자.

미국의 군수회사인 M社는 동남아의 한 국가에 군수품을 판매하기 위하여 거액의 리베이트를 제공하였다가 이것이 발각되는 바람에 심각한 위기에 처하게 되었다. M社는 자사의 이미지는 물론이고 미국법에 의한 처분, 미의회에 의한 처분 등도 받게 되어 기업활동이 중단될 위기에 몰리게 되었다. 이러한 위기를 극복하기 위하여 M社는 앞으로 절대 뇌물을 제공하지 않겠다는 공식성명을 발표하기에 이

16 "OECD 뇌물방지협약", 시사상식사전, 박문각, 2011: http://terms.naver.com/entry.nhn?docId=938225&categoryId=518

르렀다. 공식성명이 발표되고 얼마 지나지 않아 M社에 대한 외국정부의 무기주문이 쇄도하였다. 그 이유는 무기매매에 있어 일정금액의 리베이트는 공공연한 사실로 받아들여지고 있던 당시의 상황에서 외국정부가 M社로부터 무기를 구매한다면 정부의 청렴성에 대한 국민적 신뢰도가 높아지기 때문이었다.

(4) 경쟁제한관행 규제

국제거래에서 기업의 불공정거래를 경쟁제한관행(Restricted Business Practices: RBP)이라고 하는데, 국제적으로 이를 제한하려는 최초의 시도는 1948년에 제창된 국제무역기구헌장(하바나헌장)이었다. 하바나헌장에서는 기업의 경쟁제한관행을 다음과 같이 여섯 가지로 규범화하고 있다.

- 물품의 구매, 판매, 대여를 위하여 타인과 거래 시 가격, 계약조건을 고정하는 행위
- 시장과 사업분야를 막론하고 이들 시장에서 다른 기업을 배제시키거나 시장을 분할하는 행위, 구매자를 할당하는 행위, 판매량 또는 구매량을 고정하는 행위
- 특정기업을 차별하는 행위
- 생산을 제한하거나 생산량을 고정하는 행위
- 협정에 의하여 기술개발이나 기술응용을 제한하는 행위
- 일국에서 승인된 특허권, 상표권 또는 복사권의 행사를 승인된 범위를 벗어난 분야나 제품, 생산조건으로 확정하는 행위

하바나헌장과 관련하여 실제적인 측면에서 문제될 수 있는 기업행위의 유형은 기업의 국제카르텔, 국제라이선스 계약, 국제판매대리점 계약 및 프랜차이즈 계약 등이 있다. 이들에 대하여 구체적으로 살펴본다.

① 국제카르텔

국제카르텔이라 함은 국제거래에서 경쟁업자간에 이루어지는 상품의 판매가격, 수량, 지역 등을 제한하는 협정을 의미하며 수평적 협정의 대표적인 예라고 할 수 있다. 국제카르텔은 수출카르텔과 수입카르텔로 나뉘는데, 경쟁제한적 효과와 관

련하여 특히 문제되는 것은 수출카르텔이다.

수출카르텔은 다시 경쟁촉진적인 협정과 반경쟁적인 협정으로 구분할 수 있다. 가령 개별적으로는 해외판매망의 확보라든가, 효율적인 조건으로 판매할 수 없는 중소기업 등이 수출경쟁력을 높이기 위하여 공동판매를 위한 협정을 맺는 경우는 경쟁촉진형에 속한다고 할 수 있고, 단지 수출물량의 조절을 통하여 가격을 인상시키고 시장분할을 꾀하는 협정은 반경쟁적인 유형에 속한다고 하겠다. 이러한 카르텔의 유형 중 규제의 대상이 되는 경쟁제한관행은 후자이다.

② 국제라이선스 계약

국제라이선스라 함은 상표권, 저작권 등을 포함한 지적재산권 전반에 대한 사용허가를 의미한다. 라이선스 계약은 전통적인 물건 제조에 관한 특허라이선스와 노하우라이선스로 구분할 수 있다. 특허는 각국에 출원등록해야 비로소 권리가 발생하지만, 노하우는 그 성격상 권리발생을 위한 등록출원이 필요하지 않다.

원래 지적재산권은 지적 노력의 창작물을 그 발명자에게 독점시킴으로써 발명을 장려하여 산업발전에 기여하도록 하려는 것이다. 그러므로 이러한 목적을 넘어서 그 독점적 지위를 남용하는 경우에는 마땅히 규제되어야 할 것이다. 특히 국제간에 있어서 라이선스는 선 · 후진국간의 기술이전의 수단이 되고 있는데, 기술제공자 측인 선진국의 다국적기업들이 그 우월적 지위를 이용하여 부당한 거래조건을 라이선스 계약에 삽입하는 경우가 많아 이 문제는 거래당사자뿐만 아니라 국제적인 이슈가 되어 왔다.

이에 따라 UR의 TRIPs(Agreement on Trade-Related Aspects of Intellectual Property Rights)협정에서는 개발도상국들의 강력한 주장에 따라 국제라이선스 계약에서의 반경쟁적 관행을 방지할 규정을 마련하게 되었다. 원래 협상 초기에는 반경쟁적 관행을 상세히 유형화하여 그 목록을 열거하고 있었으나, 최종협정문에는 배타적 Grantback 조항, 생명 · 건강보험 관련 불가쟁(不可爭) 조항(incontestability clause),[17] 강제적 일괄라이선싱 조항에 관해서만 규정을 두고 있다. 그러나 이 조항은 규제되어야 할 관행으로 다른 유형을 추가하는 것을 금하는 것은 아니기 때문

17 일정기간이 경과한 후에는 고지의무위반 등을 이유로 보험계약을 해지할 수 없다고 정한 조항을 말한다.

에 이 외에도 연구활동 제한, 인원사용 제한, 가격확정, 독점판매, 대리점 조항, 소멸 후 대가 지급 조항 등이 경쟁제한관행으로 포함될 수 있을 것이다.[18]

③ 국제판매대리점 계약 및 프랜차이즈 계약

판매대리점 계약은 독점적인 판매권을 부여하는 총판매대리점 계약과 독점적인 판매권을 부여하지 않는 판매대리점 계약으로 나뉘어진다. 경쟁제한과 관련하여 문제가 되는 것은 총판매대리점 계약(sole distribution agreement)이다.[19] 이러한 총판계약에 있어서는 가격이라든가 판매지역, 판매조건 등에 대한 통제를 가하는 것이 보통이기 때문에 불공정관행이 개입되기 쉽다. 따라서 각국의 독점규제법은 이에 대한 규정을 두고 있다.

국제프랜차이즈 계약은 이용자가 선정자의 영업표지를 이용하고 자신의 영업활동과 관련하여 설정자로부터 지도통제를 받으며 이에 대한 일정한 대가를 지급할 것을 약정하는 계약이다. 이러한 계약에 있어서는 자신의 상표나 상호를 상대방에게 이용하게 하기 때문에 그에 대한 일반인들의 신뢰가 저하되지 않도록 하기 위하여 일정한 기준과 사양을 설정하고 그 준수를 위하여 여러 가지 통제력을 행사한다.[20] 이러한 대리점 계약이나 프랜차이즈 계약도 라이선스 계약과 마찬가지로 대개 선진국의 다국적기업과 개발도상국의 기업간에 체결되기 때문에 불공정한 내용으로 되는 경우가 많다. 그러나 아직까지 이 분야에 관하여 국제적인 수준에서의 통일규범을 마련하고 있지는 못하다.

3. 조약 및 협정과 현지국 법률과의 상충

기업의 국제마케팅활동에서 발생하는 마찰을 해결하기 위해 국가간의 조약이나 협정이 체결되어 있는 경우가 많다. 하지만 조약이나 협정은 이에 가입된 국가에만

18 서헌제, 통상문제와 법, 율곡출판사, 1994, pp. 40~43.
19 Schmittoff, *op. cit.*, pp. 260~279.
20 *Ibid*, pp. 272~273.

영향력을 행사할 수 있을 뿐 그 이외의 국가에 대해 이러한 조약과 협정을 적용시킬 수는 없다. 해외진출을 계획하는 기업들은 현지국이 진출사업과 연관된 어떤 조약이나 협정에 가입되어 있는가를 파악해야 한다.

각국 정부는 해외에 진출한 자국의 기업을 보호하기 위해 상대국과 여러 가지 협정을 체결하게 되는데, 대표적인 협정이 이중과세방지협정과 투자보장협정이다. 이중과세방지협정은 해외에서 활동하는 기업의 일정소득에 대해 투자국과 피투자국 모두가 과세하는 문제를 해결하기 위한 정부간의 협정이다. 만일 이중과세가 방지되지 않는다면 해외투자기업들은 너무 많은 세금부담으로 인해 투자를 포기하게 됨으로써 기업의 활발한 해외직접투자가 이루어지지 않을 것이다. 국가에 따라 조세제도는 차이가 있으며,[21] 이러한 차이는 이중과세방지를 위한 통일된 규칙을 제정하는 데 걸림돌로 작용하고 있다. 현재 이중과세를 방지하기 위하여 주로 많이 활용되고 있는 제도는 외국세액공제제도,[22] 외국소득면제제도,[23] 외국소득공제제도[24] 등이다.

그리고 해외투자기업들은 현지국에서 여러 가지 위험에 처할 가능성이 많은데, 이를 본국과 현지국 정부차원에서 협정을 통하여 기업활동의 안정성을 보장하여 줌으로써 기업들이 안심하고 투자활동을 전개하도록 하고 있다. 이러한 투자보장협정에는 기업재산권의 보호라는 기본적인 내용뿐만 아니라 GATT의 기본이념인 내국민대우와 최혜국대우의 원칙도 담고 있는 경우가 많다.

21 F. D. R. Adams and J. Whalley, *The International Taxation of Multinational Enterprise*, Westport, C. N.: Greenwood Press, 1977, p. 3.

22 외국세액공제제도는 투자자의 해외원천소득에 대해 원천지국이 부과한 세액을 투자자의 과세부담에서 공제해 주는 제도이다.

23 외국소득면제제도는 원천지국에서 과세된 해외사업소득을 국내과세대상에서 면제해 주는 제도로서, 실제적인 조세관할권은 원천지국이 갖게 되므로 국제적인 이중과세문제가 완전히 해결된다.

24 외국소득공제제도는 원천지국에서 과세된 외국납부세액을 거주지국의 과세대상소득에서 공제해주는 제도로서, 이 경우 외국에서 납부한 세액은 국내기업이 외국에서 영업활동을 하는 데 소요되는 경상경비로 취급된다.

제3절 해외진출기업의 분쟁해결

기업이 해외진출 후 외국정부나 기업과 분쟁이 발생하게 되면 여러 면에서 어려움을 겪게 된다. 또한 분쟁해결에 장기간이 소요된다면 기업활동에 많은 제약이 따르므로 결코 바람직스럽지 못하다. 따라서 분쟁이 발생되면 기업은 분쟁을 해결하기 위한 최선의 전략적 대안을 고려하여 적극적으로 분쟁해결에 나서야 한다. 해외진출기업이 국제적 분쟁을 해결하는 방법으로는 크게 타협과 화해, 중재, 소송 등이 있다.

1. 타협과 화해

국제기업들은 일차적으로 분쟁이 발생하지 않도록 노력하는 것이 중요하지만, 만일 예기치 못한 사태로 인하여 현지국 정부나 기업과 분쟁이 발생한다면 우선적으로 취해야 할 해결방법은 타협과 화해이다. 기업이 국제마케팅활동을 수행하는데는 현지국 정부와 기업의 지원이 필수적이고도 중요한 요소로 작용하게 된다. 따라서 해외진출기업은 가능한 한 현지국 정부나 기업과 극한 대립을 피하고 상호 원만한 해결을 추구해야 한다. 하지만 분쟁사안이 기업의 존폐와 관련되거나 타협과 화해를 통해 해결될 성질의 것이 아닌 경우에는 다음에 서술하는 중재나 소송의 방법에 의존하게 된다.

2. 중재

화해와 타협을 통한 분쟁해결이 이루어지지 않을 경우 차선책으로서 가장 좋은 방법이 중재에 의한 분쟁의 해결이다. 중재라는 것은 분쟁 당사자들간의 합의에 기초하여 법원 이외의 제3자를 선임하고 그에게 분쟁의 해결을 위임하는 것이다. 또한 중재판정에 대해서는 양 당사자 모두가 이에 복종해야 할 의무를 진다. 소송과 중재의 근원적인 차이는, 소송이 '법에 의한 판단'을 하는 것임에 반해 중재는 '인격과 상정(常情)에 의한 판단'을 중시한다는 점이다.

1) 중재에 의한 분쟁해결을 하는 이유

분쟁사건의 양 당사자는 어느 쪽이건 소송에 의한 분쟁해결보다는 중재에 의한 분쟁해결을 선호하게 되는데, 그 이유는 다음과 같다.[25]

첫째, 국제상사분쟁을 해결해 줄 수 있는 국제적인 기관이 존재하지 않기 때문에 당사자 중 일방은 외국의 법률이나 법원에 의한 분쟁해결을 촉구할 수밖에 없는데, 이는 법의 관할권에 대한 양 당사자의 다툼을 불러일으키기 때문에 분쟁이 더 확대될 소지가 있다.

둘째, 현지국의 법원이 공정성을 가지지 못하고 외국기업에 대해 편견을 가지는 경우 외국기업으로서는 불리한 상황에 직면하게 된다.

셋째, 대부분의 국가에서는 외국에서 내려진 판결이 자국 내에서 실시되는 것을 용인하지 않고 있다. 따라서 일국에서 어떤 판결이 내려졌다 하더라도 이를 타국의 영역 내에서 실시하기 위해서는 또 다른 장애를 넘어야 하는 문제가 있다.

넷째, 소송에 의한 분쟁의 해결에는 많은 시간이 소비된다. 따라서 소송기간 중 기업활동의 계속성이 보장되지 않기 때문에 기업은 여러 가지 어려움을 겪게 된다.

다섯째, 소송은 현지국 정부, 기업, 소비자에 대한 기업이미지를 나쁘게 만들며 기업의 신뢰도를 저하시키는 작용을 하기 때문에 장기적인 경영활동을 하는 기업의 입장에서는 바람직스럽지 못하다.

2) 중재요건

중재가 성립하기 위한 요건으로는 다음과 같은 사항들을 들 수 있다.

- 분쟁의 주체인 중재 당사자가 있어야 한다.
- 분쟁의 객체인 계쟁물(係爭物)[26]이 있어야 하는데, 이것은 원칙적으로 양 당사

25 Philip R, Cateora, *op. cit.*, p. 197.
26 소송에서 다툼의 대상이 되는 목적물.

자간에 처분할 수 있는 사법상의 법률관계이다.

- 양 당사자간에 법률행위로서의 중재에 대한 합의, 즉 중재계약이 있어야 한다. 그러므로 중재를 성립시키는 당사자의 계약에는 계약법의 일반법칙이 적용됨은 물론이다.
- 양 당사자들이 분쟁을 판정하도록 위임하고, 이를 수락한 중재기관과 중재인들이 있어야 한다.
- 양 당사자는 재판을 받을 수 있는 권리를 포기하여야 한다. 일반적인 민사나 형사의 분쟁이 야기되면 누구나 국가권력에 기지를 두고 있는 일반법원에 제소하여 법관의 판결에 의하여 규율되지만, 중재계약이 성립되면 이와 같은 재판을 받을 권리를 포기하고 당사자가 임의로 선정한 제3자로 하여금 그 분쟁을 판정하게 된다.
- 중재인의 판정은 최종적인 것이고, 양 당사자는 그 판정에 복종해야 한다. 중재판정은 당사자간에는 확정적인 것이며, 그 효력은 법원의 판결과 동일한 효과를 인정받는다.

각국에서는 상사중재협회가 설립되어 상사분쟁을 해결하기 위하여 상세한 중재규칙을 만들어 중재를 위촉하였을 경우에 대비하고 있다. 공식적인 국제중재기관은 국제상업회의소(International Chamber of Commerce: ICC)와 각국의 중재위원회들이다. 우리나라의 경우 중재위원회는 대한상공회의소에 소속되어 있다.[27]

3) 중재절차

중재는 양 당사자가 계약서에 명기함으로써 분쟁발생 시에 이의 없이 진행될 수 있으며, 중재절차는 양 당사자가 자유롭게 정할 수 있다. 일반적인 중재절차를 보면 [그림 7-1]과 같다.

27 김철, 무역실무, 신영사, 1990, pp. 646~653.

그림 7-1 | 일반적인 중재절차

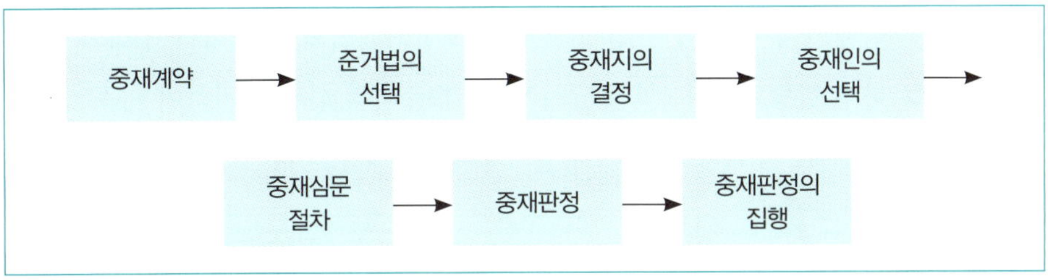

4) 국제적인 중재기관

분쟁해결에 이용 가능한 국제적인 중재기관으로는, 국제투자분쟁해결센터(International Centre for Settlement of Investment Disputes: ICSID)와 유엔국제무역거래법위원회(United Nations Commission on International Trade Law: UNCITRAL), 그리고 국제상업회의소(International Chamber of Commerce: ICC) 등을 들 수 있다.

(1) 국제투자분쟁해결센터

1966년 세계은행의 지원하에 투자기업과 피투자국간의 분쟁을 해결하기 위해 설립된 국제기구이다. 회원국들은 선진공업국 거의 대부분과 아프리카 및 아시아의 개발도상국들, 그리고 외국인투자를 적극 유치하려고 하는 여러 국가들로 구성되어 있다. ICSID는 투자기업 및 피투자국의 특정권리와 의무를 규정하고 있지는 않지만, 양 당사자가 분쟁의 해결을 의뢰하는 경우 분쟁에 대한 해결 절차를 제공하고 있다.

운영위원회, 사무국, 조정위원회 및 중재위원단으로 구성되어 있으며, 운영위원회 의장직은 세계은행 회장이 겸직한다. 조정 및 중재비용은 분쟁당사자가 부담, 기구 유지비는 IBRD 출자지분에 비례하여 가맹국이 부담한다. 우리나라는 1967년에 가입하였으며, 2014년 말 현재 회원국은 168개이다.[28]

28 http://www.icsid.org/members/listing.htm?search_text=KEYWORD+SEARCH&search_country=&search_member_type=&reset=reset, 2015.2.2.

(2) 유엔국제무역거래법위원회

1966년 UN 제21차 총회의 결의에 의해 국제상거래법의 전진적인 조화와 통일을 목적으로 하여 설립되었다. 설립 당시에는 UN총회의 선거에 의하여 아프리카 7개국, 아시아 5개국, 동유럽 4개국, 라틴아메리카 5개국, 서유럽 및 기타 8개국의 29개국으로 구성되었다.

주된 업무는 동서무역의 분쟁해결을 위한 중재이다. 국가구조가 상이한 여러 국가들이 관련된 사법적 성질의 상사관계를 규율하는 법률체계로서, 각국의 정부기관이나 공공기관 및 중앙집권적 경제체제를 갖는 국가의 사법적 법률행위까지 모두 포괄하여 다루고 있다.

1996년 6월부터는 전자상거래 모델법(UNCITRAL Model Law on Electronic Commerce)을 채택하고 국제간 거래에 있어 전자상거래의 사용을 합법화할 법률적 기초를 제공하고 있다. 2001년 기준으로 UN총회에서 선출된 36개국으로 구성되어 있으며,[29] 우리나라는 1981년 옵서버 자격으로 참여하기 시작해 2004년부터 정회원국이 됐다.[30]

(3) 국제상업회의소

국제상업회의소는 널리 이용되는 국제상사중재기관으로서 1919년 10월 미국 뉴저지 주 애틀랜틱시티에서 미국 · 영국 · 프랑스 · 이탈리아 · 벨기에 등의 기업 대표가 모여 전후 세계경제 재건, 국제통상의 부흥에 관한 회의를 개최한 데서 비롯되었다. 이 회의를 통해 참가국 대표들은 민간기업인에 의한 항구적인 국제기구 설립의 필요성에 뜻을 같이하고 이듬해인 1920년 6월 프랑스 파리에서 역사적인 창립총회를 개최함으로써 국제상업회의소가 정식 출범하였다.[31]

국제상업회의소는 조정 및 중재에 관한 규칙을 제정하고 조정관리위원회를 운영하여 분쟁을 조정하고 국제적 조직인 중재재판소를 운영하는 등 국제상사분쟁의 중재를 폭넓게 행하고 있다. 이 기관에서 제정한 규칙에는 투자정책, 소유 및 경

29 "United Nations Commission on International Trade Law", 두산백과.

30 한국, 아태지역 국제거래 연구 중심지로, 법률신문, 2012.1.12(http://www.lawtimes.co.kr/LawNews/News/NewsContents.aspx?serial=61641).

31 "국제상업회의소", 두산백과.

영, 재정, 조세정책, 법적 기본 구조, 노동 및 사회문제를 포함한 인사정책, 발명, 노하우 및 전문 능력을 포함한 기술, 무역정책 등의 행동원칙이 규정되어 있다.[32]

이 규칙에서 투자기업은 피투자국의 법률, 정책 및 경제·사회적 목표를 존중하고 피투자국 정부에 대해 투자 시 부담하는 의무를 준수하며, 분쟁발생 시 국제조정재판소 또는 국제중재재판소를 통해 분쟁을 해결하는 협정을 체결해야 한다고 규정하고 있다. 그리고 투자국 정부에 대해서는 자국의 국내법을 피투자국 내에서의 투자기업의 행동에까지 연장·적용함으로써 피투자국의 법 질서를 침해해서는 안 된다고 규정하고 있다.

그리고 피투자국 정부는 외국의 재산권에 대해 국제법상의 제원칙을 존중하고 재산권을 공정하게 취급해야 할 것과 투자기업에 대한 계약상의 의무 준수, 수용 또는 국유화 시의 공정한 보상 실시 등을 규정하고 있다. 또한 국제조정재판소나 국제중재재판소를 통한 분쟁해결에 관한 협정을 체결하고 소수 주주에 대한 보호 규정을 두어야 한다고 규정하고 있다.

한편 우리나라는 1951년 가입한 이래 1959년부터는 ICC한국위원회(Korea National Committee)를 설립하여 운영 중이다. 이 외에도 국제상사중재의 기관과 협약으로는 미국중재협회(American Arbitration Association: AAA), 런던국제중재재판소(London Court of International Arbitration: LCIA)가 유명하며 일본에는 국제상사중재협회 및 일본해운집회소가 있다.[33]

3. 소송

국제기업과 현지국 정부나 기업간에 분쟁이 발생할 경우 가장 최후의 수단으로 사용할 수 있는 수단이 소송(litigation)이다. 하지만 앞에서 중재의 방법으로 분쟁을 해결하는 이유에서도 언급하였듯이 소송은 여러 가지 결함을 지니고 있기 때문

32 International Chamber of Commerce, *Guidelines for International Investment*, Paris: ICC, 1972.

33 "국제상사중재", 21세기 정치학대사전, 한국사전연구사, 2010.

에 가능한 한 회피하는 것이 좋다. 따라서 소송은 다른 모든 방법들이 실패하였을 경우 최후의 수단으로 사용해야 한다. [표 7-1]에서는 소송과 상사중재의 여러 가지 측면을 비교하고 있는데, 이러한 비교를 통하여 국제기업들은 어느 해결방법이 더 기업활동에 도움이 되는지를 고려하여 선택하여야 할 것이다.

| 표 7-1 | 소송과 상사중재의 비교

구분	소송	상사중재
대상	민사 · 형사 · 행정 · 선거 등 모든 법률분쟁	사법상의 모든 분쟁
요건	당해 법원이 관할권을 가진다.	당사자간에 서면에 의한 중재합의가 있어야 한다.
효력	구속력(불가철회성) 및 집행력이 있다.	법원의 확정판결과 동일한 효력이 있다. 단, 구속력은 집행판결로서 생긴다.
신속성	복잡한 소송절차와 3심제도 때문에 시일이 오래 걸린다.	절차가 간단하고 단심제이다. 단, 한 번의 중재판정으로 분쟁이 종료되기 때문에 매우 신속하다.
경비	변호사 보수 · 인지대 등 때문에 비용이 많이 든다.	단심제이기 때문에 중재비용은 한 번만 지출된다. 따라서 소송에 비해 경비가 훨씬 저렴하고, 변호사를 선임하지 않아도 되므로 비용이 절감된다.
심판관	법관은 법 이론과 실무에 대하여는 밝지만, 전문적인 상거래의 실무와 관습에 대해 잘 알지 못하는 경우도 있다.	각 분쟁사안에 정통한 전문가(중재인)가 판정하므로, 개개 분쟁의 실정에 맞는 합리적 해결을 기대할 수 있다.
공개성	소송은 공개주의가 원칙이므로 영업상의 비밀이나 사안의 비밀이 공개된다.	엄격한 비공개주의에 따라 사안의 비밀이 보장된다.

자료: 대한상사중재원, 중재제도안내, 1990, p. 25.

제4절 법률적 환경에 대한 대응전략

법률적 환경은 해외진출기업이 가장 직접적으로 접촉하게 되는 환경으로서, 이 환경에 대한 파악이 잘못되면 기업활동에 직접적인 영향을 받게 된다. 따라서 국제기업은 해외에 진출하기 이전에 현지국의 법률적 환경에 대해 충분한 조사와 분석을 통하여 이에 대한 명확한 지식을 체득하고 있어야 한다.

해외의 법률환경에 대하여 대응할 수 있는 기업의 전략으로는 법률전문가의 고용, 현지국 정부에 대한 로비, 법률적 환경에 대한 체계적인 학습, 계약 시 전문가의 참여 등이 있다.

1. 법률전문가의 고용

인간의 행동이 법률에 의해 규제되듯이 기업활동도 법률의 규제대상이 되며 기업의 활동은 법률이 허용한 테두리 내에서 이루어져야 한다. 그러므로 기업 내부적으로 법률적 지식에 정통한 전문가를 확보함으로써 기업의 외부환경인 법률적 환경에 대처해 나갈 수 있다. 국제마케팅활동을 계획하고 있는 경우 외국의 법률적 환경에 정통한 인력을 확보하여 외국의 법률적 환경에 대처하기 위한 기업전략을 수립하는 데 참여시켜야 한다.

기업이 현지국에 자회사를 설립할 경우에는 현지국의 법률전문가를 선임하여 기업활동상의 모든 법률적 문제에 대한 자문을 구하도록 하는 것이 바람직하다. 하지만 법률전문가를 기업 내부로 수용하는 데는 많은 비용이 들게 된다. 대기업의 경우에는 투자단위나 규모가 크기 때문에 사업단위별로 법률전문가를 고용할 수 있으나 중소기업의 경우 법률전문가를 이용하기 위한 자금부담 때문에 기업 자체적으로 법률전문가를 고용하기 힘든 형편이다. 이에 대한 전략적 대안으로는 현지에 진출한 여러 중소기업들이 연합하여 일정 수의 법률전문가를 고용하든지, 거래관계가 있는 대기업과 연계함으로써 법률전문가를 이용할 수 있을 것이다.

2. 현지국 정부에 대한 로비

국제기업이 현지국 정부에 대해 로비활동을 벌임으로써 법률적 분쟁발생을 미연에 방지하는 방법이 있다. 즉, 현지국 정부나 기업과 분쟁의 소지가 있을 경우 로비를 통하여 현지국 정부나 기업에 대해 압력을 가하도록 종용함으로써 분쟁해결에 있어 유리한 위치를 점할 수 있다.

로비력이 큰 기업의 경우 여러 압력단체를 조정하여 기업의 목적에 이익이 되는 방향으로 현지국 정부나 기업에 대해 압력을 가함으로써 기업목적을 달성하는 데 긍정적인 효과를 얻을 수 있다.

또한 이러한 기업의 이미지가 현지국에 알려지게 되면 현지국 정부와 기업이 분쟁을 섣불리 제기할 수 없게 된다. 이와 같이 로비는 분쟁상황을 미연에 방지할 수 있도록 해 주는 분쟁억제 작용을 한다.

3. 법률적 환경에 대한 체계적인 학습

기업이 법률전문가를 기업 자체적으로 고용한다고 하더라도 이들 전문가를 기업활동의 세세한 부분에까지 활용할 수는 없다. 따라서 기업들은 본국과 현지국의 법률적 환경뿐만 아니라 여러 가지 국제협약에 관한 체계적인 지식을 그 구성원들에게 학습시킬 필요가 있다.

해외진출을 계획하는 기업이 현지국의 법률을 명확하고 세밀하게 이해하고 분석하는 것은 기업의 현지국 진출에 중요한 영향을 줄 수 있다. 즉, 현지국 법률이 요구하는 조건은 무엇인가, 본국과 비교하여 현지국 법률이 어떠한 특이점을 가지고 있는가, 본국법과 현지국 법률이 상충하는 내용은 없는가, 기업이 현지국에서 규정한 법률적 요구사항을 감당할 능력이 있는가 등에 관하여 충분한 지식을 습득해야 한다.

현지국 법률에 대한 명확한 이해와 분석이 기업의 현지국 진출에 어떤 영향을 주

는지에 대해 다음의 예를 통하여 살펴보기로 한다.[34]

미국의 슬롯머신 제조업체인 International Game Technology社(이하 IGT)는 일본기업들이 미국시장에서 자사의 주요경쟁자가 되고 있다는 사실을 인식하고는 1989년 주요시장으로 일본을 표적으로 삼기 시작하였다. 이 당시 IGT는 전 세계 슬롯머신 제조시장의 2/3를(설치가 기준) 차지하고 있는 일본시장에 슬롯머신을 판매하고 있지 않았다.

IGT가 일본시장에 진입하려고 하였을 때 진입에 관련된 명확한 법률을 찾기가 어려웠다. 일본의 슬롯머신업계는 18개의 소기업단체의 구성원이 장악하고 있었으며, 이 단체의 회원이 되려고 하는 자는 3개 기업 회원의 동의와 함께 일본 현지에서의 3년 동안의 제조경험이 필요했다. 이러한 현지국 특유의 애매하고 복잡한 법률망은 외국기업의 경우 제대로 파악하기 힘들며, 기업활동을 하기 위해서 법률적 요건을 갖추려 하면 너무 오랜 시간과 많은 비용이 들기 때문에 경쟁에서 뒤지게 될 우려가 있었다. 이에 따라 IGT는 일본의 법률망을 뚫기 위해 현지법률가를 고용하였으며, 이후에도 일본에서 제품 판매허가를 얻을 때까지 여러 가지 다른 법률적 장애를 극복해야만 했다.

GATT 제8차 협상인 우루과이라운드 타결 이후부터는 기업이 법률적 환경에 대한 체계적인 학습을 통해 법률적인 위험을 회피할 수 있는 기회가 증가했다. 예로서, 지적재산권 보호에 관한 협정, 서비스관련 투자에 관한 협정, 투자보장협정 등은 국가에 따라 약간씩의 차이는 있지만 세계적으로 통용될 수 있는 법률체계이기 때문에 학습을 통하여 이런 지식을 쌓는다면 현지국의 법률적 환경에 대처하는 데 용이할 것이다.

법률적 환경에 대한 체계적인 학습을 위해서는 본국이 어떤 국제협약에 가입하고 있으며, 이러한 국제협약을 현지국에도 적용할 수 있는가 하는 문제도 중요하다. 만일 현지국이 본국이 가입한 협약에 가입하고 있는 경우라면 이 협약의 파악만으로도 법률적 환경에 충분히 대처할 수 있다. 하지만 현지국이 협약에 가입하고 있지 않다면 현지국의 해당법률체계에 대한 학습을 통하여 이를 극복할 수 있을 것이다.

34 "A Slot-Machine Maker Trying to Sell in Japan Hits Countless Barriers", *Wall Street Journal*, May 11, 1993, p. 1.

4. 계약 시 관련전문가의 참여

법률적 위험을 회피할 수 있는 또 하나의 방안으로는 투자계약 시에 관련전문가들을 참여시켜 계약상의 오해가 발생할 소지를 없애는 것이다. 이러한 관련전문가로는 법률전문가, 마케팅전문가, 본국 및 현지국 언어에 능통한 사람, 현지국의 상관습을 잘 파악하고 있는 사람 등이 해당될 수 있을 것이다.

특히 법률문제에 있어서는 계약에 관계되는 각 당사자의 책임을 명시해야 하며 분쟁 시의 재판 관할권을 명시해야 하는데, 재판 관할권 조항에는 사건재판에 사용될 법원체제와 적용될 국가의 법률을 기재해야 한다. 이 외에도 계약 작성 시에 필요한 언어의 적절한 선택과 현지국의 상관습을 고려한 계약의 체결도 분쟁을 미연에 방지할 수 있는 기업전략의 하나라고 할 수 있다.

Case Study

사례연구

1) 삼성전자와 애플의 특허전쟁[35]

2011년 4월 15일, 애플은 삼성전자의 갤럭시S 4G 등 삼성전자의 제품이 애플의 디자인과 특허를 침해했다며 미국 캘리포니아 북부지방법원에 특허권 침해금지 청구소송을 냈다. 애플이 제소함에 따라 삼성전자 역시 반격에 나섰다. 삼성전자는 애플이 데이터분할전송, 전력제어, 전송효율, 무선데이터통신 등 주로 통신기술과 관련한 삼성전자의 특허를 침해했다며 2011년 4월 22일 한국 서울지방법원과 일본 도쿄 법원, 독일 만하임 법원에 소송을 제기했다. 눈에는 눈, 이에는 이, 소송에는 소송으로 맞선 셈이다. 애플이 소송을 제기한 지 정확히 일주일 만이다. 그러나 양사의 의견이 첨예하게 맞서는 가운데 특허전쟁은 별다른 진전 없이 1년을 넘겼다.

현재 삼성전자와 애플의 국경을 넘나드는 특허 전쟁은 미국, 한국, 프랑스, 이탈리아, 네덜란드, 일본, 호주, 독일 등 사실상 세계 전역으로 확대된 상태다. 이 중 미국은 삼성과 애플이 법정 다툼을 벌이는 세계 9개국 중 하나이지만, 세계 최대 스마트폰시장이자 애플의 '안방'이라는 점에서 다른 나라에 비해 더 큰 파급력을 갖고 있기 때문에 다른 나라에서 진행되는 특허 분쟁도 미국 소송 결과에 간접적으로 영향을 받을 것으로 보인다.

이번 소송이 특히 주목되는 것은 스마트폰시장이 급격히 팽창하는 가운데 양사가 사실상 전 세계 스마트폰시장을 주도하고 있기 때문이다. 미국 시장조사기관 SA(Strategy Analytics)의 보고서에 따르면 2012년 2분기 스마트폰시장만 하더라도 삼성전자의 시장점유율이 34.6%이고 애플의 점유율이 17.8%로, 전체 시장의 절반 이상이 이들 두 회사의 몫이다. 애플은 최근 법원에 제출한 서면 자료에서 삼성전자의 특허 침해로 25억 2천 500만 달러(약 2조 9천억 원)의 손해를 봤다고 주장했다. 또 삼성이 자사의 디자인 특허를 사용할 때마다 24달러를, 나머지 특허 역시 기기당 2~3달러씩을 요구하는 등 사실상 삼성이 대당 90~100달러(약 10~11만 원)의 특허 이용료를 애플에 낼 것을 요구했다. 반면 자사가 삼성에 낼 무선통신기술 특허 사용료로는 대당 0.0049달러(약 5.6원)를 제시했다.

이는 삼성이 무선통신 특허와 관련해 기기당 2.4%의 로열티를 요구하는 것으로 알려진 만큼 양사 주장의 차이가 크다. 삼성의 요구액대로라면 애플은 지난 분기에만 3억 7천

35 • 삼성 · 애플 특허전쟁, 어떻게 진행되어 왔나, 아이뉴스, 2012.3.2.
• 삼성-애플, '세기의 대결' 美본안소송 향방은?, 연합뉴스, 2012.7.29 .
• 특허戰爭 11개월 … 삼성-애플 길었던 싸움, 이데일리뉴스, 2012.3.17.

500만 달러(약 4천 300억 원)의 특허료를 내야 하지만 애플의 제시액대로라면 불과 12만 7천 400달러(약 1억 5천만 원)만 지급하면 된다.

미국에서 진행한 '갤럭시탭 10.1'과 '갤럭시 넥서스'의 가처분 심리는 애플에 유리하게 진행됐다. 애플은 태블릿PC 디자인 특허를 이용해 갤럭시탭 10.1 판매금지 가처분 명령을 얻어냈고, 스마트폰 통합검색 특허를 적용해 갤럭시 넥서스 판매금지 가처분 명령을 이끌어 냈다. 심리를 진행하는 판사의 평가도 사뭇 애플에 유리한 쪽이다. 새너제이에 위치한 미국 캘리포니아 북부지방법원의 루시 고 판사는 "삼성이 경쟁할 권리를 갖고는 있지만 (다른 회사의 지적재산권을) 침해하는 제품을 시장에 쏟아내 부당하게 경쟁할 권리는 없다"고 강조했다. 이에 따라 본안소송에서도 애플이 좀 더 유리하다고 보는 시각이 많은 편이다. 그러나 '돌이킬 수 없는 손실'을 막으려고 비교적 짧은 시간에 결론을 내리는 가처분 심리와 달리 시간을 들여 사안의 모든 면을 따져야 하는 본안소송에서는 결론이 뒤집힐 가능성도 있다.

당장 같은 특허, 같은 사안을 두고 미국과는 다른 가처분 결정을 내린 국가들이 눈에 띈다. 독일 뒤셀도르프 법원과 뮌헨 법원은 '갤럭시탭 10.1N'과 '갤럭시 넥서스'를 판매금지해 달라는 애플의 가처분 신청 심리에서 삼성의 손을 들어줬으며, 애플의 항고마저 받아들이지 않았다. 영국 법원도 이달 초 갤럭시탭이 애플 '아이패드'를 베끼지 않았음을 인정하는 판결을 내렸고, 호주 법원은 갤럭시탭 10.1을 판매금지시켰다가 항고심에서 뒤집기도 했다. 또 네덜란드 법원에서는 삼성이 무선통신기술 특허를 무기로 애플에 일부 승소 판결을 받기도 했다. 미국 외에 유럽이나 호주 등지의 판세는 삼성에 다소 유리하게 전개되는 셈이다.

이들 판결이 미국 본안소송 판결에 직접적인 영향을 주지는 않겠지만, 배심원단이 평결을 내리면서 해외 사례를 참고할 가능성이 큰 만큼 상당한 간접적 영향을 줄 것으로 예상된다. 반면 미국 내 가처분 결정의 본안소송에 대한 영향은 오히려 제한적이다. 고 판사는 결정문에서 "갤럭시탭의 판매금지 결정은 향후 재판에서 '제한된 가치'만 있다"며 "이들 결정을 증거로 사용하게 되면 하나의 소송 안에서 다른 소송을 하는 격이 될 것"이라고 언급했다.

삼성-애플 소송이 눈길을 끄는 또 다른 이유는 이 소송의 결과에 따라 구글과 다른 안드로이드 스마트폰 제조사들도 영향을 받게 되기 때문이다. 겉보기에는 삼성과 애플의 공방전이지만 속내를 들여다보면 그 뒤에 구글이 버티고 있는 것이다. 실제로 지난달 갤럭시 넥서스가 받은 판매금지 명령은 구글이 안드로이드 운영체제(OS)에 탑재한 통합검색 기능 때문에 나온 것이다. 이 기능은 안드로이드 4.0버전 '아이스크림샌드위치'에 기본으로 들어가 있는 것이다. 삼성 외에 다른 제조사의 안드로이드폰에도 이 기능이 적용됐다.

결국 이번 소송에서 삼성이 패소하면 구글과 다른 안드로이드 스마트폰 제조사들도 연이어 법정에 서거나 합의를 통해 막대한 특허 사용료를 애플에 내야 한다. 이번 본안소송에서 구글이 삼성을 측면 지원할 수밖에 없는 이유다. 실제로 갤럭시 넥서스 판매금지 명령이 내려졌을 때도 삼성과 구글은 공동으로 대응했다.

| 표 7-2 | 삼성-애플 소송 일지

일자	국가(지역)	내용
11. 04. 15	미국(산호세)	애플, 특허침해로 제소
11. 04. 21	한국(서울중앙)	삼성전자, 특허침해로 제소
	독일(만하임)	삼성전자, 특허침해로 제소
	일본(동경)	삼성전자, 가처분 신청
11. 06. 16	독일(만하임)	애플, 특허침해로 제소
11. 06. 17	일본(동경)	애플, 가처분 신청
11. 06. 23	한국(서울중앙)	애플, 특허침해로 제소
	네덜란드(헤이그)	애플, 가처분 신청
11. 06. 28	미국(ITC)	삼성전자, 애플제품 수입금지 신청
11. 06. 29	영국(런던)	삼성전자, 특허침해로 제소
11. 06. 30	미국(산호세)	삼성전자, 4월 애플 제소에 대해 반소
	네덜란드(헤이그)	삼성전자, 특허침해로 제소
	프랑스(파리)	
	이탈리아(밀라노)	
11. 07. 01	미국(산호세)	애플, 삼성제품 4종 가처분 신청
11. 07. 28	호주(뉴사우스웨일즈)	애플, 가처분 신청
11. 08. 04	독일(뒤셀도르프)	애플, 가처분 신청
11. 08. 09	독일(뒤셀도르프)	법원, 탭 10.1 판매금지 가처분 명령 (8/16 삼성전자 독일법인으로 가처분 한정)
11. 08. 23	일본(동경)	애플, 특허침해로 제소
11. 08. 24	네덜란드(헤이그)	법원, 갤럭시S/S2/Ace 가처분 명령 (애플이 제소한 특허 10건 중 1건만 인정, 효력 10/14~)
11. 09. 09	독일(뒤셀도르프)	법원, 삼성전자의 탭 10.1 가처분 이의신청 기각
11. 09. 12	영국(런던)	애플, 특허침해로 제소
11. 09. 14	네덜란드(헤이그)	애플, 탭 10.1 가처분 항소

11. 09. 16	호주(뉴사우스웨일즈)	삼성전자, 특허침해로 제소
	독일(뒤셀도르프)	삼성전자, 탭 10.1 가처분 결정에 대해 항소
11. 10. 05	프랑스(파리)	삼성전자, 아이폰4S 가처분 신청
	이탈리아(밀라노)	
11. 10. 06	영국(런던)	삼성전자, 9월 애플 제소에 대해 반소
11. 10. 13	호주(뉴사우스웨일즈)	법원, 갤럭시탭 10.1 가처분 명령
11. 10. 14	네덜란드(헤이그)	법원, 삼성전자의 가처분 신청 기각
11. 10. 17	일본(동경)	삼성전자, 아이폰4S 등 가처분 신청
	호주(뉴사우스웨일즈)	삼성전자, 아이폰4S 가처분 신청
	호주(뉴사우스웨일즈)	삼성전자, 탭 10.1 가처분 결정(10/13)에 대한 항소
11. 11. 15	호주(뉴사우스웨일즈)	법원, 삼성전자의 아이폰4S 가처분 신청 → 신속본안재판으로 전환
11. 11. 28	독일(뒤셀도르프)	애플, 탭 10.1N 가처분 신청
	독일(뮌헨)	애플, 탭 10.1N / 갤럭시 넥서스 가처분 신청
11. 11. 30	호주(뉴사우스웨일즈)	법원, 탭 10.1 가처분 항소심에서 삼성전자 승소 판결
11. 12. 02	호주(뉴사우스웨일즈)	애플, 탭 10.1 가처분 상고
	미국(산호세)	법원, 애플의 가처분 신청 기각 판결
11. 12. 08	프랑스(파리)	법원, 삼성전자의 아이폰4S 가처분 신청 기각 판결
11. 12. 09	호주(대법원)	법원, 애플의 가처분 상고 기각
11. 12. 16	독일(만하임)	삼성전자, 특허침해로 추가 제소(4월 본안소송에 추가)
11. 12. 19	호주(뉴사우스웨일즈)	애플, 특허침해로 제소
11. 12. 27	독일(뒤셀도르프)	애플, 특허침해로 제소
12. 01. 05	이탈리아(밀라노)	법원, 삼성전자의 아이폰4S 가처분 신청 기각 판결
12. 01. 20	독일(만하임)	법원, 삼성전자 제소 특허 1건 비침해 판결(3건 중 첫 번째)
12. 01. 24	네덜란드(헤이그)	법원, 애플의 탭 10.1 가처분 항소 기각 판결
12. 01. 27	독일(만하임)	법원, 삼성전자 제소 특허 1건 비침해 판결(3건 중 두 번째)
12. 01. 31	독일(뒤셀도르프)	법원, 삼성전자의 탭 10.1 가처분 항소 기각 판결
12. 02. 01	독일(뮌헨)	법원, 애플의 탭 10.1N / 갤럭시 넥서스 가처분 신청 기각 판결
12. 02. 08	미국(산호세)	애플, 특허침해로 제소
12. 02. 09	독일(뒤셀도르프)	법원, 애플의 탭 10.1N 가처분 신청 기각 판결

2) 하스브로社와 구글[36]

정보기술이 발달한 지금, 고객이 네트워크화되어 감에 따라 대부분의 조직들이 느끼는 두려움은 바로 "조직 내부에서 만든 게 아닌 것"에 대한 두려움이다. 기업과 고객 사이에 경계가 분명했던 기존 조직에서는 모든 혁신, 아이디어, 가치들이 조직 내부에서 만들어져야 한다고 믿어 왔다. 고객 또는 외부에 의해 만들어진 아이디어는 바로 무시하거나 조직의 지적 자산에 부정적 영향을 준다고 간주하였다. 2008년, 인도 캘커타에 거주하는 라자트(Rajat)와 자얀트 아가왈라(Jayant Agarwalla) 남매는 하스브로(Hasbro) 장난감 회사의 보드게임 스크래블을 즐기다가, 이 게임을 기반으로 한 스크래뷸러스(Scrabulous)라는 페이스북 앱을 개발하였다. 이 앱을 통해 사용자들은 페이스북 친구들과 온라인에서 함께 스크래블을 할 수 있었다. 과거, 소셜 네트워크 버전의 게임 개발에 실패한 경험이 있었던 하스브로社는 스크래뷸러스가 수천 명의 사용자들의 주목을 받아 페이스북의 최고 인기 앱이 되는 것을 보고만 있었다. 하스브로는 아가왈라 남매를 인정하거나, 회사 내 새로운 소셜 게임 팀을 리드하도록 하는 대신, 이들을 상대로 소송을 제기하였다. 결국 아가왈라 남매는 온라인 팬들의 항의와 눈물을 뒤로 하고 페이스북에서 게임을 삭제하였다. 그 후 하스브로는 직접 페이스북을 위한 스크래블을 개발했지만, 사용자 수는 확연히 줄어들었다. 이와 같이 하스브로가 스크래뷸러스 게임 개발에 있어서 고객에게 추월당한 이유 중 하나는 아마도 하스브로가 스스로를 보드 게임 제조사로만 인식하고, 소셜 엔터테인먼트를 만들어 내는 사업으로는 인식하지 못했기 때문일 것이다. 미래의 혁신을 위해 기업들은 조직 외부에서 창출된 아이디어들에 대해 좀 더 개방적이어야 할 것이다.

IT(정보기술)분야에서 '매시업(Mashup)'이란 웹상에서 웹서비스 업체들이 제공하는 다양한 정보(콘텐츠)와 서비스를 혼합하여 새로운 서비스를 개발하는 것을 의미한다. 즉 서로 다른 웹사이트의 콘텐츠를 조합하여 새로운 차원의 콘텐츠와 서비스를 창출하는 것을 말한다.

매시업 서비스는 웹서비스 업체가 자신들의 서비스에 접근할 수 있도록 접근방법을 공개하는 것으로부터 비롯된다. 웹서비스 업체들이 공개한 API[37]를 기반으로 독자적인 유저 인터페이스나 콘텐츠를 융합하여 새로운 응용서비스, 즉 매시업을 개발할 수 있게 된 것이다. 구글 · 마이크로소프트 · 아마존을 비롯하여 네이버 · 다음 · 알라딘 같은 국내 업체들이 자사의 콘텐츠를 외부에서 사용할 수 있게 API를 공개하고 있다.

매시업 서비스로 가장 유명한 것은 구글 지도와 부동산 정보사이트인 크레이그 리스트

36 David L. Rogers 지음(최정혜, 오윤조 공역), 앞의 책, 박영사, 2013, p. 225.

37 Application Programming Interface: 응용프로그램에서 사용할 수 있도록 운영체제나 프로그래밍 언어가 제공하는 기능을 제어하도록 만든 인터페이스.

(www.craigslist.org)를 결합시킨 '하우징맵(www.housingmaps.com)' 사이트로, 지도 정보에서 특정지역을 선택하면 해당지역의 부동산 매물정보를 보여 주는 서비스를 제공하고 있다. 하우징맵은 폴 레이드매처(Paul Rademacher)라는 사람이 구글의 지도 API 코드를 해킹하여 만든 것인데 당시 구글 지도를 활용한 확장성과 가능성을 본 구글은 폴 레이드매처를 고소하기는커녕 그를 구글 직원으로 채용하였고, 그때부터 공개적으로 구글의 지도 API를 제공하기 시작하였다.

하스브로와 구글 두 회사는 자사의 콘텐츠를 이용하여 새로운 서비스를 개발한 사안에 대해 서로 다른 법률적 대응을 한 결과, 사업적 결과가 상반되게 나타나게 된 것이다.

3) 뇌물[38]

외국인들의 뇌물요구를 대할 때 미국사업가들의 마음은 착잡할 것이다. 예를 들어, 대부분의 미국인들이 '뇌물(bribes)'이라고 생각하는 '선물(gifts)'을 요구받았을 때는 특히 그렇다.

실제로 뇌물은 미국 내에서도 존재하지만, 그것들은 미국문화적 소양에서 혐오스럽게 간주된다. 결론적으로 말하면, 이런 종류의 행위는 미국에서 기업경영활동을 하는 경영자들보다 해외에 기반을 두고 기업경영활동을 수행하는 경영자들이 더 많이 직면하게 되는 것이다. 즉 미국 내에서의 상행위의 도덕적 가치는 해외의 그것들보다 도덕적으로 우월하다고 할 수 있다. 그런데 이러한 확신이 외국 협상파트너들에게 감지될 경우, 대부분 아주 신중하게 계획된 거래협상은 산산이 부서질 수 있다. 나 자신이 제3세계에서 처음 경험한 뇌물과 관련된 이야기는 다음과 같다.

1970년대 East Africa에서 사업을 할 때, 그들은 비즈니스를 다음과 같이 시작했다. "오, 나는 Bwana를 무척 가지고 싶어요(Bwana는 한마디로 Zawadi(Gift)로 금전을 의미한다). 그리고 우리는 서로 친구지요. 당신이 우리 집을 방문할 때, Chai(tea)와 Eight Band Radio를 가지고 오시오."

Chai(tea)와 Zawadi(Gift)는 스와힐리 말로 뇌물과 같은 것이다. 이러한 특별한 요구를 할 때 그들은 다정스러운 어조로 말을 한다. 그들의 그와 같은 요구는, 계획된 거래계약의 세부적 요건들이 하나하나 끝을 맺었을 때 뇌물을 추가로 요구한다.

나는 그 협상을 끝내고 미국식으로 상징적인 의미의 술자리를 상대파트너에게 제공하려고 했다. 그러나 모든 거래협상의 요건들이 끝나고 난 뒤 그는 돈을 요구했다. 그가 요

38 Jeffrey A. Fadiman, "Understanding Third World Business Practices", *Northern California Executive Review*, Fall 1986, pp. 17~22.

구한 금액은 그 당시 상당한 액수였다. 하지만 내가 화가 난 것은 그가 라디오를 요구한 것이다. 어쨌든 그 요구는 상처 입은 나의 가슴에 모욕을 던져 주었다. 겉으로는 웃고 있었지만 속으로는 부아가 치밀었다. 나는 뇌물을 요구받았고, 그것은 나의 생활방식에서 보면 모욕적인 요구였다. 나는 뇌물을 요구한 적도 기대한 적도 없었다. 그것을 떠나서도 대부분 미국인들이 그렇듯이, 나는 계약서에 사인을 하기 전에 모든 금전적 협상을 끝맺기를 바란다.

그러나 이번 경우에는 비록 협상은 못했지만 나는 또다시 돈을 요구받았다. 한 번뿐인가? 얼마나 또 요구할까? 도대체 상행위규칙도 없는가? 언제 완전히 거래가 끝나는가? 나는 즉각 반응하면서 말했다. "나는 미국인이고, 나는 뇌물을 주지 않소." 그리고 나는 그 자리를 박차고 나왔다.

그곳에서 자리를 박차고 나온 것이 내 인생의 대부분은 아니다. 그러나 그것은 결코 상업적 성공이 아니었다. 왜냐하면 내가 국제거래에서 미국식으로 협상을 해버렸다면, 다시 다른 협상을 망쳐 버렸을 것이다.

이러한 것을 극복해야만, 특정지역에서 상업적 입지를 다지는 데 필요한 대인관계를 형성할 수 있고, 그 지역의 특색, 즉 상업적 관행을 이해해야 사업적 기회를 얻을 수 있을 것이다.

Part 03

미시적 연구

제8장 | 산업구조 분석

Part 03

Introduction to Area Studies

모든 국가에 영향을 미치는 글로벌적 요인과 특정국가나 특정지역의 환경을 분석하는 거시적 요인을 분석하는 방법을 1편과 2편에서 각각 살펴보았으므로, 본 3편에서는 특정산업에 영향을 미치는 요인을 분석하는 미시적 연구방법에 관해 살펴보고자 한다. 즉, 8장에서는 해외시장으로 진출하고자 하는 기업의 입장에서 해외 특정국가나 지역의 관련 산업구조를 분석하는 방법을 설명한다.

Chapter 08

산업구조 분석

제1절 산업구조 분석모형

포터가 제시한 산업구조 분석모형은 산업구조에 대한 이해를 도와주는 동시에 산업 전체의 수익률이 낮거나 높은 이유를 효과적으로 설명해 준다. 이에 따르면 기업의 장기적인 수익률은 기업이 속한 산업의 경쟁구조에 의하여 결정되기 때문에 국가 또는 세계 수준에서 특정산업의 경쟁구조를 파악하는 것이 반드시 필요하다. 어떤 산업의 구조적인 특성을 이해할 수 있다면 그 산업의 구조적인 특성을 자사에 유리한 방향으로 바꾸는 것도 기업의 노력으로 가능해질 수 있으므로 산업구조 분석모형은 중요한 의미를 가진다.[01]

산업조직론에서 발전된 산업구조 분석은 기업이 속한 산업의 구조와 경쟁방식, 산업의 수익에 대한 관계를 중심으로 분석한다. 즉, 그 산업에서 기대될 수 있는 산업의 수익률 혹은 이윤잠재력(이것을 '산업매력도'라고 부른다)을 결정짓는 구조적인 요인들을 파악하는 것을 말한다.

그런데 이윤잠재력은 특정산업의 경쟁상황에 의해 결정되어지며, 여기서 특정산업의 경쟁상황이란 [그림 8-1]에서 보는 바와 같이 기존 기업과의 경쟁, 대체재와의 경쟁, 잠재적 진입자와의 경쟁, 공급자의 교섭력, 구매자의 교섭력의 5개의 기본적 경쟁요인들에 의해 좌우된다.

01 조동성 · 이광현, 경쟁에서 이기는 길, 교보문고, 1993, pp. 122~168.

그림 8-1 | 포터의 산업구조 분석모형

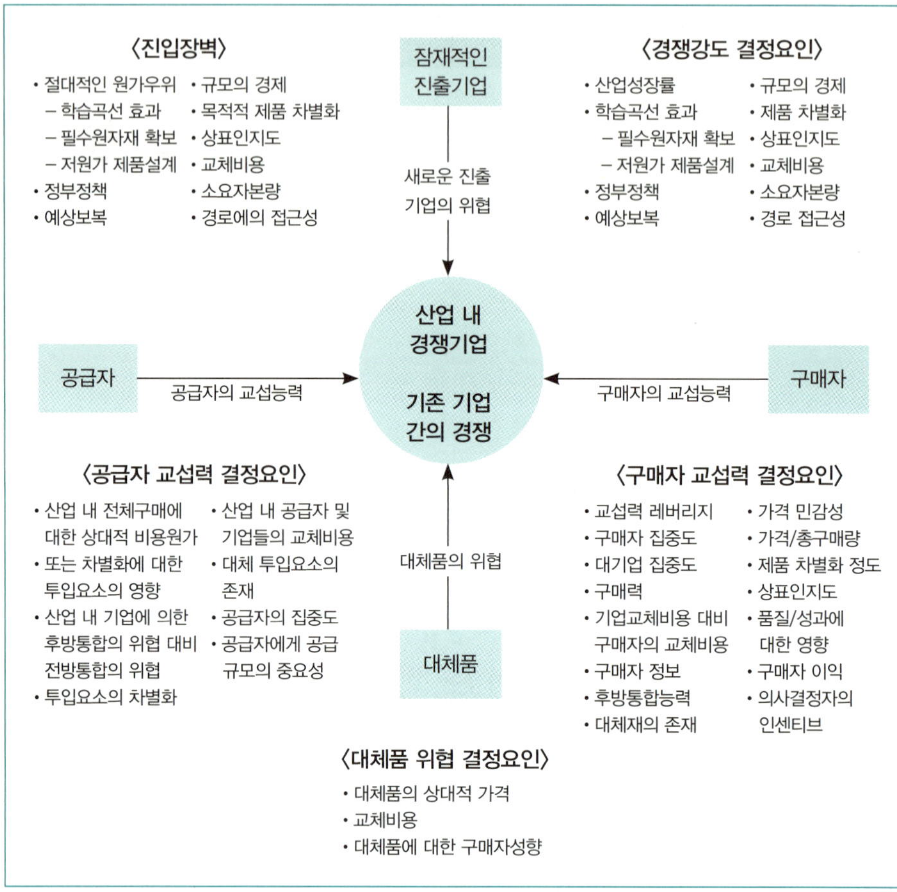

자료: Micheal E. Poter, *Competitive Advantage: Creating Sustaining Superior Perfprmance*, The Free Press; 조동성 역, 경쟁우위, 교보문고, 1991. p. 21.

이 중 앞의 세 가지는 수평적인 경쟁상황을 의미하며, 나머지 두 가지는 수직적인 경쟁상황을 의미한다. 이러한 5대 요인들의 총체적인 힘이 그 산업에서 기대될 수 있는 궁극적인 이윤잠재력을 결정짓는 것이며, 산업에 따라 기본적인 경쟁요인들의 총체적인 힘이 다르기 때문에 궁극적인 이윤잠재력 또한 근본적인 차이를 나타낸다. 이와 같은 경쟁요인들을 보다 구체적으로 살펴보면 다음과 같다.[02]

02 Michael E. Poter, *Competitive Strategy: Techniques for Analyzing Industries and Competitors*, New York: The Free Press, 1980, pp. 3~29.

1. 새로운 진입기업의 위협

어떤 산업의 수익률이 높거나 유망할 경우 많은 기업들이 그 산업에 새로이 진입하고자 한다. 그렇지만 모든 기업들이 원하는 산업에 진입 가능한 것은 아니다. 왜냐하면, 신규기업체가 특정산업에 참가하게 되면 그 산업은 상당한 동요와 변화를 겪게 되기 때문이다. 특히 신제품과 신시장으로 다각화를 시도하는 기업일 경우에는 더욱 그러하다. 특정산업에 신규기업이 참가하고자 할 때 그 경쟁적 위협이 얼마나 심각한가는 참가에의 방해물, 즉 진입장벽(entry barrier)의 크기와 산업 내의 기존기업들의 예상반응에 따라 달라진다.

1) 진입장벽

다수의 사업에는 새로운 기업이 들어오는 것을 어렵게 하는 진입장벽이 존재하는데, 이것이 산업의 구조적 성격을 크게 좌우하며 기존기업들은 진입장벽의 높이 따라 일정범위에서 시장지배력을 행사하게 되는 경우가 많다.

이러한 진입장벽을 피하기 위해 새로운 진입기업들은 종종 새로운 기술, 새로운 경영능력, 새로운 브랜드를 가지고 진입을 시도한다. 예를 들어, PC시장에서 IBM이 보유하고 있었던 소비자의 브랜드 인지도와 강력한 딜러 시스템을 피하기 위해서 Dell은 새로운 유통시장, 즉 전화나 온라인 주문방식을 처음으로 도입하여 IBM이 가지고 있던 강력한 진입장벽인 유통망을 우회하여 진입할 수 있었다.[03]

(1) 규모의 경제

규모의 경제(economies of scale)란 시간에 따른 절대생산량이 늘어남에 따라 제품의 단가가 떨어지는 것을 말한다. 규모의 경제가 존재할 경우, 잠재적 진입기업이 처음부터 대규모로 참여하거나 아니면 원가상의 불이익을 감수해야 하므로 진입을 저지하는 효과가 있게 된다. 한 가지 품종의 제품을 다양하게 생산하는 기업들이 생산활동과 기능을 여러 제품에 연계시켜 운용할 수 있다면, 개별제품별로

03 장세진, 경영전략, 박영사, 2012, p. 85.

는 어렵다 할지라도 기업 전체로서는 규모의 경제와 비슷한 경제성을 누릴 수 있을 것이다.

예를 들어, 그 기업이 여러 종류의 엔진을 생산해서 이 제품들이 자동차나 비행기, 또는 선박의 기관장치 생산에 사용된다면 엔진생산에 따른 규모의 경제성은 단순히 어느 한 시장에서의 판매량만으로 따질 수 없게 된다. 따라서 이와 같은 형태로 생산활동을 다각화시킨 기업은 자동차용 엔진만 생산할 때보다 더 큰 경제성을 도모할 수 있을 것이다. 이러한 규모의 경제는 생산뿐만 아니라 R&D, 광고, 판매, 재무, 사후 서비스 등에도 존재한다.

또한 자본집약적이고 연구개발투자가 많이 소요되는 자동차산업에도 규모의 경제가 적용된다. 연간 백만 대 이상의 자동차를 생산하고 판매할 능력이 없는 기업들은 진입을 할 수가 없고 점점 더 규모의 경제가 커져 가고 있고 연구개발의 집약도가 높아지고 있기 때문에 세계적으로 소수의 기업만이 살아남고 있다. 따라서 자동차산업에서는 소규모의 기업들이 대규모 기업들에게 인수당하는 현상을 종종 볼 수 있다.

예를 들어, AMC/Jeep는 Chrysler에, 영국의 Rover는 독일의 BMW에, 기아자동차는 현대자동차에 각각 인수되었다.[04]

(2) 제품 차별화

제품의 차별화란 기존기업들이 상표인식과 고객신뢰를 확보하고 있다는 것을 의미한다. 상표인식과 고객신뢰는 제품에 대한 광고와 고객에 대한 서비스, 제품 자체의 차이 등에서 비롯되는 것이다. 경쟁판매자의 제품이 차별화되었을 때, 구매자들은 보통 현존상표에 어느 정도의 단골성향, 즉 선호성향을 갖게 된다.

따라서 잠재적 참가자는 고객의 단골성향을 극복하여 자기의 단골손님으로 만들기 위해서는 광고와 판매촉진에 많은 돈을 쓸 준비가 되어 있어야 한다. 이로 인해 처음에 상당한 손실을 강요받게 되고 또 일이 순조롭지 않으면 그러한 노력이 장기화할 수도 있다.

---

04 장세진, 앞의 책, 박영사, 2012, pp. 85~86.

(3) 소요자본

시장에 성공적으로 진입하는 데 필요한 총투자액이 크면 클수록 잠재적 참가자가 가입할 여지는 점점 더 제한되게 된다. 예컨대 제조공장과 장비 등의 고정자산에 충당할 시설자금과 시운전비, 초기활동의 결손보전 등의 소요 운전자본량이 매우 크다면 진입장벽을 형성하게 되는 것이다. 또한 초기의 대규모 광고활동이나 조사 및 개발활동에도 많은 투자가 소요된다면 상당한 위험부담을 안게 된다. 오늘날 대기업들은 막대한 재력을 쌓아 거의 모든 산업에 뛰어들 능력이 있지만 그래도 반도체나 정보통신, 우주항공산업 같은 산업부문은 엄청난 투자가 필요하기 때문에 선뜻 뛰어들기가 어려운 형편이다.

(4) 교체비용

특정산업에의 진입에 교체비용(switching costs)도 적지 않은 영향을 미친다. 교체비용이란 구매자가 기존제품에서 다른 공급자의 제품으로 바꿀 때 그 과정에서 부담하게 되는 비용을 말한다. 교체비용으로는 종업원 재교육비, 새로운 보조설비 도입비, 새로운 제품의 검사나 적합화에 따른 시간 및 경비, 제품의 디자인 변경, 그 밖에 새로운 관계유지에 필요한 심리적 부담에 이르기까지 여러 가지 비용이 포함된다. 워드프로세스시장에서 (주)한글과 컴퓨터가 초기에 구축한 '흔글'은 MS사의 MS-WORD나 삼성전자의 훈민정음이 따라오기엔 소비자의 교체비용 때문에 불가능한 일이었다.[05]

예컨대 신문구독의 변경 같은 경우에는 상당한 심리적 교체비용이 수반되지만, TV방송 채널을 바꾸고자 할 경우에는 별로 부담을 느끼지 않는다는 점을 생각해보면 교체비용에 대해 이해할 수 있을 것이다. 이와 같은 교체비용이 많이 소요될 때, 새로운 진출기업이 가격이나 성능 면에서 현저한 개선을 이루지 못하면 구매자들을 기존공급자로부터 데려올 수 없을 것이다.

(5) 유통경로 접근성

새로운 진출기업은 생산된 제품의 유통경로를 확보하지 않으면 안 되는데 이러

05 정동섭 · 추교완 · 송경수 · 박재희, 성공하는 기업으로 이끄는 경영전략, 피앤씨미디어, 2013, p. 112.

한 필요성도 진입장벽으로 작용할 수 있다.

OB 맥주와 HITE 진로가 점유하고 있는 맥주시장은 잠재적인 진입기업의 입장에서 매우 매력적인 산업이지만 섣불리 그 산업에 진출할 수 없는 이유는 두 회사가 이미 구축해 놓은 유통채널은 다른 잠재적 경쟁기업의 입장에서는 진입장벽이 될 수 있기 때문이다.[06]

그러나 1994년 진로의 CASS 맥주가 소주시장에서 구축해 놓은 유통채널을 맥주에 그대로 적용해서 맥주시장에 쉽게 진출했듯이 2014년 롯데주류의 클라우드 맥주도 맥주시장에 성공적으로 진출했다. 기존에 보유하고 있던 소주와 청하 등의 주류 유통채널을 맥주에 그대로 적용 가능했기 때문에 기존기업의 유통채널 진입장벽을 뛰어넘을 수 있었다.

기존기업들이 이미 그들 제품에 대한 순조로운 유통경로를 차지하고 있는 만큼 신규진출기업은 가격인하나 선전이용에 상응한 할인혜택 등을 베풀지 않으면 안 되는데, 이런 양보가 이윤폭을 축소시킨다. 예를 들어, 새로운 식료품을 만드는 기업은 판매촉진활동이나 집중적인 판매활동, 그 밖의 다른 수단을 동원하여 치열한 경쟁을 벌이는 소매상들의 슈퍼마켓에 그들의 식료품을 진열해 주도록 설득해야 한다.

(6) 선행기업의 원가상의 유리함과 불리함

기존업체는 잠재적 가입자가 아무리 사업규모를 늘리고, 또 규모의 경제성을 이룩한다 할지라도 확보하기 어려운 비용상의 유리한 측면을 가지고 있다. 즉, 기존업체는 충분한 양의 저렴한 원자재의 확보, 특허나 영업권, 또는 독특한 기술적 노하우(know-how) 소유, 학습곡선과 경험곡선효과, 인플레이션상의 이점을 가지고 있는 고정자산의 소유, 유리한 입지조건의 확보, 낮은 비용으로 조달할 수 있는 자금동원 등의 이점을 갖고 있다.

예를 들어, 삼성전자의 반도체사업은 오랜 기간 동안 축적된 경험을 기반으로 원가상의 이득을 누리고 있는 반면, 한국의 하이닉스 반도체나 대만의 반도체 회사들은 반도체사업에 대해 불리한 점을 안고 있다.[07]

06 정동섭 외, 앞의 책, 피앤씨미디어, 2013, p. 112.
07 정동섭 외, 앞의 책, 피앤씨미디어, 2013, p. 113.

(7) 정부의 정책

정부는 허가요건 및 제한과 같은 통제형태로서 특정산업에의 진출을 제약하거나 심지어 봉쇄까지 할 수 있다. 특히 기간산업, 보험, 은행, 방송 등 정부의 규제를 받는 산업은 정부의 안전규제와 환경오염 기준에 의하여 투자가 제한될 수 있다. 예컨대 과거 정부가 항공산업에서 삼성항공, 대우중공업, 대한항공의 3사 집중육성계획을 발표하자 여기에서 밀려난 대우시코스키, 삼미 등은 사업방향을 전환해야 했다.

2) 예상되는 보복

잠재적 진입기업이 이러한 진입장벽을 모두 극복하였다 하더라도, 현존기업들이 신규기업 진입에 어떤 반응을 보일 것인가에 따라서 상황이 달라질 수도 있다. 즉, 현존기업들이 신규가입자에게 일정 정도는 자생 가능한 시장점유를 허용할 것인가, 아니면 시장지위를 고수하기 위한 피눈물 나는 적자생존의 싸움을 전개할 것인가 하는 점이다.

이러한 것들을 추측하기 위해서는 신규가입에 대한 반응의 과거 사례와 현재 기존기업들이 서로 어떻게 경쟁적으로 행동하고 있는가를 분석할 필요가 있다. 신규진출에 강력한 보복이 뒤따를 것으로 예상되는 상황에는 다음과 같은 것들이 있다.

- 과거 진출기업들에게 가했던 혹독한 보복적 대응책들: 대표적인 사례로 부광약품의 치약시장 진출이 있다. 1980년대 중반에 부광약품이 치약시장에 진출하려고 했을 때 가장 고민했던 것은 독점기업이었던 럭키치약의 보복경험이었다. 1970년대 중반에 독점기업인 럭키치약(현재 LG생활건강)의 아성에 불소치약이 등장했을 때 럭키치약은 합병을 통해 보복을 한 경험이 있다. 따라서 부광 브랜닥스치약은 과거에 럭키치약이 불소(F)치약의 진입을 강하게 보복한 경우를 기억하며, 전반적인 진입보다는 제약사를 거점으로 이용하여 점차적으로 접근하여 치약시장에 진출했다.[08]

  또한 영국의 British Airways는 대서양항공노선에 신규진입한 Virgin Atlantic을 시장에서 몰아내기 위해 장기간 가격인하를 감행한 사례가 있다. 일본기업

08 정동섭 외, 앞의 책, 피앤씨미디어, 2013, p. 113.

들은 미국시장에 처음 진출할 때에는 소형 TV와 소형 자동차 등 수익성이 낮은 분야부터 진출했기 때문에 미국기업들은 일본기업을 초기부터 막으려고 하지 않았다. 그러나 일본기업이 이 시장을 토대로 시장을 확대하여 중대형 TV 시장과 중대형 자동차시장까지 잠식했다. 만일 미국기업들이 일본기업들의 진출 초기부터 가격인하와 같은 적극적인 수단으로 진입을 저지하였다면, 일본기업들이 미국시장에서 현재와 같은 높은 시장점유율을 확보하기는 어려웠을 것이다.[09]

- 기존기업들의 막강한 자원동원능력, 즉 잉여자금이나 활용여지가 남아 있는 자금차입능력 등을 이용한 대응능력과 또 장래에 예상되는 온갖 요구에 부응할 수 있는 잉여생산능력, 그리고 유통경로나 고객들에게 행사할 수 있는 막강한 영향력
- 진출대상산업에 대한 기존기업들의 전력투구와 그에 동원된 막대한 고정 자산: 예를 들어, 현대가 정유사업에 진출하려고 했을 때 기존정유회사들인 유공, 호남정유, 경인에너지, 쌍용정유, 극동정유 등은 다른 재벌기업이 정유산업에 진출함으로써 수요와 공급의 불균형이 발생할 것으로 예상하고 적극적인 반대를 했다. 이와 같이 정유산업의 특성상 막대한 투자가 이미 이루어져 있어 산업에서 철수하기가 곤란한 경우 기존기업들은 사운을 걸고 대응조치를 취하게 된다. 그리하여 현대그룹은 회사를 직접 설립하지 못하고 극동정유의 인수를 통해 정유사업에 진출하게 되었다.[10]

2. 기존기업간의 경쟁

대부분의 산업에서 경쟁의 양상과 산업 전체의 수익률을 결정하는 가장 중요한 요인은 그 산업 내의 기존기업들간의 경쟁관계이다. 산업에 따라서는 기업들간 과당경쟁으로 산업에 속한 전체기업이 손해를 보기도 하고, 기업들간 담합을 통해 경

09 장세진, 앞의 책, 박영사, 2012, p. 88.
10 정동섭 외, 앞의 책, 피앤씨미디어, 2013, p. 114.

쟁을 회피함으로써 많은 이익을 얻기도 한다.

기존기업들간의 경쟁은 흔히 유리한 위치를 차지하려는 여러 가지 전술, 즉 가격경쟁이나 광고경쟁, 신제품소개, 대고객서비스나 제품보증 등의 형태로 전개된다. 특히 경쟁기업의 신제품개발은 나머지 동종기업에 자극을 주어 이와 비슷한 신제품개발 효과를 가져올 수 있다. 예를 들어, 음식료사업의 청량음료사업부의 경우 이와 같은 현상이 종종 발생하는데 청량음료사업을 하는 회사들은 순수청량음료 → 탄산음료 → 보리음료 → 이온음료 → 식혜음료 → 대추음료 등으로 변화할 때 경쟁적으로 신제품개발을 출시하여 경쟁기업에 대처하는 양상을 띠고 있다.[11]

경쟁은 하나 또는 복수의 경쟁기업들이 외부로부터 압박을 받거나 또는 자신의 입장을 강화시킬 수 있는 호기를 발견했을 때 야기된다. 대부분의 산업에서는 어느 한 기업의 경쟁적 조치가 다른 경쟁기업들에 두드러진 영향을 미치기 때문에 자연히 보복적인 조치나 대응조치를 불러일으키게 된다. 이는 곧 기업들이 상호의존적인 관계에 있음을 이미하는 것이다.

일부의 경쟁형태, 특히 가격경쟁은 매우 불안정한 양상을 보여 수익성 측면에서 상태를 악화시킬 가능성이 매우 많다. 반면에 광고싸움은 수요를 증대시키거나 또는 제품차별화의 정도를 제고시켜 모든 기업들에게 도움이 되기도 한다.

기존기업간의 경쟁은 다음과 같은 구조적 요인들이 상호작용할 때는 훨씬 치열하게 전개될 것이다.

1) 경쟁기업이 많거나 비슷한 균형을 이루고 있을 경우

어느 산업에서 활동하는 기업 수가 굉장히 많을 때는 이단자가 생길 가능이 많으며, 그에 따라 일부기업들은 이런 이단기업들이 기습적으로 어떤 경쟁유발적인 조치를 취할 수 있다는 점을 늘 경계하게 될 것이다. 심지어 기업 수가 얼마 되지 않는 산업에서도 경쟁기업들이 규모나 외형적인 자원 면에서 비교적 균형관계를 이루고 있을 경우에는 불안정한 상태를 유발하기 쉽다. 균형을 이루고 있는 기업들은 서로 싸움을 벌이기 쉽고 또 지속적으로 강력한 보복조치를 취할 여력이 있기 때문이다.

11 정동섭 외, 앞의 책, 피앤씨미디어, 2013, p. 109.

미국 자동차산업을 사례로 들 수 있다. 과거 GM이나 Ford와 같은 미국의 자동차산업 기업들은 대체적으로 비슷한 비용구조로 운영되고 있었고, 모두 단기수익 극대화를 목표로 하고 있었다. 이와 같은 비슷한 성격의 미국기업들끼리는 담합에 의해 가격경쟁을 자제하면서 상당히 높은 수익률을 누릴 수 있었다. 그러나 일본기업과 한국기업이 미국시장에 진출하여 장기적인 이윤의 극대화를 목표로, 적극적인 가격인하로 시장점유율을 확대하는 전략을 취함에 따라 미국 자동차산업 내에서의 공존은 깨지고 산업 전반적으로 가격경쟁이 가열되었다. 이러한 사실은 국제경쟁이 심화될수록 국내기업 간의 암묵적인 담합이 어려워진다는 것을 뜻한다. 국내기업들의 가격과 행동유형, 상대기업의 보복 등은 비교적 정확히 예측 가능한 반면, 외국기업들이 어떻게 움직일지는 예측하기 어렵기 때문이다.[12]

반면에 특정산업이 어느 한 기업이나 수개 기업에 독점 또는 과점되어 있을 때는 상대적인 능력을 잘못 인식할 가능성이 거의 없기 때문에, 주도기업이나 주도적 기업들이 가격선도와 같은 기능을 통해 그 산업의 질서를 잡아 나가는 결정적인 구실을 할 수 있다. 예를 들어, 일본 자동차산업에서는 Toyota의 일본 내 시장점유율이 높기 때문에, Honda나 Nissan과 같은 기업들은 Toyota에 대하여 정면으로 가격경쟁을 하지 않고, Toyota가 정하는 가격수준을 따라가는 경향이 있다.[13]

2) 산업의 성장이 완만할 경우

특정산업의 성장이 완만하면 팽창을 노리는 기업들은 시장점유율 확대에 전력을 기울이게 된다. 이때 시장점유경쟁은 성장속도가 빠른 사업에 비해 훨씬 큰 유동성을 보이게 된다. 성장속도가 빠른 산업에서는 그 속도에 발만 맞추어 나가도 상당한 성과를 거둘 수 있지만, 성장속도가 완만한 산업에서는 치열한 시장점유경쟁으로 재원(財源)과 경영관리자원이 심각하게 소모되는 경우도 많다.

3) 고정비와 재고비용이 높을 경우

고정비가 높은 비율을 차지하는 경우에는 시설유휴 현상이 일어나지 않도록 하

12 장세진, 앞의 책, 박영사, 2012, p. 81.
13 장세진, 앞의 책, 박영사, 2012, p. 82.

기 위해 기업들이 시설을 완전 가동시키려는 강한 압력을 받게 된다. 이러한 시설 가동압력은 수요증대를 기대한 급속하고 단계적인 가격인하로 치달아 치열한 가격 경쟁을 유발하기 쉽다. 고정비와 관련된 또 다른 상황으로서 일단 생산된 제품을 쌓아 두기가 매우 어렵거나 또는 많은 비용이 소요되는 경우에도 기업들은 매출증대를 위해 가격을 인하시키려는 유혹을 받기 쉽다.

4) 차별성이 희박한 경우나 교체비용이 적은 경우

제품이나 용역이 아무런 차별성 없는 1차 상품이나 또는 그와 유사한 형태로 인식될 때, 구매자의 선택은 주로 가격과 서비스에 바탕을 두게 되는데, 이런 경우에 치열한 가격과 서비스 경쟁이 유발되기 쉽다.

5) 전략적 이해관계가 큰 경우

많은 기업들이 특정산업에서의 성공 여부에 큰 이해관계가 걸려 있을 때는 그 산업의 경쟁은 훨씬 유동적인 양상을 띠게 된다. 예를 들어, 경영 다각화를 이루고 있는 기업이 경영 전반의 전략적 입장을 강화시키기 위해 특정산업에서의 성공에 큰 중요성을 부여하는 경우이다. 좀 더 구체적인 예를 들면, 미원과 제일제당의 조미료 전쟁, 삼성전자와 LG전자의 가전 1위 싸움은 특정산업이 회사 전체에 미치는 이미지가 전략적 측면에서 중요성을 띠게 되기 때문에 그 산업의 경쟁은 심화된다.[14]

특히 외국기업들이 국내에 진출할 때 심지어는 수익성을 기꺼이 희생시켜 가면서 적극적인 시장침투와 팽창을 추구할 가능성이 많기 때문에, 단순한 경쟁의 다양화가 아닌 경쟁의 기본양상까지 뒤흔들어 놓을 수도 있다는 점에 유의하지 않으면 안 된다.

6) 철수장벽

진입장벽의 경우와 마찬가지로 기업들은 경제적 · 전략적 · 감정적 요인들 때문에 수익률이 낮거나 심지어 결손을 보는 경우에도 진출산업에서 철수하지 못할 수

14 정동섭 외, 앞의 책, 피앤씨미디어, 2013, p. 110.

있다. 이를 철수장벽(exit barrier)이라 한다. 이러한 철수장벽을 진단하는 방법은 특히 사양산업에서의 전략개발에 매우 중요하다.[15]

- 특수한 자산: 특정한 업종이나 위치에 알맞게 고도로 전문화시킨 자산은 일단 그 업종에서 손을 떼고 청산하고자 할 때는 그 가치가 크게 떨어지거나 또는 다른 용도로 전환시키고자 할 때 큰 비용이 든다.
- 철수에 따른 고정비: 이런 비용으로는 종업원의 실업 및 재취업에 따른 비용, 잉여부품의 관리설비 등이 포함된다.
- 전략적 상관성: 경영의 다각화를 이루고 있는 기업에서는 철수하는 산업단위가 그 기업 전체의 이미지나 마케팅능력, 자본조달, 시설의 공동 사용 등에 어떤 영향을 미치게 된다. 이런 영향 때문에 특정산업에 그대로 남아 있는 것이 큰 전략적 중요성을 지니는 경우가 많다.
- 심리적 장벽: 경영층은 항상 특정산업에서 손을 뗄 만한 경제적 타당성이 있음에도 선뜻 단행하려 하지 않는다. 그 이유로는 그들이 그 사업에 적임자라는 자부심과 종업원들에 대한 성실성, 자기 자신의 장래에 대한 불안, 그 밖에 자존심이나 다른 심리적 요인들이 작용한다.
- 정부 및 사회적 제약: 이는 정부가 실업증대나 그 지역에 미치는 경제적 악영향을 우려해서 특정산업에서 발을 빼는 것을 막거나 억제하는 것을 말한다.

이러한 제약들은 여러 나라에서 흔하게 볼 수 있는 현상이다. 철수장벽이 높을 때는 과잉시설이 그 산업에서 벗어나지 않고 그대로 남게 되고 또 경쟁에서 패배한 기업들도 포기하지 않고 버티게 된다. 예를 들어, 과거 전 세계 조선산업의 구조적인 불황 속에서도 대우조선과 현대중공업은 쉽게 철수하지 못하였다. 왜냐하면 조선사업에 쓰이는 독(dock)과 같은 설비들은 다른 산업에 전용될 수 없기 때문이다. 따라서 장기간에 걸친 불황 속에서 기업들은 적자를 감수하면서까지 유휴설비를 유지해야 했으며 유휴노동인력들을 계열사로 전직을 시킴으로써 불황을 극복해 나갔다.[16] 이런 상황에서 버티려면 극단적인 전술에 의존해야 할 경우가 많으며 산업 전체의 수익성이 계속 낮은 수준에 머물러 있게 될 것이다.

15 정동섭 외, 앞의 책, 피앤씨미디어, 2013, pp. 20~21.
16 장세진, 앞의 책, 박영사, 2012, p. 83.

철수장벽과 진입장벽은 개념상 서로 다른 것이지만, 산업을 분석하는 측면에서는 이 두 가지를 함께 다루지 않으면 안 된다. 철수장벽과 진입장벽은 상호 연관되어 있는 경우가 흔히 있다. 예를 들어, 생산부문에 적용되는 규모의 경제성은 독점적인 기술과 마찬가지로 그 자신이 특수화, 전문화되어 있는 경우가 보통이다.

산업의 이윤율이란 측면에서는 진입장벽이 높은 대신 철수장벽이 낮은 경우가 유리하다. 이런 경우에는 진입은 억제되는 반면, 경쟁에 실패한 기업은 쉽게 빠져나갈 수 있다. 진입과 철수장벽이 다 같이 높은 경우에는 잠재적인 이윤율은 높지만 위험부담이 많이 따르는 것이 보통이다. 이런 경우에는 진입은 억제되지만 경쟁에 실패한 기업들이 쉽게 빠져나가지 못하고 그대로 남아 경쟁을 벌이게 된다.

진입장벽과 철수장벽이 다 같이 낮은 경우도 별로 달가운 현상이 되지 못하지만, 이보다 더 나쁜 최악의 경우는 진입장벽이 낮고 철수장벽이 높은 상황이다. 이런 경우에는 진입이 용이하기 때문에 경제상황이 호황을 맞거나 그 밖에 일시적인 벼락경기를 맞게 되면 그 산업으로 많은 기업들이 뛰어든다. 그러나 상황이 악화되어 시설과잉 현상이 야기되더라도 높은 철수장벽 때문에 빠져나갈 수 없는 경우가 많다. 이에 따라 시설과잉 현상은 더욱 악화되어 수익성은 만성적으로 빈약한 수준에 머물게 된다.

3. 대체품의 압력

특정산업에서의 경영활동을 벌이는 기업들은 넓은 의미에서 대체품을 생산하는 산업들과 경쟁을 하고 있는 것이다. 예를 들면, 철강 생산자는 알루미늄 생산자와 플라스틱 생산자와 함께 경쟁하고 있는 것으로 볼 수 있다.

서로 밀접하게 관련되어 있는 대체제품간의 경쟁력은 다음과 같은 여러 측면에서 판매자에게 영향을 주게 된다.

첫째, 대체재의 가격과 유용성은 X재의 판매자가 부를 수 있는 가격의 상한선에 영향을 주어 이윤폭을 제약할 뿐만 아니라, 이례적인 호경기 때에 거둘 수 있는 큰 성공마저 잠식해 버린다.

둘째, X재의 판매자가 품질을 향상시키거나, 원가절감을 통하여 가격을 인하하거나, 아니면 자사제품을 차별화시키지 않는 한, 이 회사는 대체재의 침투로 인하여 판매와 이익에 있어서 저성장의 위험에 직면하게 된다. X재의 판매가 대체재의 가격변화에 민감하면 할수록 대체재에 의한 압력은 점점 더 커지게 된다. 원칙적으로 대체재의 가격이 낮으면 낮을수록, 그리고 그 성장과 성과가 높으면 높을수록, 대체재에 의한 경쟁적 압력은 보다 더 강한 것이다.

대체품이 있는지를 밝혀 내는 것은 곧 같은 효능을 발휘하는 상품이 있는가를 찾아내는 것이라 하겠다. 이러한 작업은 쉽사리 수행할 수 없는 경우가 많고, 또 제대로 하려면 분석전문가들이 얼핏 보아서는 무관하게 보이는 산업이나 영업활동까지 눈여겨 관찰해야 할 경우가 많다. 예를 들어, 증권회사는 개인의 재산증식이란 효능 면에서 충분한 대체성을 지니고 있는 부동산, 보험, 사채시장 등으로부터 점차 강한 경쟁에 직면하고 있다. 이러한 대체성은 증권시장의 부진으로 더욱 두드러지게 나타난다.

대체품과의 대립적인 입장은 산업 전체의 '집단적' 대응이란 문제로 드러난다. 예를 들어, 어느 한 기업의 광고활동으로는 대체품에 대항하는 사업 전체의 입장이 강화되기 어렵겠지만, 그 산업에 종사하는 모든 기업들이 집중적이고 지속적인 광고활동을 벌인다면 산업 전체의 입장은 강화될 수 있을 것이다. 집단적인 대응은 품질향상이나 마케팅 노력, 제품의 가용성 증대 등에 대해서도 적용될 수 있다.

4. 구매자의 교섭력

구매자들은 가격을 인하시키거나 품질향상 및 서비스증대를 요구하거나 또는 경쟁기업들을 서로 대립시켜 이득을 보는 행위 등으로 구매대상산업과 경쟁을 벌이는데, 이러한 행위 모두 그 산업의 수익성을 감소시키는 결과를 빚는다. 어느 구매자 집단이 다음과 같은 여건을 갖추고 있다면 그 힘은 강력하다고 볼 수 있다.

- 한 개 구매자 집단의 크기가 크며, 수는 몇 개 안 될 때, 그리고 대량으로 구입할 때, 대(大)고객은 종종 가격양보와 여타 구매상의 유리한 조건을 확보하기

위해 구매량을 흥정한다.

- 고객의 구매규모가 그 제품의 총매출액에서 상당한 비율을 차지하고 있을 때
- 그 산업에서 사들이는 제품이 규격화되어 있거나 또는 제품 차별화가 거의 되어 있지 않을 때
- 교체비용이 거의 들지 않을 때, 즉 구매자가 아무 비용부담 없이 판매자를 바꿀 수 있을 때
- 구매자의 이윤율이 낮을 때, 왜냐하면 이윤율이 낮으면 구매비용을 쉽게 줄이고자 하기 때문
- 구매자가 후방통합의 위협을 취할 때
- 구매되는 항목이 그리 중요한 항목이 아닐 때
- 구매자들이 그 산업에 대하여 자세한 정보를 가지고 있을 때

나이키와 풋로커의 구매력에 대한 다음의 경영사례는 제주업자와 산업재 구매자의 교섭력에서 구매자의 교섭력이 얼마나 중요한가를 보여 준다.

풋로커는 미국 최대의 신발유통업체로 북미지역에 3,625개의 매장을 두고 연간 40억 달러의 매출을 올리고 있었다. 문제의 발단은 풋로커, 피니시라인, 풋액션, 스포츠어소리티 등의 유통업체에 나이키社가 세일판매금지, 비인기상품의 의무 진열판매, 나이키가 지정한 상품모델에 대한 의무 재고량 확보 등을 요구하면서 시작되었다.

시장점유율 2위 이하의 다른 유통업체들은 어쩔 수 없이 이 요구를 수락했으나 풋로커는 이에 반발하여 항의의 표시로 예정되었던 나이키 신발 주문을 취소했다. 그러자 나이키도 이에 맞서 풋로케어 에어조던, 에어포스원 등 주요 인기품목의 공급을 중단했다. 이때만 해도 나이키의 승리를 점쳤다. 풋로커 매출의 절반이 나이키제품인 반면, 나이키는 매출의 20%만을 풋로커를 통해 팔아 왔기 때문이다.

그러나 2002년 7월 초 나이키는 풋로커에 휴전을 요청했다. 양사의 거래가 중단된 6개월 동안 풋로커는 업계 2위인 리복의 상품을 매장 전면에 배치했는데, 이것이 계기가 되어 리복의 신상품은 히트상품이 되었고 리복의 2003년 매출은 전년대비 10% 증가했다. 반면 나이키의 매출 증가율은 5%를 밑돌았고 특히 나이키는 2003년 하반기 주문 물량이 지난해보다 10% 감소했다.

이와 같은 현상의 원인은 막대한 시설투자와 고정비용이 추입되는 유통업체의 경우, 일단 판매 및 유통망을 확보하고 나면 히트상품과 소비자 이미지에 의존하는 제조업체에 비해 훨씬 안정적이기 때문이며, 특히 대체상품까지 있을 경우 유통업체와 제조업체간의 힘겨루기는 유통업체의 승리로 끝날 수밖에 없는 현상이 전개되고 있다.[17]

5. 공급자의 교섭력

강력한 구매자가 산업에 경쟁적 영향력을 행사할 수 있는 것과 같이 강력한 공급자도 그러하다. 공급자들은 특정산업에서 활동하는 기업들에 대해 가격인상이나 판매하는 제품 및 서비스의 질을 떨어뜨리겠다는 위협 등으로 교섭력을 발휘할 수 있다.

공급자의 투입요소가 총원가의 상당비율을 점하고 있거나, 구매자의 생산공정에 매우 중요하거나, 제품의 품질에 상당한 영향을 미칠 때, 공급자의 잠재적 흥정력과 경쟁적 영향력은 점점 더 커지게 된다. 대체로 공급자들이 강력한 힘을 지니게 되는 여건은 구매자들을 강력하게 만드는 상황과 유사한 형태를 보인다.

다음과 같은 상황에서는 공급자들이 강력한 힘을 지니게 된다.

- 공급능력이 수개 회사들로 과점되어 있고 또 공급대상산업, 즉 구매자보다 집중되어 있을 때: 예를 들어, 석유기구인 OPEC의 위치는 다수국가의 석유 메이저(major)들에게 강력한 교섭력을 발휘한다.[18]
- 공급자들이 판매하는 제품을 대신할 만한 대체품이 없을 때
- 구매자가 공급자의 주요고객이 아닐 때
- 공급자들의 판매품이 구매자들의 생산 및 경영활동에 있어 중요할 때
- 공급자들의 제품이 차별화되어 있거나 또는 교체비용이 소요될 때
- 공급자들이 신빙성 있는 전방통합을 위협수단으로 삼을 때

17 정동섭 외, 앞의 책, 피앤씨미디어, 2013, pp. 118~119.

18 정동섭 외, 앞의 책, 피앤씨미디어, 2013, p. 116.

제2절 산업구조 분석모형의 한계점

이처럼 산업구조 분석의 틀은 경쟁자의 개념을 확장시켜 일반적으로 알고 있는 산업 내 경쟁기업뿐만 아니라 잠재적 진출기업, 공급자, 구매자, 심지어 대체품까지도 경쟁자에 포함시켜 상당히 광범위하게 경쟁자를 인식하고 있다. 또한 산업구조 분석은 산업매력도를 결정짓는 구조적 요인들을 잘 설명해 줌은 물론, 이들 5가지 요인들이 어떻게 상호작용하며 시간이 흐름에 따라 어떻게 변화해 나갈 것인가를 밝혀 줌으로써 궁극적으로 미래의 산업환경을 예측할 수 있게 해 준다. 하지만 다음과 같은 한계점도 지니고 있다.[19]

포터모델의 가장 핵심적인 한계점은 경영자들에게 구체적인 전략을 제시하지 못한다는 점이다. 포터는 어떤 기업이 산업분석 결과 매력적이지 못한 산업에 진입해 있다는 사실을 발견하게 될 때 다음이 두 가지 가능성이 있다고 했다. 첫 번째, 비매력적인 산업으로부터 다른 산업으로 다각화하거나 그렇지 않으면 완전히 빠져나오는 방법이다. 두 번째, 5개의 요소들 중에 그 산업을 비매력적으로 만드는 요소들의 충격과 영향력을 최소화하는 방법이다.[20]

첫 번째 방법의 문제점은 모든 산업이 적어도 몇 가지의 비매력적인 부분들은 존재하기 마련으로 완전히 비매력적인 산업은 없다는 것이고 매력적인 산업일수록 진입하기 더 힘든 것이 보통이다. 또한 기업들이 다각화를 원할지라도 다각화에는 많은 자원과 리스크가 존재한다. 그러다 보니 두 번째 방법을 더 많이 채택하는 경향이 있다. 즉, 5가지 요소들의 강도를 약하게 하거나 그 요소들의 영향력으로부터 자신의 기업을 보호함으로써 산업을 더 매력적으로 만드는 것이다. 기업들이 광고를 통하거나 양질의 고객 서비스 제공으로 브랜드 충성도를 높이려고 하는 것을 예로 들 수 있다.

또한 후방통합을 통해 공급자들의 영향력을 약화시키는 것이다. 문제는 경쟁요

---

19 Janice A. Black and Kimberly B. Boal, "Strategic Resources: Traits, Configurations and Paths to Sustainable Competitive Advantage", *Strategic Management Journal*, Vol. 15, 1994, pp. 131~132.

20 김언수, TOP을 위한 전략경영 2.7, 박영사, 2007. p. 160.

소들을 약화시키는 많은 방법들이 법적인 문제를 일으킬 가능성이 있다는 것이다. 잠재적인 진입자의 진입을 제한하려다가 불공정거래에 걸릴 수도 있다. 경쟁을 제한하는 것은 더욱 그렇다. 마이크로소프트社가 응용프로그램들을 윈도에 끼워서 판매하는 전략은 뛰어난 전략이지만, 경쟁을 제한하는 불공정거래로 미국 법무부 및 각국 법원과 오랜 씨름을 하고 있는 것도 마찬가지이다.[21]

또한 산업이 매력적이기 때문에 수익률이 높다는 주장은 같은 뜻의 말을 표현만 달리하여 되풀이한 것으로서 엄밀히 말해 수익률이 높은 이유로 적합하지 않다. 또한 산업의 경쟁요소가 기업의 수익성에 어느 정도의 영향을 미치는가에 대한 실증연구를 보면 기업의 이익 중 약 16~19% 정도가 산업의 경쟁요소에 의하여 직접적인 영향을 받았다는 결과가 있는 반면,[22] 산업구조에 의한 전략이 기업에 손실을 가했다는 상반된 결과도 있었다.[23] 따라서 기업이 속한 산업의 매력도가 전적으로 기업의 수익률을 결정한다고는 볼 수 없다.

무엇보다도 산업구조 분석모형의 가장 큰 약점은 기본적으로 정태적인 모형이기 때문에 이 모형하에서는 산업의 구조와 경쟁상황이 변하는 현실을 설명하지 못한다는 점이다.[24] 다시 말해서, 현재 시점에서의 성공요인은 설명 가능하나 성공의 인과관계는 설명하지 못한다는 것이다.[25]

이와 같이 포터의 산업구조 분석모형이 산업구조환경을 정태적으로 인식하는 이유는 '동일산업이나 동일전략군에 속한 기업들이 보유한 자원이나 추진전략은 근본적으로 동질적이라는 것'과 '산업간 보유자원의 이질성이 존재하는 경우에는 이들 자원이 기업간에 신속하게 이동함으로써 자원의 이질성이 없어진다'는[26] 두 가지 가정을 전제로 하기 때문이다.

---

21 김언수, 앞의 책, 박영사, 2007. pp. 160~161.

22 R. Schmalensee, "Do Markets Differ Much?", *The American Economic Review*, Vol. 75, No. 3, June 1985, pp. 341~351; R. Rumelt, et als, "Strategic Management and Economics", *Strategic Management Journal*, Vol. 12, 1991, pp. 5~29.

23 Paul J. Verdin and Peter J. Williamson, "Core Competences, Competitive Heene, *Competitive-Based Competition*, John Wiley & Sons, 1994, pp. 79~80.

24 장세진, 글로벌시대의 경영전략, 박영사, 1996, p. 102.

25 Michael E. Poter, "Towards a Dynamic Theory of Strategy", *Strategic Management Journal*, Summer Special Issue, 1991, pp. 104~105.

26 J. B. Barney, "Firm Resources and Sustained Competitive Advantage", *Journal of Management*, Vol. 17, No. 1, 1991, pp. 100~101.

제3절 동태적 산업분석모델

동태적 산업분석모델(Dynamic Industry Analysis)[27]은 포터의 기존 산업분석모델이 정적인 분석도구라는 약점과 정확하고 의미 있게 그릴 수 없는 전략군 분석모델[28]이라는 약점을 보완할 수 있는 모델이다. 산업구조를 새로운 측면에서, 특히 시간상의 변화와 한 산업 내의 다양한 세그먼트를 고려하여 이해할 수 있다.

한 산업을 구성하는 주요 요소로 제품 및 서비스(What), 고객(Who), 기술(How)의 3가지 요소로 만들어진 3차원의 공간인 경쟁공간(Competitive Space)을 기초로 한다.

그림 8-2 | 경쟁공간으로 표현되는 산업환경

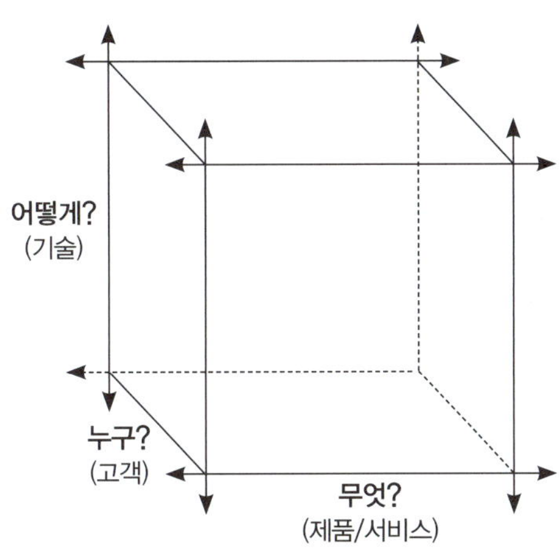

27 정동섭 외, 앞의 책, 피앤씨미디어, 2013, pp. 181~190.

28 전략군은 유사한 자원을 바탕으로 유사한 전략을 구사하는 기업들의 집단으로, 하나의 산업 안에 여러 개의 전략군이 있다. 이같이 전략군들을 시각적으로 나타낼 수 있는데, 그것을 전략군 지도(strategic mapping)라고 한다(http://www.google.co.kr/url?sa=t&rct=j&q=&esrc=s&source=web&cd=1&ved=0CCIQFjAA&url=http%3A%2F%2Fhome.kangwon.ac.kr%2Fkangwon%2FboardUser%2FfileDownLoad.jsp%3FfileSeq%3D2609%26mbsId%3D24&ei=mCg9VIv6C4bn8AWS7ILADg&usg=AFQjCNElAwtjxGz2tBreV3vqImBru5RvRQ&cad=rjt).

"한 산업 내부에서 경쟁자들은 동일한 방식과 장소에서 경쟁하며 동일한 경쟁의 룰을 적용받는다"는 산업분석모델이나 전략군의 개념과는 달리 이 공간에서는 다양한 경쟁자들의 경쟁 속에 세 가지 차원이 계속 변한다. 예를 들어, 1990년대 후반을 휩쓴 인터넷 열풍은 경쟁공간에서 특히 인터넷이라는 기술을 응용하는 수많은 신생기업들이 등장했고 아마존닷컴 같은 회사는 대표적인 예이다.

기술 차원에서 확장하여 성공적으로 진입한 대표적 사례는 제철회사 뉴코(Nucor)로서 제2차 세계대전 당시 독일이 고철을 이용하여 철강을 생산하는 기술을 활용하여, 기존의 종합제철회사들이 마진이 낮아 회피하던 H빔과 같은 건설용 구조물 부분에 진출하였다. 새로운 제품을 출시한 것도 아니고 새로운 고객을 발굴하지도 않고 단지 이미 존재하지만 이전에는 잘 사용하지 않던 기술을 이용했을 뿐이다. 반면, 토요타를 선두로 한 일본 자동차회사들은 미국 자동차회사들이 간과했던 연비가 뛰어난 소형 자동차라는 새로운 제품영역에 유연생산 등의 새로운 제조기술을 도입하면서 미국시장의 1/3 이상을 잠식하게 되었다.

고객, 제품, 기술의 모든 차원을 확장하여 시장에 진출한 전형적인 예는 애플 컴퓨터이다. 애플은 마이크로프로세서를 이용한 신기술로 개인용 컴퓨터를 개발하여 기존의 기업, 대학, 연구소가 아닌 새로운 컴퓨터 사용자 세그먼트인 개인과 가정을 타깃으로 판매했다.

1. 새로운 진입자들의 공격패턴

산업환경을 제대로 이해하고 분석하여 전략수립을 하기 위해서는 산업환경의 변화, 특히 새로운 진입자들의 진입방식을 예측할 수 있어야 한다.

- 성공적인 진입자들은 기존기업들에게 직접 공격을 하지 않고, 산업구성요소의 변화에서 발생하는 틈을 겨냥하여 진입한다. 즉 새로운 고객의 취향 변화, 새로운 제품이나 공정기술들을 응용한다.
- 성공적인 진입자들은 복수의 산업요소의 변화를 이용하는 신제품이나 서비스를 출시한다. 앞의 애플 컴퓨터나 토요타의 사례에서처럼 새로운 고객의 필요

에 대응할 뿐 아니라 새로운 기술의 발전과 제조공정을 활용하면서 시장에 진입한다.

- 앞에서 언급했듯이 성공한 진입자들은 강력한 틈새시장을 구축한 후 그것을 기반으로 경쟁공간을 확장한다. 따라서 기존의 대기업들은 관심을 기울이지 않게 되는 것이다. 일본 자동차회사들이 소형차 시장에서 입지를 구축한 후 나머지 시장에도 진출했고 벤츠, BMW 등 고급차와 견줄 만한 Lexus, Acura, Infiniti 등의 브랜드를 성공적으로 소개한 것도 일례가 될 수 있다. Nucor도 저가의 건설용 구조물에 만족하지 않고 결국 종합제철회사들의 전유물로 간주되던 평면 강철판 영역까지 잠식하였다.
- 기존의 회사들이 이미 기존제품에 많은 투자를 해 놓고 관심을 다른 곳으로 돌리기 어려운 틈을 타 성공적인 진입자들은 아예 새로운 재품들을 소개하면서 시장에 진입한다. 디젤기관차, 개인용 컴퓨터, 산악자전거, 반도체, 알루미늄 깡통, 디지털 사진이 이런 경우에 해당된다.
- 새로운 경쟁자가 위협으로 다가올 때 기존기업들은 대부분 세 가지의 반응을 보인다. 첫째, 안전한 곳으로 생각되는 경쟁공간으로 후퇴하거나, 둘째, 다각화를 하거나, 셋째, 기존제품이나 서비스를 개선한다. 충돌을 회피하고 시간을 끄는 경우가 더 많고 사태의 심각성을 깨닫고 대응책을 내놓을 때는 이미 늦은 경우가 많았다.

이 모든 변화의 결과로 시간이 흐르면서 산업환경이 완전히 변하는 것이다. 그러므로 기존의 산업분석이 현재시점에서의 경쟁상태 등을 이해하는 데는 유용하지만 그 이상은 한계를 보이는 것이 당연하다.

2. 다이나믹 산업분석모델의 사용

다이나믹모델을 사용하여 산업을 분석하려면 주어진 산업에서 3개의 차원들인 고객, 제품, 기술에 적절한 이름을 붙여야 한다. 축이 3개이므로 타 모델보다 좀 더 풍부한 정보를 포착할 수 있다.

예를 들어, 식품이나 외식산업이라면 나이에 따라 식성과 소비행태의 차이가 있을 것이기 때문에 '고객' 차원에서는 연령별 고객 분포가 적당하다. 반면 자동차산업에서는 20세 이하의 사람들은 타깃으로 할 수 없기 때문에 나이보다는 소득수준이나 운전습관 등이 고객분류에 더 관련이 있다. 종종 자동차회사들은 최초구매자와 반복구매자로 고객을 분류한다.

'무엇'에 해당하는 제품이나 서비스에 이름을 붙이는 것은 쉽지 않다. 너무 광범위하게 정의해서도 안 되고, 미래에 산업이 확장될 것을 고려할 때 너무 협소하게 정의해서도 곤란하다.

예를 들어, 컴퓨터산업에서 '제품과 서비스' 차원은 [그림 8-3]처럼 이름 붙일 수 있다.

그림 8-3 | **컴퓨터산업의 제품/서비스 분석**

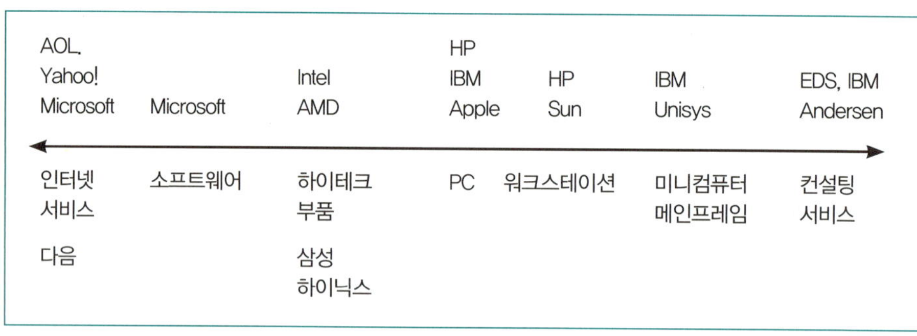

자료: 김언수, TOP을 위한 전략경영 2.7, 박영사, 2007, p. 186.

이처럼 하드웨어 제조업체뿐만 아니라 소프트웨어와 서비스 등을 포함하여 광범위하게 명명함으로써 컴퓨터산업의 발전 역사와 제품 차원을 기준으로 했을 때 어떤 영역이 다른 영역보다 더 경쟁자가 많고 경쟁이 심한가를 한눈에 볼 수 있다. 제품 및 서비스와 같이 기술 차원도 적당한 이름을 붙여 분류하는데 어떤 규칙은 없고 산업에 따라 다양한 분류가 가능하다.

예를 들어, [그림 8-4]에서 보듯이 자동차산업 내에서도 다른 방법으로 분류할 수 있다.

그림 8-4 | 자동차산업의 제품/서비스 분석

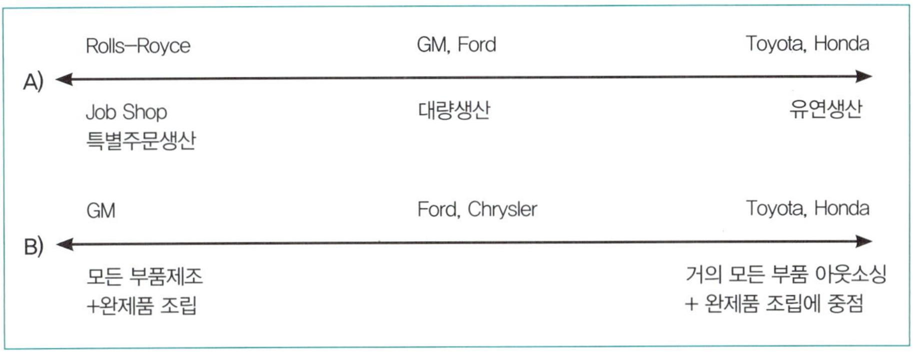

자료: 김언수, TOP을 위한 전략경영 2.7, 박영사, 2007, p. 187.

3. 동태적 환경에 대응하기 위한 전략

다이나믹 산업분석모델을 적용한다면 "진입장벽을 구축하여 경쟁을 제한하라"는 방식의 산업분석모델의 해법을 따르는 것만으로는 급변하는 산업환경에 대응하기는 미흡하다. 이러한 동태적인 환경에 대응하기 위한 방법은 다음과 같다.

- 경영자들은 능동적이고 적극적으로 미래를 예측하려고 노력해야 한다. 현재의 사업과 관련이 없어 보이는 분야일지라도 폭넓은 시야로 다양한 영역의 변화를 추적하며 정보수집의 범위를 넓혀야 한다. 성공적이라 하더라도 지금의 사업, 제품 및 서비스에 만족하지 않고 지금은 존재하지 않는 신제품을 항상 구상해야 한다.
- 모방(imitation)보다는 혁신(innovation)이 훨씬 중요하다는 점을 기억해야 한다. 모방은 효과에 한계가 있고 지속적인 경쟁우위를 제공해 주는 예가 드물다. 앞서가는 회사들을 벤치마킹하는 것은 효과적이지만 개념적으로 모방을 완벽히 했다 하더라도 타깃기업 이상이 될 수는 없다.
- 아웃사이더(outsider)처럼 생각할 줄 알아야 한다. 새로운 환경의 변화를 감지하거나 새로운 대처방안을 모색하기 위해 조직의 내부가 아닌 외부인처럼 생각할 수 있게 하는 시스템을 도입할 필요가 있다. 예를 들어, 애플은 맥킨토시

를 개발할 때 다양한 의견을 청취할 수 있는 시스템과 아픈 곳까지 속속들이 들춰내어 의견을 두려움 없이 나눌 수 있는 기회를 마련했다. 이러한 시스템의 성공을 위해서는 무엇보다도 다양한 의견을 존중하는 조직문화와 분위기를 조성해야 한다.

- 성공을 조심하라. 과거의 성공은 미래에 필요한 자원을 만들어 주지만, 경영자들이 자기만족에 빠지게 하는 역작용도 한다. 자기만족에 빠져 있는 한 아무리 자원이 풍부하더라도 변화의 필요성을 느끼지 못한다.

Case Study

사례연구

1) 반도체산업 분석

반도체산업은 메모리분야와 비메모리분야로 시장을 구분할 수 있다. 포터의 산업구조 분석에 따르면 메모리형 반도체산업의 산업구조는 전망이 좋다고 판단할 수 없다.

첫째, 메모리형 반도체에는 다수의 경쟁자가 존재하기 때문에 산업 내 경쟁이 치열하다. 또한 경쟁으로 인해 기업들은 신제품 개발에 막대한 투자를 하고 있어서 제품수명주기는 점점 단축되고 있는 상황이다.

둘째, 반도체산업은 진입장벽이 매우 높다고 할 수 있다. 대규모 투자와 고도의 기술력이 필요하고 규모의 경제와 경험의 축적에 의한 학습효과가 큰 반도체산업은 선행기업이 절대적인 비용의 우위를 누리고 있으며, 더욱이 기술특허가 강화되어 기술을 습득하기가 힘들기 때문이다. 그러나 메모리형 반도체의 경우, 마이크로프로세서와 달리 기술 측면에서 진입장벽이 높지 않기 때문에 대만이나 중국이 국가적 차원에서 지원할 경우 강력한 신규진출자로 대두할 가능성이 있다.

셋째, 비메모리분야에서는, 예를 들어 265DM DRAM과 1G DRAM과 같이 제품세대간 서로 대체재의 관계에 있다고 볼 수 있다. 따라서 대용량의 신제품이 출시되면 소용량 메모리의 가격은 폭락하며 이러한 대체재의 존재는 신제품도 가격을 높게 받지 못하게 되는 이유가 되기도 한다.

넷째, 메모리형 반도체는 일상재이기 때문에 구매자의 힘이 강하고 따라서 대형구매자는 가격인하를 요구할 가능성이 높다.

다섯째, 메모리형 반도체에서는 공급자의 교섭력 역시 강하다. 반도체생산설비 공급업자들과 에폭시를 공급하는 소수의 기업들이 과점 상태에 있기 때문에 이들 공급자는 높은 가격으로 설비와 재료를 판매한다. 따라서 반도체 생산업체의 이윤의 폭은 그만큼 축소된다. 이러한 비메모리형 반도체산업은 이 분야의 기업 전체를 평균하면 거의 모든 기업들이 손실을 본 산업이다. 5년 주기로 도래하는 반도체산업의 공급과잉현상은 고정비용이 높은 이 분야의 기업들에게 큰 타격을 주었다. 실제로 1996~1998년, 2002년, 2007~2008년에도 삼성을 비롯한 메모리형 반도체 생산 기업들은 생산설비 과잉으로 가격이 폭락하여 큰 손실을 보았다.[29]

이에 비해 비메모리분야는 훨씬 매력적인 산업구조를 가지고 있다. 첫째, 마이크로프

29 장세진, 앞의 책, 박영사, 2012, pp. 93~94.

로세서는 Intel이 독점하고 있고 특허권으로 기술을 보호받고 있기 때문에 신규기업의 진입이 상당히 제한되어 있다. ASICs 분야에서도 특정구매자를 위해 반도체생산업체가 주문제작하기 때문에 신규진입자의 경쟁은 미미하다고 볼 수 있다. 둘째, 비메모리형 반도체는 제품의 호환성이 부족하기 때문에 대체재의 위협으로부터 보호받고 있으며, 구매자의 교섭력 또한 마이크로프로세서에서는 호환성 문제와 브랜드 충성도 때문에 제한받고 있다. ASICs 분야에서도 구매자와 공급자는 쌍방독점체제로 구매자의 독점수요력과 공급자의 독점공급력이 서로 맞물려서 교섭력이 제한되고, 높은 교체비용은 구매자의 힘을 감소시킨다. 이와 같은 산업구조분석에 따르면 비메모리분야에서의 산업구조는 향후에도 상당히 유망하다고 할 수 있다.[30]

포터의 산업구조분석은 산업매력도를 결정짓는 구조적 요인들을 잘 설명해 줌은 물론, 잠재적인 진출기업, 대체품, 공급자, 구매자, 산업 내 경쟁기업과 기존기업간의 경쟁의 5가지 요인들이 어떻게 상호작용하며 시간이 흐름에 따라 변화의 방향을 밝혀 줌으로써 궁극적으로 미래의 산업환경을 예측할 수 있게 해 준다. 반도체산업에서의 최근 추세를 살펴보면 다음과 같다. 첫째, 주문형 반도체가 증가하고 있다. 한국과 일본의 반도체기업들은 점차 메모리형 반도체에 대한 의존도를 감소시키고, 비메모리형 반도체 쪽으로 적극적으로 투자를 하고 있다. 둘째, 생산시설이 더욱 자동화됨에 따라 자본설비에 투자액이 증가하고 그에 따른 규모의 경제가 증가하고 있으며, 반도체 생산에 있어서 R&D 집약도가 점차 높아지는 경향을 보이고 있다. 셋째, 국제적으로 지적소유권이 강화되고 있으며 기업들이 자신의 기술 보호에 훨씬 적극적으로 나서고 있다. Apple이 삼성전자의 Galaxy Tab을 제소한 것이나 Google이 Motorola의 휴대폰 사업부를 인수한 것도 기술특허가 주요경쟁수단이 되는 것을 반영한다.[31]

이러한 추세는 향후 반도체산업을 훨씬 매력적으로 만들 것이라고 예상된다. 먼저 주문형 반도체가 늘어난다는 것은 그만큼 구매자의 힘을 약화시킨다. 주문형 반도체가 증가함에 따라 경쟁기업들간에 차별화의 정도가 심해짐에 따라 기업들은 점차 차별화된 제품을 팔면서 높은 마진을 얻을 수 있기를 바란다. 또한 주문형 반도체에서는 구매자들이 한 기업에서 다른 기업으로 공급자를 교체했을 때 소요되는 교체비용이 높아지게 된다. 구매자 역시 가격탄력성이 낮아지게 되어 반도체의 공급자들은 서비스와 품질, 신뢰도와 기술력에 따라서 경쟁을 할 수 있게 된다. 그리고 규모의 경제가 커지고 R&D 비용이 증가하며 지적소유권에 대한 감시가 강화됨에 따라 산업에서 효과적으로 경쟁할 수 있는 기업의

30 장세진, 앞의 책, 박영사, 2012, p. 94.
31 장세진, 앞의 책, 박영사, 2012, p. 94.

수는 줄고 소수의 대형기업들만이 생존하는 체제가 될 것이다. 실제 LG반도체와 현대전자의 합병, Micron의 TI 인수, NEC와 Hitachi의 반도체부문 통합 등 수많은 DRAM 업체들이 인수합병을 통해 정리되었다. 이는 결국 산업의 집중도가 더 높아지게 되어 살아남은 DRAM 기업들의 입지를 더 강화할 수 있는 효과로 나타나게 될 것이다.[32]

더불어 반도체산업에서는 기업들간에 전략적 제휴가 활발히 일어나고 있다. 반도체 생산에서 규모의 경제가 커지고 높은 설비투자가 필요하게 됨에 따라 위험부담도 커지며 지적소유권도 강화되기 때문에 단일기업의 힘만으로는 기술력이나 생산력 측면에서 성공하기가 힘들어지게 되었기 때문이다. 따라서 위험을 분산하고 높은 투자자금을 분담하는 체제로서의 전략적 제휴가 활발하게 일어나고 있는 것이 최근의 추세이다.[33]

2) 인터넷 포털산업의 구조

① 인터넷 포털산업의 개념

인터넷 포털은 인터넷 이용의 관문 역할을 하는 사이트에서 다양한 서비스를 제공하는 포털 개념의 사이트로 확장되고 진화하였다. 인터넷 포털로 정의되기 위해서는 사이트 이용자를 유인할 수 있는 서비스를 제공하여 많은 이용자(트래픽)를 보유하여야 하며, 확보된 이용자를 바탕으로 광고, 유료게임 등 수익을 위한 비즈니스모델을 실현할 수 있어야 한다. 구글, 야후 등 외국 포털은 다른 사이트로 이동할 수 있도록 아웃링크를 제공하는 등 관문의 역할을 상대적으로 중시하는 반면, 국내 포털은 자사의 사이트에서 이용자의 만족을 높일 수 있는 다양한 서비스를 제공하여 이용자가 자사 사이트에 지속적으로 머물도록 하는 구조로 운영되고 있다.

종합사이트로서 인터넷 포털은 다양한 서비스를 제공하고 있으나 그중 핵심은 검색서비스(Search), 콘텐츠(Contents), 커뮤니케이션(Communication), 커뮤니티(Community), 전자상거래(Commerce) 서비스의 1S-4C이다. 인터넷 포털이 제공하는 다양한 서비스 중 트래픽 기여도(순방문자 수: unique visitor) 및 충성도 기여도(체류시간: duration time)를 기준으로 구분할 때 1S-4C가 가장 중요하다.[34]

② 인터넷 포털산업의 특징

첫째, 기업의 선점효과가 매우 큰 산업이다. 기술력, 성장성, 수익성 등 핵심경쟁력을

32 장세진, 앞의 책, 박영사, 2012, pp. 94~95.
33 장세진, 앞의 책, 박영사, 2012, p. 95.
34 공정거래위원회, 인터넷포털사업의 특성과 경쟁정책적 시사점, 2008, pp. 1~3.

보유하고 시장에 먼저 진입하는 사업자의 선점효과가 강하여 상위사업자가 시장을 과점하는 특성이 강하다. 둘째, 오프라인산업과 달리 원가, 물류, 유통비용을 수반하는 형태가 아니며, 다양한 서비스 확대가 가능한 고부가가치산업이다. 셋째, 인터넷포털은 온라인상의 문화 형성에 빠른 파급력이 있으며, 전통적인 미디어산업을 대체하는 뉴미디어로서의 기능을 수행한다. 넷째, 이용자층이 양분되는 특성을 가진다. 인터넷 포털산업의 이용자층은 해당 사이트 이용에 따른 충성도가 높은 고정 이용자층과 자신의 선호에 따라 여러 사이트를 이용하는 부동 이용자층으로 양분된다.[35]

포터의 산업구조분석의 구매자의 교섭력 관점에서 보면, 국내 인터넷 이용자들은 적극적인 의사표현 및 교섭행위로 구매자 교섭력은 상당히 강하다. 대부분 포털 사이트들이 커뮤니티 시스템을 지원함으로써 이런 이용자들의 교섭력을 크게 향상시켜 주는 역할을 수행하고 있다. 대표적인 예가 프리챌 유료화다. 당시 커뮤니티 유료화 이후 이를 반대하는 회원들의 반발이 강했고 싸이월드로 단체 이주하는 실제적인 실력행사 현상까지 발생했다. 프리챌은 결국 얼마 안 돼서 유료화를 철회했지만 대다수 회원들이 싸이월드나 다음 카페로 옮겨간 후였다.[36]

또한 잠재적 진출기업 요소로 살펴보면, 포털산업은 브랜드 인지도가 고객들에게 큰 영향을 주며 선발업체가 꾸준히 이익을 창출하는 구조로 선두업체에 집중화되어 있어 진입장벽이 매우 높아 새로운 포털기업이 등장하지 못하고 있다.

③ 인터넷 포털기업의 수익모델

인터넷 포털기업의 주된 수입원은 광고게재, 유료콘텐츠 판매, 전자상거래 수수료, 아바타 · 배경음악 판매 등이다. 인터넷 기반확충으로 온라인 광고가 급증하고 있으며, 온라인 광고는 모든 매체 중에서 가장 높은 성장률을 나타내고 있다. 네이버, 다음 등 대부분의 인터넷 포털기업의 경우 온라인 광고에 대한 의존도가 매우 높다. 포털사업자는 검색서비스, 이메일 · 메신저 등 커뮤니케이션 서비스, 카페, 블로그 등 커뮤니티 서비스, 뉴스, 부동산 등 콘텐츠 서비스를 무료로 제공하여 많은 이용자를 확보하여 광고주들에게 포털을 매력적인 광고매체로 인식시키고 있다.

④ 인터넷 포털의 산업구조

현재 시장은 사실상 NHN의 과점 상태다. 유선과 모바일을 합산한 웹 검색 토털(total)

---

35 공정거래위원회, 앞의 책, 2008, p. 5.

36 http://www.reportshop.co.kr/dview/481727: [경영전략] 인터넷 포털산업의 특성, 수익구조, 5FORCE, 전략방향.

점유율은 네이버가 73.6%를 차지하고 있으며 다음은 16.5%에 그쳤다. 구글이 기본검색 엔진으로 탑재된 모바일(안드로이드폰)의 경우도 사정은 마찬가지다. 네이버가 72%, 다음은 14.8%의 점유율을 기록했다.[37] 그 뒤를 세계 점유율 2위인 구글이 약 4%로, 한때 싸이월드의 인기로 높은 성장세를 보이던 네이트가 약 1%의 점유율로 뒤따르고 있다.[38] 네이버는 2012년 연평균 3,143만 명의 국내 순방문자를 유치했으며 이는 고스란히 회사 매출로 이어졌다. 2012년 3분기에만 5,915억 원의 매출을 올려 같은 기간 1,095억 원을 기록한 다음에 비해 약 5배 가까이 많은 매출액을 거둬들였다.[39]

이와 같은 시장독과점체제의 고착화 현상은 인터넷 포털시장의 특성에 기인하는데, 진입이 자유로운 포털산업의 특성상 초기에는 다수업체간 경쟁이 이루어졌으며, 업체간 진입과 퇴출도 활발하게 이루어졌다. 시장이 안정화되면서 선점업체가 이미 상당한 네트워크 규모를 확보하여 후발업체가 독자적으로 시장에 참여하기는 현실적으로 매우 어려운 환경으로 변화되었다.

포터의 산업구조분석의 대체품의 위협 측면에서 기존의 강자인 NHN은 새롭게 등장한 대체품 시장에 빠르고 적극적으로 대응함으로써 시장점유율을 더욱 높일 수 있었다. 스마트폰을 이용한 인터넷 접속이 보편화되면서 국내 포털시장이 PC중심에서 모바일중심으로 급속히 재편되는 시기에 라인, 밴드와 같은 모바일 SNS 서비스를 출시하였다. 현재 라인의 가입자 수는 전 세계적으로 4억 9,000만 명[40]으로 시장성을 인정받고 있다.

3) 독일의 인쇄기산업[41]

독일의 인쇄기산업은 160년 이상 경쟁우위를 지속한 주목할 만한 사례이다. 산업발달의 씨앗은 비범한 인물이었던 프리드리히 쾨니히에 의해 시작되었다. 인쇄공으로 훈련받으며 일하던 그는 인쇄기에 흥미를 느끼게 되었고 인쇄기를 개발하기 위해 당시 산업을 시작하기에 가장 경쟁력 있는 영국으로 건너갔다. 런던에서 그는 같은 독일 출신 광학 기계상이자 정밀 기계공인 안드레아스 바우어를 만났고 그와 함께 회사 쾨니히 앤 바우어(K&B)를 세우고 1812년 윤전기(rotary press)를 개발하여 획기적인 인쇄기를 내놓았다.

37 http://www.newsprime.co.kr/news/quickViewArticleView.html?idxno=256781: [라이벌] 네이버 vs. 다음 … 포털 양대산맥 투자 매력 승자는?, 프라임 경제 2013.1.26.

38 http://www.internettrend.co.kr/trendForward.tsp

39 http://www.newsprime.co.kr/news/quickViewArticleView.html?idxno=256781: [라이벌] 네이버 vs. 다음 … 포털 양대산맥 투자 매력 승자는?, 프라임 경제, 2013.1.26.

40 http://news.naver.com/main/read.nhn?mode=LSD&mid=sec&sid1=101&oid=016&aid=0000516178 : 라인, 日게임업체 '구미'에 지분투자, 해럴드 경제, 2014.8.6.

41 마이클 포터 지음(문휘창 옮김), 마이클 포터의 국가 경쟁우위, 21세기북스, 2009, pp. 275~295.

투자자들 및 구매자들이 자신들의 이익을 보호하기 위해 산업 성장을 제한하자, 그는 다시 독일로 돌아갔다. 투자를 적극 장려하는 지역으로 회사를 이전한 K&B의 존재는 얼마 지나지 않아 독일에 산업의 경쟁우위에 유리한 환경을 조성했다. 많은 독일 경쟁자들이 직 · 간접적으로 K&B라는 선두주자로부터 파생되어 나오기 시작했다. 인쇄기에 대한 수요가 증가하자 독일 인쇄업자 및 수요자들의 고도의 세련됨과 엄격함은 혁신을 가져다주었다. 독일의 수요자는 품질과 생산성의 필요성을 전 세계에 퍼뜨렸다. 혁신에 중요한 역할을 하는 모든 관련 및 지원 산업들(종이, 제지기, 잉크, 조판시스템)은 인쇄기 산업의 발전과 함께 성장하였으며, 그들 자체적으로도 세계적인 지위를 얻게 되었다.

이처럼 고도로 복합적이고 기술적인 산업에서의 제품개발, 생산, 서비스에 요구되는 조직적 접근은 독일의 장점에 잘 부합했다. 독일 남부에 집중된 여러 국내 경쟁자들은 서로에게 가장 중요한 경쟁구도를 형성해 주었고 이는 기술혁신을 촉진했을 뿐 아니라 독일 전체의 관련산업의 성장에도 큰 영향을 미쳤다.

스위스기업인 비팍도 사실상 독일 클러스터의 한 부분이었다. 타국기업들은 생산 및 수요조건, 연관 및 지원조건과 전략, 구조와 경쟁요건 등에서 뒤처져 있었기 때문에 독일 기업들에 도전하지 못했다. 미국은 국내경쟁도 저조했고, 소비자의 세련됨도 떨어졌다. 영국은 경쟁자들의 기초가 없었으며, 강성 노조는 영국 인쇄업의 혁신을 오랜 기간 저해했다. 이에 반해 독일기업들은 일찍이 구축한 세계적인 브랜드 명성을 누릴 수 있었고, 보수적이면서 충성도가 높은 수요자들을 대상으로 서비스 네트워크도 구축할 수 있었다.

인쇄기산업의 발전과정은 클러스터가 만들어지는 현상을 보여 준다. 독일은 인쇄기뿐만 아니라 인쇄, 고품질 종이, 제지기, 조판시스템, 인쇄잉크, 포장기계 같은 산업들에서도 세계를 주도하고 있다. 마지막으로 최근에 관련산업은 플렉소 인쇄 기법[42]의 중요성이 증가함에 따라 중요도가 높아졌다. 독일의 인쇄기산업 클러스터는 상호보완적이며, 모든 산업들이 같이 성장했다. 또한 인쇄기산업에서의 전반적인 성공사례는 독일의 성공에 중요한 역할을 했다. 비슷한 사례는 광학제품, 칼 제조, 섬유기계, 채광 장비, 광고 에이전시, 영화 등 수많은 독일산업에도 적용될 수 있다.

---

42 특수인쇄의 한 가지로 플렉소그래픽 잉크(flexographic ink), 즉 아닐린 잉크(anilin ink)를 사용하여 고무철판(凸版)으로 가벼운 인쇄압을 가하여 인쇄하는 것. 간단히 줄여 플렉소 인쇄라고도 한다. 플렉소그래픽 잉크(간단히 플렉소 잉크라고도 함)는 속건성을 가지고 있는데, 이러한 잉크의 성질을 이용하여 고속윤전인쇄를 하며, 주로 크래프트지(kraft paper) · 골판지 · 플라스틱판 · 셀로판 · 금속박 등에 인쇄한다([네이버 지식백과] 플렉소그래픽 인쇄 [flexographic printing] (매스컴대사전, 1993. 12., 한국언론연구원(현 한국언론진흥재단)).

Part 04

지역연구와 정보시스템

Part 04 Introduction to Area Studies

본 4편에서는 지역연구를 수행함에 있어서 정보기술을 어떻게 이용할 수 있는지에 대해 설명하고자 한다. 연구대상이 되는 지역의 국가나, 기업, 학계 등의 정보시스템에 접근하여 자료를 활용하는 것은 시간과 비용 측면에서 매우 중요한 일이다. 특정지역의 정치, 경제, 문화, 사회 등 거시적 환경분석 관련자료들을 1편에서 살펴 본 국제기구들에서 제공하는 데이터베이스를 통해서 활용가능할 것이다.

또한 특정지역의 특정산업에 진출하기 위해 관련 고객, 경쟁사, 경쟁제품 등을 분석하는 미시적 관점의 지역연구를 수행할 경우에는 자사의 전사적 의사결정을 지원하는 지식관리시스템이나 비즈니스 인텔리전스, 마케팅부서의 업무를 지원하는 마케팅 정보시스템, 시장의 움직임을 탐색하는 마켓 인텔리전스 등의 정보시스템상의 정보를 일차적으로 활용할 수 있을 것이다.

따라서 9장에서는 지식관리시스템자료를, 10장에서는 마케팅정보시스템자료들을 지역연구에서 어떻게 활용할 수 있는지 살펴보고자 한다.

Chapter 09

지역연구와 지식관리시스템

제1절 지역연구와 지식경영

데이터와 정보는 기업의 중요한 핵심자산이다. 데이터(data)는 사물, 사건, 활동, 거래에 대한 기초적 서술로서 기록, 분류, 저장은 되어 있으나 특정의미를 전달하기 위한 정리는 되어 있지 않은 것을 말한다. 데이터의 예로는 GPA 점수 자체 3.16, 2.92, 1.29, 3.95 등을 들 수 있다. 정보는 수신자에게 특정의미와 가치를 가지도록 정리된 데이터를 말한다. 예를 들어, GPA 성적 평균 그 자체는 데이터이나 이 평균을 개별 학생 이름과 연결한다면 정보(information)가 된다. 이러한 데이터와 정보를 이용하여 기업문제를 처리하고 획득한 경험, 노하우 등은 지식(knowledge)이라고 한다.

성공적인 경영자들은 언제나 지적자산을 사용하고 그 가치를 인정해왔다. 하지만 이러한 노력은 조직적이지 못했고 기업 전체에 이득이 되는 방법으로 지식을 전파하고 확산시키지 못하였다. 산업 분석가들의 보고에 의하면 대부분의 기업의 지적자산은 데이터베이스에 저장되어 있지 않고, 이메일, 워드문서, 스프레드시트, 그리고 파워포인트 프레젠테이션 형태로 개개인의 컴퓨터에 흩어져 있다고 한다.[01] 그러나 최근에는 대부분의 기업들이 자사가 소유한 지식을 정리해서 활용할 수 있도록 지식경영(Knowledge Management: KM)을 추진하고 있으며, 이를 위해 지

01 Kenneth C. Laudon, and Jane P. Laudon, 정보시스템(제12판), Pearson, p. 429.

식관리시스템을 구축하고 있다.

지식은 개인적 속성과 기업의 집합적 속성을 모두 가진다. 개인의 머릿속에 존재하는 문서화되지 않은 지식을 암묵지(tacit knowledge)라 부르고 문서화된 지식을 형식지(explicit knowledge)라 부른다. 지식은 문서뿐만 아니라 이메일, 음성 메일, 그래픽 등으로 존재할 수 있다. 일반적으로 지식은 사람의 마음이나 특정 비즈니스 프로세스에 위치한다고 여겨진다. 지식경영에서 의미하는 '지식(knowledge)'에 대한 상세한 정의 및 범위에 대해서는 정보시스템 개론이나 지식경영시스템 관련 책을 참고하기 바란다.

지식은 건물, 금융자산과 같은 자산과는 다른 복잡한 현상인데, 기업에서는 이러한 지식을 여러 가지 측면에서 관리하는 절차를 가지고 있다. 기업에서는 지식기반의 핵심역량이 조직의 핵심자산이다. 예를 들면, 다른 조직이 쉽게 모방할 수 없는 방식으로 효율적으로 사업을 운영하는 것은 주요한 경쟁우위의 원천이다. 즉, 경쟁사가 모방할 수 없는 독특한 주문생산시스템은 단순히 정보시스템을 잘 구축해서 가능한 것이 아니라, 타 기업이 모방할 수 없는 지식이 조직구성원과 관련업무 수행 프로세스에 축적되어 있기 때문이다. 이러한 노하우를 가진 기업들은 부족한 자원을 보다 효과적으로 활용할 수 있으므로, 이 노하우는 그 기업의 지식기반 핵심자산이라고 볼 수 있다.

하지만 이러한 지식을 비단 기업에서만 공유, 활용하는 것은 아니다. 꿀벌 사회에서도 이러한 지식 공유 현상을 볼 수 있다. 꿀벌 사회의 수만 마리의 벌떼들은 몸짓, 페로몬, 저주파 등을 이용한 지속적인 의사소통을 통해서 벌집을 짓고, 왁스를 분비하여 애벌레 방을 구성하고, 새끼를 키운다고 알려져 있다. 이것이 가장 간단한 네트워크 지성(Network Intelligence)의 사례라고 볼 수 있다.[02]

벌떼들이 페로몬이나 몸짓, 저주파 등을 통해 소통하는 것과 달리 오늘날 우리는 디지털기술을 이용하여 소통한다. 디지털기술을 이용한 의사소통망으로서는 인터넷 브라우저, 이메일, 문자메세지, 스카이프, 트위터, 팟캐스트 등이 있다. 이러한 디지털 네트워크(웹)를 통해서 뭉쳐진 개인 지성의 합을 '집단지성(Collective Intelligence)'이라 부른다. 집단지성의 대표적인 사례로서 구글, 위키피디아, 디그

02 최정혜 · 오윤조, 고객네트워크 전략, 박영사, p. 3.

닷컴, 우리나라의 네이버 등을 들 수 있다.

지역연구 수행 측면에서 보면 이러한 소셜 미디어를 이용하든 인터넷을 이용하든 정보시스템상에 축적된 자료들을 기본적인 정보로 활용 가능할 것이다. 그리고 특정지역에 대한 문화나 지리정보 등의 거시적 자료나 특정산업 및 기업이미지에 대한 평판, 브랜드 파워 및 소비성향 관련 미시적 자료도 소셜 미디어를 통해 매우 다양한 형태로 이용할 수 있다. 다음에서는 이러한 지식경영과 지식관리시스템의 기본적 개념에 대해 살펴보도록 하겠다.

1. 지식경영 가치사슬

기업은 지식경영을 하기 위해 필요한 지식을 조직적 학습메커니즘을 이용해서 생성, 수집한다. 즉, 기업 조직들은 경영활동 결과를 측정하고 시행착오 내용을 기록하며, 관련 데이터를 수십하고, 환경과 고객들의 피드백을 통해서 경험을 학습한다. 그리고 이를 통해 새로운 비즈니스 프로세스를 창출하고, 경영의사결정 패턴을 변화시키며, 기업활동을 조정하게 된다. 이러한 조직학습(Organizational Learning)을 하는 기업들은 환경변화를 빠르게 감지하고, 감지하는 즉시 반응하여 비즈니스 프로세스에 반영시킬 수 있다.

지식경영은 환경에서 습득한 지식을 비즈니스 프로세스에 통합시키는 조직 능력을 향상시킨다. 지식경영을 수행하는 기업의 가치사슬을 살펴보면, 원시 데이터와 정보는 가치사슬의 각 단계를 거치면서 가치가 증가하며, 이를 통해 유용한 지식으로 바뀌는 것을 알 수 있다. [그림 9-1]의 중간과 하단에는 각각 정보시스템활동과 관리 및 조직활동들이 표현되어 있고 그림 하단의 관리 및 조직활동들은 상단에 있는 시스템과 정보기술 투자에서 많은 수익을 얻기 위해 필요한 조직자본의 투자를 나타낸다.

그림 9-1 | 지식경영 가치사슬[03]

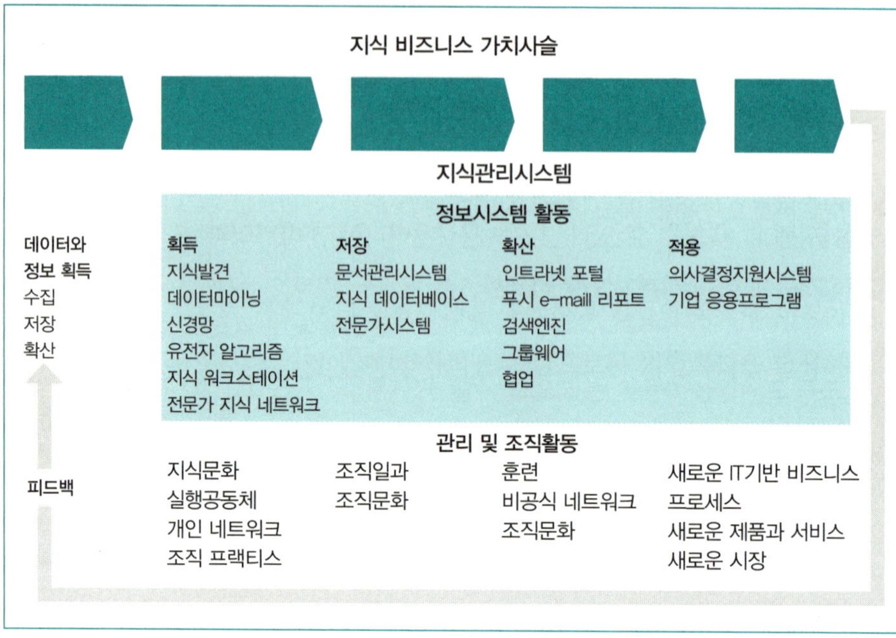

1) 지식획득

초기 지식관리시스템은 문서, 보고서, 발표자료, 우수 사례를 보관하는 기업 저장소 구축에 집중했으나 현재는 이메일과 같은 비구조적 문서들을 포함하도록 확대되었다. 또한 기업들은 사내 온라인 전문가 네트워크를 개발하여 전문가를 통해 지식을 획득하는 경우도 있고, 기술자들이 새로운 지식을 발견할 수 있는 지식 워크스테이션을 이용할 수 있게 하고 데이터 속의 숨은 패턴을 발견할 수 있도록 지원한다. 조직적인 지식시스템은 매출, 급여, 재고, 고객 등을 관리하는 거래처리시스템에서 발생한 체계적 데이터뿐 아니라 뉴스, 법적 견해, 과학연구, 정보 통계조사와 같은 외부자원으로부터의 데이터도 필요로 한다.

2) 지식저장

문서나 패턴 또는 전문가 규칙 등의 지식이 발견되면, 직원들이 이것들을 검색하

03 Kenneth C. Laudon. and Jane P. Laudon, 정보시스템(제12판), Pearson, p. 429.

고 사용할 수 있도록 데이터베이스에 저장한다. 문서관리시스템(Document Management Systems)은 프레임워크 안에 문서를 디지털화하고 색인을 달아 수집된 문서를 저장하는 대규모 데이터베이스이다. 관리자는 지식저장시스템과 문서의 인덱싱을 위한 전사적 스키마(Schema) 개발을 지원해야 하고 문서를 저장, 갱신하는 데 기여한 직원들에게 보상해야 한다.

3) 지식확산

포털, 이메일, 인스턴트 메시지, 소셜 네트워크, 검색엔진기술이 일정, 문서, 데이터, 그래픽 등의 공유를 위해 기존 협업기술과 오피스시스템에 추가되었다. 기술의 발달로 정보와 지식이 범람하는 시기에 비공식 네트워크, 협력적 문화, 훈련 프로그램을 통해 공유된 관리경험은 관리자들이 직원들의 관심을 중요한 지식과 정보에 집중하도록 도와준다.

4) 지식적용

조직의 지식이 투자 수익을 발생시키는 데 기여하기 위해서는 그것이 경영의사결정의 체계적인 일부분이 되어야 하며, 의사결정지원시스템에 내재되어야 한다. 궁극적으로 새로운 지식은 기업의 비즈니스 프로세스와 전사적 응용프로그램 등 핵심응용시스템에 포함되어야 한다.

5) 조직 및 관리자본 구축: 실행공동체

관리자들은 실행공동체와 같은 활동에 참여함으로써 지식획득을 도와줄 수 있다. 실행공동체(Communities of Practices: COPs)는 비슷한 직무관련 활동이나 관심사를 가지고 있는 기업 안팎에 있는 전문가와 직원들의 비공식적인 소셜 네트워크이다.

이 공동체는 자율 및 집단교육, 학술대회 개최, 온라인 소식지, 그리고 특정업무 문제의 해결을 위한 경험과 기술공유 등의 활동을 수행한다. 또한 회원들에게 유용한 문서와 필요한 정보를 제공하며 문서저장소를 운영함으로써 지식의 재사용을 용이하게 하고 신입사원들이 공동체에 축적된 방법론들을 활용할 수 있도록 한다. 실행공동체는 새로운 아이디어, 기술, 의사결정행동을 위한 시발점 역할을 담당하고 있다.

2. 지식관리시스템의 종류

지식관리시스템(Knowledge Management System: KMS)에는 전사적 지식관리시스템, 지식작업시스템, 지능형 기술의 3가지 범주가 있다. [그림 9-2]는 각 범주에 속하는 응용프로그램들이다.[04]

그림 9-2 | 지식관리시스템의 종류

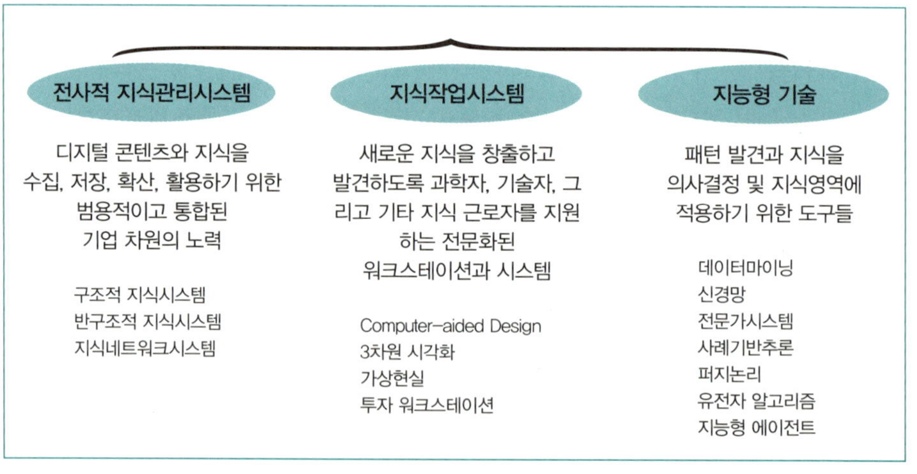

전사적 지식관리시스템(Enterprise-wide Knowledge Management Systems)은 기업 차원에서 디지털 콘텐츠와 지식을 수집, 저장, 배포, 적용할 수 있도록 지원하는 시스템으로, 정보검색, 구조적/비구조적 데이터의 저장, 사내 전문가의 위치제공 등의 기능을 보유하고 있다.

04 Kenneth C. Laudon, and Jane P. Laudon 지음(김우주 외 옮김), 정보시스템(제12판), 2012, Pearson, p. 431.

또한 포털, 검색엔진, 이메일, 인스턴트메시징, 블로그, 소셜 북마킹 등의 협업 도구와 학습관리시스템 등의 기능을 포함한다.

지식작업시스템(Knowledge Work Systems: KWS)은 신지식의 창출과 발견의 업무를 담당하고 있는 기술자, 과학자, 지식노동자들을 위해 만들어진 전문화된 시스템으로 CAD, 시각화 도구, 시뮬레이션 도구, 가상현실시스템과 같은 시스템이 이에 속한다.

또한 지식경영은 데이터마이닝, 전문가시스템, 퍼지논리시스템, 신경망, 유전자 알고리즘, 지능형 에이전트와 같은 다양한 지능형 기술들을 활용한다. 데이터마이닝과 신경망은 지식의 발견에, 전문가시스템과 퍼지논리는 지식을 컴퓨터 프로그램에 적합한 규칙의 형태로 표현하는 것에, 그리고 유전자 알고리즘은 최적 해를 발견하는 것에 중점을 두고 있다. 이러한 지능형 기술들은 마케팅 분야에서도 활용되고 있다.

제2절 전사적 지식관리시스템[05]

기업은 보고서나 발표자료와 같은 구조화된(structured) 문서 형태의 지식과 이메일, 비디오, 디지털 사진, 브로슈어, 게시판의 게시글 등 반구조적인(semi-structured) 지식과 정형화나 디지털화되지 않은 암묵지(tacit knowledge) 형태의 지식의 세 가지 종류의 지식을 관리해야 한다.

1. 기업 콘텐츠관리시스템

기업 콘텐츠관리시스템은 조직들이 구조적 지식과 반구조적/비구조적 지식, 두

05 Kenneth C. Laudon, and Jane P. Laudon 지음(김우주 외 옮김), 앞의 책, Pearson, 2012, pp. 432~435.

가지의 정보를 관리할 수 있도록 지원한다. 이 시스템들은 기업의 보고서, 발표자료, 문서, 우량사례 등의 저장소일 뿐 아니라 이메일과 같은 반구조적 지식을 수집하고 체계화할 수 있도록 한다. 또한 주요 전사 콘텐츠관리시스템은 사용자들이 연구보고서나 뉴스와 같은 기업 외부정보에 접근할 수 있도록 하며 이메일, 채팅, 인스턴트 메시징, 그룹토론, 화상회의 등을 통해 의사소통을 할 수 있도록 지원한다.

지식관리의 핵심문제는 정보를 의미 있는 범주로 조직화하여 쉽게 찾도록 하기 위해 분류스키마 또는 분류체계(taxonomy)를 만드는 것이다. 기업 콘텐츠관리 시스템은 지식분류를 위한 범주가 만들어지면, 각 지식개체들이 쉽게 검색될 수 있도록 태깅하고 기업 데이터베이스와 인터페이스, 그리고 종업원들의 지식검색에 사용할 전사 포털환경을 만드는 기능을 제공한다.

출판, 광고, 방송, 엔터테인먼트기업들은 사진, 그래프 이미지, 비디오, 음성 콘텐츠 등 비구조적 디지털 데이터를 저장, 관리할 필요성이 있다. 디지털 자산관리시스템(Digital Asset Management Systems)은 기업들의 이러한 디지털 객체들을 분류, 저장, 배포하는 것을 지원한다.

2. 지식네트워크시스템

전문지식 탐색 및 관리시스템으로도 알려진 지식네트워크시스템(Knowledge Network Systems)은 필요한 지식이 사내 전문가들의 머릿속에 있는 암묵지(tacit knowledge)일 때 발생하는 문제를 해결한다. 지식네트워크는 기업전문가 데이터베이스뿐만 아니라 알려진 문제들에 대한 해결책을 유지하고 지식을 찾는 직원들과 그 지식을 보유하고 있는 전문가들 사이의 의사소통을 원활하게 해 준다.

이러한 의사소통을 통해 만들어진 해결책들은 자주 묻는 질문들(Frequently Asked Questions: FAQ), 최우량 사례, 또는 기타 문서 등의 형태로 문제해결 데이터베이스에 추가된다.

3. 협업도구와 학습관리시스템

주요 기업 콘텐츠관리시스템들은 강력한 포털과 협업기술들이 포함된다. 기업들은 개인과 팀간의 정보 교환을 촉진하기 위해 블로그, 소셜 북마킹(social bookmarking)과 같은 소비자 웹기술들을 사용하고 있다.

소셜 북마킹은 사용자들이 그들의 북마크를 공공 웹사이트의 웹페이지에 저장하고 북마크 키워드를 붙이는 것을 허용함으로써 검색과 정보공유를 더욱 활발하게 한다. 이러한 태그는 문서를 조직하고 검색하는 데 사용되며, 태그 목록은 다른 사람들이 관심 있는 정보를 찾는 것을 지원하기 위해 공유될 수 있다. 사용자에 의한 생성 분류체계는 폭소노미(folksonomies)라는 공유 북마크를 생성한다. 딜리셔스(Delicious)와 디그(Digg)가 가장 대중적인 소셜 북마킹 사이트이다.

예를 들어, 기업에서 풍력발전을 연구하는 팀에 소속되어 있는 직원이 웹검색을 하면서 풍력발전과 연관된 적절한 웹페이지를 발견하고 소셜 북마킹 사이트에 있는 '태그' 버튼을 누르면 생성한 모든 태그들의 목록과 필요한 문서들을 신텍할 수 있을 것이다.

학습관리시스템(Learning Management System: LMS)은 기업에서 다양한 유형의 교육훈련을 관리, 실행, 평가하기 위한 도구들을 제공한다. 최근 LMS는 CD-ROM, VOD(Video On Demand), 웹기반 강의실, 오프라인 또는 온라인상의 실시간 강의, 그리고 온라인 포럼과 채팅 세션의 집단 학습 등을 포함한 다양한 형태의 학습을 통합하여 지원 및 관리한다.

예를 들어, 미국의 가전제품 생산업체 월풀(Whirlpool Corporation)은 영업사원들을 교육시키기 위해 CERTPOINT의 학습관리시스템을 사용해 등록, 일정, 보고서, 교육프로그램 콘텐츠 등을 관리하고, 수강이력 및 학점을 관리하여 종업원들의 성과를 측정할 수 있도록 지원한다.

제3절 지식작업시스템[06]

기업들은 지식근로자들이 새로운 지식을 만들어 내고, 만들어 낸 지식이 기업 내부에서 원활하게 통합되도록 지원하는 전문화된 시스템도 개발하고 있다.

1. 지식근로자와 지식작업

지식근로자란 정보를 나름대로 해석하고 이를 활용해 부가가치를 창출해 낼 수 있는 노동자를 가리킨다. 연구자, 설계자, 건축가, 과학자, 기술자들이 포함되며 업무를 처리할 때 독립적인 판단능력이 중요하다. 지식근로자들은 조직에 중요한 다음의 세 가지 핵심역할을 수행한다.

- 조직이 기술, 과학, 예술 등 다양한 분야에서 최신지식을 유지하도록 한다.
- 그들의 지식영역에서 내부 컨설턴트로서의 역할을 담당한다.
- 변화관리자로서 활동하며 변화프로젝트를 평가, 주도, 촉진한다.

2. 지식작업시스템의 요건

대부분의 지식근로자들은 업무 생산성 향상을 지원하는 오피스시스템뿐 아니라 강력한 그래픽, 분석도구, 의사소통과 문서관리 기능이 탑재된 고도로 전문화된 지식작업시스템도 필요하다. 이러한 시스템들은 과학자, 제품설계자, 재무분석가와 같은 지식근로자들이 필요한 정교한 그래픽이나 복잡한 연산을 처리하기 위해 상당한 수준의 컴퓨팅 능력이 있어야 하며, 외부데이터에 쉽고 빠르게 접근할 수 있어야 한다. 고급인력인 지식근로자들이 시간을 허비하지 않도록 사용법 학습에 많

06 Kenneth C. Laudon, Jane P. Laudon 지음(김우주 외 옮김), 앞의 책, Pearson, 2012, pp. 435~440.

은 시간을 소비하지 않고 필요한 작업을 수행할 수 있도록 사용자 친화적인 인터페이스를 갖는다. [그림 9-3]은 지식작업시스템의 요건들을 정리한 것이다.

대부분의 지식 워크스테이션(Knowledge Workstations)은 특정 업무를 위해 설계되고 최적화된다. 예를 들면, 재무분석가들은 방대한 재무 데이터를 효율적으로 저장하고 접근할 수 있는 워크스테이션이, 제품설계자들은 3차원 CAD시스템을 운영할 강력한 그래픽 기능을 갖춘 워크스테이션이 필요하다.

그림 9-3 | 지식관리시스템의 요건

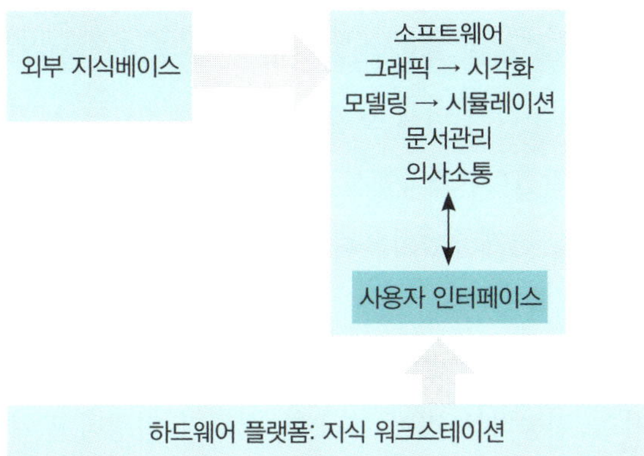

※ 지식작업시스템은 전문화된 하드웨어와 소프트웨어 이외에 외부 지식베이스와의 밀접한 연계가 필요하다.

지식작업시스템은 전문화된 하드웨어와 소프트웨어 이외에 외부 지식베이스와의 밀접한 연계가 필요하다. 주요 지식작업 응용시스템으로는 CAD시스템, 시뮬레이션과 모델링을 위한 가상현실시스템, 재무워크스테이션 등을 들 수 있다.

제4절 하이퍼 소셜 조직과 지식관리

최근 소셜 미디어가 지식관리의 본질을 바꾸어 놓았다. 과거에는 전문가시스템이나 콘텐츠 관리시스템과 같이 구조화된 시스템에 초점을 맞추었는데 이러한 지식관리기법은 계획되거나 미리 구조적으로 정의된 콘텐츠관리와 전송기법에 의존하고 있다. 소셜 미디어는 무엇인가를 표현하는 데 초점을 맞추고 있고 지식관리 측면에서 다양한 방식과 매체를 통해서 자신들의 지식을 표현하며, 해당 지식을 관리하고 전송하는 방식으로 사용되고 있다.[07]

하이퍼 소셜 지식관리(Hyper-social Knowledge Management)는 조직 내 지식자원의 관리와 전송을 위한 소셜 미디어 애플리케이션으로 간주된다.

하이퍼 조직 이론은 지식관리에 있어 새로운 방향을 이해할 수 있는 체계를 제공해 준다. 이 체계의 초점은 지식과 콘텐츠 그 자체에서부터 해당지식을 생성하는 자 및 사용자 간에 진정한 관계를 발전시키는 방향으로 이동해 왔다.

Gossieaux와 Moran[08]에 의해 개발된 하이퍼 소셜 조직 모델에 따르면 옛날 방식대로 단지 관계의 수를 늘리기 위해 소셜미디어를 사용하는 것은 조직 집중화 측면에서 비효율적이라고 말한다. 조직에서 소셜 미디어를 통해 고객, 종업원, 파트너 등과 보다 인간적으로, 관계중심적으로 상호작용이 이루어질 때 소셜 미디어의 진정한 가치를 누릴 수 있다.

하이퍼 소셜 조직은 누군가를 관리하고, 영향력을 행사하려 하고, 통제하기 위한 수단으로 '메시지'를 전송하는 것이 아니라, 서로가 인정하고 가치를 공유할 수 있는 관계를 창출하는 데 초점을 맞추고 있다. 따라서 하이퍼 소셜 조직은 자신들과 자신들이 속해 있는 커뮤니티들간에 서로 만족할 수 있는 관계형성에 바탕을 두고 고객, 종업원, 파트너 등이 소셜 미디어를 활용한다.[09]

블로그가 명확한 사례가 될 수 있다. 일반적인 고객과의 문제에 대해 일상적으로 블로그에 글을 쓰는 고객지원부서의 직원이 바로 자사제품에 대한 긍정적인 측면과 부정적인 측면에 대해 진정한 의견을 나타내는 것으로 볼 수 있다. 만약 해당 블로그가 진정성이 있다고 판단되면, 고객들은 블로그에 답글을 달게 되고, 또 이러한 과정을 통해 스스로 문제를 해결하는 방법도 배울 수 있게 된다. 이렇듯 제품 사

---

07 David M. Kroenke 지음(문용은 · 문태수 · 서창갑 · 오창규 · 유성열 · 이동호 옮김), 앞의 책, 2014, p. 570.

08 Francois Gossieaux and Edward K. Moran, *The Hyper-Social Organization*, New York: McGraw-Hill, 2010.

09 David M. Kroenke 지음(문용은 · 문태수 · 서창갑 · 오창규 · 유성열 · 이동호 옮김), 사례로 배우는 경영정보시스템, 2014, pp. 559~564.

용과 관련된 열린 의견 교환의 장소를 제공하는 것이 전통적인 관점에서 보는 사람들에게는 불편하게 느껴질 수도 있지만, 이러한 지식관리기법이 자사제품에 대한 문제점을 고객과의 대화 속으로 자연스럽게 가져오도록 만들며, 통제가 느슨해짐으로 인해서 기업은 이러한 대화에서 최소한의 역할만을 수행하기만 하면 된다. 하이퍼 소셜 조직에서는 기존의 통제된 프로세스에서 탈피하여 유연한 프로세스로 변화하고 있다.

Case Study

사례연구

1) 지식경영시스템을 활용해 소통하는 케네디언 타이어[10]

캐네디언 타이어(Canadian Tire)는 타이어 이외에도 석유 아울렛, 금융 서비스, 자동차 판매 소매 아울렛, 의류, 스포츠, 레저, 주방 제품 등 5개 상호 연관된 회사로 구성되어 있고 5만 7천 명의 종업원과 1,200개의 점포 및 주유소가 있는 캐나다에서 가장 큰 회사 중 하나이다.

소매아울렛들은 독립적으로 운영되며 캐나다 전역에 위치해 있고 캐네디안 타이어는 온라인으로 상품을 판매하기도 한다. 캐네디안 타이어는 종업원이나 딜러와의 효율적인 의사소통과 사업 운영 최신 정보의 공유를 목적으로 딜러포털과 종업원 정보인트라넷 등 두 가지의 시스템을 개발했다.

딜러포털은 MS 오피스 쉐어포인트 포털 서버(Microsoft Office SharePoint Portal Server)를 이용하여 개발되었으며, 상품 설치 정보, 주의사항, 우량사례, 제품 주문, 문제 해결 등의 온라인 정보를 제공하고 있다. 매일 또는 주간 단위로 딜러들에게 우편 보내는 일을 줄임으로써 매년 백만 달러 이상을 절감했다. 딜러들이 더 이상 서류로 된 두꺼운 제품 바인더를 처리하지 않아도 되어 고객 서비스가 향상되었으며, 이제 제품 매뉴얼이 온라인에 있어 딜러들은 최신 정보를 빠르고 정확하게 검색할 수 있게 되었다.

TIRENet이라 불리는 종업원 인트라넷은 처음에는 다소 문제가 있었다. 그것은 로터스 노츠 도미노(Lotus Notes Domino) 소프트웨어에 기반하고 있으며, 처음에는 잘못 설계되어 종업원들은 사이트가 체계성이 부족하고 오래되고 중복된 자료가 많고 검색이 어렵다고 불평했다. 사람들은 행정과 인적자원 관련 문서들을 검색하는 데 많은 시간을 소비했다. 캐네디언 타이어는 TIRENet를 보다 간결하고 직관적인 인터페이스로 업그레이드 했다. 새로운 TIRENet은 마이크로소프트 쉐어포인트 서버에 기반하여 개발했고, 사용자가 정보검색이 용이하도록 내부 웹 사이트를 개편했다.

캐네디안 타이어는 기존 시스템에서 3만 건 이상의 문서목록을 만들어 새로운 시스템으로 이관했다. 종업원들은 문서를 찾기 위해 더 이상 TIRENet에서 헤매지 않아도 되고,

10 Kenneth C. Laudon, Jane P. Laudon 지음(김우주 외 옮김), 앞의 책, Pearson, 2012, pp. 425~426; 원출처 Microsoft Canada, "Wheels In Motion", www.microsoft.ca, accessed July 15, 2010; Microsoft Corprpation, "Canadian Tire Major Tire Company Adopts Collaboration System with Faster Search", July 6, 2009; and www. canadiantire.ca, accessed September 28, 2010.

쉐어포인트 엔터프라이즈 검색기술은 종업원들이 검색 상자에 질문을 입력하면 의사결정에 필요한 최신 정보를 즉시 제공하여 문서를 검색할 수 있도록 한다. 또한 신규 시스템은 문서를 최신 문서로 잘 관리한다. 종업원과 관리자들은 부적합하고 오래된 기존 TIRENet 콘텐츠의 50%를 새로운 시스템에 넣었다. 이제 문서들은 검토한 사람에 따라 자동으로 업데이트되고 최종 날짜의 문서에 접근하게 된다. 이 정보는 캐네디안 타이어 관리자들이 오래되고 시간에 민감한 정보를 파악하여 제거할 수 있게 되었으며 더 나아가 원하는 정보를 빠른 시간 내에 찾을 수 있게 되었다.

캐네디언 타이어의 경험은 조직의 지식을 이용하기 쉽게 함으로써 기업의 성과가 어떻게 향상되는지 보여주고 있다. 지식 접근의 촉진, 지식의 품질 및 최신성 향상, 그리고 비즈니스 프로세스 개선에 그 지식들을 활용하는 것은 조직의 성공과 생존에 필수적인 요소이다.

2) TCS의 지식경영과 협업[11]

TCS(Tata Consultary Services)는 전 세계의 고객들에게 IT와 IT 기반 서비스를 제공하는 IT 서비스, 비즈니스 솔루션, 아웃소싱 조직이다. 인도에서 가장 큰 기업인 Tata 그룹의 한 부문인 TCS는 47개국에 108,000명의 IT 컨설턴트가 있다.

TCS에 지식경영(Knowledge Management: KM)의 개념이 도입된 것은 1995년이며, 1998년에 "Corporate Groupware"라 불리는 KM 전담팀이 만들어졌다. 이 그룹은 1999년 중반에 KM 파일럿을 시작했다. 그 당시 TC의 KM은 품질보증부터 인적자원관리까지 거의 모든 기능을 포함했다. 인도에 있는 50개 사무소는 전용 통신선으로 연결되어 있었고 해외 사무소들은 Net와 Lotus Notes Domino Servers로 연결되어 있었다. 종업원들은 브라우저 프론트 엔드와 Notes 클라이언트를 이용해 인트라넷을 통해 본사와 지점의 서버에 있는 지식저장소에 접근할 수 있다. KBase라 불리는 지식저장소는 프로세스, 비즈니스 라인, 기술 라인, 프로젝트에 대한 다양한 정보를 담고 있다.

비록 TCS의 공식적인 KM 노력이 1990년대 후반에 시작되었지만 TCS에는 1980년 이래 1천 여 명이 참여한 비공식적 실행공동체들(Cops)이 존재했다. Cop은 지식을 세계 어디서나 이용할 수 있도록 웹기반 포털인 Ultimatix를 개발했고 이를 통해 2003년 1월에서

11 Kenneth C. Laudon, Jane P. Laudon 지음(김우주 외 옮김), 앞의 책, Pearson, 2012, pp. 456~457: 원출처 Sankaranarayanan G, "Building Communites, the TCS way", expressitpeople.com, September 2003; Kavita Kaur, "Give and Take", india-today.com, January 2000; Sunil Shah, "Network Wonder: Collaborative Tools Help TCS Grow", cio.com, July 2007; Shivani Shinde, "TCS Sees Synergy in Gen X Tools", rediff.com, July, 2008.

6월 사이에 산업체 프랙티스와 관련된 10,000여 건의 문서와 21,000건의 서비스 프랙티스를 공유했다.

세계 여러 곳에 위치한 모든 TCS 사무소에서 사용하고 있는 통합 역량 및 학습관리시스템(iCALMS)은 조직의 학습과 성장문화를 촉진했다. 컨설턴트들은 역량 정의, 역할 정의, 그리고 온라인/교실 학습 목표 등에 대한 데이터를 이용해 그들에게 적합한 방법으로 기술을 향상시켰다.

지식관리시스템 Knowmax는 마이크로소프트 쉐어포인트 포털 서버를 이용해 2007년 개발되었으며, TCS 컨설턴트들은 이 시스템에 접속하여 업무 형태, 사용기술, 고객 요구사항 등에 따라 정의되어 있는 40년의 경험과 최우량 사례들을 얻을 수 있었다.

TCS는 종업원들이 삶과 일의 조화를 유지할 수 있도록 비슷한 관심을 가진 사람들이 모여 독서 등 다양한 활동을 하는 프로펠 세션(Propel sessions)을 시작하여 분기마다 개최되는 컨퍼런스나 캠프 등으로 발전하였으며, 이러한 활동은 종업원들 간의 지식 전수에 원동력이 되었다. 프로젝트 수준의 지식 공유는 모든 프로젝트 미팅을 프로젝트 저장소에 녹화 · 저장하는 LiveMeeting 애플리케이션을 통해 이루어졌다.

비록 2002년 개발된 Ultimatix가 조직 전체를 디지털화하고 비즈니스 프로세스의 효율성을 향상시켰지만, 그것은 여전히 종업원들의 지식을 효과적으로 이용할 수 없었다. 종업원들 간의 협업을 개선하기 위해 Project Infinity가 2007년 시작됐다. Infinity의 도입으로 해외와 지역사무소 간의 협업이 향상되었으며, 24시간 사내 뉴스방송을 전 세계 모든 TCS 사무소로 전송하여 전사 커뮤니케이션을 수행했다.

TCS는 이러한 채널 이외에도 JustAsk(KM 내장 기능)시스템, 블로그 플랫폼, IdeaStrom, TIP, 그리고 My Site 등을 사용했다. 블로그는 2006년 도입 이래 급속하게 확산되어 거의 4~5만 명의 TCS 직원들이 인트라넷에서 블로그를 했다. JustAsk시스템은 종업원들이 질문을 올릴 수 있도록 되어 있는 반면, Idea Storm은 2~3개의 토픽들이 게시되는, 일 년에 한 번하는 이벤트였다. 제품 혁신과 새로운 아이디어를 위한 오픈 포털인 TIP는 아이디어 공유를 촉진하기 위해 시작되었다. 조직 구성원들은 KM에 내장된 Mysite를 이용해서 페이스북(facebook)이나 Orkut과 같은 개인 페이지를 가질 수 있게 되었다.

Chapter 10

지역연구와 마케팅정보시스템

현대 기업은 대부분 글로벌적으로 경영활동을 수행하고 있다. 해외에 지사나 법인, 공장 등을 직접 보유하지 않아도 인터넷의 발달로 인해 글로벌적인 마케팅이 가능하므로, 세계 소비자들의 정보가 관련 정보시스템에 축적된다. 기업은 소비자 정보뿐 아니라 마케팅의사결정에 영향을 줄 수 있는 일상적인 정보까지 관리하기 위하여 마케팅 기능을 지원하는 정보시스템을 구축하고 있다. 마케팅정보시스템이란 마케팅의사결정자에게 필요한 정보를 수집 · 분석하여 적기에 제공하는 시스템으로 크게 내부정보시스템, 고객정보시스템, 마케팅 인텔리전스시스템, 마케팅조사시스템, 마케팅의사결정 지원시스템 등으로 구성된다.[01] 이러한 마케팅정보시

그림 10-1 | 마케팅정보시스템의 구성요소

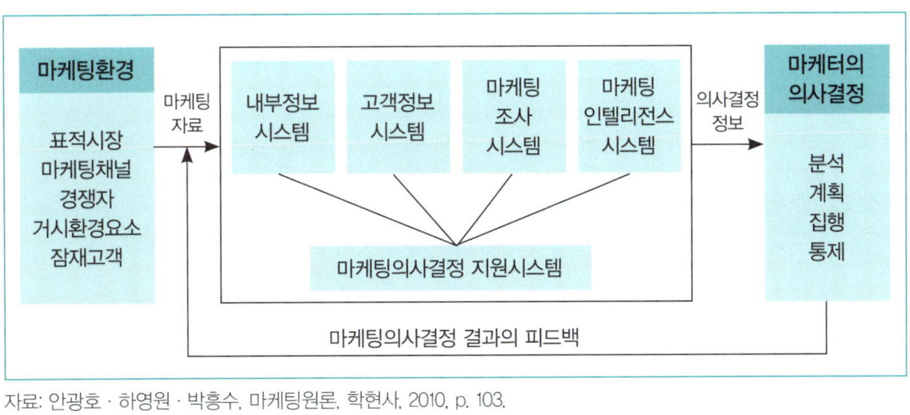

자료: 안광호 · 하영원 · 박흥수, 마케팅원론, 학현사, 2010, p. 103.

01 안광호 · 하영원 · 박흥수, 마케팅원론, 학현사, 2010, pp. 102~112.

스템에는 해당 지역의 문화적 특성, 고객 취향, 대중적인 문화 트랜드 등 다양한 마케팅 관련 정보들이 저장되어 있다. 해외지역연구 수행 시, 마케팅 관련 정보시스템의 이러한 정보도 유용하게 활용할 수 있을 것이다. 다음에서는 이러한 마케팅 정보시스템의 구성요소들의 특징에 대해 간략히 살펴보도록 한다.

제1절 내부정보시스템

내부정보는 마케팅관리자들이 마케팅의사결정을 하는 데 있어서 가장 기본적인 정보를 말한다. 내부정보는 상품별, 지역별, 기간별 매출, 재고수준, 외상거래, 지역별 점포 수 및 점포실적에 관한 정보, 판매가격 등을 포함한다.

한 기업의 내부정보시스템(Internal Information System)은 영업부서, 마케팅부서, 회계부서, 생산부서 등 여러 부서에서 제공된 정보로 구성된다. 영업부서는 특정제품에 대한 도소매업자들의 반응이나 경쟁제품들의 가격 및 판매추세를 분석하고, 마케팅부서는 마케팅믹스프로그램의 효과를 분석하며, 생산부서는 재고수준과 생산라인의 불량률, 가동률 등에 관한 정보를 분석한다.

제2절 고객정보시스템

정보시스템의 발전으로 고객 개인에 대한 자료의 축적이 가능해지자 고객의 특성 및 욕구에 차별적으로 대응하는 데이터베이스 마케팅(Database Marketing: DB 마케팅)기법이 도입되었다.

고객정보시스템(Customer Information System)은 고객에 대한 인구통계적 특성, 라이프스타일, 고객이 원하는 혜택, 구매행동과 더욱 세분화된 제품의 구매일자(recency), 구매빈도(frequency), 구매금액(monetary)까지 포함하고 있다. 이러한 고객정보는 기존고객의 제품에 대한 충성도의 제고 및 이탈방지, 신규고객의 유인을 위한 마케팅전략의 수립에 활용되고 있고, 금융기관으로부터 백화점, 슈퍼마켓 등에 이르기까지 거의 모든 업종에서 고객정보시스템을 도입하고 있다.

기업들은 고객정보를 이용하여 고객행동을 이해하고 고객이 원하는 혜택을 제공함으로써 수익성이 높은 고객과의 장기적 관계를 유지하기 위해 고객관계관리(Customer Relationship Management: CRM)를 도입하고 있다. 20 : 80의 법칙에서 알 수 있듯이 상위 20%의 고객이 매출의 80%를 점유하고 있기 때문에 수익성 높은 상위 20% 고객과의 관계를 강화하는 것이 마케팅성과를 장기적으로 유지하는 데 중요하게 되었다.

CRM은 신규고객 확보(acquisition), 고객충성도 제고 및 유지(retention), 구매활성화 및 고객확장(customer extension)의 3단계로 구분된다.

1. 신규고객 확보

고객은 제품구매 시에 가장 많은 가치나 혜택을 제공해 주는 브랜드를 선택한다. 예를 들어, 백화점에 가서 쇼핑을 하고자 할 때에 다수의 백화점 중에 자신에게 가장 많은 혜택을 주는 백화점 하나를 선택하여 쇼핑한다. 다양한 유형의 쇼핑을 원하는 고객은 입점 브랜드에 대한 정보, 신제품 정보, 이벤트 정보 등을 제공하는 백화점을 선택할 것이고 편의성을 중시하는 고객이라면 친절한 안내, 무료주차 등 편리함을 제공하는 백화점에 가서 쇼핑을 할 것이다. 타깃고객에 부합하는 가치나 혜택을 제공하여 고객을 만족시킬 때 기업은 신규고객을 확보하고, 그들과의 관계를 형성할 수 있다.

2. 고객충성도 제고 및 유지

고객의 지속적 재구매는 고객만족을 통해 이루어진다. 재구매율이 높은 고객을 충성도(loyalty)가 높은 고객이라고 하는데, 충성도가 높은 고객은 재구매율이 높을 뿐 아니라 가격에 덜 민감하게 반응한다. 충성도가 높은 고객이 많을수록 기업은 더 많은 이익을 창출할 수 있다.

따라서 기업은 고객정보를 기반으로 맞춤식 혜택을 제공하거나 고객의 불만사항에 적극적으로 대처하여 고객과의 지속적 관계 유지를 통해 충성도가 높은 고객을 확보하기 위해 노력하고 있다.

3. 구매활성화 및 고객확장

기업은 충성도가 높은 고객을 유지하면서 구매활성화와 교차판매 등을 통해 그들의 구매량 또는 구매횟수를 증가시켜 마케팅성과를 높게 유지하고자 한다. 구매활성화는 신상품 출시 시에 카탈로그 또는 관련정보를 제공하여 고객에게 구매를 촉진시킴으로써 달성되고, 교차판매는 관련이 있는 제품 또는 보완적인 제품 등을 함께 구매하도록 하여 고객의 구매량과 구매횟수를 증가시키는 것이다. 예를 들어, 다수의 고객이 주류코너에서 맥주와 안주를 같이 구매한다고 했을 때, 진열대에 맥주와 안주를 같이 배치하거나 두 가지를 동시에 구입했을 때 할인해 주는 방법을 통해 구매량을 늘릴 수 있다.

CRM의 중요성이 대두되면서 마케팅정보시스템의 CRM에서의 역할이 중요하게 되었다. CRM의 원활한 수행을 위해서는 고객정보를 보유하고 이를 관리할 고객정보시스템이 필요하다. 고객정보시스템을 포함한 마케팅정보시스템의 구성요소들을 유기적으로 활용할 때 CRM활동이 가능하게 된다. SK는 1997년 SK주유소의 전 고객을 관리할 수 있는 엔크린카드를 도입하여 각 주유소의 판매촉진활동을 통합적으로 관리하고 있다.

제3절 마케팅 인텔리전스시스템

마케팅 인텔리전스시스템(Marketing Intelligence System)은 기업을 둘러싼 마케팅환경에서 발생되는 일상적인 정보를 수집하기 위해 기업이 사용하는 절차와 정보원의 집합을 뜻한다. 내부정보시스템이 기업의 내부의 부서에서 발생된 자료들을 종합하여 분석하는 것이라면, 마케팅 인텔리전스시스템은 기업의 의사결정에 영향을 미칠 가능성이 있는 기업 주변의 모든 정보를 수집하는 것이다.

마케팅 인텔리전스시스템은 다양한 외부정보원천들로부터 마케팅의 의사결정에 영향을 미칠 수 있는 정보를 수집, 분석한다. 경쟁기업에 대한 정보는 경쟁사의 자체 보고서나 홍보용 자료들과 경쟁기업에서 근무한 경험이 있는 고용인을 통해 수집되거나 경쟁사의 신제품이나 광고전략과 같은 마케팅전략에 관한 분석, 토론을 통해 확보될 수 있다. 또한 관련산업 전반의 동향은 정부의 공공보고서, 산업동향, 생활지표 조사보고서 등을 통해서 파악되고 고객들에 대한 종합적 정보 수집은 마케팅조사가 일반적이지만 위장고객을 이용하기도 하고 고객들과 접점에 있는 도소매업자들이나 판매사원들의 제안 등을 통해 할 수 있다.

제4절 마케팅조사시스템

내부정보시스템, 고객정보시스템, 마케팅 인텔리전스시스템은 각기 다른 목적으로 수집된 자료로서 당면한 마케팅문제를 해결하는 데 적절하지 않을 수 있다. 마케팅조사는 당면한 마케팅문제 해결에 직접적으로 관련된 자료를 수집하기 위해 도입된다.

마케팅조사는 기업 내부에서 직접 하거나 기업 외부의 전문기관에 의뢰할 수 있는데, 바람직한 마케팅조사는 체계적이고 객관적이어야 한다. 체계적이라고 하는 것은 마케팅조사의 설계가 완벽하게 계획되고, 수집될 자료와 분석방법들이 미리 결정되어야 함을 뜻하고, 객관적이라는 것은 자료의 수집과 결과해석의 일련의 조사과정에서 조사자의 자의적 판단이나 편견이 개입되어서는 안 된다는 것이다. 또한 마케팅조사는 당면한 마케팅문제의 해결에 도움이 되는 마케팅의사결정에 유용한 정보만을 제공하여야 한다.

마케팅조사과정은 조사목적의 결정, 조사설계, 자료수집과 수집된 자료의 분석, 보고서 작성의 4단계로 구성된다.

제5절 마케팅의사결정 지원시스템

마케팅의사결정 지원시스템(Marketing Decision Support System: MDSS)은 마케팅환경으로부터 수집된 정보를 해석하고 마케팅의사결정의 결과를 예측하기 위해 사용되는 관련자료, 지원 소프트웨어와 하드웨어, 분석도구 등을 통합한 것이다. 내부정보시스템, 고객정보시스템, 마케팅 인텔리전스시스템, 마케팅조사시스템에 의해 수집된 자료는 서술적(descriptive) 정보이므로 마케팅의사결정의 결과를 예측하는 데 큰 도움이 되지 않기 때문에 이러한 문제를 보완하기 위해 도입된 시스템이라 할 수 있다.

예를 들어, 자사제품 매출에 가장 큰 영향을 끼치는 마케팅변수들에는 어떤 것이 있으며, 각 변수의 상대적 중요도는 얼마인가, 마케팅변수(가격, 광고 등)의 변화로 인한 자사제품의 매출변화는 어떠한가, 자사제품에서 경쟁사제품으로 전환할 소비자의 비율은 얼마인가 등의 문제를 예측하는 데 활용하는 것이 마케팅의사결정 지원시스템이다.

Case Study

사례연구

1) 정보기술을 이용한 Nike의 마케팅전략[02]

오늘날 소형 칩과 근거리 통신 덕분에 거의 모든 제품에 인터넷 접속 기능을 탑재할 수 있게 되었다. 나이키는 러닝화에 디지털 네트워크와 연결되는 지우개 크기의 센서를 삽입하여, 달리는 속도와 달린 거리를 측정하도록 하였다. 목표 거리를 설정해 놓고 달리면, 달리는 도중 달린 거리에 대한 음성 안내가 아이폰을 통해 나오고, 집으로 돌아와서 아이폰을 컴퓨터에 연결하면 데이터가 자동적으로 나이키의 온라인 조깅 커뮤니티인 나이키플러스(Nikeplus.com) 계정에 업로드된다. 나이키는 고객이 조깅 데이터를 클라우드에 연결해서 다른 고객과 공유하는 장치를 만들어 낸 것이다. 나이키는 고객이 달리고 데이터를 업로드하는 것을 일주일에 다섯 번 정도 하게 되면 그것이 습관이 된다는 사실을 발견했다. 이는 나이키 브랜드에 대한 규칙적이고 강력한 경험을 제공한다. 새 운동화를 사기 위해 단순히 나이키 웹 사이트를 방문하는 것보다 고객이 지속적으로 온라인에서 나이키 브랜드와 만나는 것이 신상품을 노출시킬 수 있는 좋은 기회가 되는 것이다. 또한 나이키 사이트가 "소셜"하게 디자인되었다는 것을 명심해야 한다. 고객은 나이키플러스에서 친구들과 목표 및 성과를 공유하고 서로 동기를 부여한다.

나이키플러스 개설 첫 2년간, 100만 명 이상이 전용 센서를 구입하여 이 네트워크에 참여하였고, 업로드된 달리기 데이터가 총 1억 마일을 넘었으며, 전 세계에서 가장 큰 달리기 커뮤니티가 되었다. 이 기간 동안 나이키의 전 세계 러닝화 판매액은 17억 달러로 성장하였으며, 미국 신발 산업에서 운동화의 점유율은 48%에서 61%로 성장했다. 산업 분석가들은 이러한 성장이 나이키플러스 덕분이라고 말하였다.

2) 온라인과 오프라인의 결합[03]

증강 현실(Augmented Reality)은 온라인 데이터를 오프라인의 공간에서 보여 주는 것이다. 벤처회사인 레이어(Layar)는 증강 현실을 휴대폰에 처음으로 도입하였는데, 이용자의 위치와 방향에 따라 휴대폰에 보여지는 주변의 모습에 디지털 설명을 추가하였다. 예를 들어, 현재 위치에서 가까운 지하철 입구를 알려 주는 정보와 화살표가 보이고, 이어서 주변 아파트 매매 관련 부동산 정보가 겹쳐 보이고, 그 다음으로는 추가로 보고 싶은 오프

02 David L. Rogers 지음(최정혜 · 오윤조 공역), 고객 네트워크 전략, 박영사, 2013, pp. 59~60.
03 David L. Rogers 지음(최정혜 · 오윤조 공역), 앞의 책, 박영사, 2013, p. 74.

라인 정보를 선택하게끔 한다. 근처 음식점의 평판이라든지, 방문 중인 공원에 대한 위키피디아(Wikipedia)의 역사적 정보, 혹은 지나치고 있는 가게에 진열된 상품의 가격 정보들을 선택할 수 있는 것이다. 차세대의 증강 현실에서는 정적인 사물이나 건물뿐만 아니라 차량 등 동적인 부분에 대한 정보까지도 보여 줄 수 있을 것이다.

증강 현실은 상호작용 측면에서 가장 새로운 디지털 미디어 중 하나이다. 음악 공연에 이 기법을 도입하여 고객과의 소통에 성공한 사례를 살펴보자. 캘리포니아의 음악 밴드 블링크182(182Blink)는 4년의 공백 후 재결합 공연을 가졌는데, 팬들이 증강 현실을 이용하여 공연을 볼 수 있도록 기획하였다. 고객이 도리토스(Doritos)의 웹사이트에서 앱을 다운받은 후, 컴퓨터 웹캠(Webcam)으로 도리토스 칩 봉지 뒷면을 찍으면, 봉지 뒷면에 인쇄되어 있는 밴드의 3D 이미지가 튀어나와 홀로그래픽 무대에서 노래를 부른다. 도리토스 봉지를 흔들면 콘서트 무대도 흔들린다. 공연이 끝날 때 앵콜을 외치면서 환호성을 지르면, 이 환호 소리의 크기에 따라 사이버 밴드는 다시 홀로그래픽 무대로 돌아와서 앵콜 곡을 부른다. 팬이 충분히 크게 소리를 질러서 앵콜을 받아내면, 이 밴드의 오프라인 여름 투어 티켓을 얻을 수 있는 도리토스 콘테스트 응모권을 얻을 수 있다. 프리토레이(Frito-Lay) 북미 법인 마케팅 부사장 앤 무케르지(Ann Mukherjee)는 이 전례 없는 방법으로 도리토스 고객들에게 좋아하는 음악을 즐길 수 있는 기회를 제공하였다고 말한다. 고객들은 도리토스 브랜드를 통해 새로운 경험을 할 수 있었다.

3) 휴대폰 소설[04]

일본 비평가들이 독서는 등한시하고 휴대폰은 손에서 놓지 않는 현대인의 생활을 비판할 때 언급하는 대표적인 작가가 모네(Mone)이다. 21살 당시 모네는 대학을 중퇴하고 도쿄에서 신혼 생활을 하고 있었는데, 인생의 우울함을 느끼자 자신과 닮은 한 소녀의 이야기를 휴대폰으로 쓰기 시작했다. 모네라는 필명으로 마호 아이랜드(Maho i-Land)라는 사이트에 매일 휴대폰 화면 스무 페이지 분량의 글을 올렸다. 3일 후, 독자들이 모네에게 후속 내용 게재를 요청하기 시작했고, 19일 만에 『영원한 꿈(Eternal Dream)』이라는 소설이 완성되었다. 무료함을 달래기 위해 쓰기 시작한 글은 모네를 최초의 휴대폰 소설 작가로 만들었으며, 이 소설은 인터넷에서 300만의 조회 수를 기록했고 영화와 책으로도 크게 성공하였다.

휴대폰 소설은 인터넷 최초의 새로운 문학 장르일지도 모른다. 이 문학 장르의 작품들 대부분은 거의 매회 비극이나 극적인 사건으로 인해 좌절된 젊은이의 사랑에 대해서 이야

04 David L. Rogers 지음(최정혜 · 오윤조 공역), 앞의 책, 박영사, 2013, pp. 66~67.

기하는『영원한 꿈(Eternal Dream)』같은 로맨스 소설이다. 그러나 휴대폰 소설의 영향력은 상당했다. 독자 수가 감소하고 있는 일본에서 휴대폰 소설은 젊은 독자들에게 폭발적인 인기를 얻었고, 인기 있는 소설들은 책으로 출판되어 베스트셀러가 되기도 하였다.

휴대폰 화면에서 작성된 소설은 위에서 아래로 읽는 기존의 일본 방식과 달리 왼쪽에서 오른쪽으로 읽어야 했다. 휴대폰 소설이 책으로 출간되었을 때 출판업자들은 전례에 없던 왼쪽에서 오른쪽으로 읽는 방식을 고수했는데, 이러한 방식의 성공은 기존 서적의 출판에도 영향을 주게 되었다. 예컨대, 고마(Goma) 출판사는 "주머니 속의 명작! 좌에서 우로 읽으세요!"라고 마케팅하며 전통 고전 문학을 새롭게 출간하였다.

모네는 펜이 아닌 휴대폰을 이용하여 우연한 기회에 작가가 되었다. 여기서 우리가 주목해야 할 점은, 우리는 인터넷에서 유용한 콘텐츠를 찾고 있고, 그것이 기존의 형식과 다르더라도 개의치 않는다는 것이다.

4) 음악활용 마케팅[05]

벤츠(Mercedes-Benz)는 미래의 고객인 젊은 층 사이에서 자사 브랜드 인지도를 높이기 위해 음악에서의 유행 선도 집단을 대상으로 콘텐츠를 제작했다. 벤츠의 믹스드테입(MixedTapc) 음악 사이트는 20만 명이 이용하고 있으며, 독립 음악계의 수준 있는 신예 아티스트들을 지속적으로 발굴하고 있고, 한 달에 두 번 유럽과 미국의 신예 아티스트의 신곡 10곡을 무료로 다운로드할 수 있는 서비스를 제공하여, 음악 애호가들에게 인기 있는 사이트가 되었다.

토요타(Toyota)는 자동차 사이언(Scion)을 위해 특정계층을 겨냥한 음악 문화 콘텐츠를 제작하였다. 인터넷 라디오 방송국 사이언라디오17은 DJ 문화에 초점을 맞추어, 대중이 아닌 DJ를 위한 프로그램을 통해 MTV 같은 미디어 회사보다도 더 잘 다듬어진 최신의 음악 매거진을 만들어 낼 수 있었다. 아이폰용 사이언라디오 앱을 이용하면, 음악의 BPM을 측정하여 화면에서 엄지로 트랙을 따라 박자를 터치할 수 있으며, 같은 템포의 곡들을 믹스할 수 있다. BPM 방식의 노래 믹스가 DJ분야에서 가장 중요한 기능임을 생각해 보면, 사이언은 청취자들을 정확히 파악하고 있음을 알 수 있다. 벤츠처럼 사이언 역시 특정 분야의 영향력 있는 세분화된 고객 그룹을 위한 콘텐츠를 창조해 냄으로써 다음 세대의 고객들이 함께할 수 있는 브랜드를 만들어 내고 있다.

05 David L. Rogers 지음(최정혜 · 오윤조 공역), 앞의 책, 박영사, 2013, p. 82.

5) 정보기술을 이용한 고객선호도 예측[06]

사람의 취향을 미리 알 수 있을까? 누군가 영화 '마이클 클레이튼(Michael Clayton)'을 좋아한다면, '어퓨굿맨(A Few Good Men)' 역시 좋아할 것인가? 넷플릭스는 상금 백만 달러를 걸고 영화 추천 엔진 시네매치(Cinematch)의 성능을 10% 향상시키는 경연을 개최하였다. 경연의 목적은 넷플릭스 고객의 과거 영화 관람 선호도를 바탕으로 미래에 선호할 영화를 예측하는 것이었다. 약 3년간 186개국의 5만 명 이상의 통계학자, 엔지니어, 컴퓨터 과학자 등이 참가하였다.

예측 정확도 10%의 향상은 사실 매우 힘든 작업이다. 법정 드라마는 선호하나 역사나 전쟁 영화는 선호하지 않는 사람들의 취향은 수리적 방법을 통해 측정될 수 있었지만, 이러한 취향이 시간과 상황에 따라 변한다는 사실이 경연참가자들을 당혹스럽게 만들었다. 어느 날 그저 기분이 나쁘기 때문에 어떤 영화에 낮은 평점을 부가할 수도 있다. '나폴레옹 다이너마이트(Napoleon Dynamite)' 등의 독특한 독립 영화에 대한 예측 결과는 실제 고객 반응과 전혀 맞지 않았다. 실제로 "나폴레옹 다이너마이트 예측 오류"는 시네매치 예측 오류의 가장 큰 문제 중 하나였다.

참가자들이 매 시간 제출한 예측 결과가 게시판에 순위와 함께 게시되었다. 시네매치의 성능이 10%에 근접하게 향상되었으나 정작 목표치인 10%를 달성하지 못하자, 넷플릭스는 매년 5만 달러 상금을 수여하는 프로그레스(Progress)상을 도입하여 참가자들이 지속적으로 목표치 10%에 도전하도록 하였다. 결국 상위권 참가자들이 모여 팀을 구성하기 시작했고, 이 중 두 팀이 경연이 시작된 지 33개월 만에 10%를 달성하였다.

얼핏 대수롭지 않아 보이는 정도의 시네매치 성능의 향상이 과연 넷플릭스에게 백만 달러의 가치가 있는 것이었을까? 넷플릭스의 대여 비디오의 70%는 바로 '백리스트(Backlist)'에서 발생한다. 백리스트는 인기 순위에서 밀려난 대형 영화나 소규모의 독립 영화들로 이루어진 리스트를 말한다. 넷플릭스와는 달리, 기존의 오프라인 비디오 대여점은 백리스트 영화 대여가 20%에 불과했다. 시네매치를 통해 추천된 영화가 대여되는 비율은 전체 대여의 60%에 해당되며, 특히 고객이 백리스트 영화를 발견하고 대여하는 데에 큰 기여를 한다. 다달이 구독료를 내야 하는 고객을 대상으로 하는 넷플릭스에게는 백리스트를 이용한 영화 추천이 중요한 사업모델인 것이다.

시네매치 같은 검색 도구 없이 수백, 수천 개의 영화 중 하나의 영화를 선택한다는 것은, 마치 백사장에서 바늘을 찾는 것과 같다. 디지털 네트워크 덕분에 매력적인 선택 대안은 무수히 많아졌지만, 비디오 대여점에서 비디오를 고르던 고객이 컴퓨터 앞에서 영화

06 David L. Rogers 지음(최정혜 · 오윤조 공역), 앞의 책, 박영사, 2013, pp. 92~93.

리스트를 끊임없이 스크롤해야 하는 상황으로 변하게 되었다.

디지털 음악 서비스를 제공하는 판도라(Pandora)는 고객이 개인의 취향에 맞는 곡을 믹스할 수 있는 서비스를 제공한다. 이용자가 좋아하는 곡을 고르면, 판도라는 협업 필터링을 이용하여 이용자의 취향과 비슷한 다른 곡들을 검색해서 리스트를 만들어서 보여 준다. 판도라는 수학적 알고리즘이 아닌 '음악 게놈(Genome)'을 사용하는데, 약 50명의 팀원들이 각각의 곡을 약 500개의 속성별로 평가하여 분류하는 것이다. 사용되는 분류속성으로는 강력한 여성 보컬리스트, 브라질 재즈의 영향, 다양한 템포와 박자표 등이 있다.

판도라는 각 곡에 대한 프로파일을 만든 다음, 고객이 특정의 곡을 선택하면 그 곡과 특징이 유사한, 그러나 많이 알려지지 않아 기존의 협업 필터링에서 검색되지 않는 곡들을 추천해 준다. 판도라의 필터링은 반복되어 일어난다. 고객이 추천 곡을 듣고 '좋아요' 또는 '싫어요'로 평가하는데, 이 과정의 모든 데이터가 판도라의 데이터베이스에 축적되어 분석에 사용된다. 이를 통해 판도라는 추천 시스템을 지속적으로 향상시킬 수 있고, 고객의 취향과 이에 맞는 추천 곡을 더욱 높은 정확도로 예측할 수 있게 된다. 이러한 시스템을 이용해서 판도라는 수천만 명의 애청자들이 수억 개의 개인 라디오 방송을 통해 듣는 아이폰 최고의 뮤직 앱이 될 수 있었다.

6) 정보기술을 이용한 개성표현[07]

현대 기업은 고객이 제품과 서비스에 자신만의 개성, 스타일, 취향 등을 표현할 수 있는 디지털 도구를 제공하고 있다. 예컨대, 고객들은 나이키ID 플랫폼을 통해서 세상에서 하나뿐인 나만의 러닝화를 만들 수 있다. 나이키타운(NikeTown) 스토어의 웹사이트나 나이키ID 스튜디오에서는 신발 디자인에 필요한 끈, 장식 등을 다채로운 색깔과 다양한 요소로 매쉬업할 수 있는 디지털 인터페이스를 제공한다. 즉, 나이키 트레이닝 신발의 기능적 특징과 고객 자신만의 스타일 감각을 선보일 수 있는 디자인적 요소를 결합시킨 것이다. 자신의 디자인을 온라인에서 친구와 공유하거나, 본인이 디자인한 신발을 구입하는 것도 가능하다.

나이키는 고객의 관여를 이끌어 내기 위하여 여러 디자인 인터페이스를 사용하였다. 가령, 매장 물건을 구경하려는 고객에게 매장 입구의 터치스크린을 통해서 나이키ID를 경험하도록 하고, 뉴욕 타임스퀘어의 7천 평방미터 크기의 빌보드에 고객이 디자인한 나이키 신발을 보여 주기도 하였다. 유럽에서는 포토ID 인터페이스를 통해서 고객이 보내온 사진 속의 색상을 반영한 나이키ID 디자인을 받을 수 있다. 나이키는 영국에서 축구

07 David L. Rogers 지음(최정혜 · 오윤조 공역), 앞의 책, 박영사, 2013, pp. 102~103.

유니폼에 매쉬업 개념을 확대 적용하여, 고객이 매장 디지털 키오스크(Kiosk)에서 유니폼을 직접 디자인할 수 있게 하였다.

BMW의 미니 쿠퍼(Mini Cooper)는 운전자들의 자기 표현과 브랜드를 밀접하게 연결시켰다. 고객들은 BMW의 루프(Roof) 스튜디오 온라인 도구를 이용해서 세계에 하나밖에 없는 자신만의 지붕을 디자인할 수 있다. 그리고 BMW는 온디맨드(On-Demand) 생산방식이므로 고객들이 수백 가지 옵션들 중 원하는 옵션만을 선택해서 주문 생산할 수도 있다.

레고(LEGO)의 경우 고객이 원하는 완성품을 위한 모양의 블록이 없다면, 레고팩토리(LegoFactory.com)의 3D 사이버 공간에서 자신만의 블록을 디자인할 수 있다. 이미 전 세계적으로 3만 명 이상의 고객들이 레고팩토리에서 활동하고 있다

기업은 매쉬업 제품뿐만 아니라 매쉬업 서비스를 제공한다. 뉴욕, 시카고, 워싱턴 DC에서 호텔 체인을 운영하는 아피니아(Affinia) 호텔은 마이아피니아(MyAffinia.com)를 통해서 투숙객이 자신이 묵을 호텔 룸을 디자인할 수 있는 서비스를 제공해 준다. 투숙객은 메밀 베개, 메모리폼 베개, 그리고 MP3와 초박형 스피커가 내장된 베개 등 총 여섯 종류의 베개 중 취향대로 고를 수 있다. 이 외에도 화장대, 전신 거울 등 가구뿐만 아니라 노트북과 휴대폰에 맞는 충전기도 선택할 수 있다. 또한 다양한 제품을 테마별로 묶어 추천하는데, 요가 매트, 체중계 등을 포함하는 스테이핏(StayFit) 세트, 만보기, 도시 가이드, 아이팟 셔플 등을 함께 제공하는 산책 세트, 와인 캐리어, 피크닉 담요, 피크닉 가이드 등을 모아 놓은 야외 세트 등이 있다. 이와 같이 개인에게 특화된 제품과 서비스를 통해서 고객에게 자신의 개성을 표현하고, 또한 자신이 브랜드와 보다 깊게 연결되어 있다는 특별한 경험을 제공할 수 있을 것이다.

제품과 서비스를 개인의 취향에 맞게 꾸밀 수 있는 디지털 도구는 고객의 스타일과 개성을 위한 도구 그 이상의 의미를 지닌다. 여러 대안 중 어느 하나를 선택하는 것을 통해 기업과 고객 사이에 보다 강력한 유대감이 형성될 수 있다.

7) 정보기술을 이용한 문화적 습득[08]

인터넷으로 전장의 일상을 공유하는 것은 군인이 가족과 연결의 끈을 놓지 않는 방법일 뿐만 아니라 군인들간의 결속력을 다지는 중요한 도구이기도 하였다. 육군 소령 네이트 앨런(Nate Allen)과 토니 버제스(Tony Burgess)는 온라인 포럼 컴퍼니커맨드(CompanyCommand.com)를 통해 군인들이 질문을 남기거나 조언을 공유하고 토론 주

08 David L. Rogers 지음(최정혜 · 오윤조 공역), 앞의 책, 박영사, 2013, pp. 102~103.

제를 발제하도록 하였다. 2003년 이후, 컴퍼니커맨드는 파병지역에 새로 부임한 군인들에게 매우 귀중한 사이트가 되는데, 전쟁에 대한 두려움을 극복하는 법, 수색할 때 문을 박차고 들어가는 법, 군용 차량에 총을 장착하는 법, 올바른 포로 호송법에서부터 차를 마시는 법, 장례식장에서 조의하는 법 등의 지역 문화까지 많은 조언을 얻을 수 있었다. 미군의 30% 이상이 이용하게 되자, 컴퍼니커맨드는 군대의 공식적인 사이트가 되었다.

명령과 관리라는 위계질서에 기초하고 있는 전통적인 조직은 민주화되고 관리되지 않는 정보가 조직의 내 · 외부에서 공유되는 것을 불편해 한다. 그러나 전통적인 군대와 기업 모두 디지털 네트워크를 이용해서 조직을 운영하고 소통하는 혁신적인 군대와 기업이 위협적인 존재임을 인지하고 있다. 이제는 군대든 기업이든 기존의 조직들은 상부에서 커뮤니케이션을 통제할 수 없는 새로운 세계에 적응해야만 할 것이다.

8) 남아프리카에서의 클릭스의 성공비결[09]

유한회사 클릭스는 소매상인 Jack Goldin이 남아공의 케이프타운에 첫 클릭스(Cliks) 가게를 열었던 1968년에 창립한 소매 전문집단이다. 1996년에 이 기업은 남아공의 요하네스버그 주식거래소에 등록하였고 오늘날 뮤지카(Musica), 바디숍과 클릭스라는 소매 상표를 운영하면서 남아프리카 전역에 걸쳐 540개 이상의 점포를 소유하고 있다. 뮤지카는 남아공에서 음악과 연예 관련 상품을 취급하는 최대 규모의 소매상이고, 바디숍은 자연 그대로의 화장품을 판매하는 전 세계적인 브랜드로 널리 알려져 있다.

클릭스 그룹은 독점 라이선스 협약에 의해 남아프리카에서 바디숍을 운영하고 있다. 클릭스 그룹은 바디숍에 'Love Your Body'라는 클럽카드를 제공하여 고객 충성심을 강화하고 반복 구매를 촉진하고 있으며 이 카드는 소비자 행동을 추적하는 데 결정적으로 중요한 역할을 하고 있다.

클릭스는 남아공에서 건강, 미용, 라이프스타일 분야에 있어서 선두적인 전문점이고 그룹 이윤의 대략 66% 정도를 기여하고 있다. 또한 클릭스는 남아공에서 200여 개가 넘는 점포 내 조제실을 갖춘 최대 규모의 소매 약국 체인점을 운영하고 있고 남아공에서 전품목 제약도매업체의 선두주자인 New United Pharmaceutical Distributor를 통해서 남아공의 건강제품시장에서 더욱 존재감을 강화하고 있다.

클릭스 브랜드는 돈, 전문제약품과 건강상담의 가치를 중요시 여기는 중상위층의 소비자들과 건강, 미용, 가정용 제품의 개발에 관심을 가지는 소비자들에게 호감을 얻고 있다.

---

09 Warren J, Keegan and Mark C, Green 지음(최석신 · 박의범 · 김보영 · 김명숙 옮김), 글로벌 마케팅, 시그마프레스, pp. 214~215.

소비시장에서 건강, 미용, 약품 부문은 최고속으로 성장하는 분야로 간주되고 있으므로 현재 클릭스는 '마켓 스윗 스팟'이라고 불리는 곳에서 영업을 하는 것으로 보인다.

클릭스가 납품하는 제품은 주로 25~49세의 현대적 남아공 여성을 목표고객으로 하고 있다. 클릭스는 남성고객은 물론 16~24세의 여성뿐 아니라 50세 이상의 여성을 고객으로 하는 2차 표적시장에도 상품을 공급한다. 최근 들어 클릭스는 증가하는 흑인 중산층 시장의 소비자에게 접근하기 위해 상품 범위를 수정하기 시작했다.

클릭스는 회사로 하여금 소비자들에게 개별적으로 보상하고 고가제품을 더 많이 판매할 수 있도록 정교한 데이터 추출 기술을 갖춘 시스템을 사용하고 있다.

9) 경쟁우위 구축을 위한 전략적 도구로 활용되는 CRM[10]

고객은 모든 비즈니스의 기반이다. 특히 불황기에 고객을 뺏기는 것은 사망선고와 같다. 불황기에는 고객들이 지갑을 닫고 잘 움직이지 않으며, 기업이 새로운 고객을 유치할 자금을 마련하기도 어렵기 때문이다. 따라서 고객관계관리(CRM)는 불황기에 기업의 생사를 좌우하는 핵심기능이다.

CRM은 고객과 기업의 관계유지 및 강화를 통해 지속적인 매출을 확보할 수 있게 해 준다. 다만 불황기에는 기업이 한정된 마케팅비용 안에서 고객전략을 확보해야 하는 어려움이 있다. 따라서 불황기의 CRM은 신규고객의 확보보다는 기존고객과의 관계유지, 강화와 이들로부터 기회를 만들어 내는 데 중점을 두는 것이 좋다. 다음은 위기상황에서 뛰어난 고객관리전략을 세워 경영상의 난관을 극복한 기업의 사례들이다.

① 기존고객과의 관계 유지 · 강화 – 타사와 고객을 공유하라

가전제품 양판점 전자랜드는 2006년, 6개월 또는 1년 이상 구매실적이 없는 '휴면고객'의 재방문을 유도하기 위해 매장 방문 시 사은품이나 가격할인 혜택을 준다는 내용의 직접 발송메일(Direct Mail: DM)을 보내기 시작했다.

하지만 이런 혜택만으로는 고객이 차별화된 대우를 받는다는 생각을 별로 하지 않는다는 사실이 드러났고, 해결책을 찾기 위해 고심하던 전자랜드는 매장방문고객이 주로 개인 차량을 이용한다는 사실에 주목했다. 그리고 고객들에게 가전제품 할인 이외에 자동차 정비 서비스를 함께 제공한다는 전략을 구상해냈다. 업종간의 고객공유는 시장잠식(cannibalization)이 없고, 공통 고객군(30~40대 남성 또는 20~30대 고객)을 쉽게 끌어

10 안광호 외, 앞의 책, 학현사, 2010, pp. 108~109: 원출처는 동아비즈니스리뷰, 2009, April, pp. 34~36.

올 수 있다는 장점이 있었다. 게다가 추가비용도 거의 없었다.

전자랜드는 자동차 정비업체인 스피드메이트와 공동으로 프로모션 계약을 맺고, 고객들에게 보내는 DM에 계절이 반영된 다양한 서비스(에어컨 정비, 황사 대비 에어컨 살균세척, 냉각수 주입)를 더해 성공적으로 고객유입을 늘릴 수 있었다. 스피드메이트도 이를 통해 자연스럽게 신규고객 유입채널을 확보할 수 있었음은 물론이다.

② 기존고객에게서 새로운 사업기회 발굴

영국 최대 슈퍼마켓 체인 세인즈베리는 900만 명이 넘는 고객정보를 기반으로 전혀 새로운 분야인 은행사업에 진출한 독특한 사례이다. 1990년대 중반 영국의 슈퍼마켓시장은 포화상태에 도달해 있었다. 세인즈베리는 기존시장에서는 더 이상 성장할 수 없음을 깨달았다.

세인즈베리는 방문고객들이 구매하는 제품을 분석한 결과 이들에게 독특한 금융니즈가 있음을 알아냈다. 예를 들어, 인테리어나 DIY제품을 많이 사는 고객들은 집수리나 리모델링을 하려는 니즈가 무척이나 높았다. 세인즈베리는 보다 자세한 니즈를 알아내기 위해 슈퍼마켓고객의 구매패턴과 함께 가족 구성원 수, 신차 구매, 이사 등과 같은 인구통계학적 정보를 분석했다. 그 결과 부엌 리모델링, 차고 증축, 집수리와 연계한 대출 및 손해보험과 같은 패키지상품을 개발할 수 있었다.

세인즈베리는 1997년 슈퍼마켓에 가장 잘 어울릴 듯한 '신선은행(Fresh Banking)'이라는 브랜드를 내걸고 약 400개에 달하는 슈퍼마켓 매장에서 은행업무에 돌입했다. 이 은행은 기존은행과 다른 참신한 방식으로도 고객들의 호응을 얻었다. 앞서 지적한 대로 슈퍼마켓상품과 연계한 금융상품을 계속 개발했고, 은행원 없이 진열대에 저축예금, 개인대출, 모기지론, 주택보험 등의 가입신청서만 진열하기도 했다.

세인즈베리 은행은 출범 8주 만에 10만 명의 고객과 1,900억 원 규모의 예금 유치를 이루었다. 2008년 기준 수신고는 7조 원 규모에 이른다.

▣ 찾아보기

ㄱ

ㅊ

ㅋ

ㅌ

ㅍ

ㅎ

| 저자약력 |

황윤섭

경희대학교 무역학과에서 무역학 학사 · 석사 · 박사학위(경영학 박사)를 취득하였고, 러시아 모스크바 국립대학에서 지역연구전공 경제학 박사학위를 취득하였다.
현재, 경희대학교 무역학부 부교수, 정경대학 부학장, 정경대학 국제통상 · 금융투자학과장으로 재직하고 있으며, 그 외 국제지역학회 회장, 한국 통상정보학회 부회장, 한국 취업진로학회 부회장, 경희대학교 GTEP 사업단장으로 활동하고 있다.
관심분야는 해외지역연구, 기후변화와 무역 간의 관계 연구, 산업의 성장과 생산성 혁신 등이다.
주요 연구로는 "Vertical Specialization and Trade Growth in Northeast Asia"(2011. 3, China and World Economy), "원유가격변동에 따른 원유수출 · 입국 간 부의 이전(wealth transfer) 분석"(2012. 6, 무역학회지), "Industry Openness, Firm Capacity, and Performance of Korean SMEs: A Multilevel Model Approach"(2013. 8, Journal of Korea Trade), "Climate Change Impacts on Tourism Management in Korea"(2014. 6, 기업경영연구) 등이 있고, 주요 저서로는『신무역학원론』(2009, 신영사, 공저),『디지털 네트워크 시대의 국제마케팅론』(2013, 도서출판 청람, 공저) 등이 있다.

오윤조

경희대학교 경영학과에서 경영학 학사 · 석사 · 박사학위(경영학 박사)를 취득하였다.
KT&G 경영전략연구소 마케팅사업부 팀장을 거쳐 현재 투이정보기술 컨설팅 사업부 상무이사로 재직하고 있으며, 경희대학교 대학원 경영컨설팅학과, 무역학과에 출강하고 있다.
관심분야는 소셜 마케팅, 소셜 CRM, 고객네트워크 관련 전략 수립 및 성과측정, Big Data Analysis, Business Intelligence, Social Network Analysis 등이다.
주요 연구로는 "고객의 비재무적 가치를 이용한 네트워크 타겟팅에 관한 연구"(2010. 6, 한국지능정보학회), "BSC 관점의 수출입 물류정보화 정책평가"(2010. 12, 정책분석평가학회) 등이 있고, 주요 저서로는『디지털 네트워크 시대의 국제마케팅론』(2013, 도서출판 청람, 공저),『고객 네트워크 전략』(2013, 박영사, 공저),『데이터 품질관리 성과측정 지침 Ver 1.0』(2008, 한국데이터베이스진흥센터, 공저) 등이 있다.

김 철

현재 경희대학교 무역학과 명예교수로 재직 중이다.
주요 연구 저서로는『해외투자론』,『국제마케팅』,『다국적기업론』,『무역실무』등이 있다.

지역연구개론(제2판)

2015년 3월 5일 1판 1쇄 발행
2020년 2월 20일 2판 2쇄 발행

저 자 | 황윤섭 · 오윤조 · 김 철
발행인 | 이수영
발행처 | 도서출판 청람
서울시 마포구 독막로 288(대흥동, 세양상가 109호)
전 화 | 02)3272-2601(대)
팩 스 | 02)3272~2603
이메일 | crbooks@daum.net
홈페이지 | http://www.crbooks.co.kr
등 록 | 2000년 8월 26일 제6-0509호

ISBN 978-89-5972-486-4 93320 [정가 25,000원]